新文科背景下经管类专业系列教材

市场营销学

▶ 主　编◎周　静
▶ 副主编◎倪秋萍　王山宝
▶ 参　编◎胡　妍　曾品红　杨小红
　　　　　朱彦羲　冯子芸

西南财经大学出版社

中国·成都

图书在版编目(CIP)数据

市场营销学/周静主编;倪秋萍,王山宝副主编.—成都:西南财经大学出版社,2023.11(2024.1 重印)
ISBN 978-7-5504-5972-4

Ⅰ.①市… Ⅱ.①周…②倪…③王… Ⅲ.①市场营销学—高等学校—教材 Ⅳ.①F713.50

中国国家版本馆 CIP 数据核字(2023)第 210040 号

市场营销学
SHICHANG YINGXIAOXUE

主 编 周 静
副主编 倪秋萍 王山宝

责任编辑:冯 雪
责任校对:金欣蕾
封面设计:墨创文化
责任印制:朱曼丽

出版发行	西南财经大学出版社(四川省成都市光华村街 55 号)
网 址	http://cbs.swufe.edu.cn
电子邮件	bookcj@swufe.edu.cn
邮政编码	610074
电 话	028-87353785
照 排	四川胜翔数码印务设计有限公司
印 刷	郫县犀浦印刷厂
成品尺寸	185mm×260mm
印 张	19
字 数	451 千字
版 次	2023 年 11 月第 1 版
印 次	2024 年 1 月第 2 次印刷
印 数	1001— 2000 册
书 号	ISBN 978-7-5504-5972-4
定 价	48.00 元

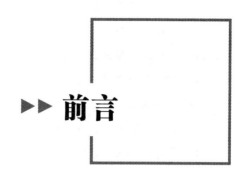

▶▶ 前言

　　习近平总书记指出："企业营销无国界。"① 营销学是一门以经济学、行为学、管理学和现代科学技术为基础，研究以满足人民日益增长的美好生活需要为中心的营销活动及其规律的综合性应用科学。近年来，中国企业的市场地位和品牌价值不断提升，这与现代市场营销的努力创新密不可分。新思维、新技术、新模式，致力于以"数字+新营销"模式赋能传统企业的营销升级，驱动"人、货、场"三大元素不断演变，进而实现企业持续性发展。党的二十大报告指出，要"构建全国统一大市场，深化要素市场化改革，建设高标准市场体系"。在连接国内市场和国际市场，推动形成以国内大循环为主体、国内国际双循环相互促进的新发展格局的过程中，市场营销必将发挥越来越重要的作用。这要求我们全方位推进市场营销创新，准确把握市场需求特征，强化企业社会责任意识，构建全链路的物流运营保障，建立和健全消费者权益保护体系，不断完善企业社会责任管理体系，更好地满足人民日益增长的美好生活需要。

　　深入学习党的二十大精神，重塑营销新使命。本书涵盖了工商管理类专业学生学习本课程所应掌握的基本知识点、基础理论与实训任务；对学科前沿知识进行了介绍并列举了能够传播中国营销理念、营销智慧的成功案例；深入挖掘营销教材中的思政元素，厚植家国情怀，培养学生营销职业道德规范和责任担当，帮助学生树立严肃认真的科学精神，为后续课程的学习及工作、研究奠定基础。同时，本书采用定性与定量相结合的方法，体现了营销学科的科学性，准确地阐述了市场营销原理。

　　本书的编写借鉴了国内外营销学者的最新研究成果，除注明出处的部分外，限于体例未能一一说明。在此，谨向市场营销学界的师友及作者致谢。本书的编者承担了四川省应用型示范课程"市场营销学"和四川省线下一流课程"市场营销学"的建设

---

　　① 光明学术. 弘扬企业家精神 发挥生力军作用[EB/OL].（2020-08-25）[2023-07-16].https://share.gmw.cn/www/xueshu/2020-08/25/content_34117258.htm.

工作，因此，编者参考了其中部分研究成果。各编者在其执笔的章节中引用的自己已发表的论文或已出版的著作，一律不再加注。为方便读者更加快速、清晰地理解本书的核心内容，本书在各章首页都添加了知识结构图。

此外，限于篇幅，本书中部分章节（带＊号）或资料通过二维码提供电子文档信息，读者可根据需要阅读电子文档。

本书的编写分工如下：胡妍编写第一章、第二章，倪秋萍编写第三章、第十章，王山宝编写第四章、第五章，冯子芸编写第六章，杨小红编写第七章，曾品红编写第八章，周静编写第九章，朱彦羲编写第十一章。

由于编者水平有限，本书难免存在不足之处，敬请广大读者批评指正。

编者

2023 年 7 月

▶▶ 目录

第一章

市场营销导论

学习目标

（1）正确理解市场营销的内涵。
（2）了解市场营销的相关概念。
（3）了解市场营销观念及其演进。
（4）了解市场营销学的发展过程。
（5）明确学习市场营销学的重要性。

本章知识结构图

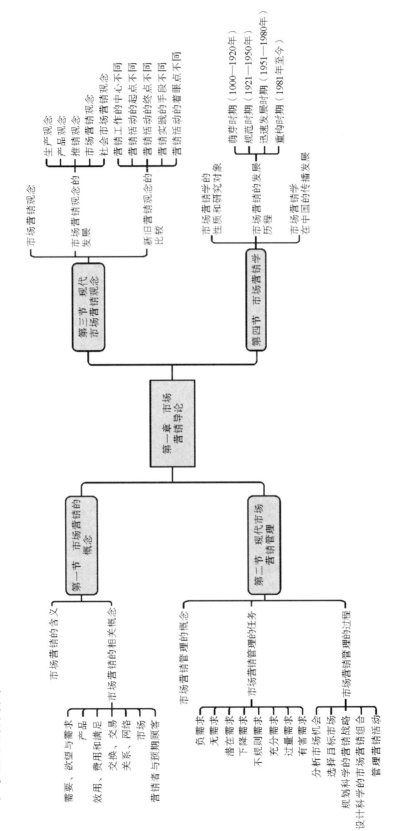

第一章 市场营销导论

第一节 市场营销的概念
- 市场营销的含义
  - 需要、欲望与需求
  - 产品
  - 效用、费用和满足
  - 交换、交易、网络
  - 关系、市场
  - 市场
- 市场营销的相关概念
  - 营销者与预期顾客

第二节 现代市场营销管理
- 市场营销管理的概念
  - 负需求
  - 无需求
  - 潜在需求
  - 下降需求
  - 不规则需求
  - 充分需求
  - 过量需求
  - 有害需求
- 市场营销管理的任务
- 市场营销管理的过程
  - 分析市场机会
  - 选择目标市场
  - 规划科学的市场营销战略
  - 设计科学的市场营销组合
  - 管理营销活动

第三节 现代市场营销观念
- 市场营销观念
- 市场营销观念的发展
  - 生产观念
  - 产品观念
  - 推销观念
  - 市场营销观念
  - 社会市场营销观念
- 新旧营销观念的比较
  - 营销工作的中心不同
  - 营销活动的起点不同
  - 营销活动的终点不同
  - 营销实践的手段不同
  - 营销活动的着眼点不同

第四节 市场营销学
- 市场营销学的性质和研究对象
- 市场营销的发展历程
  - 萌芽时期（1000—1920年）
  - 机械时期（1921—1950年）
  - 迅速发展时期（1951—1980年）
  - 重构时期（1981年至今）
- 市场营销学在中国的传播发展

引导案例

【案例一】

元气森林：洞察"Z世代"① 消费者需求

元气森林专门生产无糖、低热量的产品，其主要产品有燃茶、苏打气泡水、乳茶、健美轻茶等。创始人唐彬森曾经创立过社交游戏公司"智明星通"，开发了"列王的纷争"等爆款游戏，这奠定了元气森林和传统食品巨头不一样的工作模式，元气森林也因此被称为"互联网+饮料公司"。

从细分市场来看，元气森林主要切入的市场是碳酸饮料（苏打气泡水）和茶饮料（燃茶），两者分别占软饮料市场的 2.3% 和 3.8%。但是不同于其他快消品，饮料行业的市场集中度非常高，各大巨头纷纷占山为王：碳酸类饮料是可口可乐、百事可乐两个国际品牌的天下，分别占 59.5%、32.7%；茶类饮料中，康师傅、统一占比达 60%。

在这样一片红海中，打造一个成功的新饮料品牌格外困难，想要从中找到企业的生存空间更是难上加难了。但是元气森林发现，在即饮茶领域市场排名前 10 的企业中，不论是传统巨头康师傅、娃哈哈，崛起的凉茶两强加多宝、王老吉，还是近几年快速增长的维他，其核心产品主打的都是高糖甜茶。碳酸饮料巨头也是如此，可口可乐和百事可乐都是高糖饮品。中国是最大的碳酸饮料市场之一，但是近几年随着消费者的健康意识增强，碳酸饮料市场逐渐达到天花板。

健康，正是即饮茶和碳酸饮料市场的突破口。

元气森林洞察到了边熬夜边"保温杯里泡枸杞"的年轻消费者的痛点："肥宅快乐水"劲爽的口感和健康的诉求只能二选一，欲望和养生不能兼顾。所以主打"0糖0脂0卡"的碳酸饮料——元气森林气泡水一出现，就迅速获得了年轻消费者的青睐。

不管是燃茶还是气泡水，失败的果茶还是后来崛起的乳茶，元气森林的所有产品均围绕0糖、无糖或不添加蔗糖展开，把元气森林消费者的品类认知成功锁定在"无糖+健康"上。在"无糖专门家"的品牌定位下，所有产品调性都与之契合，这样的一致性也有利于帮助元气森林聚焦无糖饮料这一品类，聚焦关注健康的核心目标人群。

元气森林瞄准的目标人群主要是 18~35 岁的女性消费者，居住地集中于一线、新一线和二线城市。元气森林的产品定位偏向于对健康有要求的人群，以及想要减肥却酷爱饮料的人群。

围绕这一消费人群，元气森林还考虑了他们的"心理需求"：塑造一个专属于消费者的年轻品牌。中国传统软饮料品牌康师傅、娃哈哈等在年轻人心目中多少都带点"时代感"，年轻消费者需要的不仅仅是一款健康好喝的饮料，更是一个与其他品牌有所区别、和自己调性相合的品牌。

元气森林的"伪日系"包装也是基于这些消费者而设计的。简洁清新的配色、最开始和日文如出一辙的"気"字、和不二家卡通形象相像的元气乳茶妹……所有元素

---

① "Z世代"通常用来指 1995 年至 2009 年出生的一代人。

都瞄准了追求时尚、喜爱日系风的年轻人。

除此之外，元气森林也用"共情"消费者的方式和消费者沟通以打造品牌。沟通内容的选择、沟通的表现形式、沟通的渠道、社交化娱乐化的互动手段等，都是基于与消费者兴趣相投的考量。

社交化媒体是新生代消费者获取资讯的主渠道。所以元气森林一开始就通过社交媒体渠道与消费者沟通：元气森林先通过微博崭露头角，并在之后的时间里，迅速布局"双微一抖"、小红书等平台做产品宣传，提升品牌知名度。

此外，元气森林尝试了很多和品牌风格相符的冠名活动。比如电视综艺节目、B站跨年晚会、ChinaJoy、FIRST 青年电影展等，通过年轻人的娱乐消费阵地吸引注意。在综艺投放方面，遵循内容先行策略，用元气森林产品变为节目道具等，注重与综艺内容的深度融合。

资料来源：张敏. 从消费者洞察角度解析元气森林在"Z 世代"群体中的暴火原因 [EB/OL]. (2021-12-01) [2023-06-05]. https://wenku.baidu.com/view/cbe01b75383 567ec102de2bd960590c69ec3d885. html.

习近平总书记在党的二十大报告中指出，要坚持稳中求进工作总基调，完整、准确、全面贯彻新发展理念，加快构建新发展格局，全面深化改革开放，着力推动高质量发展，坚持以供给侧结构性改革为主线，以满足人民日益增长的美好生活需要为根本目的，加快建立全国统一的市场制度规则，打破地方保护和市场分割，打通制约经济循环的关键堵点，促进商品要素资源在更大范围内畅通流动，加快建设高效规范、公平竞争、充分开放的全国统一大市场，全面推动我国市场由大到强转变，为建设高标准市场体系、构建高水平社会主义市场经济体制提供坚强支撑。建设全国统一大市场是构建新发展格局的基础支撑和内在要求。从某种程度上来说，市场营销学不仅是一门用科学的方法和手段研究营销活动的应用科学，更是一门能在构建新发展格局、建设全国统一市场中发挥重要作用的学科。

第一节　市场营销的概念

一、市场营销的含义

营销的英语词源是 marketing，根据其词意，再结合现代企业的实际营销活动，我们可以总结出："营"即企业计划、组织、协调、控制、决策等活动，"销"即产品（服务）上市、发售、推广等。有营销达人对英文的 marketing 进行了如下定义：从字面上来说，"营销"的英文是"marketing"，若把 marketing 这个字拆成 market（市场）与 ing（英文的现在进行式表示方法）这两个部分，那营销就可以定义为"市场的现在进行式"。当然，这是营销的非学术性定义。其实，营销在我们的生活中无处不在，例如：企业需要营销以满足消费者的需要；学校需要营销以满足广大学生的需要；医生需要营销以满足其患者的健康需要；政治家需要营销以满足人民的需要；我们自己也需要营销，以满足与人有效交往的需要。因此，市场营销的学术性定义是指企业在市场环境中从事的一种经营活动，是在市场营销观念指导下产生的一种现代企业行为。

这里，我们需要注意的是，市场营销不等于推销。推销是以产品为中心，而营销则是以顾客为中心的。市场营销是指通过交换过程来满足需要的人类活动。1985年美国市场营销协会将市场营销定义为："市场营销是为创造达到个人和机构目标的交换，而规划和实施理念、产品和服务构思、定价、促销和配销的过程。"

二、市场营销的相关概念

市场营销涉及以下基本概念，包括：需要、欲望和需求，产品，效用、费用和满足，交换、交易，关系，网络，市场，以及营销者和预期顾客等核心概念。

（一）需要、欲望和需求

需要是市场营销最基本的概念，市场营销思考问题的出发点是消费者的需要和欲望。任何有生命的物体都会有需要。市场营销学中所讲的需要是指人类的需要，它是指人没有得到某些基本满足时的一种感受状态。如人们为了生活对食品、住房、衣服、受人尊重、归属、安全等的需要。这些需要存在人类自身生理需要和社会需要之分，企业可用不同的方式去满足这些需要，但不能凭空创造这些需要。需要是人类行为的起点，马斯洛通过研究将人类的需要分为五个层次：生理需要、安全需要、社会需要、尊重需要和自我实现需要。

欲望是指想得到上述需要的具体满足品的愿望，是个人受不同文化及社会环境影响表现出来的对需要的特定追求。如为满足"解渴"的生理需要，人们可能选择（追求）饮用开水、茶、汽水、果汁或者矿泉水等。市场营销者无法创造需要，但可以影响欲望，创造、开发及销售特定的产品和服务来满足人类的欲望。

需求是指人们有能力购买并愿意购买某个具体产品的欲望。需求实际上也就是对某特定产品及服务的市场需求。市场营销者总是通过各种营销手段来影响需求，并根据对需求的预测结果决定是否进入某一产品（服务）市场的。

（二）产品

产品是能够满足人的需要和欲望的任何东西。产品的价值不在于拥有它，而在于它给我们带来的对欲望的满足。人们购买小汽车不是为了观赏，而是为了得到它所提供的驾乘体验。产品实际上只是人们获得服务的载体。这种载体可以是物，也可以是"服务"，如人员、地点、活动、组织和观念等。例如，当我们心情烦闷时，为满足轻松解脱的需要，可以去参加音乐会，听歌手演唱（人员）；可以到风景区旅游（地点）；可以参加希望工程百万行（活动）；可以参加消费者假日俱乐部（组织）；也可以参加研讨会，接受一种不同的价值观（观念）。市场营销者必须清醒地认识到，其创造的产品不管形态如何，如果不能满足人们的需要和欲望，就必然会失败。

（三）效用、费用和满足

效用是消费者对产品满足其需要的整体能力的评价。消费者通常根据这种对产品价值的主观评价和支付的费用来做出购买决定。如某人为解决其每天上班的交通需要，他会对可能满足这种需要的产品选择组合（自行车、摩托车、汽车、出租车等）和他的需要组合（速度、安全、方便、舒适、经济等）进行综合评价，以决定哪一种产品能提供最大的总体满足程度。假如他主要对速度和舒适感兴趣，也许会考虑购买汽车。

但是，汽车购买与使用的费用要比自行车高得多，所以若购买汽车，就必须放弃用其有限收入可购置的许多其他产品（服务）。因此，他将全面衡量产品的费用和效用，选择购买能使每一元花费带来最大效用的产品。

（四）交换、交易

交换（exchange）指从他人处取得所需之物，并以某些东西作为回报的行为。

交换是先于市场营销的基础性概念。发生交换必须具有五个条件：一是至少有交换双方；二是每一方都有对方所需要的有价值的东西；三是每一方都能沟通信息和传送物品；四是每一方接受或拒绝对方的供应品是自由的；五是每一方都认为与另一方交换是适当并称心如意的。

交易（transaction）指交换双方的价值交换。交换应看作一个过程而不是一个事件。如果双方正在进行谈判，并趋于达成协议，这就意味着他们正在进行交换。一旦达成协议，我们就说发生了交易行为。交易是交换活动的基本单元，是由双方之间的价值交换所构成的行为。

一项交易通常涉及以下几个方面：一是至少有两件有价值的物品；二是双方同意的交易条件、时间、地点；三是通常有法律制度来维护和迫使交易双方执行承诺。

（五）关系、网络

市场营销者除了需要创造短期的交易外，还需要与顾客、分销商、零售商及供货商建立长期的关系，也就是说，交换和交易只是关系营销的一部分。现实更是告诉我们，建立良好的关系就会出现获利的交易，关系也是营销的重要组成部分。

关系营销是指企业与其顾客、分销商、供应商和政府等建立、保持并加强关系，通过互利交换及共同履行诺言，使有关各方实现各自目标。企业与顾客之间的长期关系是关系营销的核心概念。建立关系是指企业向顾客做出各种承诺；保持关系是企业履行承诺；发展或加强关系是指企业履行以前的承诺后，并向顾客做出新的承诺。

在关系营销情况下，企业与顾客保持广泛、密切的联系，价格不再是最主要的竞争手段，竞争者很难破坏企业与顾客的关系。关系营销强调顾客的忠诚度，保持老顾客比吸引新顾客更重要。关系营销的最终结果，将为企业带来一种独特的资产，即市场营销网络。

市场营销网络是指企业与具有互相信赖的商业关系的其他企业所构成的网络。借助营销网络，企业可在全球各地市场上同时推出新产品，弱化产品进入市场的滞后性。

（六）市场

由交换的概念引出市场的概念：市场是商品交换的场所，市场是商品所有者全部交换关系的总和，市场是商品需求。市场营销研究中的市场是指具有特定需求或欲望，而且愿意并能够通过交换来满足这种需要和欲望的全部潜在顾客。市场包含三个要素，它们之间的关系为：市场=人口+购买能力+购买欲望。市场的这三个因素是相互制约、缺一不可的，只有三者结合起来才能构成现实的市场，才能决定市场的规模和容量。

市场的类型主要有消费者市场、生产者市场、中间商市场、资源市场、政府市场等。

营销资料

中共中央　国务院关于加快建设全国统一大市场的意见

《中共中央　国务院关于加快建设全国统一大市场的意见》强调，"建设全国统一大市场是构建新发展格局的基础支撑和内在要求"。党的二十大报告明确提出，"构建全国统一大市场，深化要素市场化改革，建设高标准市场体系"。从全局和战略高度加快建设全国统一大市场，充分发挥我国超大规模市场优势，是推动我国市场由大到强和实现经济高质量发展的必由之路，对构建以国内大循环为主体、国内国际双循环相互促进的新发展格局至关重要。当前建设完善全国统一大市场，加快构建新发展格局，需要在畅通国内大循环、推进现代化产业体系建设、充分释放内需潜力、持续优化营商环境和推进高水平对外开放方面持续重点发力。

资料来源：中国政府网. 中共中央　国务院关于加快建设全国统一大市场的意见 [EB/OL]. （2022－04－10）[2023－06－05]. https://www.gov.cn/zhengce/2022－04/10/content_5684385.htm.

（七）营销者和预期顾客

在市场的交换双方中，如果一方比另一方更主动、更积极地寻求交换，我们就把前者称为营销者，后者称为预期顾客。营销者可以是卖主，也可以是买主。当买卖双方都积极寻求交换时，则交换双方都是营销者，这种情况被称为双边营销。

第二节　现代市场营销管理

一、市场营销管理的概念

美国市场营销协会于1985年将"市场营销管理"定义为：规划和实施理念、商务的设计、定价、分销与促销，为满足顾客需要和组织目标而创造交换过程。其管理的对象包含理念、战略、策略、产品、服务和客户。企业在开展营销活动时，一般都要先设定一个在目标市场上预期实现的交易水平，实际需求水平可能低于、等于或者高于这个预期水平。营销者必须善于应对各种不同的需求状况，调整相应的营销管理任务。市场营销管理的实质是需求管理。

二、市场营销管理的任务

一般来讲，营销管理人员的工作任务就是刺激顾客对企业产品的需求，以便扩大生产和销售。其实这只是一种狭义的理解。事实上，营销管理人员的工作不仅仅是刺激和扩大市场需求，同时还包括调整、缩减和抵制市场需求，这是根据需求的具体情况而定的。简言之，营销管理的任务就是调整市场的需求水平、需求时间和需求特点，使需求与供给相协调，以实现互利的交换，达到组织的目标。在现实生活中，营销者通常要根据不同的需求情况，调整相应的营销需求管理任务。

（一）负需求

负需求是指市场上绝大多数人不喜欢、厌恶甚至愿意花费一定代价来回避的某种产品。例如，工业品使用者会拒绝使用某些可靠性差或维持费用高的产品；糖尿病人回避含糖量高的食品，高血脂患者回避高脂肪食品；特定地区或种族的人由于宗教禁忌或风俗习惯而对某些特定产品或服务持拒绝态度；等等。针对负需求，市场营销管理的营销任务就是扭转需求，营销人员要分析市场为什么抵制这种产品，研究是否可以经过产品重新设计，如改变产品性能或功能、降低价格及积极促销等市场营销方案，来改变市场的看法和态度，使市场接受产品，即实行扭转性营销。

（二）无需求

无需求不同于负需求，它不是由于消费者对产品产生厌恶或反感情绪而对产品采取否定态度，而是由于对产品还缺乏了解或缺乏使用条件，才对产品不感兴趣或漠不关心，既无正感觉，也无负感觉。通常，市场对下列产品无需求：①人们一般认为无价值的废旧物资；②人们一般认为有价值，但在特定市场无价值的东西；③新产品或消费者平常不熟悉的产品等。市场营销需求管理就需要去刺激市场营销，想方设法把产品的功效和人们的自然需求与兴趣结合起来，设法引起消费者的兴趣，刺激需求，使无需求变为正需求，即实现刺激性营销。

（三）潜在需求

潜在需求是指现有产品或劳务尚不能满足的、隐而不现的需求状况。如人们对无害香烟、节能汽车的需求。在潜在需求情况下，市场营销管理的任务是开发市场营销，将潜在需求变为现实需求。例如，人们渴望有一种味道好，且对身体无害的卷烟，谁要能提供这种产品，就会立即获得极大的市场占有率。

【案例二】

挖掘需求

有时，市场需求受认知水平的限制，而认知水平又往往受技术水平的限制。所以，强调市场导向满足需求，不能停留在满足现有需求上，不能忽视技术的进步和创新，不能忽视创造需求。成功的企业完全可以通过宣传或者技术创新引导消费者产生新的需求并让消费者的新需求得到满足。

例如，在苹果公司推出智能手机之前，人们没有对智能手机的购买需求，并不是人们不想要更好的手机，而是想不到还会有比当下的手机更好的手机。而苹果公司突破思维定式，推陈出新地创造和引导了人们对智能手机的需求。

史蒂夫·乔布斯有句反传统的名言："有些人总说'要满足用户的需求'，我就不这么干。我们的任务是在用户想清楚要什么之前研究出能够满足他们需求的产品……因为人们经常不知道想要什么，看到了才知道。"

戴比尔斯将钻石这一奢侈品与浪漫和婚姻联系起来，开拓更广阔的市场。2013 年，其钻石销售额超过 700 亿美元，而在 1932 年时其销售额还几乎为零。还是一样的钻石，只是经过引导，消费者就认为钻石有了新的意义和价值。

总之，企业不但要尽力满足需求，而且要善于创造需求、引导需求。

资料来源：刘润. 乔布斯的苹果，到底有没有创造消费者需求？［EB/OL］.（2019-09-26）［2023-06-05］.https://www.sohu.com/a/343646337_117018.

（四）下降需求

下降需求是指市场对一个或几个产品的需求呈下降趋势的一种需求状况。例如，由于手机的普及，寻呼机的需求减少。在下降需求的情况下，市场营销管理的任务是重振营销，即分析需求衰退的原因，进而开拓新的目标市场，或改进产品特色和外观，或采用更有效的沟通手段重新刺激需求，使老产品开始新的生命周期，并通过创造性的产品再营销，扭转需求下降的趋势，进而谋求开拓新的市场。

（五）不规则需求

不规则需求是指某些产品或服务的市场需求在一年的不同季节，或一周的不同日子，甚至一天的不同时间上下波动都很大的一种需求状况。例如，在旅游旺季时旅馆会紧张和短缺，在旅游淡季时旅馆则空闲。在不规则需求的情况下，市场营销管理的任务是协调市场需求，即通过灵活定价、策略促销及其他刺激手段来调整或改变需求的时间模式，使产品或服务的市场供给与需求在时间上协调一致。

（六）充分需求

充分需求是指某种产品或服务目前的需求水平和时间等于期望的需求状况，这是企业最理想的一种需求状况。但是，消费者需求会不断变化、竞争也会日益加剧、市场的动态性决定了不可能永远维持这种状态。因此，在充分需求条件下，市场营销管理的任务是保证并不断改进产品质量、定期调查消费者满意程度、通过降低成本保持合理价格、激励经销商和销售人员增加销量，即维持市场营销。

（七）过量需求

过量需求是指市场对某种产品或服务的需求水平超过了企业所能供给和愿意供给水平的需求状况，即供给小于需求的状况。如免费范围过宽的公费医疗、收费过低的电力供应，使得医院和电力部门超负荷运转。在过量需求的情况下，市场营销管理的任务是降低市场营销，即通过提高价格、合理分销产品、减少服务和促销等手段，暂时或永久地降低市场需求水平。

（八）有害需求

有害需求是指那些从消费者利益、社会利益甚至生产者利益来看，都只会给人们带来危害的需求。例如，产品中包含了过量的某种对人有害的物质；假冒伪劣商品；有毒及霉烂食品及其他损害公众利益的商品（赌具、毒品、黄色书刊等）。此时的市场营销任务是抵制和清除或消灭这种需求，实行抵制性营销或禁售。

三、市场营销管理的过程

营销管理过程就是企业为实现其任务和目标而发现、分析、选择和利用市场机会的管理过程。更具体地说，营销管理过程包括如下步骤：分析市场机会、选择目标市场、规划营销战略、设计营销组合和管理营销活动。

（一）分析市场机会

作为市场营销管理过程中的第一个步骤，分析市场机会就是寻找市场上尚未得到满足的需求。要发现潜在市场，不仅要进行专门的调查研究，寻找、发掘、识别市场机会，而且应该按照经济发展的规律，预测未来发展的趋势。营销人员不但要善于发现和识别市场机会，还要善于分析、评价哪些才是适合本企业的营销机会（就是对企业的营销具有吸引力的，能享受竞争优势的市场机会）。市场上一切未满足的需求都是市场机会，但能否成为企业的营销机会，还要看它是否适合于企业的目标和资源。

1. 收集市场信息

市场营销管理者可以借助大众传媒、展销会及博览会、产品订货会、经销商大会等手段收集市场信息，并通过研究竞争者的产品、召开献计献策会、调查研究消费者的需要等来寻找、发现或识别未满足的需要和新市场机会。

2. 利用"产品/市场发展矩阵"分析市场

用市场渗透、市场开发和产品开发的思路来挖掘和确定市场机会。市场营销管理人员要根据实际状况做出产品更新换代还是市场新旧淘汰的决策，以发现和识别更多的市场机会。

3. 进行市场细分

营销人员还可通过市场细分来寻找、发现良好的市场机会，拾遗补漏。例如：儿童智能手表的出现正是营销者进行市场细分的结果。

（二）选择目标市场

在发现和评价市场机会之后，还要进行进一步的市场营销研究和信息收集工作，如先进行市场测量和市场预测工作等，再据此决定企业应当生产经营哪些新产品，决定企业应当以哪个或哪些市场为目标市场。目标市场是企业决定要进入的市场，或者说，是企业决定为之服务的顾客群体。市场需求是复杂多变的，企业不可能全部都满足。只有在深刻了解市场需求的基础上把市场分为不同类型，再结合企业自身资源和市场环境条件确定目标市场，才能充分发挥企业优势，提升竞争能力，在充分满足目标市场需求的条件下获得最高的利润。目标市场选择包括市场细分方法、市场细分依据、目标市场策略类型、市场定位策略和影响目标市场策略选择的因素等。

（三）规划营销战略

市场营销管理的第三步便是分别规划与实施企业总的营销发展战略与市场营销战略。企业总的发展战略主要包括规划企业的任务与目标、选择合适的市场机会并制定相应的发展战略、制订业务投资组合计划等。市场营销战略主要是目标市场营销战略，包括市场细分、选择目标市场、市场定位等工作。

（四）设计市场营销组合

市场营销组合是指一整套能影响需求的企业可控因素，可以将它们整合到市场营销计划中，以争取目标市场的特定反应。

市场营销因素是企业在市场营销活动中可以控制的因素，分为产品（product）因素、价格（price）因素、分销渠道（place）因素、促进销售（简称"促销"，promotion）因素等四大类。由于四类因素英文单词的开头字母都是P，所以它们简称为"4P"。这种把市场营销因素分为四大类的方法称为麦卡锡分类法，由美国营销学家麦卡锡于1960年提出，是目前市场营销学中通用的分类法，它不仅完整、科学地概括了所有营销因素的内容，而且便于记忆。

在市场营销组合中，"产品"通常指提供给目标市场的货物、服务的集合。它不仅包括产品的效用、质量、外观、式样、品牌、包装和规格，还包括服务和保证等因素。"价格"指出售产品所追求的经济回报，内容有价目表价格、折扣、折让、支付方式、支付期限和信用条件等，所以又称为"定价（pricing）"。"地点"通常称为"分销（distribution）"或"渠道（channel）"，代表为使产品进入和到达目标市场，经由的路径（途径、通道、通路）和环节、场所，所组织、实施的物流活动，如仓储、运输等。"促销"则是指利用各种信息载体与目标市场进行沟通的传播活动，包括广告人员推销、营业推广与公共关系等

后来，在国际市场竞争激烈、许多国家政府干预加强和贸易保护主义盛行的新形势下，市场营销学理论有了新的发展。菲利普·科特勒在 1984 年提出了一个新的理论，他认为企业能够影响自己所处的市场营销环境，而不是单纯地顺从和适应环境。因此，市场营销组合的"4P"之外，还应该再加上两个"P"，即权力（power）与公共关系（public relations），成为"6P"。这就是说，企业要运用政治力量和公共关系，打破国际或国内市场上的贸易壁垒，为自己的市场营销开辟道路。他把这种新的战略思想称为"大市场营销"（mega marketing）。

应该说明的是，营销组合绝不是对上述的营销因素的简单叠加和重复，而是通过科学调配，使它们相互影响、相互作用，达到 1+1>2 的作用，收到最大的经济效果。

（五）管理营销活动

管理活动具有计划、组织、指挥、协调、控制、领导、决策等职能。市场营销是企业经营管理活动中的一项重要内容，它同样有分析、计划、组织、实施与控制等职能。所以，市场营销最后一项内容是对市场营销活动全过程的组织、实施与控制。具体就是要做好市场营销的计划管理、市场营销的组织安排、市场营销控制等管理性工作。

第三节 现代市场营销观念

一、市场营销观念

营销观念，也称营销导向、营销理念、营销管理哲学等，是企业制定营销战略、实施营销策略、组织开展营销活动所遵循的一系列指导思想的总称。

市场营销观念的核心是正确处理企业、顾客和社会三者之间的利益关系。在许多情况下，这三者的利益既是相互矛盾的，也是相辅相成的。企业必须在全面分析的基础上，正确处理三者关系，确定自己的原则和基本取向，并用于指导营销实践，才能有效地实现企业目标，保证企业的成功。

二、市场营销观念的发展

营销观念是商品经济的基本观念之一。它的形成，不是人们主观臆想的结果，而是商品经济发展到一定阶段的产物。随着商品经济的深入发展和市场环境的不断变化，

营销观念也经历了相应的演变过程。纵观西方国家企业的市场营销实践，这一演变过程大体包括五种市场营销观念。

（一）生产观念

生产观念又称生产导向，是以生产为中心的企业经营指导思想，重点考虑"能生产什么""能生产多少"，把生产作为企业经营活动的中心。生产观念认为，消费者购买产品的主要目的是获得该产品的基本效用，企业的任务就是生产出更多符合消费者对所需基本效用要求的产品，并且向市场提供消费者买得起的产品。因而企业主要以提高劳动生产率、扩大生产规模、降低生产成本来吸引消费者，同时获取自己的市场地位。

生产观念是一种最古老的经营指导思想，是在卖方市场的形势下形成的。当时的西方国家生产力相对落后，市场表现为求大于供。一般来说，企业只考虑自己生产什么和怎样生产就够了。产品一经开发，即投入批量生产，产品生产出来之后，就通过批发商、代理商、零售商等各种中间环节把商品"分配"到消费者那里，生产什么就卖什么，不愁没销路。

从工业革命至 1920 年，西方经济处于一种卖方市场的局面。市场产品供不应求，选择余地很小，只要价格合理，消费者就会购买。市场营销的重心在于加强生产管理，大量生产，解决供不应求的问题，消费者的需求并不受重视。正是在这样的生产力状况下，决定了企业遵循生产观念。

（二）产品观念

产品观念是一种与生产观念类似的经营思想，它片面强调产品质量，而忽视市场需求，以为只要产品质量好、技术独到，自然会顾客盈门。产品观念认为，消费者最喜欢高质量、多功能和具有某种特色的产品，企业应致力于生产高值产品，并不断加以改进。它产生于市场产品供不应求的"卖方市场"形势下。最容易产生产品观念的场合，莫过于当企业发明一项新产品的时候。此时，企业最容易导致"市场营销近视"，即不适当地把注意力放在产品上，而不是放在市场需要上，在市场营销管理中缺乏远见，只看到自己的产品质量好，看不到市场需求在变化，致使企业经营陷入困境。

生产观念和产品观念的共同点在于，它们都以生产者为中心和导向，采取"以产定销"的经营方式，生产什么就销售什么，忽略了对消费需求的调查研究，轻视销售在企业经营中的作用，二者都没有把市场需求放在首位。两者的区别只在于：前者注重以量取胜，后者注重以质取胜。

（三）推销观念

推销观念又称销售导向，是以销售为中心的企业经营指导思想。推销观念认为，在一定的市场竞争条件下，企业必须积极推销自己的产品并进行大量的促销活动。即企业如果能够对消费者的心理采取一系列有效的推销术，使消费者对企业的产品产生兴趣，是可以刺激消费者大量购买自己的产品的。

推销观念盛行于 20 世纪三四十年代。这一时期，由于科技进步，科学管理和大规模生产的推广，商品产量迅速增加，社会生产已经由商品不足进入商品过剩，卖主之间的市场竞争日益激烈。特别是 1929 年爆发的资本主义世界空前严重的经济危机，前后历时五年，堆积如山的货物卖不出去，许多工商企业纷纷倒闭，市场极度萧条。这种现实使许多企业家认识到，企业不能只集中力量发展生产，即使有物美价廉的产品，也必须保证这些产品能被人购买，企业才能生存和发展。

在推销观念的指导下，这一时期的企业坚持以销售为中心，纷纷采用加强推销机构、增加销售工作内容、增加和培训推销人员、研究推销技术和大力进行广告宣传等办法，来努力推销自己的产品。但是，由于仅以推销出去产品作为企业经营的目的，而对产品是否符合消费者需要、是否让顾客满意等重视不够，因此，这一观念仍有其局限性。在执行中，有的企业甚至不惜采用各种手段，硬性兜售产品，形成所谓的"高压推销"或"强力推销"，使消费者利益受到潜在损害。

与前两种观念一样，推销观念也是建立在以企业为中心，"以产定销"，而不是满足消费者真正需要的基础上的。

（四）市场营销观念

市场营销观念形成于20世纪50年代。实现企业目标，取决于目标市场的需求或欲求，并且比竞争者更有效地满足消费者的要求。以市场为中心，以顾客为导向，协调"市场营销，强调营利"。此观念有许多生动的说法，如"找出需求并满足之""顾客就是上帝""制造能够销售出去的东西，而不是销售制造出来的东西"等。

市场营销观念产生后，企业的市场营销过程和职能也发生了相应的变化。企业首先要进行市场调研和分析，发现、判断消费者的需求和愿望，把得到的市场信息传达到生产部门，以便进行产品设计。产品设计出来后，先进行小批量生产，经过市场检验，被消费者接受以后，再进行成批生产。然后，运用各种适当的促销方式和分销渠道把商品传送到消费者手中。例如，美国的快餐企业麦当劳和肯德基就在中国市场的发展过程中，根据中国人的口味和偏好，不断对产品进行改进，并不断推出适合国人口味的新品。但这样做还不够，在进行市场调研后，它们又分别开出了专门经营中式快餐的连锁店。这实际上就是注重了对消费者需求和愿望的结果。

以消费者需求为中心，是市场营销观念的本质特征。市场营销观念也因此成为新旧市场营销观念的分水岭。它的出现，在市场营销学研究中被视为企业经营思想的大变革，被称为"营销革命"。对于营销观念的作用，人们常常把这一重要观念的出现与西方社会的工业革命相提并论。

（五）社会市场营销观念

20世纪70年代以来，西方发达国家在经济高度繁荣的同时，面临一系列带有普遍性的社会问题，诸如环境污染、资源浪费、通货膨胀、忽视社会服务等。这些问题往往与许多企业重视满足消费者需要而忽视社会整体和长远利益有关。例如，清洁剂的使用，满足了人们洗涤物品的需要，但其废水排放会造成水源污染；软饮料的塑料包装迎合了人们追求便捷的需要，但包装物的一次性使用导致了资源浪费和城市垃圾的增加。针对这些情况，有学者提出了一些新的观念来修正和代替单纯的市场营销观念，如"人类观念""理智消费观念""生态环保主宰观念""绿色营销观念"等。菲利普·科特勒则认为可代之以"社会市场营销观念"，这一提法现在已经为多数人所接受。

社会市场营销观念认为，企业的任务是确定各个目标市场的需要、欲望和利益，并以保护或提高消费者和社会福利的方式，比竞争者更有效、更有力地向目标市场提供能够满足其需要、欲望和利益的物品或服务。社会市场营销观念要求市场营销者在制定市场营销政策时，统筹兼顾三方面的利益，即企业利润、消费者需要的满足和社会利益。这显然有别于单纯的市场营销：一是不仅要迎合消费者已有的需要和欲望，而是还要发掘潜在需要，兼顾长远利益；二是要考虑社会的整体利益。因此，不能只顾满足消费者眼前的生理上的或心理上的某种需要，而是必须考虑个人和社会的长远利益，如是否有利于消费者的身心健康，是否可防止环境污染和资源浪费，是否有利于社会的发展和进步，等等。

概括起来，在以上五种市场营销观念中，生产观念和产品观念产生的背景是卖方市场，推销观念的产生处于由卖方市场向买方市场过渡的阶段，市场营销观念和社会市场营销观念产生的背景则是买方市场。学者从新旧观念视角把市场营销观念划分为两大类，即旧的和新的两种市场营销观念。生产观念、产品观念和推销观念为旧观念阶段，市场营销观念和社会市场营销观念为新观念阶段。

上述这五种营销观念中的生产观念、产品观念和推销观念这三种观念被称为旧市场营销观念。旧市场营销观念总体上是以企业和生产为中心，以产定销，其背景在于产品供不应求，处于卖方市场。市场营销观念和社会市场营销观念被称为新市场营销观念。新市场营销观念总体上是以消费者为中心，以销定产，其观念的产生就在于产品供过于求，买方市场的形成。

现代营销观念形成于发达的资本主义社会，但它们并非资本主义社会所特有的范畴，而是对一切市场经济都具有普遍意义的。市场营销观念和社会市场营销观念等现代经营思想，同社会主义的生产目的并无二致，对社会主义市场经济也完全适用。

【案例三】

Z世代青年线上消费洞察：看重消费体验

21世纪经济研究院于2022年年初发布了《Z世代青年线上消费洞察报告》，试图描摹新一代消费群体不同于其他群体的新消费理念。数据显示，Z世代人口现已占据全球人口的三分之一，超越了千禧一代（Y世代），成为人口数量最多的一代。

报告研究发现，线上消费端呈现出几大新特征：超过七成的Z世代倾向于通过自媒体、B站和小红书等平台的KOC（关键意见消费者）测评及推荐了解品牌信息。62.76%的Z世代在发现自己喜欢的品牌时会向身边朋友"种草"（给别人推荐的行为），52.03%的Z世代则通过朋友的"种草"了解新品牌。

对于善于精打细算的Z世代而言，追求极致性价比甚至演变为一种竞技项目。在豆瓣小组"买组 & All buy & 不买不可能"小组中，有12万的成员每天分享自己如何买到价格低廉的正品大牌，并与其他成员一起拼单购物。同时，Z世代消费者依旧保持理性、清醒，高度关注"正品""合规"和"安全"。相较于营销手段、炫目广告、折扣甚至颜值，Z世代消费者最关心的还是产品质量。

21世纪经济研究院问卷调查结果显示，46.3%的Z世代认为"全面、周到、可触达的服务"是购物过程中不可缺少的一环，这一结果紧随性价比和个性化之后，位居影响购物决策因素的第三位。

值得关注的是，Z世代实验室对比了淘宝、京东、拼多多、唯品会四大电商平台服务发现，后台回复"人工"后均可跳转人工客服，细节方面亦有明显差异。具体来看，唯品会、拼多多的跳转步骤较少，且大部分平台都针对会员提供了专属客服。

此外，一些新趋势正在出现：Z 世代消费者不再屈从于平台制定的规则，保持理性节制，避免情绪化消费行为；购物与社交深度绑定，热衷于"种草"也热衷于被"种草"；"质价比"成为消费主义逆行者购物衡量的重要标准，谨慎花好、花对每一分钱，却也不甘心牺牲品质；更关注消费过程的体验、服务和保障，也更注重与电商平台的人性化联结。

资料来源：金江. Z 世代青年线上消费洞察：看重消费体验[EB/OL].（2022-01-18）[2023-06-05]. https://www.dsb.cn/174119.html.

三、新旧营销观念的比较

（一）营销工作的中心不同

旧市场营销活动的开展都是以现有的、已经生产出来的产品为中心开展的；而新市场营销活动，则是以消费者需求为中心展开工作的。可以说，旧市场营销活动是"制造产品，并设法销售出去"；而新市场营销活动是"发现需要，并设法满足它们"。

（二）营销活动的起点不同

旧市场营销观念以企业的要求和产品本身为出发点，根据自身的生产能力决定生产产品的品种和数量，在生产过程开始前不预先考虑市场销路。新市场营销观念坚持以消费需求作为营销活动的出发点，强调从市场调查预测开始，深入研究消费者的需求特点，根据消费需求生产适销对路的产品。

（三）营销活动的终点不同

旧市场营销观念以销出产品并取得利润为终点；新市场营销观念则强调通过顾客的满足来获得利润，因此现在的企业不但关心产品销售，而且十分重视售后服务和顾客意见的反馈。

（四）营销实践的手段不同

旧市场营销观念主要是以广告等促销手段千方百计地推销既定产品；新市场营销观念则主张通过整体营销（营销组合）的手段，充分满足顾客物质和精神上的需要，实实在在为顾客服务，处处为顾客着想。

（五）营销活动的着眼点不同

旧市场营销观念下的企业以利润为目的，偏向于计较每一项交易的盈亏和利润的大小，不太注意改善生产的基础设施和对企业长期发展有益的事，属于目光短浅、追求短期利润的行为。而新市场营销观念下，企业是通过满足消费者的需要来获取利润的，因而除了考虑现实的消费者需要外，还考虑潜在的消费者需要，在满足消费者需要、符合社会长远利益的同时，追求的是长期利润。

* 第四节　市场营销学

本章小结

市场营销，是指企业在市场环境中从事的一种经营活动，是在市场营销观念指导下产生的一种现代企业行为。市场营销就是在市场上的经营与销售。市场营销管理过程就是企业为实现其任务和目标而发现、分析、选择和利用市场机会的管理过程。更具体地说，营销管理过程包括如下步骤：分析市场机会、选择目标市场、规划营销战略、设计营销组合和管理营销活动。由于市场环境的差异，不同历史时期的市场营销观念也有所不同。历史上的市场营销观念经历了从生产主导、产品主导到推销主导的演进过程。虽然从表面上看，这三种经营与销售方式存在明显差异，但是就本质而言，这三种市场营销观念都是由内向外的经营观念的反映，都是以企业为主的经营观念的反映。而新市场营销观念，即市场营销观念和社会市场营销观念总体上是以消费者为中心，以销定产。

思考题

1. 简述市场营销的含义。
2. 简述市场营销管理的过程。
3. 比较新旧市场营销观念的异同。
4. 指出市场营销学的性质和研究对象。

* 【案例分析】

故宫——超级 IP 的诞生

资料来源：纪纲.超级 IP 的新逻辑，故宫树立了好榜样［EB/OL］.（2019-01-03）［2023-06-05］.https://www.jiemian.com/article/2760851.html.

实训任务

1. 实训项目
什么是市场营销：揭开市场营销的神秘面纱

2. 实训目的
通过让学生了解感兴趣的企业的发展背景、经营状况、营销活动，提高学生对企业市场营销的关注程度，并锻炼学生的团队协作与分享展示能力。

3. 实训内容
要求学生调查自己感兴趣的企业的发展背景、经营状况、近期开展的营销活动，加深对企业营销活动的判断以及其在企业日常经营中的重要性，做好后则以小组为单位并进行阐述等。

4. 实训步骤
（1）把全班分成几个小组，每组选择某一感兴趣的企业作为研究对象，做好资料收集准备。
（2）实施调查，了解企业的发展背景、经营范围、业务现状、设置的营销部门、近期开展的营销活动及其产生的营销效果。
（3）小组成员讨论营销活动对企业经营活动的影响，分析市场营销在企业经营中的重要性，并进行信息记录与整理。

5. 实训考核
要求每组学生提交访问报告并进行班级汇报，由老师批阅。

参考文献

［1］余雄，王祥.市场营销学［M］.昆明：云南大学出版社，2018.
［2］曹旭平，黄湘萌，汪浩，等.市场营销学［M］.北京：人民邮电出版社，2017.
［3］谭文曦，张敏，梁红静，等.市场营销学［M］.北京：人民邮电出版社，2015.
［4］郭国庆.市场营销学［M］.北京：中国人民大学出版社，2022.
［5］陶晓波，吕一林.市场营销学［M］.北京：中国人民大学出版社，2022.
［6］张敏.从消费者洞察角度解析元气森林在"Z世代"群体中的暴火原因［EB/OL］.（2021-12-01）［2023-06-05］.https://wenku.baidu.com/view/cbe01b75383567ec102de2bd960590c69ec3d885.html.
［7］中国政府网.中共中央　国务院关于加快建设全国统一大市场的意见.（2022-04-10）［2023-06-05］.https://www.gov.cn/zhengce/2022-04/10/content_5684385.htm.
［8］刘润.乔布斯的苹果，到底有没有创造消费者需求？［EB/OL］.（2019-09-26）

[2023-06-05].https://www.sohu.com/a/343646337_117018.

[9] 金江. Z 世代青年线上消费洞察：看重消费体验［EB/OL］.（2022-01-18）[2023-06-05].https://www.dsb.cn/174119. html.

[10] 菲利普·科特勒, 等. 营销革命 5.0：以人为本的技术 ［M］. 陈就学, 译. 北京：机械工业出版社, 2022.

[11] 纪纲. 超级 IP 的新逻辑, 故宫树立了好榜样[EB/OL].（2019-01-03）[2023-06-05].https://www.jiemian.com/article/2760851. html.

第二章
市场营销环境分析

学习目标

（1）了解市场营销环境的基本知识。

（2）掌握并学会分析市场营销宏观环境因素。

（3）掌握并学会分析市场营销微观环境因素。

本章知识结构图

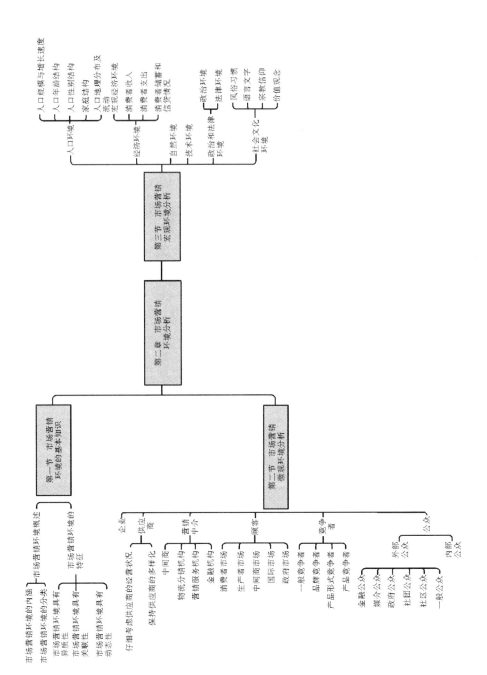

引导案例

【案例一】

人民需要什么，五菱就造什么

2020 年年初，突如其来的新型冠状病毒感染，让"双二十"这一年一开始便蒙上了一层阴影，恐慌、不安的情绪在群众中蔓延，各个城市相继采取封城隔离的措施，抑制疫情的发展态势。这场突发的外部环境变化打乱了许多企业的生产与销售计划，导致部分中小企业面临巨大的销售损失，部分企业甚至濒临破产。

受春节假期影响，2020 年 1 月中国车市低迷。中国汽车工业协会公布的数据显示，2020 年 1 月销量为 194.1 万辆，环比下降 27%，同比下降 18%。乘联会发布的 2020 年 2 月上半月（2 月 1—16 日）销量显示，受新型冠状病毒感染的影响，国内乘用车厂家零售销量同比大跌 92%，跌幅创历史最高纪录。

上汽通用五菱主要生产销售 6 万~8 万元的商用 MPV，因其坚实耐用、价格低廉，一直深受消费者的喜爱，更是长期处于销售前列。在疫情特殊时期，口罩物资供不应求的状态下，2020 年 2 月 6 日，上汽通用五菱宣布联合供应商生产口罩，共设置 12 条生产线，日均产量预计可达 170 万只；2 月 10 日决定自建口罩生产线；2 月 14 日凌晨，广西首条全自动口罩生产线正式建成，开始批量生产口罩。在不影响本业生产的前提下，上汽通用五菱充分发挥可利用资源优势，改造生产线，并且所生产的口罩"只赠不卖"，全部捐赠给广西柳州市政府，统一调配。在传播口号上，五菱提出"人民需要什么，五菱就造什么"这句接地气、易理解的口号，表达了"倾其所有"的奉献精神。

在企业原定的销售与营销活动受到环境变化的影响后，企业应该降低预算、更改档期，甚至撤销项目。对于生产型企业而言，这无疑是一次巨大的挑战。五菱在新型冠状病毒感染这个突发的环境变化中交出了一份可谓完美的答卷。

资料来源：好奇实验室. 人民需要什么就造什么的五菱，还造过哪些东西？[EB/OL].（2020-05-13）[2023-06-05].https://new.qq.com/rain/a/20200513A0FCSG00.

第一节　市场营销环境的基本知识

一、市场营销环境概述

企业作为社会的经济细胞，生存和发展都是在特定的环境中开展各项活动的，可以说企业的生存和发展很大程度上取决于它对环境的适应和应变能力。在现代市场经济条件下，企业必须建立适当的机构和机制，监测营销环境的发展变化；要善于分析和识别由于环境变化带来的机会和威胁，并及时采取适当的对策；要注意协调企业的相关利益群体，促进企业营销目标的实现。

（一）市场营销环境的内涵

市场营销环境是指在企业营销活动之外影响企业营销活动及其目标实现，而企业营销部门又难以控制的各种因素和力量，这些因素和力量是影响企业营销活动及其目标实现的外部条件。市场营销环境的变化直接或间接、显性或隐性地影响企业的市场营销活动，既可能给企业带来稍纵即逝的市场机会，也可能对企业的生存和发展造成威胁。显然，市场营销环境的变化不以营销者的意志为转移，它对企业营销活动的影响具有强制性和不可控性。

（二）市场营销环境的分类

根据市场营销环境对企业营销活动发生影响的方式和程度的不同，可以将市场营销环境分为两大类，即市场营销微观环境和市场营销宏观环境。

微观环境是指与企业紧密相连，企业赖以生存和发展的特殊空间，相对于宏观环境而言也称直接环境。它由那些与公司有密切联系、直接影响公司为目标市场服务的能力与成效的力量构成。它涉及的主体包括供应商、竞争者、营销中介、顾客、公众以及影响营销管理决策的企业内部各个部门。

宏观环境是指各类企业在生存和发展的共同空间中需要面对的各类巨大的社会力量。这些力量包括政治、法律、经济、人口、社会、文化、技术自然等几大类。与微观环境不同，宏观环境对企业市场营销活动的影响相对比较间接，且对企业市场营销活动的影响具有强制性和不可控性。

二、市场营销环境的特征

（一）市场营销环境具有异质性

不同国家或地区之间，宏观环境存在广泛的甚至巨大的差异，如中国和美国在政治、法律、经济和文化等多方面具有巨大差异。即使在同一时期，不同企业所处的微观环境也存在差别。

（二）市场营销环境具有关联性

市场营销环境本身就是一个复杂的大系统，有着复杂多样的构成要素和子系统，形成特定的结构和功能，相互之间存在各种各样的联系和制约。一方面，企业营销活动受多种环境因素的共同制约。企业的营销活动不是仅受单一环境因素的影响，而是受多种环境因素的共同制约。如企业的产品开发受制于国家环保政策、技术标准、消费者需求特点、竞争者产品、替代品等多种因素，如果不考虑这些外在的力量，就很难确定生产出来的产品能否进入市场、是否有市场需求。另一方面，某一环境因素的变化会引起其他因素的相关变化。

（三）市场营销环境具有动态性

营销环境是一个动态大系统，其各种因素（政策、经济、技术、竞争、顾客需求等）和力量都在不断变化。环境的变化有多种形态，有稳定的、缓慢的渐变，也有迅猛的突变。这些变化往往给企业带来或大或小、或直接或间接、或利好或利空的不同影响。企业虽然不能准确预见环境变化，但必须动态关注环境变化的趋势，及时调整企业营销战略与策略。

（四）市场营销环境具有客观性

环境是不以人的意志为转移的因素，它对企业营销活动的影响具有不可控性。一般来说，企业的任何营销活动都无法摆脱和控制营销环境，尤其是宏观环境因素，但企业可以通过制定并不断调整市场营销策略去主动适应环境的发展和变化。

第二节　市场营销微观环境分析

微观环境是指与企业紧密相连、企业赖以生存和发展的特殊空间，相对于宏观环境而言也称直接环境。它由那些与公司有密切联系、直接影响公司为目标市场服务的能力与成效的力量构成。它涉及的主体包括供应商、竞争者、营销中介、顾客、公众，以及影响营销管理决策的企业内部各个部门，如图 2-1 所示。

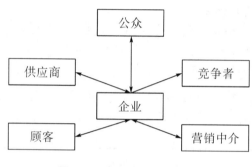

图 2-1　市场营销微观环境

一、企业

企业是由多个职能部门或多个管理层次构成的，营销部门是其中核心的构成部分，是承担企业营销职能的专门机构，由专业的营销管理人员组成，需要完成相应的营销职能。从营销部门的角度来看，部门完成职能的水平不仅取决于该部门人员的素质与工作能力，而且取决于营销部门与企业其他职能部门（研发、采购、生产、财务等部门）的协调配合。因此，营销部门在分析企业的外部环境之前，必须先分析企业的内部营销环境，分析营销部门是否正确理解了决策层的意图，企业各部门、各管理层次之间的分工是否科学，协作是否和谐。制定本部门的营销战略及目标前，营销部门必须要以企业的整体战略目标为导向，并努力争取领导决策层的认同以及其他职能部门的理解。由于各职能部门各自的工作重点不同，往往会出现矛盾。如生产部门关注的是能长期生产的标准化产品，要求品种规格少、批量大、订单标准、质量管理较稳定，而营销部门注重的是产品能否适应市场变化、满足目标消费者需求变化，因此要求多品种规格、小批量、个性化订单、特殊的质量管理。企业在制订营销计划、开展营销活动时，必须协调和处理好各部门之间的矛盾与关系。只有企业内部达成一致共识才能保证企业工作的有效展开。

二、供应商

供应商是指向企业提供生产所需的包括原材料、辅助材料、设备、能源、劳务、资金等资源在内的供货单位。这些资源作为保障，直接影响企业产品的产量、品质以及企业的成本和利润，长远来看将影响企业营销目标甚至战略目标的实现。所以，在社会生产活动中形成了企业与供应商之间的紧密联系。这种联系使得企业的所有供应商构成了对企业营销活动最直接的影响和制约力量。

企业在寻找和选择供应商时，应特别注意以下两点：

（一）仔细考虑供应商的经营状况

企业选择的供应商应该具备以下特点：一是能够提供品质优良、价格合理的资源；二是交货及时；三是社会信用良好；四是生产质量高、效率优。只有与具备良好经营状况的企业合作并建立长期稳固联系才能为企业生产资源的稳定提供最大的保障。

（二）保持供应商的多样化

在社会生产活动中，企业如果过分依赖一家或少数几家供应商，受供应商的牵制就大，将造成企业对原材料等生产资源的讨价还价能力较弱，而且受供应商变化的影响和打击的可能性就越大。为了减少供应商对企业的不利影响和制约，企业应该尽可能向多个供应商采购，尽量减少对单一供应商的依赖，以免与供应商关系的变化使企业陷入被动，影响企业的生产经营活动。

三、营销中介

营销中介是指直接或间接地协助企业推广、销售和配送产品给最终消费者的组织和个人，由于大多数产品集中生产和分散消费的现实矛盾，在企业的市场营销活动中营销中介的协助就显得尤为重要。常见的营销中介可分为以下四类：

（一）中间商

中间商是指把产品从生产商流向消费者的中间环节或渠道，寻找合适的中间商是企业渠道管理的重要工作。它主要包括商人中间商和代理中间商两大类。商人中间商从事商品的购销活动，对商品拥有所有权，如批发商和零售商。代理中间商主要是推销产品、协助达成交易，但对产品没有所有权，如经纪人和制造商代表。同时，互联网时代的电商平台融合了中间商和物流机构的功能，如阿里巴巴、京东以及亚马逊等。中间商对企业营销具有极其重要的影响，它能帮助企业寻找目标顾客，为产品打开销路，为顾客创造地点效用、时间效用和持有效用。因此，企业需要选择适合自己营销的合格中间商，与中间商建立良好的合作关系，了解和分析其经营活动，并采取一些激励性措施来推动其业务活动的开展。

（二）物流分销机构

物流分销机构是指帮助企业进行保管、储存、运输等商品交换和流通环节服务的公司，包括专业运输公司、仓储公司等。这些机构的主要任务是协助企业将产品运往销售目的地，完成产品空间位置的转移；在产品到达目的地之后，还有一段待售时间，要协助保管和储存。这些物流分销机构是否安全、便利、经济，直接影响企业营销的效果。因此，在企业营销活动中必须了解和研究物流结构及其业务动态变化。

（三）营销服务机构

营销服务机构是指为企业营销活动提供信息、策划、设计和执行的组织与个人，如广告公司、广告媒介经营公司、营销策划公司、市场营销调研公司等。企业可以自设此类部门，也可以通过外购获得较高水平的相关服务。这些机构对企业的营销活动会产生直接的影响，它们的主要任务是协助企业确立市场定位，进行市场推广等。一些大企业或公司往往有自己的广告和市场调研部门，但大多数企业以合同方式委托这些专业公司来办理有关事务。因此，企业需要关注、分析这些服务机构，选择最能为本企业提供有效服务的机构。

（四）金融机构

金融机构是指为企业营销活动进行资金融通的机构，包括商业银行、信托公司、保险公司等。金融机构的主要功能是为企业营销活动提供融资及保险服务。在现代社会中，任何企业都要通过金融机构开展业务往来。金融机构业务活动的变化还会影响企业的营销活动，比如，银行贷款利率上升，会使企业成本增加；信贷资金来源受到限制，会使企业经营陷入困境。因此，企业应与这些机构保持良好的关系，以保证融资及信贷业务的稳定和渠道的畅通。

四、顾客

顾客是指使用进入消费领域的最终产品或服务的消费者和生产者，是企业营销活动的最终目标市场，也是企业经营活动的出发点和归宿。顾客对企业市场营销的影响程度远远超过前述的环境因素。顾客是市场的主体，任何企业的产品和服务，只有得到了顾客的认可，才能赢得这个市场，现代营销理论强调把满足顾客需要作为企业营销管理的核心。现代市场营销学通常用市场这个术语来指代各种顾客，并按照顾客购买的最终用途来划分市场。常见的顾客市场可分为以下几类：

（一）消费者市场

消费者市场指为满足个人或家庭消费需求购买产品或服务。这部分顾客购买产品或服务是为了自己消费而非转卖。消费者市场上的产品包括衣食住行等家庭生活消费离不开的产品和文化、教育、娱乐类产品。

（二）生产者市场

生产者市场是指为生产其他产品或服务，以赚取利润而购买产品或服务的组织。它们购买产品是为了将之投入生产过程或为了组织的运营，并最终通过销售自己生产的产品来获取利润。

（三）中间商市场

中间商市场是指购买产品或服务以转售，从中盈利的组织。中间商市场由分销渠道中的批发商和零售商组成。它们购买产品是为了转售，通过转售而承担营销的部分效用并在转售中获取利润。

（四）国际市场

国际市场是指国外购买产品或服务的个人及组织，包括外国消费者、生产商、中间商和政府。

（五）政府市场

政府市场是指为了履行职责而购买的政府机构所构成的市场。

五、竞争者

竞争者是指提供相同或类似的产品和服务，直接或间接地与其他公司争夺顾客的机构和个人。在商品经济条件下，任何企业在目标市场进行市场营销活动时，都不可避免地会遇到竞争对手的挑战。企业要想在市场竞争中获得成功，就必须比竞争者更有效地满足消费者的需要与欲望。因此，企业要做的不是仅仅迎合目标顾客的需要，还要通过有效的产品定位，使得企业产品与竞争者产品在顾客心目中形成明显差异，从而取得竞争优势。即使在某个市场上只有一个企业在提供产品或服务，没有"显在"的对手，也很难断定在这个市场上没有潜在的竞争企业。因此企业需要识别的竞争者包括以下几类：

（一）一般竞争者

一般竞争者是指提供满足同种需要的不同产品的企业或个人。消费者会在确定目前需求的基础上进一步判定选择，即"采取什么方法能满足这一欲望"。能满足同一需求的不同产品有许多，例如，自行车、摩托车和小轿车都可用作交通工具，这三种产品的生产经营者之间就形成一种竞争关系。

（二）品牌竞争者

品牌竞争者（brand competitors）是指向相同的顾客群提供不同品牌的相同产品和服务的竞争者。这些竞争者之间会展开直接的竞争，如苹果、三星、华为、小米等手机厂商之间展开的品牌竞争。

（三）产品形式竞争者

产品形式竞争者是指提供同种但不同规格、型号和款式产品的企业和个人。消费者在满足同一需求的产品中进一步选择某一类产品。例如，在选购自行车的过程中，消费者要面对同种产品但不同规格、型号、款式的竞争产品，再如智能手机有"128 GB""256 GB""512 GB"等不同内存，也有6.1英寸、6.7英寸等不同尺寸。

（四）产品竞争者

产品竞争者是指向同一消费群体提供能够满足同一需求但产品形式不同的竞争者。比如，手机、笔记本电脑、平板电脑都能满足消费者网络沟通的需要，但它们是可以相互代替的，因而构成竞争关系，使来自同一行业的厂商为争夺消费者而展开竞争。

六、公众

公众是企业营销活动中与企业营销活动发生关系的各种群体的总称。公众是指所有实际或潜在地关注着企业，或与企业存在利益关系并影响企业实现其目标的有关组织和个人。公众对企业的态度会对其营销活动产生巨大的影响，它可能有助于企业树立良好的形象，也可能破坏企业的形象。因此，企业必须处理好与主要公众的关系，争取公众的支持和偏爱，为自己营造和谐、宽松的社会环境。按照公众是否归属于企业内部人员，可以将其分为外部公众和内部公众两大类。

（一）外部公众

外部公众涉及以下六类组织或个人：

1. 金融公众

金融公众是指影响企业取得资金能力的任何集团，如银行、投资公司、证券公司、保险公司等。

2. 媒介公众

媒介公众是指包括报纸、杂志、广播、电视在内的传统大众媒体以及互联网等新兴媒介组织。它们掌握传媒工具，有广泛的社会关系，能通过影响社会舆论来影响公众对企业的认识和评价。

3. 政府公众

政府公众是指在企业的市场营销活动中对其有服务、监管等职能的各级政府机构及其职能部门，如市场监督管理、税务等部门。

4. 社团公众

社团公众是指社会中存在的各类非营利组织，如消费者保护协会、环境保护组织、行业协会等。企业的营销活动涉及社会各方面的利益，来自这些社团公众的意见和建议往往对企业营销决策有十分重要的影响。

5. 社区公众

社区公众是指企业所在地附近的居民和社区团体。社区是企业的邻居，企业与社区保持良好的关系，为社区的发展做出一定的贡献，会受到社区居民的好评，他们的口碑能帮助企业在社会上树立良好的形象。

6. 一般公众

一般公众是指除上述各类公众以外关注企业的组织和个人。

（二）内部公众

内部公众是指公司的员工，包括各层次管理者和一般员工。员工是营销活动的具体实践者，如果他们能够理解并接受企业的理念和目标，营销活动会开展得更加顺利。内部公众包括董事会成员、经理、员工等。

第三节　市场营销宏观环境分析

市场营销宏观环境是指那些给企业带来市场机会和环境威胁，能够影响企业运作和绩效的自然及社会力量的总和，包括人口环境、经济环境、自然环境、技术环境、政治和法律环境以及社会和文化环境（如图 2-2 所示）。一切营销组织都处于这些宏观环境因素的影响之中，不可避免地受其制约。显然，这些宏观环境因素一般都是企业营销过程中不可控制的因素。企业及其微观环境都在这些宏观环境的控制下。这些宏观环境及其发展趋势可能给企业的市场营销提供机会，也有可能造成威胁。

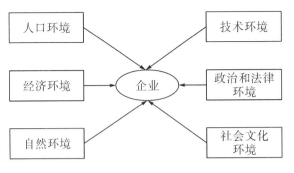

图 2-2　市场营销微观环境

一、人口环境

人口是构成市场的第一位要素，因为市场是由那些想购买商品同时又具有购买力的人构成的。因此，人口的多少直接决定市场的潜在容量的大小，人口越多，市场规模越大。而人口的年龄结构、地理分布、婚姻状况、出生率、死亡率、人口密度、人口流动性及受教育程度等特性，会对市场格局产生深刻影响，并直接影响企业的营销活动和经营管理。所以，企业必须重视对人口环境的研究，密切关注人口特性及其发展动向，不失时机地抓住市场机会；当出现威胁时，应及时、果断地调整营销策略以适应人口环境的变化。

（一）人口规模与增长速度

人口规模是影响需求（特别是消费需求）的决定性因素。在一国或地区平均购买力水平既定的情况下，人口规模越大，市场容量就越大。目前世界人口增长的主要特征是，全球人口迅速增长，但发达国家出生率下降。

习近平主席在 2022 年 11 月 17 日亚太经济合作组织工商领导人峰会上指出："迄今为止，世界上实现工业化的国家不超过 30 个，人口总数不超过 10 亿。中国 14 亿多人口实现现代化将是人类发展史上前所未有的大事。""中国经济社会的更好发展，归根结底要激发 14 亿多人民的力量。我们将坚持以人民为中心，继续提高人民生活水平，使中等收入群体在未来 15 年超过 8 亿，推动超大规模市场不断发展。"

营销资料

【资料一】

从"七普"看中国人口变化的趋势和机遇

随着中国经济的快速发展，中国人口迁移和流动也更为活跃。第七次全国人口普查（以下简称"七普"）数据显示，全国人口共 141 178 万人，与 2010 年（第六次全国人口普查数据，下同）的 133 972 万人相比，增加 7 206 万人，增长 5.38%，年平均增长率为 0.53%，比 2000 年到 2010 年的年平均增长率 0.57% 下降 0.04 个百分点。数据表明，我国人口 10 年来继续保持低速增长态势。

2020 年我国共有流动人口 3.76 亿人，较 2010 年增加 69.7%，意味着我国约每 4

人中便有1人为流动人口。其中，2.5亿人从乡村流动到城镇，较2010年增长1.1亿人，在总流动人口中占比达66.5%。这反映了我国城镇经济活力正在不断提升，人才资源配置水平提高，城镇吸纳人口迁入包容度加大。此外，"七普"数据显示省内人口流动超过跨省人口流动。2020年我国省内流动人口为2.51亿人，占全部流动人口的2/3，较2010年增长85.7%，明显高于1.25亿人跨省流动的规模和45.4%的增速。更多人选择相对近距离的省内流动，与近年来我国大力支持区域协调发展，鼓励重点省份加快建设国家中心城市密不可分。一些中西部中心城市在政策的支持下，通过打造先进制造业基地，承接国内外产业转移，培育特色产业，工作机会越来越多，吸引了大量劳动力留在省内。

资料来源：毕马威. 从"七普"看中国人口变化的趋势和机遇[EB/OL].（2021-06-18）[2023-06-05].http://www.shujuju.cn/lecture/detail/7041.

（二）人口年龄结构

人口年龄结构决定市场需求的结构。不同年龄阶段的消费者在可支配收入水平、消费偏好、支出方向、消费心理、购买行为特征等方面有很大的差别：儿童需要玩具、学习用具和营养食品；青少年需要图书、时装、新潮的电子设备；老年人需要保健品和怀旧商品。分析一定时期内的人口年龄结构，能使企业发现市场机会。因此年龄往往是企业细分市场的重要依据。

目前，许多国家人口老龄化趋势明显，一些发达国家较低的人口自然增长率使得这一特征更为明显。人口年龄结构的变化直接影响消费资料需求结构的变化。第七次全国人口普查结果显示，到2020年11月，全国人口共141 178万人。从年龄构成看，15~59岁人口为89 438万人，占总人口的63.35%；60岁及以上人口为26 402万人，占总人口的18.70%，其中65岁及以上人口为19 064万人，占总人口的13.50%。中国人口的老龄化程度逐步加深，这给我国养老产业的发展带来了机会，未来的养老市场将成为一个炙手可热的市场，比如养老服务、医疗保健等产品和服务的需求明显增加就是这一趋势的反映。

（三）人口性别结构

大量研究表明，男性和女性在消费心理、消费行为上存在较大差异。比如，即使拥有相同的可任意支配收入，男性和女性消费者的购买力投向也会有明显的不同；对同一种商品，男性消费者比女性消费者更容易做出购买决策。因而，性别也是企业市场细分的主要依据。2021年我国男性比例为51.2%，女性比例为48.8%，男女性别比为104.91∶100。

（四）家庭结构

家庭是购买和消费的基本单位，家庭的数量和家庭人员数量的多少直接影响某些商品的销量的多少。全国共有家庭户49 416万户，家庭户人口为129 281万人；集体户2 853万户，集体户人口为11 897万人。平均每个家庭户的人口为2.62人，比2010年的3.10人减少0.48人。家庭户规模继续缩小，主要是受我国人口流动日趋频繁和住房条件改善年轻人婚后独立居住等因素的影响。

（五）人口地理分布及流动

不同人口密度地区的市场需求量存在差异，受地理环境、气候特点的影响，不同地区居民的购买习惯和购买行为也存在差异。比如，在天气炎热的南方，人们对空调的需求量大，而在寒冷的北方则需要暖气设备和御寒服装。此外，不同地区的经济发展程度不同，居民的消费偏好也有很大差异。研究人口地理分布特点对企业找准产品销售市场意义重大。人口的地理分布随时间推移会发生一定变化，这就是人口流动。目前世界上许多国家的人口流动都具有两个趋势，即从农村流向城市和从城市中心流向郊区。这两个趋势对企业的营销活动产生了重要的影响：城市人口增加使城市市场尤其是大城市市场成为企业营销战的必争之地；城市人口向郊区流动使得企业销售网络布局向郊区发展。

二、经济环境

经济环境是指企业开展市场营销活动的外部经济条件，主要涉及宏观经济环境、消费者的收入与支出等。

（一）宏观经济环境

企业的市场营销活动要受到一个国家或地区的整个经济发展水平的制约。经济发展阶段不同，居民的收入不同，消费者对产品的需求也不一样，从而会在一定程度上影响企业的营销。例如，从消费者市场来看，经济发展水平比较高的地区，在市场营销方面强调产品款式、性能及特色，品质竞争多于价格竞争。而在经济发展水平低的地区，则较侧重于产品的功能及实用性，价格因素比产品品质更为重要。在生产者市场方面，经济发展水平高的地区着重投资较大且能节省劳动力的先进、精密、自动化程度高、性能好的生产设备。在经济发展水平低的地区，其机器设备大多是一些投资小且耗费劳动力多、简单、易操作、较为落后的设备。因此，对于不同经济发展水平的地区，企业应采取不同的市场营销策略。

近年来，面对错综复杂的国际形势、艰巨繁重的国内改革发展稳定任务，以习近平同志为核心的党中央团结带领全党全国各族人民砥砺前行、开拓创新，我国经济运行总体平稳，经济结构持续优化，国内生产总值突破 100 万亿元，为"十四五"经济发展奠定了良好基础。虽然在当前和今后一段时期，我国经济发展还面临需求收缩、供给冲击、预期转弱三重压力，同时国际环境日趋复杂，经济全球化遭遇逆流，但"十四五"规划明确提出坚持新发展理念，进一步优化经济结构，强化国内市场，升级产业，稳固农业，推动城乡协调发展，同时建立更加健全的公平竞争制度，并逐步推动形成更高水平开放型经济新体制。"十四五"规划也对生态文明建设、国土空间开发和控制城镇调查失业率、保持居民人均可支配收入增长与国内生产总值（GDP）增长基本同步等民生福祉提出了新方向。越来越充满活力的市场制度和要素市场化配置改革、生态文明建设和生产生活的绿色转型，都对企业的营销管理提出了更高要求。同时，国内市场的强化、中华文化在全世界范围内影响力的再提升，也为企业的本土化、国际化提供了新的机遇。企业应当积极面对营销挑战，抓住营销机遇，创造更多商机。

（二）消费者收入

经济学理论表明，消费支出在很大程度上受消费者收入的约束，收入增加则支出增加、收入减少则支出减少是普遍规律。因此，考察市场的购买力首先要考察该市场的消费者收入情况。以下几个指标可以反映一定时期消费者收入的总体状况。

1. 人均国民收入

人均国民收入是一定时期内一个国家物质生产部门的劳动者人均所创造的价值，它大体上反映了一个国家的经济发展水平。

2. 人均个人收入

人均个人收入等于全社会个人收入总和除以总人口。全社会个人收入的主要来源为社会总的消费基金，即用国民收入减去用于扩大再生产的支出，再减去用于行政管理、国防、文教、其他公用事业以及各种社会保险的支出的余额。人均个人收入大体上反映了市场的购买力水平。

3. 个人可自由支配收入

个人可自由支配收入指在个人收入中扣除税款、非税性负担以及维持生活的必需品支出（房租、水电费等）后的余额，它是影响消费结构的重要因素。

对企业营销活动而言，个人可自由支配收入是有意义的收入指标。这部分收入越多，企业的营销机会就越多。

营销资料

【资料二】

从统计数据看 2022 年全国居民收入和消费支出情况

如表 2-1 所示，2022 年，全国居民人均可支配收入 36 883 元，比上年名义增长 5.0%，扣除价格因素，实际增长 2.9%。分城乡看，城镇居民人均可支配收入 49 283 元，增长（以下如无特别说明，均为同比名义增长）3.9%，扣除价格因素，实际增长 1.9%；农村居民人均可支配收入 20 133 元，增长 6.3%，扣除价格因素，实际增长 4.2%。

按收入来源分，2022 年，全国居民人均工资性收入 20 590 元，增长 4.9%，占可支配收入的比重为 55.8%；人均经营净收入 6 175 元，增长 4.8%，占可支配收入的比重为 16.7%；人均财产净收入 3 227 元，增长 4.9%，占可支配收入的比重为 8.7%；人均转移净收入 6 892 元，增长 5.5%，占可支配收入的比重为 18.7%。

2022 年，全国居民人均可支配收入中位数为 31 370 元，增长 4.7%，中位数是平均数的 85.1%。其中，城镇居民人均可支配收入中位数 45 123 元，增长 3.7%，中位数是平均数的 91.6%；农村居民人均可支配收入中位数 17 734 元，增长 4.9%，中位数是平均数的 88.1%。

表 2-1 2022 年城乡居民收支主要数据

指标	绝对量/元	同比增长/%（括号内为实际增速）
（一）全国居民人均可支配收入	36 883	5.0（2.9）
按常住地分：		
城镇居民	49 283	3.9（1.9）

表2-1（续）

指标	绝对量/元	同比增长/%（括号内为实际增速）
农村居民	20 133	6.3（4.2）
（二）全国居民人均可支配收入中位数	31 370	4.7
按常住地分：		
城镇居民	45 123	3.7
农村居民	17 734	4.9
（三）全国居民人均消费支出	24 538	1.8（-0.2）
按常住地分：		
城镇居民	30 391	0.3（-1.7）
农村居民	16 632	4.5（2.5）
按消费类别分：		
食品烟酒	7 481	4.2

注：

①全国居民人均可支配收入=城镇居民人均可支配收入×城镇人口比重+农村居民人均可支配收入×农村人口比重。

②居民人均可支配收入名义增速=（报告期居民人均可支配收入/基期居民人均可支配收入-1）×100%；居民人均可支配收入实际增速=（报告期居民人均可支配收入/基期居民人均可支配收入/报告期居民消费价格指数×100-1）×100%。

③全国居民人均收支数据根据全国十六万户抽样调查基础数据，依据每个样本户所代表的户数加权汇总而成。受城镇化和人口迁移等因素影响，各时期的分城乡、分地区人口构成发生变化，有时会导致全国居民的部分收支项目增速超出分城乡居民相应收支项目增速区间的现象发生。主要是在城镇化过程中，一部分在农村收入较高的人口进入城镇地区，但在城镇属于较低收入人群，他们的迁移对城乡居民部分收支均有拉低作用；但无论在城镇还是农村，其增长效应都会体现在全体居民的收支增长中。

④比上年增长栏中，括号中数据为实际增速，其他为名义增速。

⑤收入平均数和中位数都是反映居民收入集中趋势的统计量。平均数既能直观反映总体情况，又能反映总体结构，便于不同群体收入水平的比较，但容易受极端数据影响；中位数反映中间位置对象情况，较为稳健，能够避免极端数据影响，但不能反映结构情况。

资料来源：国家统计局. 2022年居民收入和消费支出情况［EB/OL］.（2023-01-17）［2023-06-05］.http://www.xinhuanet.com/2023-01/17/c_1129292204. htm.

（三）消费者支出

现实的市场需求不仅取决于人们的收入水平，而且受消费者的支出模式和消费结构的影响。企业应该高度重视消费者的支出模式和消费结构的变化，尤其应该掌握拟进入目标市场中消费者支出模式和消费结构的情况，从而创造价值，提供消费者满意的商品与服务。

消费者支出模式主要受消费者收入、家庭生命周期等的影响。随着消费者收入的变化和家庭生命周期所处阶段的变化，消费者支出模式也会发生相应变化。

消费结构是消费过程中人们所消耗的各种消费资料（包括劳务）的构成，即各种消费支出占总支出的比例关系。德国统计学家恩斯特·恩格尔通过研究发现：一个家庭的收入越少，其总支出中用来购买食物的比例就越大。而随着家庭收入的增加，用于购买食物的支出占总支出的比例会下降，用于教育、卫生、娱乐等方面的支出的比重则会上升。这一结论被称为恩格尔定律（Engel's law），而食品支出占家庭消费支出总额的比重被称为恩格尔系数（Engel's coefficient）。20 世纪以来，经济学家一直运用恩格尔系数来分析消费者支出模式和消费结构。恩格尔系数是衡量一个国家、一个地区、一个城市、一个家庭生活水平高低的标准，反映了人们收入增加时支出变化趋势的一般规律，说明消费者收入的变化直接影响消费者支出模式的变化。改革开放以来，中国城乡恩格尔系数呈现总体下降的趋势。恩格尔系数的下降意味着居民将更多的消费支出投向基本生活消费以外的领域，增加了教育、旅游、文化娱乐等行业企业的市场营销机会。

营销资料

【资料三】

2023 年"五一"假期文化和旅游市场情况

文化和旅游部数据中心的统计数据显示，2023 年"五一"假期，全国国内旅游出游合计 2.74 亿人次，同比增长 70.83%，按可比口径恢复至 2019 年同期的 119.09%；实现国内旅游收入 1 480.56 亿元，同比增长 128.90%，按可比口径恢复至 2019 年同期的 100.66%。旅游距离方面，游客出游半径和目的地游憩半径双提升，300 千米以上的跨市、跨省游热度明显走高。携程发布的报告显示，2023 年"五一"期间，用户出游半径较 2022 年同期增长 25%；跨省酒店预订占比超 7 成；国内景区门票量同比增长 9倍，较 2019 年同期增长超 2 倍；出境游订单同比增长近 7 倍。

在旅游目的地方面，国内传统热点旅游目的地城市北京、杭州、大理、厦门热度不减，重庆、长沙、淄博等网红城市备受关注，亲子玩乐、非遗、休闲度假、乡村旅游等受到青睐。根据文化和旅游部数据监测，2023 年 4 月 28 日 18 时至 5 月 3 日 6 时，243 个国家级夜间文化和旅游消费集聚区夜间客流量 7 768.6 万人次，平均每个集聚区每夜 6.39 万人次，较 2022 年同期增长 114.5%。

资料来源：新华社. 2023 年"五一"假期国内旅游出游 2.74 亿人次 同比增长 70.83% [EB/OL]. (2023-05-03) [2023-06-05]. https://www.gov.cn/lianbo/2023/05/04/content_5754061.htm.

（四）消费者储蓄和信贷情况

消费者储蓄与信贷是影响消费者现实购买力的两大金融因素。

消费者收入的主要流向是消费和储蓄。特定时期内，在收入一定的条件下，储蓄量越大就意味着消费越少，但潜在的购买力越强。可以说，一定比例的储蓄是保证未来购买力的有效手段，但如果储蓄比例过高，说明市场缺乏购买热点，需求不足。影响储蓄的因素包括收入水平、通货膨胀、市场商品供给状况、消费者对未来和当前消费的乐观程度等。

消费者信贷是消费者凭借个人信用提前取得商品使用权，然后按期归还贷款的消费方式。通常所说的赊销、分期付款都是它的具体形式。消费信贷是在有需求、缺乏购买力的条件下实现产品销售的有效手段。汽车、住房等耐用高价值商品本身具有一次购买、长期消费的特点，采取信贷方式购买可以减轻支出压力，很受消费者欢迎。消费信贷是一个经济杠杆，可以调节积累与消费、供给与需求之间的矛盾。当市场供大于求时，可以发放消费信贷，刺激需求。当市场供不应求时，可以收缩消费信贷，适当抑制、减少需求。消费信贷把资金投向需要发展的产业，刺激这些产业的生产，带动相关行业和产品的发展。企业营销者应密切关注消费信贷的政策走势，以便及时抓住商机。

三、自然环境

一个国家、一个地区的自然环境包括相关的自然资源、地形地貌、气候条件、生态环境和能源供应等，这些因素都会不同程度地影响企业的营销活动。有时，这种影响对企业的生存和发展起决定作用。企业要避免由自然环境带来的威胁，最大限度地利用环境变化可能带来的市场营销机会，就应不断地了解和分析自然环境变化的趋势，根据不同的环境情况来设计、生产和销售产品。当前人类社会发展面临一系列自然环境因素的挑战，市场营销活动也不例外。

当前面对某些自然资源短缺、环境污染日益严重的现状，我国政府把对自然环境的保护提到了前所未有的高度。习近平总书记在庆祝改革开放40周年大会上指出："我们要加强生态文明建设，牢固树立绿水青山就是金山银山的理念，形成绿色发展方式和生活方式，把我们伟大祖国建设得更加美丽，让人民生活在天更蓝、山更绿、水更清的优美环境之中。"

营销资料

【资料四】

生态文明建设

习近平总书记一直十分重视生态环境保护，自党的十八大以来多次对生态文明建设做出重要指示，强调"绿水青山就是金山银山"。党的十九大报告明确提出"坚持人与自然和谐共生"。任何企业的生产经营活动都与自然环境息息相关，无论制造什么产品都需要原材料、能源和水等自然资源。同时，企业的经营活动也影响自然环境的发展和再生过程，必须寻找与环境协调发展的途径和方法。一些对环境造成危害的企业承受着来自政府和环境保护主义者的巨大压力，绿色产业出现勃勃生机。随着人类生存环境的恶化，最终每一个人都将变成环境保护主义者，只有与环境和谐发展的企业才能生存。企业的营销活动要更有效、更合理地使用自然资源，尽量减少生产经营对环境的破坏和影响。

中国将坚定不移推进生态文明建设。发展经济不能对资源和生态环境竭泽而渔，生态环境保护也不是舍弃经济发展而缘木求鱼。中国坚持绿水青山就是金山银山的理念，推动山水林田湖草沙一体化保护和系统治理，全力以赴推进生态文明建设，全力以赴加强污染防治，全力以赴改善人民生产生活环境。中国正在建设全世界最大的国家公园体系。中国成功承办联合国《生物多样性公约》第十五次缔约方大会，为推动建设清洁美丽的世界做出了贡献。

实现碳达峰碳中和是中国高质量发展的内在要求，也是中国对国际社会的庄严承诺。中国将践信守诺、坚定推进，已发布《2030 年前碳达峰行动方案》，还将陆续发布能源、工业、建筑等领域具体实施方案。中国已建成全球规模最大的碳市场和清洁发电体系，可再生能源装机容量超 10 亿千瓦，1 亿千瓦大型风电光伏基地已有序开工建设。实现碳达峰碳中和，不可能毕其功于一役。中国将破立并举、稳扎稳打，在推进新能源可靠替代过程中逐步有序减少传统能源，确保经济社会平稳发展。中国将积极开展应对气候变化国际合作，共同推进经济社会发展全面绿色转型。

资料来源：习近平. 坚定信心 勇毅前行 共创后疫情时代美好世界：在 2022 年世界经济论坛视频会议上的演讲 ［N］. 人民日报，2022-01-18.

四、技术环境

技术环境涉及国家、地区、行业的科学技术发展速度与水平、科技政策、基础研究、应用研究、技术开发的投入、科技人才、科技发展趋势、技术创新能力、技术贸易、社会与民众的科技意识等因素。在市场营销领域，技术最重要的作用是提升企业产品的市场竞争力和改变消费者的购物习惯。随着互联网技术的不断发展，网络零售发展迅速，移动网上零售快速普及，网购人数不断增加，据统计，2022 年全国网上零售额 13.79 万亿元，同比增长 4%。其中，实物商品网上零售额 11.96 万亿元，同比增长 6.2%，占社会消费品零售总额的比重为 27.2%。商务大数据对重点电商平台监测显示，2022 年，在 18 类监测商品中，8 类商品销售额增速超过两位数。其中，金银珠宝、烟酒同比分别增长 27.3% 和 19.1%。

新技术是一种"创造性的毁灭力量"，每一种新技术都可能给某些企业带来新的市场机会，甚至产生新的行业，也可能给某个行业的企业造成环境威胁，使这个旧行业受到冲击甚至被淘汰。比如，人工智能在汽车产业中的应用短期内会对汽车营销产生重要影响。汽车厂商或经销商可以通过采集顾客的交通行为数据加以分析，甚至建立顾客全生命周期数据库，利用大数据精准定位目标消费者，提高营销绩效。

【案例二】

AI 助力企业走进数字生态

作为智能科技行业的领跑者，中关村科金公司始终坚持独立自主研发，在人工智能、多媒体通信等领域拥有多项研发成果，并成功将技术应用于业务场景，赋能企业数智化转型。该公司自主研发的语音技术、自然语言处理、机器视觉三大核心算法，以及 AI+数字化营销·运营·服务系列产品与创新应用，为更多企业提供了转型经验借鉴。其中，前沿 AI 技术包括得助多模态生物防伪与安全平台以及企业级 AI 虚拟数字人。

得助多模态生物防伪与安全平台利用领先的听觉环境感知、视觉环境感知、活体检测、人脸识别、声纹活体检测、声纹识别、核验决策引擎等身份核验技术，可有效抵御多种攻击手段，具有高安全性、强适应性、强扩展性的创新点。不仅能为银行、信托、保险等行业机构提供跨端、跨产品、跨公司的统一、舒适的全流程 AI 核验引擎工具包，还能为政府智能监管带来更多可能，如网络黑户的蛀虫发现、公安舆情稽查赋能、中国银行保险监督管理委员会金融机构敏感信息保护等。

在虚拟数字人领域，中关村科金公司的 AI 虚拟数字人技术支持生成形象逼真的数字人，能够感知用户情绪，进行有温度的交流互动，用户可自助进行数字人内容生产与管理，支持精准控制人物动作、播报情绪等，还支持实时交互与智能对话，可与服务类场景较多的行业天然结合，应用于产品营销讲解、业务办理、资讯播报、咨询问答等多个业务场景，实现与用户的可视化交互。目前，虚拟数字人产品已应用于金融、营销、公共安全等多个领域。例如，中关村科金公司与邮储银行某分行共同打造的数字员工"小邮"，就融合语音、视觉等多模态信息，利用语音识别、语义理解、语音合成、虚拟形象驱动等 AI 核心技术，为消费者提供了便捷、智能化服务，有效提升了客户的服务体验。

资料来源：曹蕊. 中关村科金携全栈 AI 能力亮相 2022 世界人工智能大会 [EB/OL]. (2022-09-02) [2023-06-05]. https://news.sina.com.cn/sx/2022-09-02/detail-imqmmtha5658164.shtml.

五、政治和法律环境

（一）政治环境

政治环境涉及国家的政治制度、政党、经济管理制度、政府与企业的关系、国与国之间的关系等，一般包括国内政治环境和国际政治环境。在我国的政治环境中，党和政府的各项方针、路线、政策的制定和调整都会对企业市场营销产生影响。企业要认真进行研究，领会其精神，不仅要了解和接受国家的宏观管理，而且要随时了解和研究各个不同阶段的各项具体的方针、政策及其变化的趋势。

国际政治环境一般分为政治权力和政治冲突两部分。随着经济的全球化发展，我国企业对国际营销环境的研究将越来越重要。在政治权力方面，一国政府会通过正式手段对外来企业的权利予以约束，包括进口限制、外汇控制、劳工限制、国有化等方面。在政治冲突方面，国际上重大事件和突发性事件都会对企业市场营销活动产生影响。

（二）法律环境

法律环境涉及国家的立法、司法和执法机构，国家法律、法规、法令等规范和约束，以及国家主管部门及省（自治区、直辖市）颁布的各项法规、法令和条例等。法律环境影响所有企业，它是企业营销的限制性环境因素，具有强制性、严肃性。法律法规的变动将直接影响企业的营销机会和营销成本。

法律环境对市场消费需求的形成和实现具有一定的调节作用。企业研究并熟悉法律环境，既要保证自身严格依法管理和经营，也可运用法律手段保障自身的权益。各个国家的社会制度不同、经济发展阶段和国情不同，体现的法制也不同，从事国际市场营销的企业，必须对有关国家的法律制度和有关的国际法规、国际惯例、国际准则进行学习研究并在实践中遵循。

六、社会文化环境

社会文化环境是指由风俗习惯、语言文字、宗教信仰、价值观念、受教育程度和职业等因素构成的总和。它主要由两部分组成：一是全体社会成员所共有的基本核心文化；二是随时间变化和外界因素影响而容易改变的社会次文化或亚文化。

人们在不同的社会文化背景下成长和生活，会形成不同的观念和信仰，而这些观念和信仰又会不知不觉地影响着人们的好恶与选择。一个社会的核心文化和价值观念具有高度的延续性，它是人们世代沿袭下来的，并且不断得到丰富和发展，深深影响和制约着人们的行为，包括消费行为。企业的营销人员在产品和品牌的设计、提供广告和服务等方面，要充分考虑当地的传统文化，充分了解和尊重传统文化，在创新的时候也不要同核心文化和价值观念相抵触。否则，会遭受不必要的损失。

（一）风俗习惯

风俗习惯是人们根据自己的生活内容、生活方式和自然环境，在一定的社会物质生产条件下长期形成并世代相袭的风尚和由于重复练习而巩固下来并变成需要的行为方式等的总称。不同国家或国家内的不同民族在居住、饮食、服饰、礼仪、婚丧等方面各有特点，从而形成风俗习惯的差别。

（二）语言文字

语言文字是人类交流的工具，它是文化的核心组成部分。不同国家、不同民族往往有自己独特的语言文字，即使在一个国家，也可能有多种不同的语言文字，即使语言文字相同，表达和交流的方式也可能不同。由于不同国家或地区的语言文字在表达上具有差异，因此一个企业品牌名称的使用必须选择符合国际市场乐于接受的语言文字，否则会造成不可估量的损失。

（三）宗教信仰

宗教信仰是一种具有很强行为约束力的价值规范。不同的宗教在思想观念、生活方式、活动、禁忌等方面各有其特殊的传统，在营销活动中，必须明晰不同宗教信仰对人们的消费观念、消费行为、习惯禁忌、消费方式等方面的影响，以便有针对性地设计营销策略。

（四）价值观念

价值观念是指人们对于事物的评价标准和崇尚风气，其涉及面较广，对企业营销影响深刻。它可以反映在不同的方面，如财富观念、创新观念、时间观念等，这些观念的差异无疑形成了企业不同的营销环境。

除此之外，社会文化环境还包含社会结构、社会道德风尚等多方面因素。需要指出的是，社会文化环境虽具有独特的民族性、区域性，是民族历史文化的延续和发展，但也不可否认，随着经济生活的国际化，世界文化交流的加深和不同民族、地区文化的相互渗透，企业所面临的社会文化环境也在不断发生变化，企业应善于及时把握时机，制定相应的营销决策。

本章小结

任何企业都是社会大环境中的一分子，都不可能脱离社会环境而独立生存，尤其是新成立的企业，必须先研究其赖以生存的营销环境，才能真正做到适者生存。而对赖以生存的营销环境的研究，包括微观环境因素的分析、宏观环境因素的分析，其中微观环境涉及的主体包括供应商、竞争者、营销中介、顾客、公众以及影响营销管理决策的企业内部各个部门；宏观环境包括人口环境、经济环境、自然环境、技术环境、政治和法律环境以及社会和文化环境。在具体环境中存在具体的市场机会与面临的风险，只有对环境有充分的认识，企业才能确定正确的航向。

思考题

1. 什么是市场营销环境？
2. 分析市场营销微观环境。
3. 分析市场营销宏观环境。

* 【案例分析】

欢迎来到 AIGC 时代

资料来源：进击波财经. 再谈 GPT-4：欢迎来到 AIGC 时代［EB/OL］.（2023-03-25）［2023-06-05］.https://news.ifeng.com/c/8ORndBpP5ao.

实训任务

1. 实训项目

市场营销环境分析

2. 实训目的

通过分析某企业所处的市场营销环境状况，帮助学生掌握营销环境分析的内容，培养学生分析市场营销环境的能力以及参加社会实践活动的主动性、积极性。

3. 实训内容

要求学生调查企业所处的宏观环境和微观环境状况，分析企业应该如何扬长避短、发挥自己的优势抓住机会，规避劣势与风险。

4. 实训步骤

（1）把全班分成几个小组，选出小组负责人，每组选择某一企业作为研究对象。

（2）收集资料，实施调查，整理出企业所处的宏观环境和微观环境中的影响因素。

（3）小组成员讨论宏观因素和微观因素给企业营销活动带来的机会和威胁，并进行信息记录与整理。

5. 实训考核

要求每组学生提交市场营销环境分析报告并进行班级汇报，老师批阅。

参考文献

[1] 余雄，王祥. 市场营销学 [M]. 昆明：云南大学出版社，2018.

[2] 曹旭平，黄湘萌，汪浩，等. 市场营销学 [M]. 北京：人民邮电出版社，2017.

[3] 谭文曦，张敏，梁红静，等. 市场营销学 [M]. 北京：人民邮电出版社，2015.

[4] 郭国庆. 市场营销学 [M]. 北京：中国人民大学出版社，2022.

[5] 陶晓波，吕一林. 市场营销学 [M]. 北京：中国人民大学出版社，2022.

[6] 好奇实验室. 人民需要什么就造什么的五菱，还造过哪些东西？[EB/OL]. (2020-05-13) [2023-06-05]. https://new.qq.com/rain/a/20200513A0FCSG00.

[7] 毕马威. 从"七普"看中国人口变化的趋势和机遇 [EB/OL]. (2021-06-18) [2023-06-05]. http://www.shujuju.cn/lecture/detail/7041.

[8] 国家统计局. 2022 年居民收入和消费支出情况 [EB/OL]. (2023-01-17) [2023-06-05]. http://www.xinhuanet.com/2023-01/17/c_1129292204.htm.

[9] 新华社. 2023 年"五一"假期国内旅游出游 2.74 亿人次 同比增长 70.83% [EB/OL]. (2023-05-03) [2023-06-05]. https://www.gov.cn/lianbo/2023/05/04/content_5754061.htm.

[10] 习近平. 坚定信心 勇毅前行 共创后疫情时代美好世界：在 2022 年世界经济论坛视频会议上的演讲 [N]. 人民日报，2022-01-18.

[11] 曹蕊. 中关村科金携全栈 AI 能力亮相 2022 世界人工智能大会 [EB/OL]. (2022-09-02) [2023-06-05]. https://news.sina.com.cn/sx/2022-09-02/detail-imqmmtha5658164.shtml.

[12] 进击波财经. 再谈 GPT-4：欢迎来到 AIGC 时代 [EB/OL]. (2023-03-25) [2023-06-05]. https://news.ifeng.com/c/8ORndBpP5ao.

第三章

消费者、组织市场及购买行为

学习目标

（1）理解消费者市场与消费者购买行为模式。

（2）了解影响消费者购买行为的因素。

（3）掌握消费者购买决策过程。

（4）理解组织市场及购买行为的特点。

本章知识结构图

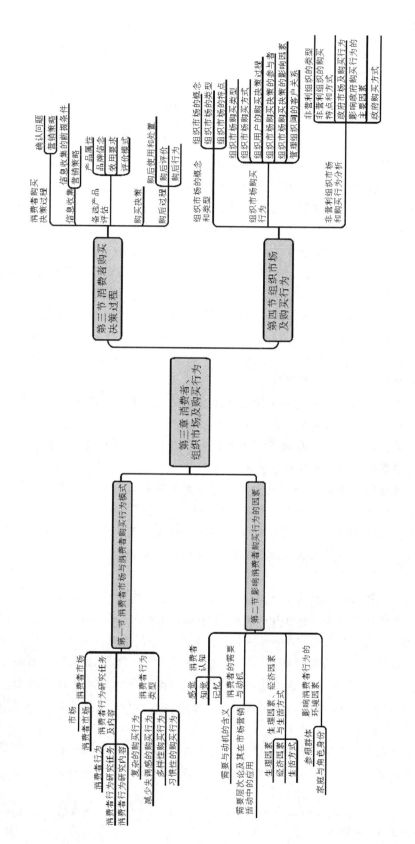

引导案例

【案例一】

2023 年麦肯锡中国消费者报告

随着人民生活水平的提高，消费结构不断升级，消费日益成为拉动我国经济增长的基础性力量。2022 年，受多重因素影响，我国消费市场受到前所未有的挑战，全国居民消费意愿和消费行为整体呈现低迷态势。2023 年以来，在以习近平同志为核心的党中央坚强领导下，各地区各部门更好统筹国内国际两个大局，更好统筹疫情防控和经济社会发展，更好统筹发展和安全，我国疫情防控取得重大决定性胜利，经济社会全面恢复常态化运行，宏观政策靠前协同发力，需求收缩、供给冲击、预期转弱三重压力得到缓解，经济增长好于预期，市场需求逐步恢复，经济发展呈现回升向好态势，经济运行实现良好开局①。

《2023 麦肯锡中国消费者报告》的分析基于 2022 年 7 月对中国各地逾 6 700 名消费者进行的有关消费态度和行为的系统性调研、针对中国及其他国家/地区市场消费者进行的有关舆情和信心的脉动调研、中国大型电商平台 1 000 多个品类的在线数据，以及麦肯锡全球研究院（MGI）的经济建模。

报告指出，多年以来，中国经济持续高速发展，民众消费支出不断增长，但近期的宏观经济压力却令中国消费者的信心受到影响。股市与房市低迷，以及为遏制疫情蔓延而采取的措施，都为消费前景增添了不确定性。尽管经济发展放缓，消费者信心受到影响，但是中国经济仍然展现出较强的韧性。

报告显示，重塑中国消费市场的五大趋势为：中产阶级继续壮大，高端化势头延续，选择更理智、消费未降级，产品为王，本土企业正在赢得市场。

有 54% 的受访者仍相信，他们的家庭收入将在未来五年显著增长，2021 年中国的中高收入及高收入消费者群体已占据城镇家庭消费 55% 的份额，且未来还将持续快速增长。

MGI 数据显示，2019—2021 年，年收入超过 16 万元人民币（2.18 万美元）的中国城镇家庭数的年复合增长率（GAGR）达到 18%，从 9 900 万增至 1.38 亿。到 2025 年，还将有 7 100 万家庭进入这一较高收入区间，彰显了中国消费市场的巨大潜力。

中高收入和高收入家庭的强劲增长以及随之而来的消费实力，为优质高端品牌带来了福音。而高收入消费者的花钱意愿也更为强烈，有 26% 的这类受访者表示，其 2022 年的消费超过 2021 年，但这一比例依然低于三年前的 36%；有 14% 的受访者削减了消费，在 2019 年这一比例为 18%。

高收入消费者几乎在所有快消品品类上的支出都不减反增，他们正在经历消费升级，在提升自身颜值（护肤品等）和改善体验（低度风味酒饮等）等品类上，会青睐

---

① 人民网. 中共中央政治局召开会议　分析研究当前经济形势和经济工作［EB/OL］.（2023-04-29）［2023-06-28］. http://jhsjk.people.cn/article/32676259.

价格更高的品牌和产品。研究表明，尽管消费者的整体支出趋于保守，但他们也通过一些调整来维持自己的生活品质。高收入群体正在降低购物频率，或改变对特定品类的偏好，但并没有转向更便宜的品牌或产品。这得益于各大品牌尤其是中国品牌不断提升自身竞争力，提供了更具差异性的产品。较低收入消费者的应对之道是转向更具价格竞争力的渠道，如通过社区或团购电商平台购买食品和日用品，或选择同一品牌价格更低的产品线。从搜索和购物方式来看，除少数品类外，消费者现在都会进行全渠道购物。另有一些消费者表示，他们会推迟购买计划，等待促销优惠。

同时，中国消费者购买产品时变得越发精明，相较于情感因素，消费者在制定购买决策时越来越看重品质和功能。中国消费者选择本土品牌，主要是出于对其品质和创新的认可，而不仅仅是因为低价和民族自豪感。

调研显示，49%的中国消费者认为本土品牌相较国外品牌"品质更好"，23%的中国消费者则持相反意见。该调研涉及12个不同的产品属性，数据结果都大致相同。在另一份调研中，"高品质"是促使消费者选择中国品牌的第三个重要因素，仅次于性价比和支持本土企业，创新则位列第五。

报告认为，日益富裕的中国消费者仍具有较强韧性，中国消费者认为当前的经济放缓只是短期现象。尽管如此，经济压力还是令消费者在制定购物决策时更为审慎，他们也越来越看重品质和功能，本土品牌在两方面的表现都优于国外品牌。随着中国消费市场的持续扩展，那些能够妥善应对变局的企业将会脱颖而出。

资料来源：麦肯锡报告：中国的消费势头有望于2023年开始复苏[EB/OL].(2022-12-08)[2023-07-16]. https://baijiahao.baidu.com/s？id=1751637071158464176&wfr=spider&for=pc.

习近平总书记在2022年中央经济工作会议上指出："要增强消费能力，改善消费条件，创新消费场景，使消费潜力充分释放出来。"中共中央、国务院印发的《扩大内需战略规划纲要（2022—2035年）》提到，最终消费是经济增长的持久动力。要顺应消费升级趋势，提升传统消费，培育新型消费，扩大服务消费，适当增加公共消费，着力满足个性化、多样化、高品质消费需求。市场中的任何企业，都必须研究消费者市场。因为只有消费者市场才是商品的最终归宿，即最终市场。其他市场，如产业市场、中间商市场等，虽然购买数量很大，常常超过消费者市场，但其最终服务对象还是消费者市场，所以仍然要向最终消费者的需要和偏好转移。例如，汽车零配件厂生产的产品一般不直接卖给消费者，而以车企或4S店为主要市场，但也必须认真研究最终消费者的需要，以消费者的需要为依据来制订营销方案。因此全面动态地了解消费者需求，掌握消费者市场的特征及其发展趋势是企业生存与发展的重要前提。

第一节　消费者市场与消费者购买行为模式

一、市场及消费者市场

（一）市场

市场是多门学科的研究内容，不同学科有不同的解释。在市场营销学中，市场指有支付能力的、有购买愿望的购买者群体。这个定义指明了市场必须具备三个要素：一是购买者群体，二是有购买愿望，三是有货币支付能力，可用公式表示为：市场=人口+购买力+购买愿望。市场规模的大小则取决于有购买力、有购买愿望的人数多少。

（二）消费者市场

消费者市场是个人或家庭为了生活消费而购买产品和服务所形成的市场。生活消费是产品和服务流通的终点，因而消费者市场也称为最终产品市场。消费者市场是相对于组织市场而言的。组织市场指以某种组织为购买单位的购买者所形成的市场，购买目的是生产、销售或履行组织职能。

二、消费者行为研究任务及内容

（一）消费者行为

消费者行为指消费者在内在和外在因素影响下挑选、购买、使用和处置产品和服务以满足自身需要的过程。消费者行为直接决定了营销企业的产品研发、销售、利润乃至兴衰。消费者市场研究实质就是消费者行为研究。

（二）消费者行为研究任务

消费者行为研究的任务有三个方面：一是揭示和描述消费者行为的表现，即通过科学的方法发现和证实消费者存在哪些行为，也就是观察现象、描述事实，即"知其然"。二是揭示消费者行为产生的原因，即"知其所以然"。把观察到的已知事实组织起来、联系起来，提出一定的假说去说明这些事实发生的原因及其相互关系。三是预测和引导消费者行为，即在影响因素既定的条件下预测消费者行为，并通过设置或改变某些条件来引导和控制消费者行为。

（三）消费者行为研究内容

消费者行为的研究内容分为消费者购买决策过程、消费者个体因素、外在环境因素和市场营销因素四个方面，消费者购买决策过程是消费者购买动机转化为购买活动的过程，分为确认问题、信息收集、产品评价、购买决策和购后行为五个阶段。个体因素指消费者自身存在的影响消费行为的各类因素，包括心理因素、生理因素、经济因素和生活方式等。外在环境因素指消费者外部世界中所有能对环境产生影响的物质和社会要素的总和。市场营销因素指企业在市场营销活动中可以控制的各类因素。市场营销因素通过个体因素和环境因素作用于消费者，又受到个体因素和环境因素的影响。

以上四类因素中，消费者购买决策过程即为消费者行为，其他三类因素为消费者行为的影响因素，因此，消费者行为学的研究内容又可以分为消费者行为和消费者行为影响因素两大类。

三、消费者行为类型

参与度和产品品牌的不同，使得消费者的购买决策过程也显著不同。同类产品不同品牌之间的差异越大，产品价格越昂贵，消费者越缺乏产品知识和购买经验，感受到的风险越大，购买决策过程就越复杂。例如，纸巾、食盐与珠宝、汽车之间的购买复杂程度显然是不同的。根据购买者的参与程度和产品品牌差异程度区分出四种购买类型，如表3-1所示。

表3-1　消费者购买行为类型

品牌差异	参与度	
	参与度高	参与度低
差异大	复杂的购买行为	多样性购买行为
差异小	减少失调感的购买行为	习惯性购买行为

（一）复杂的购买行为

1. 含义

如果消费者属于高度参与，并且了解现有各品牌、品种和规格之间具有显著差异，则会产生复杂的购买行为。复杂的购买行为指消费者完整细致地经历购买决策过程各个阶段。也就是说，消费者会在广泛收集信息和全面的产品评估的基础上制定购买决策，认真地进行购后评价。

2. 营销策略

对于复杂的购买行为，营销者应制定策略帮助购买者掌握产品知识，运用各种途径宣传本品牌的优点，影响最终购买决定，简化购买决策过程。

（二）减少失调感的购买行为

1. 含义

如果消费者属于高度参与，但是并不认为各品牌之间有显著差异，则会产生减少失调感的购买行为。减少失调感的购买行为指消费者的购买过程简单而迅速，但是在购买之后易于产生失调感并力求降低失调感，如保健品、拖地机、打印机和某些家用电器等商品的购买大多属于减少失调感的购买行为。此类产品价值高、不常购买，但是消费者看不出或不认为某一价格范围内的不同品牌有什么差别，并未在不同品牌之间精心比较和选择，购买决策过程迅速，可能会受到与产品质量和功能无关的其他因素的影响，如因价格便宜、销售地点近、熟人介绍而决定购买。购买之后，会因使用过程中发现产品的缺陷或听到其他同类产品的优点而产生失调感并力求减少失调感。

2. 营销策略

对于减少失调感的购买行为，营销者要提供完善的售后服务，通过各种途径经常提供有利于本企业和产品的信息，使顾客相信自己的购买决定是正确的。例如，耐用消费品经营企业在产品售出以后应定期与顾客联系，感谢购买并指导使用，提供维修保养，通报本企业产品的质量、服务和获奖情况，征询改进意见等，还可以建立良好的沟通渠道，处理消费者意见并迅速赔偿消费者所遭受的不公平损失。事实证明，购后沟通可减少退货和退订现象，如果让消费者的不满发展到投诉或抵制该产品的程度，企业将遭受更大的损失。

（三）多样性购买行为

1. 含义

如果消费者属于低度参与并了解现有同类产品各品牌和品种之间具有显著差异，则会产生多样性购买行为。多样性购买行为指消费者随意购买和随意转换以试用同类产品多种品牌和品种。消费者并不深入收集信息和评估比较就决定购买某一品牌，在消费时才加以评估，在下次购买时又转换其他品牌。转换的原因是厌倦原产品或想试新产品，是寻求产品的多样性而不一定有不满意之处。

2. 营销策略

对于多样性购买行为，市场领导者和挑战者的营销策略是不同的。市场领导者力图通过占有货架、避免脱销和提醒购买的广告来鼓励消费者形成习惯性购买行为，避免多样性购买；而挑战者则以较低的价格、折扣、赠券、赠送样品和强调试用新品牌的广告来改变消费者原习惯性购买行为，鼓励多样性购买。

（四）习惯性购买行为

1. 含义

如果消费者属于低度参与并认为各品牌之间没有什么显著差异，就会产生习惯性购买行为。习惯性购买行为指消费者持续地购买熟悉产品。由于消费者认为产品并不重要且各品牌之间也没有什么显著差异，因此在购买过程中并不深入收集信息和评估品牌，只是持续购买自己熟悉的品牌，在购买后可能评价也可能不评价产品。

2. 营销策略

如果消费者已经对本企业产品形成习惯性购买行为，企业应当通过保证产品质量、提供优质服务、拓展销售渠道方便购买等措施，强化消费者的习惯性购买行为。但是竞争者则会设法改变消费者的习惯性购买行为，吸引消费者购买它们的产品。

（1）吸引消费者试用。由于竞争性品牌与消费者习惯购买的品牌以及同类其他品牌相比并无显著性差异，难以找出独特优点以引起消费者的兴趣，就只能依靠合理价格与优惠、展销、示范、赠送、有奖销售等销售促进手段吸引顾客试用。一旦顾客了解和熟悉产品，就可能经常购买以至形成购买习惯。

（2）增加消费者的品牌熟悉度。在低度参与和品牌差异小的情况下，消费者并不会主动收集品牌信息，也不评估品牌，只是被动地接受包括广告在内的各种途径传播的信息，根据这些信息所产生的对不同品牌的熟悉程度来决定选择，购买之后甚至不去评估它。这类消费者的购买决策过程是：由被动地学习形成品牌信念，然后产生购买行为，接着可能有也可能没有评估过程。因此，企业必须开展大量广告，使顾客通过被动地接受广告信息熟悉品牌。为了提高效果，广告信息应简短有力且不断重复，只强调少数几个重要论点，突出视觉符号与视觉形象。根据古典控制理论，不断重复代表某产品的符号，购买者就能从众多的同类产品中认出该产品。

（3）增加购买参与程度和品牌差异。形成习惯性购买行为的消费者只购买自己熟悉的品牌而较少考虑品牌转换，如果竞争者通过技术进步和产品更新将低度参与的产品转换为高度参与的产品，扩大与同类产品的差距，就会促使消费者改变习惯性购买行为，寻求新的品牌，提高参与程度的主要途径是在不重要的产品中增加较为重要的功能和用途，并在价格和档次上与同类产品拉开差距。

第二节　影响消费者购买行为的因素

影响消费者行为的个体因素主要有心理因素、生理因素、经济因素、生活方式等。心理因素指消费者自身心理活动、心理状态对消费行为的影响，如认知、需要、动机等因素。生理因素指消费者自身生理状况，包括性别、年龄、健康状况和生理嗜好等因素对消费行为的影响。经济因素指消费者的收入状况对其消费行为的影响。生活方式指一个人在生活中表现出来的活动、兴趣和看法的模式。其中，心理因素是个体因素的主要研究内容。

一、消费者认知

认知是人由表及里、由现象到本质反映客观事物的特性与联系的过程，可以分为感觉、知觉、记忆等阶段。

（一）感觉

感觉是人脑对当前直接作用于感觉器官的客观事物个别属性的反映。企业营销人员应当通过调查确定一些重要的感觉评价标准，了解消费者对各种商品的感觉，在产品开发、产品定位、使用方法、促销方法、广告设计中考虑消费者的感觉与感受性变化，设计相应的市场营销组合策略。

（二）知觉

1. 知觉的概念

知觉是人脑对直接作用于感觉器官的客观事物各个部分和属性的整体的反映。知觉与感觉的主要区别有两个方面。

（1）个别属性与整体属性。感觉是人脑对客观事物的某一部分或个别属性的反映，知觉是对客观事物各个部分、各种属性及其相互关系的综合的、整体的反映。

（2）当前刺激与以往经验。感觉过程仅仅反映当前刺激所引起的兴奋，不需要以往知识经验的参与；知觉过程包括了当前刺激所引起的兴奋和以往知识经验的暂时神经联系的恢复过程。在盲人摸象的故事中，如果四位盲人中有人在失明以前见过且熟悉大象，则不管摸到大象的哪一个部位，都能够判断这是大象并且在头脑中呈现大象的完整形象。因为他头脑存有关于大象的经验并且在触摸过程中提取这一经验来补充感觉信息的不足。

2. 知觉的性质及其营销应用

（1）知觉的整体性。知觉的整体性也称为知觉的组织性，指知觉能够根据个体的知识经验将直接作用于感官的客观事物的多种属性整合为同一整体，以便全面地、整体地把握该事物。有时，刺激本身是零散的，而由此产生的知觉却是整体的。在市场营销中利用知觉的整体性可以降低信息量而提高知觉效果。

（2）知觉的选择性。知觉的选择性指知觉对外来刺激有选择地反映或组织加工的过程，包括选择性注意、选择性扭曲和选择性保留。选择性注意指人们在外界诸多刺激中仅仅注意到某些刺激或刺激的某些方面，而对其他刺激加以忽略。选择性扭曲指人们有选择地将某些信息加以扭曲，使之符合自己的意向。受选择性扭曲的作用，人们在消费品购买和使用过程中往往忽视所喜爱品牌的缺点和其他品牌的优点。选择性保留指人们倾向于保留那些与其态度和信念相符的信息。

知觉的选择性给营销人员的启示是：人们选择哪些刺激物作为知觉对象以及知觉过程和结果受到主观与客观两方面因素的影响。主观因素称为非刺激因素。非刺激因素越多，所需要的感觉刺激就越少，反之就越多。企业提供同样的营销刺激，不同的消费者会产生截然不同的知觉反应，与企业的预期可能并不一致。企业应当分析消费者特点，使本企业的营销信息被选择成为其知觉对象，形成有利于本企业的知觉过程和知觉结果。

（三）记忆

1. 记忆的含义与过程

记忆是获得信息并把信息储存在大脑中以备将来使用的过程。记忆过程可分为识记、保持、回忆或再认三个基本环节。识记是记忆过程的第一个环节，指个体获得知识和经验的过程，具有选择性的特点；保持是记忆过程的第二个环节，指已获得的知识经验在脑中的储存和巩固的过程；回忆或再认是记忆过程的第三个环节，指在不同条件下恢复过去经验的过程。其中，回忆指把过去经历过而当下不在面前的事物在脑中重新呈现出来；再认指过去经历过的事物再次出现在面前的时候能够加以确认的过程。记忆的三个环节相互依存、密切联系，识记和保持是回忆或再认的前提，回忆或再认则是识记和保持的结果，并进一步巩固和加强识记和保持的内容。

消费者在接触、注意和理解信息的时候往往并不做出购买决策，而是在事后根据记忆做出决策。许多营销人员不了解消费者记忆的规律和影响因素，耗费了巨额资金传播信息也无法增强消费者记忆。

2. 影响记忆的因素

影响记忆的因素可以分为客观因素与主观因素两个方面。客观因素指记忆材料自身状态，如性质、重要性、难易程度、内在联系、数量多少、序列位置、相似程度等。主观因素指记忆者自身状态，如记忆目的与任务、记忆方法、身心条件等。客观因素与主观因素的划分不是绝对的，二者有密切的联系。比如，记忆材料的难易程度是相对的，与主观因素有关。同样的记忆材料对于知识结构不同的人来说，难易程度是不同的。营销信息对于受众而言是客观因素，企业可以通过设计营销信息与传播方式增强受众的记忆，而受众的主观因素是企业难以控制的，因此这里着重介绍影响记忆的客观因素。

（1）记忆材料的性质。按照性质不同，记忆材料可分为直观材料（实物、模型、图片等）和描述事物及现象的文字材料。如果同样运用视觉器官进行记忆，则直观材料的记忆效果优于文字的视觉材料。

（2）记忆材料的重要性。无重要意义、与兴趣和需要无关的记忆材料不易记忆。

（3）记忆材料的难易程度。内容简单、易于理解的记忆材料易于记忆，因为它能够纳入记忆已有的知识系统中。记忆者所具有的知识经验及对记忆材料的理解能力决定了记忆的全面性、精确性、牢固性和迅速有效性。

（4）记忆材料的内在联系。心理实验表明，在记忆材料数量相等的情况下，彼此有意义且相关的单词记忆效果最好，孤立的单词记忆效果次之，无意义音节的记忆效果最差。

（5）记忆材料的数量。要达到同样的记忆水平，材料越多，平均所用时间就越多。记忆材料数量越大，记忆后的遗忘也越多。即使是有意义的记忆材料，当记忆量增加到一定数量，其遗忘速率会接近于无意义记忆材料。

（6）记忆材料的序列位置。人们在学习较长的材料时，存在着前摄抑制与后摄抑制现象。前摄抑制指先前材料的记忆对后继材料的记忆有干扰作用。先前记忆量越大，干扰作用越大。后摄抑制指后继材料的记忆对先前材料的记忆有干扰作用。

（7）记忆材料的相似性。从前摄抑制与后摄抑制的作用看，如果前后学习的材料相同，后继的学习是复习，不会产生后摄抑制。若前后学习材料完全不同，后摄抑制的作用最小。若前后两种学习材料相似但不同，则最容易发生混淆，后摄抑制作用最大。即前后材料越相似，保持率越低。

二、消费者的需要与动机

（一）需要与动机的含义

1. 需要

需要是个体对内在环境和外部条件的较为稳定的要求。西方心理学对需要的解释主要分为两种：一是重视它的动力性意义，把需要看作一种动力或紧张；二是把需要看作个体在某方面的不足或缺失。德国心理学家勒温认为，个人与环境之间有一定的平衡状态，如果这种平衡状态遭到破坏，就会引起一种紧张，产生需要或动机。如果需要得不到满足或受到阻遏，紧张状态就会保持，推动着人们从事消除紧张、恢复平衡、满足需要的活动。需要满足后，紧张才会消除。因此，需要是行为的动力。

2. 动机

动机指人们产生某种行为的原因。购买动机指人们产生购买行为的原因。动机的产生必须有内在条件和外在条件。产生动机的内在条件是达到一定强度的需要，需要越强烈，则动机越强烈；产生动机的外在条件是诱因的存在，诱因指驱使有机体产生一定行为的外在刺激，可分为正诱因和负诱因。正诱因指能够满足需要，引起个体趋向和接受的刺激因素。负诱因指有害于需要满足，引起个体逃离和躲避的刺激因素。例如，对于口渴的人来说，水是正诱因。诱因可以是物质的，也可以是精神的。当内在条件与外在条件同时具备，即个体的需要达到一定强度且有诱因存在时就会产生动机。

根据内在条件和外在条件所起的作用不同，动机可分为"推"和"拉"两种类型。如图 3-1 所示，"推"是指动机中的内在条件起了决定作用。例如，消费者非常饥饿的时候，即使附近没有食物，也会主动地到处寻找和购买食物。"拉"是指动机中的外在条件起了决定作用。例如，消费者有时并不饥饿，但是看到美味食品也会产生购买和进食的动机。

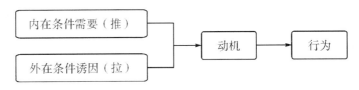

图 3-1　消费者的需要与动机

3. 需要与动机的关系

（1）两者之间的联系。需要与动机都是产生行为的原因。

（2）两者之间的区别。既然需要可以直接驱使人们产生行动，为什么不直接用需要解释人的行为动因，而另外提出一个"动机"的概念呢？这是因为二者还有显著的不同：①需要仅仅反映产生行为的内在原因，而动机包括产生行为的内在与外在原因。②需要不一定引起个体的行动，只有处于唤醒状态才能驱使个体采取行动，而需要的唤醒既可源于外部刺激，也可源于内部刺激。③需要仅仅为行为指明总的目标或任务，但是并不规定实现目标的方法或途径。例如，在饥饿产生的时候，消除饥饿是需要，是总任务或总目标，消除饥饿的食品如米饭、馒头、果蔬、鱼肉等都是实现目标的不同方法或途径，消费者选择哪种食品并不能由需要得到解释。在满足需要的多种途径中，消费者如何选择可由动机来加以解释。动机从能量与具体方向两个方面说明了行为的动因。

（二）需要层次理论及其在市场营销活动中的应用

心理学家提出多种理论揭示人类行为动机与消费者购买动机，马斯洛需要层次理论是得到广泛应用的动机理论之一。

1. 需要层次理论

第二次世界大战后，美国心理学家马斯洛提出了需要层次理论，将人类的需要分为由低到高的五个层次，即生理需要、安全需要、社交需要、尊重需要和自我实现需要，如图 3-2 所示。

（1）生理需要。生理需要指为了生存而对必不可少的基本生活条件产生的需要。例如，由于饥、渴、冷、暖而对吃、穿、住产生需要，它保证一个人作为生物体而存活下来。

（2）安全需要。安全需要指维护人身安全与健康的需要。例如，为了人身安全和财产安全而对防盗设备、保安用品、人寿保险和财产保险产生需要；为了维护健康而对医药和保健用品产生需要等。

（3）社交需要。社交需要指参与社会交往，取得社会承认和归属感的需要。消费行为必然会反映这种需要，如为了参加社交活动和取得社会承认而对得体的服装和用品产生需要；为了获得友谊而对礼品产生需要等。

（4）尊重需要。尊重需要指在社交活动中受人尊重，取得一定社会地位、荣誉和权力的需要。例如，为了表明自己的身份和地位而对某些高档消费品产生需要等。

（5）自我实现需要。自我实现需要指发挥个人的最大能力，实现理想与抱负的需要。这是人类的最高需要，满足这种需要的产品主要是思想或精神产品，如教育与知识等。

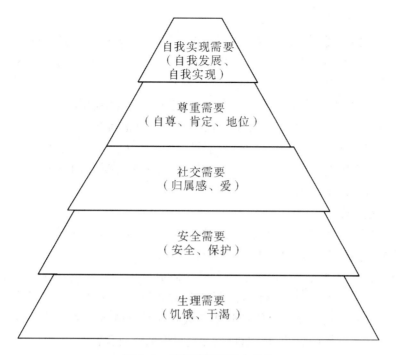

图 3-2　马斯洛需要层次理论

马斯洛需要层次理论可进一步概括为两大类，第一大类是生理的、物质的需要，包括生理需要和安全需要；第二大类是心理的、精神的需要，包括社交需要、尊重需要和自我实现需要。马斯洛认为，一个人同时存在多种需要，但在某一特定时期每种需要的重要性并不相同。人们首先追求满足最重要的需要，即需要结构中的主导需要，它作为一种动力推动着人们的行为。主导需要被满足后就会失去对人的激励作用，人们就会转而注意另一个相对重要的需要。一般而言，人类的需要由低层次向高层次发展，低层次需要满足以后才会追求高层次的满足。例如，一个食不果腹、衣不蔽体的人可能会铤而走险而不考虑安全需要，可能会向人乞讨而不考虑社交需要和尊重需要。

2. 需要层次理论的营销应用

需要层次理论最初应用于美国的企业管理中，分析如何满足企业员工的多层次需要以调动其工作积极性，后来用于市场营销中分析多层次消费需要并制定相应的营销策略予以满足。例如，对于满足低层次需要的购买者要提供经济实惠的商品，对于满足高层次需要的购买者应提供能显示其身份、地位的高档消费品。还要注意需要层次随着经济发展而由低级向高级发展变化。

三、生理因素、经济因素与生活方式

（一）生理因素

生理因素指年龄、性别、体征（高矮胖瘦）、嗜好（饮食口味等）和健康状况等生理特征的差别。生理因素决定着消费者对产品款式、构造和细微功能有不同需求。例如，儿童和孕妇的服装要宽松，穿脱方便；对每天需要挤公交、地铁的上班族来说，鞋子的舒适度是购鞋考虑的重要因素。

（二）经济因素

经济因素指消费者可支配收入、储蓄、资产和借贷的能力。经济因素是决定购买行为的基本因素，它不仅决定着购买行为的发生以及发生购买行为的规模，而且决定着购买商品的种类和档次。例如，低收入家庭只能购买基本生活必需品以维持温饱。中国人民银行 2023 年 2 月发布的数据显示，1 月份人民币存款增加 6.87 万亿元，同比增长 3.05 万亿元。央行《2022 年第四季度城镇储户问卷调查报告》也显示居民的储蓄热情高涨，2022 年四季度倾向于"更多储蓄"的居民占 61.8%，这一比例为有统计以来的最高值。由于消费者的可支配收入、储蓄、债务和信贷倾向不同，营销人员应密切注意居民收入、支出、利息、储蓄和借款的变化。

（三）生活方式

生活方式指一个人在生活中表现出来的活动、兴趣和看法的模式。不同的生活方式群体对产品和品牌有不同的需求，营销人员应设法从多种角度区分不同生活方式的群体，如节俭者、奢华者、守旧者、革新者、高成就者、自我主义者、有社会意识者等，在设计产品和广告时应明确针对某一生活方式群体。例如，马术俱乐部不会向节俭者群体推广马术运动，高端奢侈品制造商应研究高成就者群体的特点以及如何开展有效的营销活动，环保产品的目标市场是社会意识强的消费者。

四、影响消费者行为的环境因素

影响消费者行为的环境因素指外部世界中影响消费者行为的所有物质和社会要素的总和。物质环境指自然界中各类物质对消费者行为的影响，可分为占据空间的因素、不占据空间的因素和空间关系等。占据空间的因素指所有有形的物质因素，如有形产品和品牌、城市与乡村的建筑与交通、地理资源、商场及其装修、商品陈列等；不占据空间的因素指无形的物质因素，如气候、噪声和时间等；空间关系指消费者与商品、商品销售场所的空间位置关系以及各物质因素相互之间的空间位置关系，如消费者与商场的空间距离、商场在商业区中的相对位置、商品在商场或柜台中的相对位置等。社会环境因素指人与人之间社会意义上的直接或间接的相互作用，如文化与亚文化、政治制度与氛围，参照群体的影响等。本小节着重阐述社会环境因素。

（一）参照群体

参照群体也称为参考群体，指一个人在认知、情感的形成过程和行为的实施过程中用来作为参照标准的某个人或某些人的集合。换言之，参照群体是个人在特定情况下作为行为向导而使用的群体。只要某一群人在消费行为、态度或价值观等方面存在直接或间接的相互影响，就构成一个参照群体。某参照群体中有影响力的人物称为"意见领袖"或"意见领导者"，他们的行为会引起群体成员的仿效。

参照群体可以按照不同的变量来分类，主要变量有四类：接触类型、组织类型、吸引力、成员资格，如图 3-3 所示。

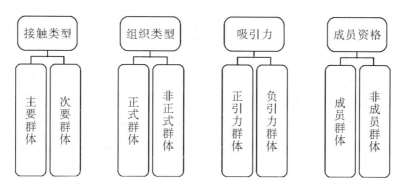

图 3-3　参照群体的主要变量

1. 按照成员之间接触的密切程度分类

按照成员之间接触的密切程度，参照群体可分为主要群体和次要群体。主要群体也称为基本群体，指由日常密切接触关系的人员所构成的群体，如家庭成员、亲朋好友、邻居、同事、同学等，这类群体对消费者的认知和行为有重要的影响。次要群体指没有或者极少发生直接接触的人员所构成的群体，如商场购物时的人流、乘车时的乘客、街上偶遇的行人等。这类群体对消费者认知和行为的影响弱于主要群体。

2. 按照是否存在较为正式的组织分类

按照是否存在较为正式的组织，参照群体可分为正式群体和非正式群体。正式群体指存在正式组织，明确规定了宗旨、任务、价值观和成员行为规范的群体。群体成员都是组织正式成员，加入该群体通常需要履行一定的程序，如登记注册、成员介绍等。一般来说，单位同事、同校校友、专业协会会员、球迷协会会员、俱乐部会员等都是正式群体成员。非正式群体指不存在正式组织的群体，如朋友、邻居、晨练的人群、各界名人及其追随者等。

3. 按照群体的吸引力性质分类

按照群体的吸引力性质，参照群体可以分为正引力群体和负引力群体。参照群体吸引力性质指该群体的价值观和行为得到消费者的认同还是反对，即该群体的作用力是导致消费者趋近还是远离。正引力群体也称为正相关态度群体，指该群体的价值观和行为受到消费者的认同或赞赏，对消费者的引力为正。人们通常会仿效和乐于加入正相关态度群体。负引力群体也称为负相关态度群体，指该群体的价值观和行为受到消费者否定或厌恶，对消费者的吸引力为负。人们通常会避免使用与负引力群体相关联的商品，避免发生与负引力群体相似的行为。

4. 按照消费者是否属于特定参照群体成员分类

按照消费者是否属于特定参照群体成员，参照群体可分为成员群体和非成员群体。成员群体指该消费者属于某特定群体，是其成员之一。非成员群体指消费者不属于某特定群体，并非其成员。

消费者是否属于某一参照群体的"成员"有两种情况：一是加入某一正式组织成为正式成员。比如，家庭是一个参照群体，家庭成员就是这一参照群体的成员；某大学工商管理专业物流班是一个参照群体，班上同学就是同一参照群体成员；某高尔夫协会的会员也是同一参照群体成员；等等。二是消费者自身的一种认同或者归属感，不需要成立一个正式组织并加入其中成为正式成员。比如，小张是 A（明星）的粉丝群体成员，小王是 B（企业家）的追随者群体成员，小孙是 C（环保先锋）的拥护者群体成员。这些"群体"不一定是正式成立的组织，只是有共同兴趣、爱好、价值观和行为的一群人，是行为人自己的认同感。不同参照群体之间存在互相参照和影响。

5. 影响参照群体作用的因素

在特定的消费情境下，参照群体对消费者行为可能没有影响，也可能有重要影响；可能影响产品种类的选择，也可能影响产品品种和品牌的选择。参照群体究竟发生何种作用，主要受到产品需要程度和消费可见程度的影响，如表 3-2 所示。

表 3-2　消费情境与产品或品牌选择

消费可见程度	产品需要程度	
	必需品 （参考群体对产品 需求的影响力弱）	非必需品 （参考群体对产品 需求的影响力强）
可见 （参考群体 对品牌的影响力强）	公共必需品 （参考群体影响： 对产品弱，对品牌强）	公共奢侈品 （参考群体影响： 对产品、品牌均强）
隐蔽 （参考群体 对品牌的影响力弱）	私人必需品 （参考群体影响： 对产品、品牌均弱）	私人奢侈品 （参考群体影响：对 产品强，对品牌弱）

（1）产品需要程度。产品需要程度指该产品对消费者来说，是必需品还是非必需品。如果是必需品，如服装、饮料、床垫等，参照群体对产品种类选择的影响力弱，不能影响个人是买还是不买；如果是非必需品，如摄像机、小汽车、家庭整体厨房等，则参照群体对产品种类选择的响力强。产品的必需程度越低，参照群体对产品种类选择的影响力越强。

（2）产品消费的可见性。产品消费的可见性指消费者消费该产品时是否在公共场合，其他人是否易于看到产品品牌、款式和种类。如果产品的消费过程与场合是他人易于看到的，则称为可见性的消费品，如鞋子、箱包、外衣等。其中，鞋子、箱包的产品种类、款式、品牌都是可见的，而外衣的种类、款式等是可见的，品牌是不可见的。如果产品消费过程与场合是他人不易看到的，则称为隐蔽性的消费品，如内衣、肥皂、感冒药等。产品消费的可见程度越大，参照群体对品牌选择的影响就越大。因为旁人能够根据看到的因素判断个体的价值观和消费行为与群体是否一致。

（二）家庭与角色身份

1. 家庭

家庭可以分为婚前家庭与婚后家庭，前者指父母与兄弟姐妹构成的家庭，在每个人的成长阶段，父母的影响是巨大的；后者指夫妻与子女构成的家庭，夫妻与子女在购买活动中往往扮演不同的角色。此外，还有各种边缘家庭，如未婚同居家庭、离婚共负监护权家庭、单亲家庭等。一般而言，妻子是家庭日常用品的购买者；贵重商品与服务如汽车、房屋等较多的由夫妻双方共同做出决策。随着女性知识水平与经济地位的提高，她们也成为高新技术产品的重要购买者。研究显示，男性与女性对营销信息的反应不同，女性比较看重家庭与朋友关系，男性则更加看重竞争。孩子的花费与购买影响也在日益增加，营销人员应当设法利用多种可能的渠道与孩子们沟通。

2. 角色身份

角色身份论认为个体的自我随着所处环境的不同而改变，在不同的环境中扮演着不同的社会角色，具有不同的行为，塑造不同的自我，但是在特定的时间内特定的角色身份将占主导地位。

每个人在不同的场合都是不同的自我角色，这些特定的角色是怎样形成，又是怎样在特定的条件下被激活的呢？表象互动论对此做出了解释。表象互动论认为，每个人都处于特定的表象环境中，并在这种特定的表象环境中理解别人对自己的看法和要求，根据这种理解来确定自己的角色、身份地位和行为，随着表象环境的变化而调整自己的角色和行为，使之符合别人的预期。自我的这样一种形成的方式被称为"走别人的路"或"镜映自我"。消费者在自我定位时并非根据自己的意愿来回答"我是谁"，而是回答"在某一条件下我是谁"，或"别人认为我是谁"。当然，在同一表象环境中有不同的人群，如果消费者探测外界反应时所依据的人群不同，其对自我的定位或认识就会不同。

3. 角色身份与消费行为

每个人的自我观念实际就是把自己界定为一个特定的角色，而这个角色要靠特定的商品或服务来塑造。商品或服务可以起到塑造自我、强化自我的作用。自我与产品消费是统一的，在不熟悉的环境中尤其如此。自我意象一致模型认为，只有当产品的特色与自我风格相符合时才会被购买。例如，在收入水平相同、商品价格也相同的条件下，文化层次较高的人和较低的人所购商品的风格和特色有显著不同。表象自我形成理论认为，未完成个人定位的人往往倾向于借助相关象征物的消费和展示来完成身份定位。例如，一些未成年的少年通过模仿成年人的行为显示自己已经成为男子汉；一些人通过奢侈品消费显示自己是有身份的人。企业营销人员的任务是发现消费者所认同的角色身份，用自己的产品与服务去实现消费者角色身份的塑造。

第三节　消费者购买决策过程

一、消费者购买决策过程的介绍

消费者购买决策过程是消费者购买动机转化为购买活动的过程。西方营销学者将消费者购买决策的一般过程分为五个阶段（如图 3-4 所示）。

这个购买决策过程模式适用于分析复杂的购买行为，因为复杂的购买行为是最完整、最有代表性的购买类型，其他购买类型是越过其中某些阶段后形成的，是复杂购买行为的简化形式。模式表明，消费者的购买决策过程早在实际购买以前就已开始，并延伸到实际购买以后，这就要求营销人员注意购买决策过程的各个阶段而不是仅仅注意销售。

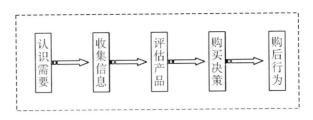

图 3-4　消费者购买决策过程五阶段模式

（一）确认需要

确认需要指消费者确认自己的需要是什么。需要是购买活动的起点，升高到一定阈限时就变成一种驱动力，驱使人们采取行动去予以满足。

需要产生于消费者实际状态与理想状态的差距。实际状态指消费者目前所处的状态，理想状态指消费者想要达到的状态。"状态"可以指消费者内在的生理或心理状态，也可以指外在的商品或服务状态。比如，消费者口渴是生理的实际状态，消除口渴是生理的理想状态，二者之间的差距产生了喝水的需要。再如，消费者并不饥饿，这是生理的实际状态，但是看到饭店美食诱人，想要满足口腹之欲，这是生理的理想状态，二者之间的差距产生了吃的需要。消费者的电脑坏了，这是商品当前的实际状态；需要有一台能够正常使用的电脑，这是商品的理想状态，二者之间的差距产生了购买电脑的需要。消费者电脑依然完好如初，这是商品当前的实际状态；看到朋友都用了运行速度更快、内存更大的高性价比电脑，自己也想用，这是理想状态，二者之间的差距也造成了购买电脑的需要。虽然电脑坏与没坏造成的"确认问题"都是买一台新电脑，但是原因显然不同。因此，需要可由内在刺激或外在刺激唤起。内在刺激是人体内的驱使力，如饥、渴、冷等会产生对食物、饮料和衣物的需要。外在刺激是外界的"触发诱因"，如美食、新款智能手机等。需要被唤起后可能逐步增强，最终驱使人们采取购买行动，也可能逐步减弱以至消失。

（二）营销策略

营销人员在"确认问题"阶段的营销策略主要涉及两个方面：

（1）了解需要。营销人员要通过市场研究和预测，了解与本企业产品有关的现实的和潜在的需要。在价格和质量等因素既定的条件下，一种产品如果能够满足消费者多种需要或多层次需要就能吸引更多的购买。

（2）设计诱因。营销人员要了解消费者需要随时间推移以及外界刺激强弱而波动的规律性，并以此设计诱因，增强刺激、唤起需要，最终促成人们采取购买行动。

二、信息收集

（一）信息收集的前提条件

信息收集的前提条件是累积需要的存在。被唤起的需要立即得到满足须有三个条件：一是这个需要很强烈；二是满足需要的物品很明显；三是该物品可立即得到。这三个条件都具备时，消费者满足被唤起的需要无须经过信息收集阶段，也可理解为这个阶段很短、很快、接近于零。如果这三个条件有一项不具备，被唤起的需要就不能马上得到满足，而是先存入记忆中作为未满足的项目，称为"累积需要"。随着累积需

市场营销学

要由弱变强，会出现两种情况：一是"高亢的注意力"，指消费者对能够满足其需要的商品信息变得敏感，虽然并不会有意识地收集信息，但是会留心接收信息，比平时更加关注该商品的广告、别人对该商品的使用和评价等。二是"积极的信息收集"，指消费者主动地、广泛地收集该产品的信息。

（二）营销策略

了解消费者信息来源。消费者信息来源有四种：

（1）商业来源。商业来源指营销企业提供的信息，如广告、推销员介绍、商品包装的说明、商品展销会等。

（2）公共来源。公共来源也称为公众来源，指营销企业、营销人员以外的与消费者无日常交往关系的社会组织或个人所提供的信息。社会组织包括消费者权益组织、政府部门、新闻媒介等。无日常交往关系的个人包括在各种场合偶遇的陌生人、通过各种媒介形式传播信息的陌生人等。

（3）个人来源。个人来源指营销企业、营销人员以外的与消费者有日常交往关系的人所提供的信息。有日常交往关系的人包括家庭成员、朋友、邻居、同事和其他熟人等。

（4）经验来源。经验来源指消费者直接接触产品所得到的信息。直接接触产品的形式有使用产品、检查和处理产品、观看他人使用产品等。

营销者须了解不同信息来源对消费者的影响程度。从消费者对信息的信任程度看，经验来源和个人来源最高，其次是公共来源，最后是商业来源。研究认为，商业来源的信息在影响消费者购买决定时只起"告知"作用，而个人来源和经验来源则起评价作用。比如，消费者购买手机、化妆品等，从广告或企业宣传资料中得知有哪些品牌，而评价不同品牌优劣时就会向朋友和熟人打听。

营销者在设计信息传播策略时，除利用商业来源传播信息外，还要设法利用和刺激公共来源、个人来源和经验来源，也可多种渠道同时使用，以加强信息的影响力或有效性。

三、评估产品

消费者在获得全面的信息后就会根据这些信息和一定的评价方法对同类产品的不同品牌加以评估并决定选择。一般而言，消费者的评价行为涉及四个方面。

（一）产品属性

产品属性指产品所具有的能够满足消费者需要的特性。产品在消费者心中表现为一系列基本属性的集合。例如，下列产品应具备的属性是：

（1）笔记本电脑：便携性、内置电池、集成显示器、低功耗处理器。

（2）冰箱：节能、静音、储存、保鲜、冷藏、冷冻。

（3）汽车：安全性、品牌、外观、内饰、配置、空间、经济性、驾驶性、操纵性、舒适性。

（4）酒店：安全、洁净、安静、服务周到、交通方便、收费合理。

在价格不变的条件下，产品具有更多的属性将增加吸引力，但是也会增加成本。营销人员应了解顾客主要对哪些属性感兴趣以确定产品应具备的属性。

（二）品牌信念

品牌信念指消费者对某品牌优劣程度的总体评价。每一个品牌都有一些属性，消费者会对每一属性实际达到了何种水准给予评价，然后将这些评价综合起来，就构成他对该品牌优劣程度的总体评价，即他对该品牌的信念。

（三）效用要求

效用要求指消费者对该品牌每一属性的效用功能应当达到何种水准的要求。或者说，该品牌每一属性的效用功能必须达到何种水准他才会接受。

（四）评价模式

明确了上述三个问题以后，消费者会有意或无意地运用一些评价方法对不同的品牌进行评价和选择。例如，某人打算购买一辆新能源电动汽车，他收集了 A、B、C、D、E 五种品牌的资料，要求价格不超过 30 万元且必须是国产电动汽车，则 A 品牌超过此价格被淘汰；还要求汽车安全性能评价应当超过 8 分（按购买者主观标准打分），则 C、D 两品牌未达要求而被淘汰，于是剩下两种品牌供选择。

四、购买决策

顾客一旦决定实现购买意向，就必须做出以下决策：

（1）产品种类决策，即在资金有限的情况下优先购买哪一类产品。

（2）产品属性决策，即该产品应具有哪些属性。

（3）产品品牌决策，即在诸多同类产品中购买哪一个品牌。

（4）时间决策，即在什么时间购买。

（5）经销商决策，即到哪一家商店购买。

（6）数量决策，即买多少。

（7）付款方式决策，即一次性付款还是分期付款，现金购买还是其他方式等。

五、购后过程

研究消费者购后过程的目的是提高其满意度。消费者的购后过程分为三个阶段，即购后使用和处置、购后评价、购后行为。

（一）购后使用和处置

消费者在购买所需商品或服务之后，会进入使用过程以满足需要。购后使用和处置有时只是一种直接消耗行为，如吃饭、看电影等；有时则是一个长久的过程，如家电、家具、汽车等耐用消费品的使用，营销人员应当关注消费者如何使用和处置产品。如果消费者使用产品频率高，会增强其对购买决策正确性的信心。如果一个产品应该有高频率使用而实际使用率很低甚至丢弃，说明消费者认为该产品无用，进而懊悔自己的购买决定。

（二）购后评价

消费者通过产品使用和处置过程对所购产品和服务做出评价，检验自己购买决策的正确性，确认满意程度，作为以后类似购买活动的参考。消费者的购后满意程度不仅取决于产品质量和性能发挥状况，还取决于消费者的心理因素。预期满意理论认为顾客满意是消费者将产品可感知效果与自己的期望值相比较后所形成的心理感受状态，即消费者购买产品以后的满意程度取决于购前期望得到实现的程度。

（三）购后行为

顾客的产品评价决定了购后行为。若顾客信赖产品，就会重复购买同一产品，并推荐给周围的人群；但若顾客对产品不满意，就会抱怨、索赔、个人抵制或不再购买、劝阻他人购买，甚至向有关部门投诉等。企业应当积极主动地采取多种措施促使顾客发生有利于企业和产品的行为，避免不利于企业和产品的行为发生。

消费者购买决策过程可能有五种角色参与其中。

一是发起者，即第一个提议或想到去购买某种产品的人；二是影响者，即有形或无形地影响最后购买决策的人；三是决定者，即最后决定整个购买意向的人，如买不买、买什么、买多少、怎么买、何时与何地买等；四是购买者，即实际执行购买决策的人，如与卖方商谈交易条件、带上现金去商店选购等；五是使用者，即实际使用或消费商品的人。

一般来说，当消费者以个人为购买单位时，五种角色可能由一人担任；以家庭为购买单位时，五种角色往往由家庭不同成员分别担任。

第四节　组织市场及购买行为

一、组织市场的概念、类型和特点

习近平总书记提出要保护和激发市场主体活力，企业和个体工商户是我国经济活动的主要参与者、就业机会的主要提供者、技术进步的主要推动者，在国家发展中发挥着十分重要的作用①。

（一）组织市场的概念

组织市场指工商企业为从事生产、销售等业务活动以及政府部门和非营利组织为履行职责而购买产品或服务所构成的市场。简言之，组织市场是以某种正规组织为购买单位的购买者所构成的市场，与消费者市场相对应。就卖主而言，消费者市场是个人市场，组织市场是法人市场。

（二）组织市场的类型

组织市场包括生产者市场、中间商市场、非营利组织市场和政府市场。

（1）生产者市场。生产者市场指购买产品或服务用于制造其他产品或服务，然后销售或租赁给他人以获取利润的单位和个人。组成生产者市场的主要产业有工业、农业、林业、渔业、采矿业、建筑业、运输业、通信业、公共事业、银行业、金融业、保险业和服务业等。

（2）中间商市场。中间商市场也称转卖者市场，指购买产品用于转售或租赁以获取利润的单位和个人，包括批发商和零售商。

---

① 习近平在企业家座谈会上的讲话［EB/OL］.（2020-07-21）［2023-07-28］. http://jhsjk.people.cn/article/31792488.

（3）非营利组织市场。非营利组织泛指所有不以营利为目的、不从事营利性活动的组织。我国通常把非营利组织称为"机关团体、事业单位"。非营利组织市场指为了维持正常运作和履行职能而购买产品或服务的各类非营利组织所构成的市场。

（4）政府市场。政府市场指为了执行政府职能而购买或租用产品的各级政府和下属各部门。政府机构是市场活动的最大买主，占有 20%~30% 的份额。各国政府通过税收、财政预算掌握了相当部分的国民收入，形成了潜力极大的政府采购市场，成为非营利组织市场的主要组成部分。

（三）组织市场的特点

1. 购买者比较少

发电设备生产者的顾客是各地极其有限的发电厂，大型采煤设备生产者的顾客是少数大型煤矿，某轮胎厂的命运可能仅仅取决于能否得到某家汽车厂的订单。

2. 购买数量比较大

组织市场的顾客每次购买数量都比较大，有时一位买主就能买下一个企业较长时期内的全部产量，有时一张订单的金额就能达到数千万元甚至数亿元。

3. 供需双方关系密切

组织市场的购买者需要有源源不断的货源，供应商需要有长期稳定的销路，每一方对另一方都具有重要的意义，因此供需双方互相保持着密切的关系。有些买主常常在产品的花色品种、技术规格、质量、交货期、服务项目等方面提出特殊要求，供应商应经常与买方沟通，详细了解其需求并尽最大努力予以满足。

4. 购买者的地理位置相对集中

组织市场的购买者往往集中在某些区域，以至于这些区域的业务用品购买量占据全国市场的很大比重。

5. 派生需求

派生需求也称为引申需求或衍生需求。组织市场的顾客购买商品或服务是为了给自己的服务对象提供所需的商品或服务，因此，业务用品需求由消费品需求派生出来，并且随着消费品需求的变化而变化。例如，消费者的饮酒需求引起酒厂对粮食、酒瓶和酿酒设备的需求，连锁引起有关企业和部门对化肥、农资、玻璃、钢材等产品的需求。派生需求往往是多层次的，形成一环扣一环的链条，消费者需求是这个链条的起点，是原生需求，是组织市场需求的动力和源泉。

6. 需求弹性小

组织市场对产品和服务的需求总量受价格变动的影响较小。通常来说，在需求链条上距离消费者越远的产品，价格的波动越大，需求弹性越小。例如，在酒类需求总量不变的情况下，粮食价格下降，酒厂未必就会大量购买，除非粮食是酒成分中的主要部分且酒厂有大量的存放场所；粮食价格上升，酒厂未必会减少购买，除非酒厂找到了其他替代品或发现了节约原料的方法，原材料的价值越低或原材料成本在制成品成本中所占的比重越小，其需求弹性就越小。组织市场的需求在短期内特别无弹性，因为企业不可能临时改变产品的原材料和生产方式。

7. 需求波动大

组织市场需求的波动幅度大于消费者市场需求的波动幅度，一些新企业和新设备尤其如此。如果消费品需求增加某一百分比，为了生产出满足这一追加需求的产品，工厂的设备和原材料会以更大的百分比增长，经济学家把这种现象称为加速原理。当消费需求不变时，企业用原有设备就可生产出所需的产量，仅需支出更新折旧费，原材料购买量也不增加；消费需求增加时，许多企业要增加机器设备，这笔费用远大于单纯的更新折旧费，原材料购买也会大幅度增加。有时消费品需求仅上升10%，下一阶段工业需求就会上升200%；消费品需求下跌10%，就可能导致工业需求全面暴跌。组织市场需求的这种波动性使得许多企业向经营多元化发展，以避免风险。

8. 专业人员采购

组织市场的采购人员大都经过专业训练，具有丰富的专业知识，清楚地了解产品的性能、质量、规格和有关技术要求。供应商应从技术的角度说明本企业产品和服务的优点，并向他们提供详细的技术资料和特殊的服务。

9. 影响购买的人多

与消费者市场相比，影响组织市场购买决策的人更多。大多数企业有专门的采购组织，重要的购买决策往往由技术专家和高级管理人员共同做出，其他人员也直接或间接地参与，这些组织和人员形成事实上的"采购中心"。供应商应当派出训练有素的、有专业知识和人际交往能力的销售代表与买方的采购人员和采购决策参与人员打交道。

10. 销售访问多

由于需求方参与购买过程的人较多，供应者也较多，竞争十分激烈，因此需要更多的销售访问来获得商业订单，有时销售周期可达数年。有调查表明，工业销售平均需要4~4.5次访问，从报价到产品发送的周期通常以年为单位。

11. 直接采购

组织市场的购买者往往向供应方直接采购，而不经过中间商环节，价格昂贵或技术复杂的项目更是如此。

12. 互惠购买

组织市场的购买者往往这样选择供应商——"你买我的产品，我就买你的产品"，即买卖双方经常互换角色，互为买方和卖方。例如，造纸公司从化学公司大量购买造纸用的化学物品，化学公司也从造纸公司那里大量购买办公和绘图用的纸张。互惠购买有时表现为三角形或多角形。假设有A、B、C三家公司，C是A的顾客，A是B的潜在顾客，B是C的潜在顾客，A就可能提出这种互惠条件：B买C的产品，A就买B的产品。

13. 租赁

组织市场往往通过租赁的方式取得所需产品。对于机器设备、车辆等昂贵产品，许多企业无力购买或需要融资购买，采用租赁的方式可以节约成本。

二、组织市场购买行为

组织市场与消费者市场的购买行为既有相似性，又有较大差异性，在购买类型、购买决策参与者、购买决策影响因素、交易导向与购买决策过程等方面表现得尤为突出。

（一）组织市场购买类型

1. 直接重购

直接重购指组织用户的采购部门按照过去的订货目录和基本要求继续向原先的供应商购买产品，这是最简单的购买类型。当库存量低于规定水平时，就要续购。采购部门对以往的所有供应商加以评估，并选择满意的作为直接重购的供应商。被列入直接重购名单的供应商应尽力保持产品质量和服务质量，以提高采购者的满意程度。他们经常提议采用自动化再订购系统，以减少再订购的时间。未列入名单的供应商会试图提供新产品和满意的服务，以便促使采购者转移或部分转移购买，以少量订单入门，然后逐步争取买方并尽力扩大其采购份额。

2. 修正重购

修正重购指组织用户改变原先所购产品的规格、价格或其他交易条件后再行购买。用户会与原先的供应商协商新的供货协议甚至更换供应商，这便使原先选中的供应商感到压力，并全力以赴地继续保持交易，而新的供应商则认为这是获得交易的最好机会。修正重购的决策过程较为复杂，买卖双方都有较多的人参与。

3. 新购

新购指组织用户初次购买某种产品或服务，这是最复杂的购买类型。新购产品大多是不常购买的项目，如大型生产设备、建造新的厂房或办公大楼、安装办公设备或计算机系统等，采购者要在一系列问题上做出决策，如产品的规格、购买数量、价格范围、交货条件及时间、服务条件、付款条件、可接受的供应商和可选择的供应商等。购买的成本和风险越大，购买决策的参与者就越多，需要收集的信息就越多，购买的过程就越复杂。由于顾客还没有一个现成的"供应商名单"，因而对所有的供应商来说都既是机会，也是挑战。

（二）组织市场购买方式

对于大宗商品的购买，组织市场购买者常常采用系统购买的方式。组织用户通过一次性购买而获得某项目所需全部产品的采购方法称为系统购买。供应商所采用的与系统购买相应的销售方法称为系统销售。系统购买最初产生于政府采购。政府采购重要武器和通信系统时，不是从不同供应商处分别购买各种部件然后汇总，而是从符合条件的供应商中选择最合适的一个，向它购买该项目所需的全部产品，由它负责招标和组装零部件，最后交付可立即投入使用的成品。这种购买方法也称为"交钥匙解决法"，因为购买者只要转动一下钥匙就可以进行操作了。

系统销售有各种不同的形式。一是供应商销售一组连锁产品。例如，汽车零部件供应商出售汽车中的某个系统，如座椅系统、刹车系统、车门系统等。二是系统承包，即一个单独的供应商给购买者提供维护、修理、操作所需的全部物料。从采购方看，将存货的任务转嫁给销售方，可以降低成本，减少挑选供应商的时间，也可以降低费用。例如，在水坝、钢铁厂、水利系统、卫生系统、油气管道、公共设备、新城镇建设中，越来越多的购买者采用系统购买的方式，供应商也意识到这种趋势，把与之相应的系统销售作为一种重要的营销手段，在价格、质量、信誉和其他各方面进行竞争以期中标。

（三）组织用户的购买决策过程

从理论上说，组织用户完整的购买过程可分为八个阶段（见表3-3），但是具体过程依不同的购买类型和购买方式而定，直接重购和修正重购可能跳过某些阶段，新购则会完整地经历各个阶段。零星商品购买决策过程可能比较简单，而大宗商品购买、系统购买的决策过程可能比较复杂。

表3-3　组织用户购买决策过程

购买阶段		购买类型		
		新购	修正重购	直接重购
1	问题识别	是	可能	否
2	总需要说明	是	可能	否
3	明确产品规格	是	是	是
4	物色供应商	是	可能	否
5	征求供应建议书	是	可能	否
6	选择供应商	是	可能	否
7	签订合约	是	可能	否
8	绩效评价	是	是	是

1. 问题识别

问题识别指组织用户认识自己的需要，明确所要解决的问题。问题识别可以由内在刺激或外在刺激引起。

（1）内在刺激。比如，企业决定制造一种新产品，需要新设备或原材料；机器发生故障，需要更新或需要新零件；已购进的商品不理想或不适用，需要更换供应商；等等。

（2）外在刺激。采购人员通过广告、商品展销会或卖方推销人员介绍等途径了解到有更理想的产品，从而产生需要。这时，供应商应利用上述方式刺激买方认识需要。

2. 总需要说明

总需要说明指通过价值分析确定所需项目的总特征和数量。标准化产品易于确定，而非标准化产品须由采购人员和使用者、技术人员乃至高层经营管理人员协商确定。卖方营销人员应向买方介绍产品特性，协助买方确定需要。

3. 明确产品规格

明确产品规格指说明所购产品的品种、性能、特征、数量和服务，写出详细的技术说明书，作为采购人员的采购依据。供应商应通过价值分析向潜在顾客说明自己的产品和价格比其他品牌更理想。未列入买方选择范围的供应商可通过展示新工艺、新产品把直接重购转变为新购，争取打入市场的机会。

4. 物色供应商

物色供应商指采购人员根据产品技术说明书的要求寻找最佳供应商。如果是新购或所需品种复杂，组织用户为此花费的时间就会比较长。有调查表明，企业采购部门信息来源及重要性的排列顺序是：内部信息，如采购档案、其他部门信息和采购指南、推销员的电话访问和亲自访问；外部信息，如卖方的产品质量调查、其他公司的采购信息、新闻报道、广告、产品目录、电话簿、商品展览等。供应商应当进入"工商企业名录"和计算机信息系统，制订强有力的广告宣传计划和促销体系，寻找潜在和现实的购买者。

5. 征求供应建议书

征求供应建议书指邀请合格的供应商提交供应建议书。因此对于复杂和花费大的项目，买方会要求每一位潜在供应商提出详细的书面建议，经选择淘汰后，请余下的供应商提出正式供应建议书。因此，卖方的营销人员必须擅长调查研究、写报告和提建议。需要注意的是，这些建议应当是营销文件而不仅仅是技术文件，从而能够坚定买方的信心，使本公司在竞争中脱颖而出。

6. 选择供应商

选择供应商指组织用户在对供应建议书加以分析评价后确定供应商。评价内容包括供应商的产品质量、性能、产量、技术、价格、信誉、服务、交货能力等属性，各属性的重要性随着购买类型的不同而不同。

组织用户在做出决定前，还可能与较为中意的供应商谈判，以争取较低的价格和较好的供应条件。供应商的营销人员可以从产品的服务和"生命周期成本"等方面制定应对策略以防止对方压价和提出过高要求，组织用户的采购中心还会决定使用多少供应商，有时他们偏好一家大供应商，以保证原材料供应和获得价格让步；有时他们同时保持几条供应渠道，以免受制于人，并促使卖方展开竞争；各供应商都要及时了解竞争者的动向，制定竞争策略。

7. 签订合约

签订合约指组织用户根据所购产品的技术说明书、采购量、交货时间、退货条件、担保书等内容与供应商签订最后的订单。许多组织用户愿意采取长期有效合同的形式，而不是定期采购订单。买方若能在需要产品的时候通知供应商随时按照条件供货，就可实行"无库存采购计划"，从而降低或免除库存成本。卖方也愿意接受这种形式，因为可以与买方保持长期的供货关系，增加业务量，抵御新竞争者。

8. 绩效评价

绩效评价指组织用户对各个供应商的绩效加以评价，以决定维持、修正或终止供货关系。评价方法包括询问使用者、按照若干标准加权评估、把绩效差的成本加总、修正包括价格在内的采购成本。供应商必须关注该产品的采购者和使用者是否使用同一标准进行绩效评价，以求评价的客观性和正确性。

（四）组织市场购买决策的参与者

购买类型不同，购买决策的参与者也不同。直接重购时，采购部门负责人起决定性作用；新购时，企业高层领导起决定性作用。在确定产品的性能、质量、规格、服务等标准时，技术人员起决定性作用；而在供应商选择方面，采购人员起决定性作用。这说明在新购的情况下，供应商应当把产品信息传递给买方的技术人员和高层领导，在买方选择供应商的阶段应当把产品信息传递给采购部门负责人。

组织用户的采购决策组织称为采购中心，指围绕同一目标而直接或间接参与采购决策并共同承担决策风险的所有个人和群体。采购中心通常由来自不同部门和执行不同职能的人员构成。采购中心成员在购买过程中分别扮演着以下七种角色中的一种或几种。

（1）发起者，即提出购买要求的人。他们可能是使用者，也可能是其他人。

（2）使用者，即组织用户内部使用这种产品或服务的成员。在多数情况下，使用者往往首先提出购买建议，并协助确定产品规格。

（3）影响者，即组织用户的内部和外部能够直接或间接地影响采购决策的人员。他们协助确定产品规格和购买条件，提供方案评价的情报信息，影响采购选择。技术人员大多是重要的影响者。

（4）决策者，即有权决定买与不买，决定产品规格、购买数量和供应商的人员。有些购买活动的决策者很明显，有些却不明显，供应商应当设法弄清谁是决策者，以便有效地促成交易。

（5）批准者，即有权批准决策者或购买者所提购买方案的人员。

（6）采购者，即被赋予权力按照采购方案选择供应商和商谈采购条款的人员。如果采购活动较为重要，采购者中还会包括高层管理人员。

（7）信息控制者，即组织用户的内部或外部能够控制信息流向采购中心成员的人员。比如，采购代理人或技术人员可以拒绝某些供应商和产品的信息，接待员、电话接线员、秘书、门卫等可以阻止推销者与使用者或决策者接触。

为了实现成功销售，企业营销人员必须分析以下问题：谁是购买决策的主要参与者？他们影响哪些决策？他们的影响程度如何？他们使用的评价标准是什么？

当采购中心包含许多参与者时，销售人员难以同每一位参与者接触，此时销售人员应针对公司规模的大小而采取不同的策略。在小公司重点接触关键性的参与者，在大公司则尽可能地接触更多的参与者，采取多层次的深度推销。

（五）组织市场购买决策的影响因素

影响组织市场购买决策的基础性因素是经济因素，即产品的质量、价格和服务。在不同的供应商产品的质量、价格和服务差异较大的情况下，组织市场的采购人员会高度重视这些因素，仔细收集和分析资料，并进行理性的选择。但是在不同的供应商产品的质量、价格和服务基本没有差异且都能达到采购目标的情况下，组织市场的采购人员几乎无须进行理性的选择，其他因素就会对购买决策产生重大影响。

影响组织市场购买决策的主要因素可分为四大类：环境因素、组织因素、人际因素和个人因素。供应商应了解和运用这些因素，引导买方购买行为，促成交易。

1. 环境因素

习近平总书记多次强调："要改善投资和市场环境，加快对外开放步伐，降低市场运行成本，营造稳定公平透明、可预期的营商环境，加快建设开放型经济新体制，推动我国经济持续健康发展。"①

环境因素指组织用户无法控制的宏观环境因素，包括市场需求水平、国家的经济前景、资金成本、技术发展、政治法律因素、竞争态势等。从经济因素看，假如国家

---

① 习近平. 营造稳定公平透明的营商环境 加快建设开放型经济新体制 [EB/OL]. (2017-07-18) [2023-07-28]. http://jhsjk.people.cn/article/29410770.

经济前景看好或国家扶持某一产业的发展，有关企业就会增加投资，增加原材料采购和库存，以备生产扩大之用。在经济滑坡时期，组织用户会减少甚至停止购买，供应商的营销人员试图增加组织用户需求总量往往是徒劳的，只能通过艰苦努力保持或扩大自己的市场占有率。从技术因素看，技术的进步将导致企业采购者购买需求的改变，彩电、手机、计算机等产品的升级换代，导致企业所需原材料和机械设备发生了很大变化。从政治与法律因素看，国家法律和国际国内政治环境会影响采购者的购买需求。国家环境保护法规的建立与完善使得企业对无污染的环保材料的需求激增，国内良好的政治氛围促进了我国经济稳定发展，企业采购需求持续增加。我国与世界各国良好国际关系的建立，大幅度地提高了我国产品的进出口量。各国对进出口业务的有关政策和制度规定，促进了我国进出口企业在采购与销售程序、组织结构和制度体系等方面的完善。

2. 组织因素

组织因素指组织用户自身的经营战略、组织和制度等因素，包括经营目标和战略、政策、程序、组织结构、制度等。企业营销人员必须了解的问题有：组织用户的经营目标和战略是什么；为了实现这些目标和战略，他们需要什么产品；他们的采购程序是什么；有哪些人参与采购或对采购产生影响；他们的评价标准是什么；该公司对采购人员有哪些政策与限制等。比如，以追求总成本降低为目标的企业，会对低价产品更感兴趣；以追求市场领先为目标的企业，会对优质高效的产品更感兴趣。

3. 人际因素

人际因素指组织用户内部参与购买过程的各种角色（使用者、影响者、决策者、批准者、采购者和信息控制者）的职务、地位、态度、利益和相互关系对购买行为的影响。供应商的营销人员应当了解每个人在购买决策中扮演的角色是什么、相互之间关系如何等，以便利用这些因素促成交易。

4. 个人因素

个人因素指组织用户内部参与购买过程的有关人员的年龄、教育、个性、偏好、风险意识等因素对购买行为的影响。受上述因素的影响，采购中心每一成员表现出不同的采购风格，如理智型、情感型、习惯型等。

不管是哪类参与者，所考虑的中心问题都是两个方面：一是企业需求，即企业战略的实现。购买过程的参与者会格外重视与自己职责直接相关的企业需求，购买过程与结果必须符合企业规章制度。工程技术人员会考虑产品的实际性能，生产人员会关心产品使用的方便性与供应的可靠性，财务人员会重视产品的经济性，采购人员会重视操作和替代的成本，领导层会更加强调安全。二是个人需求，即个人的职位、收入与成就感的提升。组织需求与个人需求使得购买过程参与者产生不同的动机与行为，他们并非购买"产品"，而是在购买同时解决这两个问题的方法：供应商的销售人员应当了解他们的这两种需求并开展针对性的销售工作。

（六）管理组织间的客户关系

为了提高市场营销效益，供应商和组织客户采用不同的方法管理相互之间的关系。组织客户的交易导向与忠诚度决定了双方关系的基本类型。交易导向指组织客户在交易活动中持有的支配性、指导性思想。忠诚度判断是供应商如何看待组织客户，而交易导向是组织客户如何看待供应商。组织客户采购的基本原则是用相对较低的成本获得最高利益，围绕这一基本原则产生三种交易导向：购买导向、利益导向和供应链管理导向。组织用户的交易导向不同，对供应商的忠诚度就显著不同。

1. 购买导向

购买导向指组织用户以最大限度维护自身利益、实现短期交易作为指导思想。在这种思想指导下，购买者对供应商的忠诚度最低，交易行为是不连续的，关系是不友好甚至敌对的。购买者认为买卖双方通过交易而获得的利益是一个固定大小的"蛋糕"，自己必须尽量获得最大的"蛋糕"份额。在商品性能和质量既定的情况下，购买者会强硬地讨价还价且不断寻找新的供应商以获得更低价格的商品。供应商应当分析此类顾客的价值以及能否将交易导向转变为利益导向或供应链管理导向。如果顾客价值大并且有可能转变交易导向，则应当开展有效的营销活动加强双方关系，促进顾客导向转变。如果顾客价值不大或者不可能转变交易导向，就减少营销努力，保持松散的交易关系。

2. 利益导向

利益导向指组织用户以建立交易双方长期的良好关系作为采购指导思想。在这种思想指导下，组织用户对供应商有较高的忠诚度，更加关注订立长期合同以保证原材料的不间断供应。购买者制定了较为完善的制度和方法与供应商保持良好合作关系，通过更好地管理询价、成本控制来寻求节约，与供应商分享节约的利益而非单纯压低价格。他们与供应商在原材料供应的早期阶段（如库存水平、及时管理及产品设计）就开始密切配合，采购目标是使自己和供应商都能在交易中获利。供应商应当通过提供优质产品、全面服务和订立长期合同维系和巩固双方关系，并力争发展为供应链管理导向。

3. 供应链管理导向

供应链管理导向指组织用户以建立交易双方密切的伙伴关系、实现双方价值最大化作为采购指导思想。在这种思想指导下，组织市场购买者对供应商高度忠诚，制订精益计划与供应商建立更加紧密的关系，让供应商参与产品设计与成本节约过程，通过拉动需求来增进价值。供应商应当充分运用自己的资源最大限度地满足客户需求，与客户建立最紧密的、长期的战略合作关系。

三、非营利组织市场和购买行为分析

非营利组织市场是组织市场的一种特殊类型，其购买行为与生产者市场、中间商市场既有共同之处，也有一定的特殊性。

（一）非营利组织的类型

非营利组织按照不同的职能，可有以下分类。

（1）履行国家职能的非营利组织。这是指服务于国家和社会，以实现社会整体利益为目标的有关组织，包括各级政府和下属各部门、保卫国家安全的军队、保障社会公共安全的警察和消防队、管制和改造罪犯的监狱等。

（2）促进群体交流的非营利组织。这是指促进某群体内成员之间的交流、沟通思想和情感、宣传普及某种知识和观念、推动某项事业的发展、维护群体利益的各种组织，包括各种职业团体、业余团体、宗教组织、专业学会和行业协会等。

（3）提供社会服务的非营利组织。这是指为某些公众的特定需要提供服务的非营利组织，包括学校、医院、红十字会、卫生保健组织、新闻机构、图书馆、博物馆、文艺团体、基金会、福利和慈善机构等。

（二）非营利组织的购买特点和方式

1. 非营利组织的购买特点

（1）限定总额。非营利组织的采购经费总额是既定的，不能随意突破。比如，政府采购经费的来源主要是财政拨款，拨款不增加，采购经费就不可能增加。

（2）价格低廉。非营利组织大多数不具有宽裕的经费，在采购中要求商品价格低廉。政府采购用的是纳税人的钱，更要仔细计算，用较少的钱办较多的事。

（3）保证质量。非营利组织购买商品不是为了转售，也不是使成本最小化，而是维持组织运行和履行组织职能，所购商品的质量和性能必须保证实现这一目的。比如，医院以劣质食品供应病人就会损害声誉，采购人员必须购买价格低廉且质量符合要求的食品。

（4）受到控制。为了使有限的资金发挥更大的效用，非营利组织采购人员受到较多的控制，只能按照规定的条件购买，缺乏自主性。

（5）程序复杂。非营利组织购买过程的参与者较多，程序也较为复杂。比如，政府采购要经过许多部门签字盖章，受许多规章制度约束，准备大量的文件，填写大量的表格，等等。

2. 非营利组织的购买方式

（1）公开招标选购。这是指非营利组织的采购部门通过传播媒体发布广告或发出信函，说明拟采购商品的名称、规格、数量和有关要求，邀请供应商在规定的期限内投标。供应商应注意分析自己的产品与服务是否符合招标单位的要求，并根据中标欲望的强弱决定报价。

（2）议价合约选购。这是指非营利组织的采购部门同时和若干供应商就某一采购项目的价格和有关交易条件展开谈判，最后与符合要求的供应商签订合同，达成交易。这种方式适用于复杂的工程项目，因为它们涉及重大的研究开发费用和风险。

（3）日常性采购。这是指非营利组织为了维持日常办公和组织运行的需要而进行的采购。这类采购金额较小，一般是即期付款、即期交货，如购买办公桌椅、纸张文具、小型办公设备等。

（三）政府市场及购买行为

政府市场是非营利组织市场的重要构成部分，关于非营利组织购买行为的阐述同样适用于政府市场。此外，政府市场购买行为还有自身的特点。

1. 政府市场的购买目的

政府采购的范围极其广泛，按照用途可分为军事装备、通信设备、交通运输工具、办公用品、日用消费品、劳保福利用品和其他劳务需求等。政府采购不像工商企业那样是为了营利，也不像消费者那样是为了满足生活需要，而是为了维护国家安全和社会公众的利益。政府具体的购买目的有：加强国防与军事力量；维持政府的正常运转；稳定市场，政府有调控经济、调节供求、稳定物价的职能，常常支付大量的财政补贴以合理价格购买和储存商品；扶持特定产业；对外国的商业性、政治性或人道性的援助等。

2. 政府市场购买过程的参与者

各个国家、各级政府都设有采购组织，一般分为两大类。

（1）行政部门的购买组织。行政部门的购买组织如国务院各部、委、局；省、自治区、直辖市所属各厅、局；市、县所属的各局、科等。这些机构的采购经费主要由财政部门拨款，由各级政府机构的采购办公室具体经办。

（2）军事部门的购买组织。军事部门采购的军需品包括军事装备（武器）和一般军需品（生活消费品）。各国军队都有国防部和国防后勤部（局），国防部主要采购军事装备，国防后勤部（局）主要采购一般军需品。在我国，国防部负责重要军事装备的采购和分配，解放军原总后勤部负责采购和分配一般军需品。此外，各大军区、各兵种也设立后勤部（局）负责采购军需品。

（四）影响政府购买行为的主要因素

政府市场与生产者市场和中间商市场一样，也受到环境、组织、人际和个人因素的影响，但是在以下方面有所不同。

1. 受到社会公众的监督

虽然各国的政治经济制度不同，但是政府采购工作都受到各方面的监督，主要的监督者有以下几个：

（1）国家权力机关和政治协商会议，即国会、议会或人民代表大会、政治协商会议。政府的重要预算项目必须提交国家权力机关审议通过，经费使用情况也必须受到监督。

（2）行政管理和预算办公室。有的国家成立专门的行政管理和预算办公室，审核政府的各项支出并试图提高使用的效率。

（3）传播媒体。报纸、杂志、广播、电视等传播媒体密切关注政府经费的使用情况，对于不合理之处予以披露，起到了有效的舆论监督作用。

（4）公民和民间团体。国家公民和各种民间团体也非常关注自己缴纳的税赋是否切实地用之于民，并会通过多种途径表达自己的意见。

2. 受到国际国内政治形势的影响

比如，在国家安全受到威胁或出于某种原因发动对外战争时，军备开支和军需品需求就大；和平时期用于建设和社会福利的支出就大。

3. 受到国际国内经济形势的影响

在经济疲软时期，政府会缩减支出；在经济高涨时期，政府就会增加支出。国家经济形势不同，政府用于调控经济的支出也会随之增减。

4. 受到自然因素的影响

各类自然灾害会使政府用于救灾的资金和物资大量增加。

（五）政府购买方式

与其他非营利组织一样，政府购买方式有公开招标选购、议价合约选购和日常性采购三种，其中以公开招标为主要方式。议价合约的采购方式通常发生在复杂的购买项目中，往往涉及巨大的研究开发费用与风险，有时也发生在缺乏有效竞争的情况下。

由于政府支出受到公众的关注，为确保采购的正确性和合法性，政府采购组织会要求供应商准备大量的说明产品质量与性能的书面文件，决策过程可能涉及繁多的规章制度、复杂的决策程序、较长的时间及采购人员更换，这可能会引起一些供应商的抱怨。政府机构也会经常地采取改革措施简化采购过程，并把采购系统、采购程序和注意事项提供给各供应商。供应商必须了解这个系统并投入相当的时间、资金和其他资源来制定有竞争力的标书。政府采购比较重视价格，供应商应当尽量通过降低成本来降低价格。有实力的供应商常预测政府需求，设计适当的产品或服务，以争取中标。

针对组织市场的购买行为特点，供应商应当进行有效的客户关系管理以维系客户和提升客户价值。客户关系管理产生于商品供过于求、企业之间竞争日益激烈的市场环境之下。在商品供不应求的年代里，顾客没有选择余地，即便对于企业的产品与服务十分不满，也只能忍气吞声。那个时候，企业并不关心产品与服务质量的提高，也不关心客户流失，因为新涌入的客户远远超过流失的客户。在商品供过于求的年代里，客户对商品与供应商的选择到了严格乃至苛刻的地步，稍不如意就转换购买，企业之间必须为留住客户而展开激烈竞争。虽然企业可以不断地开发新客户以弥补老客户流失造成的损失，但是开发新客户的成本远远大于留住老顾客的成本。在这种背景之下，开展有效的客户关系管理留住客户成为决定企业生死存亡的大事。

1. 客户关系管理的内涵与目标

（1）客户关系管理的内涵。客户关系管理指企业在既定的资源和环境条件下为发现客户、获得客户、维系客户和提升客户价值而开展的所有活动。

（2）客户关系管理的目标。客户关系管理目标是在产品、管理与营销同质化的背景下运用客户关系管理实现客户关系差异，通过满足客户需求和帮助客户获利来留住客户、提升客户价值，使客户关系管理成为企业的核心竞争力。由于科学技术高度发展且快速普及，同类企业之间产品同质化日趋严重；由于企业间在营销策略上相互模仿，同类产品的不同品牌之间在营销策略上也难以形成显著差异，造成客户转换成本低，转换行为就会经常发生。企业仅仅凭借良好的产品与服务以及同质化的营销策略并不能达到留住客户的目的。客户关系管理就是通过提高服务水准和质量信誉来提高客户的满意度与忠诚度，实现相互信任和愉快合作，在诸多无形之处建立差异以构筑竞争者难以逾越的屏障。

客户关系管理理论的提出是市场营销与企业管理理论的重大变革。传统的市场营销理论将客户看作销售的对象而非管理的对象，是企业外部的组织而非内部的成员；传统的企业管理仅仅局限于对企业内部人、财、物的管理，并不包括对企业外部客户的管理。而客户关系管理理论将外部的客户视同企业内部的成员，将"管理"对象从企业内部的人、财、物扩大到了外部的客户，要求客户关系管理人员要像了解企业内部的人、财、物资源一样了解客户资源，像管理企业内部的人、财、物资源一样管理客户资源。

2. 客户发展计划与客户发现途径

（1）客户发展计划。客户发展计划是企业通过对一定时期、一定市场区域内客户资源的分析而制订的新客户开发与老客户价值提升计划。其中，老客户价值提升计划指目标市场计划期内增加老客户对本公司产品购买量的计划。

客户发展计划涉及客户关系管理全局，用于指导企业客户关系管理的各项活动，应当具备以下特点：一是明确性，即明确规定所要达到的目标，不能模棱两可；二是可操作性，即各项实施措施必须具体，以便各部门相关人员执行；三是阶段性，即结合企业自身条件、市场需求、市场竞争等因素制订短期、近期与长期计划，实现三者的有机结合；四是可达到性，即应当考虑企业自身实际与市场环境实际，使得各部门相关人员有条件、有能力实现计划。

（2）客户发现途径。客户发现是客户开发的前提。根据一般经验，客户发现主要有以下途径：

①查阅法。查阅各种公开发布的含有工商企业信息的二手资料，如电话号码簿、工商企业名录、各种媒体的信息专栏与广告等。

②市场咨询法。向有关部门咨询，如市场研究部门、工商行政管理部门等。

③会议法。参加各种会议，如行业会议、展览会、展销会等。

④广告开拓法。利用各种广告媒介寻找准顾客，如直接邮寄广告、电话广告、电子商务广告等。

⑤链式引荐法。请现有客户推荐新顾客。

⑥社会关系拓展法。利用自身的种种社会关系寻找准顾客。

⑦中心开花法。通过中心人物的链式关系扩大顾客群，中心人物有行业协会领导、主管部门领导、金融机构领导以及各类有影响力的人物等。

⑧市场细分法。通过市场细分发现准客户。

⑨历史顾客名单核对法。从以往有过来往或交易关系的客户名单中寻找现在可以继续发展业务关系的客户。

⑩地毯式拜访法。销售人员直接走访特定区域所有可能有价值的企业以寻找准顾客。

⑪社交群体接触法。在俱乐部、娱乐场、校友会、培训班等各类社交场合接触准客户。

⑫个人观察法。销售人员通过对周围环境和人员的直接观察和判断寻找准顾客。

⑬随机法。利用各种偶然的机会发现客户，如同机的乘客、同游的游客等。

⑭吸引竞争者的顾客。

⑮委托助手法。即聘用与委托专职人员帮助收集信息，上门拜访，寻找准顾客。

本章小结

消费者市场是指所有为了个人消费而购买物品或服务的个人和家庭所构成的市场，它具有分散性、差异性、多变性、替代性和非专业性的特点。影响消费者行为的个体因素主要有心理因素、生理因素、经济因素、生活方式等。根据参与程度和品牌差异度，消费者的购买行为可分为复杂的购买行为、减少失调感的购买行为、多样性的购买行为和习惯性的购买行为四种类型。消费者购买决策的一般过程可分为确认问题、信息收集、备选产品评估、购买决策和购后过程五个阶段。营销人员的任务是了解消费者在购买决策过程不同阶段的行为特点，制定有效的营销策略促进消费者购买并提高购后满意度。

组织市场指工商企业为从事生产、销售等业务活动以及政府部门和非营利组织为履行职责而购买产品或服务所构成的市场，分为生产者市场、中间商市场、非营利组织市场和政府市场。与消费者市场相比，组织市场具有显著不同的行为特点。组织市场购买类型可分为直接重购、修正重购和新购三种，新购的购买过程最为复杂。供应商应当分析不同购买类型的行为特点、参与者和评价标准。组织市场购买决策过程分为问题识别、总需要说明、明确产品规格、物色供应商、征求供应建议书、选择供应商、签订合约、绩效评价八个步骤。供应商应了解组织市场在购买过程各阶段的特点，采取相应的营销策略促进购买。环境因素、组织因素、人际因素、个人因素等是影响组织市场购买行为的主要因素，营销人员应当分析和利用这些因素促进购买。

非营利组织的购买特点主要有限定总额、价格低廉、质量保证、受到控制、程序复杂五个方面。通常的采购方式是公开招标选购、议价合约选购、日常性采购等。政府市场购买组织一般分为行政部门的购买组织和军事部门的购买组织两类。购买行为受到公众因素、国内外政治因素、国内外经济因素和自然因素的影响。

客户关系管理指企业在既定的资源和环境条件下为发现客户、获得客户、维系客户和提升客户价值而开展的所有活动。在产品、管理与营销同质化的背景下只有运用客户关系管理实现客户关系差异，才能留住客户，提升客户价值。客户关系管理的核心是制定完善的客户分类标准，按照客户重要性采用不同的营销策略。

思考题

1. 试述影响消费者购买行为的因素。
2. 试述消费者购买决策过程中信息收集阶段企业的营销策略。
3. 影响记忆的客观因素有哪些？如何利用这些影响因素提高营销信息传播效果？
4. 如何运用马斯洛需要层次理论指导营销决策？
5. 试述组织用户的购买决策过程。

＊【案例分析】

茅台出酒瓶装冰激凌，2023 年新玩法？

资料来源：顶端新闻：茅台出酒瓶装冰淇淋，今年第一个雪糕刺客？［EB/OL］（2023-04-07）［2023-04-28］.https://www.dingxinwen.cn/detail/4027936.

实训任务

1. 实训项目

基于内容营销的 IP 打造和运营。

2. 实训目的

了解内容营销与 IP 的概念，让学生熟悉如何进行消费洞察，学会内容营销的实施步骤，掌握打造 IP 的技巧和运作方式。

3. 实训内容

以 A 企业为案例背景，A 企业用户群体都是中老年人，但现阶段市场趋于饱和，且该行业中的头部企业长期占据主要市场份额。因此，A 企业未来打算转型，定位年轻消费群体，即现在所谓的"Z 世代"，并将自己的品牌形象年轻化植入大众心里。该实训要求学生扮演公司运营部经理，辅助公司设计一款新产品，并进行内容营销，打造爆款 IP。

4. 实训步骤

（1）把全班分成几个小组，每组 4~6 人。

（2）各组开展市场调查。了解 A 企业在行业中的市场份额、业务范围、营销模式及其产生的营销效果。

（3）深入分析企业转型的可行性，进行市场与用户定位，开展产品设计与研发。

（4）制定合适的营销战略，从而实现 IP 打造与变现。

5. 实训考核

要求每组学生提交访问报告并进行班级汇报，老师批阅。

参考文献

［1］李蓓蓓. 网红直播带货、品牌认同与消费者购买行为［J］. 商业经济研究，2022（14）：83-85.

［2］赵士德，赵晚尔，宋博. 服务场景对非遗产品消费者购买行为的影响研究［J］. 江淮论坛，2022（2）：53-58.

［3］周末，蒋露薇，臧子悦，等. 水平差异、垂直差异、外部信息获取与消费者购买行为［J］. 南开管理评论，2022，25（6）：159-170.

［4］冯锦军. 新零售视域下品牌影响力与消费者购买行为量化分析［J］. 商业经济研究，2022（20）：73-76.

［5］李哲，张田田. 关键意见领袖对 Z 世代冲动性购买行为的影响［J］. 商业经济研究，2022（4）：89-92.

［6］郭国庆，陈凯. 市场营销学［M］. 北京：中国人民大学出版社，2022.

［7］吴健安. 市场营销学［M］. 北京：清华大学出版社，2022.

［8］胡晓丽，张会兵，董俊超，等. 基于集成学习的电子商务平台新用户重复购买行为预测［J］. 现代电子技术，2020，43（11）：115-119，124.

[9] 徐绍荣，杨晓杰，王冠奇，等. 消费者葡萄酒购买行为影响因素研究：基于山东省 6 个地区的调查 [J]. 中国酿造，2018，37（10）：200-203.

[10] 黄浩. 市场营销学 [M]. 成都：西南财经大学出版社，2015.

[11] 王国猛，黎建新，廖水香. 个人价值观、环境态度与消费者绿色购买行为关系的实证研究 [J]. 软科学，2010，24（4）：135-140.

[12] 陈洁，丛芳，康枫. 基于心流体验视角的在线消费者购买行为影响因素研究 [J]. 南开管理评论，2009（2）：132-140.

[13] 潘煜，高丽，王方华. 生活方式、顾客感知值对中国消费者购买行为影响 [J]. 系统管理学报，2009（6）：601-607.

[14] 赵昶，靳明，赵敏. 女性群体绿色农产品购买行为结构研究 [J]. 财经问题研究，2008（1）：113-118.

[15] 李瑞，沈卫德，陈文虎，等. 国内消费者丝绸购买行为及消费意愿的调查研究 [J]. 丝绸，2007（10）：9-12.

第四章

市场营销调研与预测

学习目标

(1) 市场营销调研的含义、内容、方法与步骤。

(2) 营销数据分析的主要方法。

(3) 市场营销预测的含义、原则、内容与方法。

(4) 学会设计调查问卷，写作调查报告。

(5) 学会使用网络调查方法。

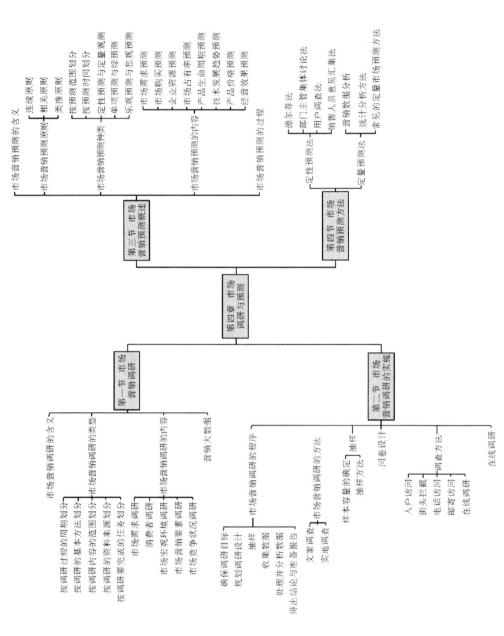

本章知识结构图

第四章 市场调研与预测

第一节 市场营销调研

市场营销调研的含义
　市场营销调研的含义
　市场营销调研的类型
　　按调研过程的周期划分
　　按调研的基本方法划分
　　按调研内容的范围划分
　　按调研的资料来源划分
　市场营销调研的内容
　　市场营销调研要完成的任务划分
　　市场需求调研
　　消费者调研
　　市场宏观环境调研
　　市场营销要素调研
　　市场竞争状况调研
营销大数据

第二节 市场营销调研的实施

市场营销调研的程序
　确保调研目标
　规划调研设计
　抽样
　收集数据
　处理并分析各报告
　得出结论与准备报告
市场营销调研的方法
　文案调查
　实地调查
抽样
　样本容量的确定
　抽样方法
问卷设计
　入户访问
　街头拦截
　电话访问
　邮寄访问
　在线调研
调查方法
在线调研

第三节 市场营销预测概述

市场营销预测的含义
市场营销预测原则
　连续原则
　相关原则
　类推原则
市场营销预测种类
　按预测范围划分
　按预测时间划分
　定性预测与定量预测
　单项预测与综合预测
　乐观预测与悲观预测
市场营销预测的内容
　市场需求预测
　市场购买预测
　企业资源预测
　市场占有率预测
　产品生命周期预测
　技术发展趋势预测
　产品价格预测
　经营效果预测
市场营销预测的过程

第四节 市场营销预测方法

定性预测法
　德尔菲法
　部门主管集体讨论法
　用户调查法
　销售人员意见汇集法
定量预测法
　营销数据分析
　统计分析方法
　常见的定量市场预测方法

引导案例

【案例一】

五粮液为何要卖 50 元光瓶酒？

白酒行业产量自 2016 年达到 1 358.4 万千升的巅峰后，便开始一路下滑。2022 年，全国白酒累计产量 671.2 万千升，同比下滑 5.6%，这已经是连续六年下滑了。相较于 2016 年，2022 年的行业产量已经被腰斩。产量持续下滑，企业还得寻求新的增长点，各品牌面临的竞争压力自是不言而喻。

一时间，白酒品牌都在为寻找突破口发愁。

2023 年，五粮液开始在光瓶酒市场发力，率先推出的正是"尖庄"。这意味着，五粮液在重新审视且更加重视光瓶酒市场。尖庄光瓶酒承担着五粮液在百元以内价格带上的营销重任。

"疫情这几年，逼迫着白酒市场往前走。"某一线销售人员说，"作为白酒大省，四川省 2022 年白酒产量约占全国的 52%，而光瓶酒这两年在四川越来越盛行，价格主要集中在 10 元到 100 元之间，最主要的价格带还是 20 元到 80 元。在春节（2023 年）期间，以光瓶酒为代表的大众消费市场恢复得更快一些。"

中国酒业协会相关数据显示，光瓶酒的市场规模一路向上，2021 年已达 988 亿元，预计 2024 年市场规模将超过 1 500 亿元。

光瓶酒的行业壁垒不高，市场竞争格局比较分散，几乎各个地区都有地方性光瓶酒。到 2020 年，光瓶酒市场前五占据的总市场份额也只有 30%。

白酒销售专家铁犁曾称，在中国市场，很难形成一个真正全国化的光瓶酒的绝对领先者。现在看来，光瓶酒市场会越来越卷，尖庄的压力自然也不小。

资料来源：张向阳. 五粮液，卖 50 元光瓶酒[EB/OL]. （2023-02-26）[2023-06-15]. https://finance.sina.com.cn/wm/2023-02-26/doc-imyhzpiv5090671.shtml? cref=cj.

从引导案例可以看出，消费者需求特点及购买行为影响因素极其复杂，对消费行为的研究就像雾里看花。在现实的市场营销活动中，除了复杂的消费者以外，不断变化的营销环境、花样百出的竞争对手都需要在企业展开科学的市场调研后，才能够做出正确的营销决策。

可以说，企业的市场营销活动从识别营销机会开始，市场调研是市场营销活动的起点，也是市场营销活动中重要的一个环节，是企业市场营销活动中的重要职能单元之一，能为企业的营销决策提供有意义的参考。

第一节　市场营销调研

习近平总书记指出，调查研究是谋事之基、成事之道，没有调查就没有发言权，没有调查就没有决策权①；正确的决策离不开调查研究，正确的贯彻落实同样也离不开调查研究；调查研究是获得真知灼见的源头活水，是做好工作的基本功；要在全党大兴调查研究之风。习近平总书记这些重要指示，深刻阐明了调查研究的极端重要性，为全党大兴调查研究、做好各项工作提供了根本遵循②。

当前，我国发展面临新的战略机遇、新的战略任务、新的战略阶段、新的战略要求、新的战略环境。世界百年未有之大变局加速演进，不确定、难预料因素增多，国内改革发展稳定面临不少深层次矛盾躲不开、绕不过，各种风险挑战、困难问题比以往更加严峻复杂，迫切需要通过调查研究把握事物的本质和规律，找到破解难题的办法和路径③。

彼得·德鲁克曾写道：有些公司之所以成功，是因为它们能够深入认识与了解顾客，并能根据顾客的需求提供合适的产品，制定合适的价格，采用合适的促销和分销渠道，结果是顾客会很快地购买公司的产品。

一、市场营销调研的含义

阿尔文·C. 伯恩斯（Alvin C. Burns）在其编写的《营销调研（第六版）》中认为：市场营销调研（marketing research）是设计、收集、分析和报告信息，从而决定某一具体的营销问题的过程。这个定义强调营销调研是一个通过提供信息，来解决营销问题（如产品设计、价格设计、广告设计等）的过程。营销调研的目的就是提供这些信息来帮助企业进行相应的决策。

美国营销协会（American Marketing Association，AMA）则认为：市场营销调研是通过信息使消费者、顾客、公众与营销人员之间进行沟通的桥梁。营销人员使用信息来识别和定义营销机会和问题，产生、完善和评估营销活动，监控营销绩效，促进人们对于营销理论的理解。

以上两种观点都是正确的。伯恩斯的观点比较简短和直观地说明了营销调研的过程；而美国营销协会的定义稍长一些，因为它既描述了营销调研的功能，也阐述了营销调研的作用。

简单地说，营销调研就是指通过科学的方法，系统、高效地设计、收集、分析与企业营销活动相关的数据信息，并将结果向管理者汇报，与管理者沟通的过程。

---

① 习近平在武汉召开部分省市负责人座谈会时强调加强对改革重大问题调查研究　提高全面深化改革决策科学性［EB/OL］.（2013-07-24）［2023-06-15］.https:www.chinanews.com.cn/gn/2013/07-24/5079934. shtml.

② 中共中央办公厅. 关于在全党大兴调查研究的工作方案［EB/OL］.（2023-03-19）［2023-06-15］.http://cpc.people.com.cn/n1/2023/0320/c64387-32647367. html.

③ 同②。

二、市场营销调研的类型

对市场营销调研类型进行分析，有助于加深我们对市场营销调研的理解。市场营销调研的分类方法很多，具体如表4-1所示。

表4-1　市场调研的分类

分类方法	分类结果
按调研过程的周期划分	横剖调研、纵贯调研
按调研的基本方法划分	定性调研、定量调研
按调研内容的范围划分	专题性市场调研、综合性市场调研
按调研的资料来源划分	实地调研、文案调研
按调研要完成的任务划分	探索性调研、描述性调研、解释性调研、预测性调研

1. 按调研过程的周期划分

市场营销调研按照调研过程的周期划分，可以分为横剖调研和纵贯调研。

市场营销调研中的横剖是某一时间点对调研对象进行的横断面的研究，纵贯是在较长时间的不同时点搜集资料。通常横剖调研和纵贯调研是结合在一起的，因为我们不仅要研究现在，还要研究过去、预测未来。

2. 按调研的基本方法划分

市场营销调研按照调研的基本方法划分，可以分为定性调研和定量调研。

定性调研是相对比较灵活随意的调研，它意味着调研结果并没有经过量化或者定量分析。定性调研常见的调研方法主要有焦点小组座谈、深度访谈、投射法等。

定量调研是通过高度标准化、结构化的调研工具和方法收集数据，并对数据进行统计分析。定量调研多是通过发放标准化的问卷来完成。

除了搜集资料方法的区别以外，定性调研和定量调研在调研任务、调研样本、硬件条件、分析方法等方面也存在很大差异，具体如表4-2所示。

表4-2　定性调研与定量调研比较

比较项目	定性调研	定量调研
调研任务	探测性的或是更深层次的	描述性的或是解释性的
调研样本	规模很小的有代表性的样本	达到一定数量的有代表性的样本
硬件条件	录像、照片等	调研问卷、计算机
分析方法	记录、解释、判断，主观性的	统计、分析、描述、推断，客观性的
调研结果	文字描述	数据展示

后面介绍调研方法的内容中，也会按照定性和定量调研的方法分别介绍。虽然差别很大，但并不是说两种调研方法是不相容的，相反，两种调研方式恰恰是互补的。例如，一般的调研过程会是先进行定性调研，在定性结论的基础上，为了准确分析，一般还会展开定量调研，得到准确的量化结论；在量化研究的基础上，如有必要，也

会运用定性调研进行深入的了解和挖掘。

3. 按调研内容的范围划分

市场调研按照调研内容的范围划分，可以分为专题性市场调研和综合性市场调研。

专题性市场调研是为解决特定具体的营销问题所做的专门针对某个方面的市场调研。调研涉及的内容范围较窄，调研的深入程度可以根据具体要求有所不同。例如，新产品包装的测试、广告效果的研究、顾客满意度调研等都属于专题调研。

综合性市场调研是为了全面了解市场的情况而针对所有方面进行的调研。调研涉及的内容范围很广，提供的信息能全面反映市场的全貌。一般情况下，企业要进入一个全新的市场、行业或领域，所开展的调研就是综合性市场调研。企业要对新的市场或新的领域有全面的了解，才能正确分析，理性决策，降低决策风险。

4. 按调研的资料来源划分

市场调研按照资料的来源划分，可以分为实地调研和文案调研。

实地调研是对第一手资料的搜集，文案调研是对现成的、二手资料的搜集。一次市场调研往往是两种方法结合运用：没有任何文案资料基础的实地调研是几乎不可能的，只有二手资料而缺少实地调研的结果往往针对性弱，指导意义不强。

假如现在要做一个某产品使用和用户态度的调研，那么我们的第一反应可能是要搜集相关资料。什么是产品使用和用户态度的调研、调研涉及哪些方面、如何展开调研、调研结果怎么分析、以什么方式来呈现，还要搜集某产品的相关资料、有没有过相关调研。这样，我们的调研就有了理论和现实的依据，但是只有这些文案调研还不够，还必须开展实地调研，去搜集第一手的资料。

5. 按调研要完成的任务划分

按照调研性质不同可以将市场调研划分为探索性调研、描述性调研、解释性调研和预测性调研。

（1）探索性调研是当研究的问题或范围不明确时所采用的一种方法，主要是用来发现问题、寻找机会等。一般探索性调研是在小范围内找一些专家、业务人员、用户、内行人士等以座谈会形式进行初步询问调研，或参考以往类似的调研资料，发现问题所在，为进一步的调研做准备。例如，关于投资方案是否可行的讨论、关于销量下滑原因的初步分析、关于几个备选方案的评估等。探索性调研常见的方法有文案调研、小规模的询问调研、焦点小组讨论等。

（2）描述性调研是指进行事实资料的收集、整理，把市场的客观情况如实地加以描述和反映。描述性调研比探索性调研更深入、更细致，它努力反映事实的全貌，回答的是"是什么"的问题。

（3）解释性调研又称因果关系调研，是在描述性调研的基础上，找出各个因素之间的相互关联，进一步分析何为因何为果。解释性调研回答的是"为什么"的问题。值得注意的是，这里的"为什么"并不一定是原因和结果的关系，比如我们通过研究发现了两个现象之间的关联，也是解释性调研。

在许多市场调研中，探索性调研、描述性调研和解释性调研是连续进行的，它们是逐步深入的关系，甚至三种调研没有严格的区分和界定。之所以这样界定，一是便于对市场调研过程中分析问题、解决问题、对调研工作开展顺序的理解；二是很多的市场调研从调研课题来看，能够看得出主要的任务是何种调研。例如，常见的描述性调研的课题有细分市场特征的研究、产品生命周期的调研、品牌形象的测试、目标顾客群媒体接触习惯的调研等。

（4）预测性调研是对未来的变化做出估计，也是属于市场预测的范围。预测性调研回答的是"将来是什么"的问题，常采用一些预测方法和模型来进行定性和定量分析。

除了以上五种分类方法以外，市场调研还可以按照调研研究内容的特点划分，分为宏观环境调研和微观环境调研；按照调研对象的范围分，可以分为全面调研即普查、重点调研、典型调研和抽样调研；按照调研目的的性质可以分为应用性市场调研和基础性市场调研。

三、市场营销调研的内容

凡是与企业营销活动相关因素的调研都是市场营销调研，因此，市场营销调研涉及的内容相当广泛，常见的市场营销调研主要有以下几个方面。

（一）市场需求调研

市场需求调研主要包括人口调研和购买力调研。

1. 人口调研

人构成了市场的主体，有人才有市场，有人才有需求。因此，分析一个国家市场、一个地区市场、一个城市市场，首先要对该市场的人口进行调研分析。人口调研包括人口的总数、人口的空间分析、人口的结构分析、人口的家庭状况分析几个方面。

人口的总数：人口总数是衡量一个市场的最基本要素，反映了一个市场的规模。一个城市常住人口的多少，就决定了其市场的大小、对企业吸引力的大小。

人口的空间分析：人口的空间分析包括了人口的区域分布、城市农村人口的分布状况和人口的流动特征等。

人口的结构分析：人口的结构分析的是在总人口的基础上，不同人口的比例问题。它主要包括人口的年龄结构、性别结构、教育结构、民族结构等。

家庭状况分析：家庭状况分析是以家庭为单位来研究家庭的特点，主要研究对象包括家庭的人口数、家庭结构、家庭的生命周期阶段等。

2. 购买力调研

购买力也是构成市场需求的一个重要因素。所谓购买力，是指对产品的实际货币支付能力。与购买力相关的因素有经济发展水平、发展阶段、收入水平、对收入的预期、收入分配情况、支出比例、储蓄和信贷、通货膨胀等。

（二）消费者调研

市场调研另一项非常重要的内容就是消费者调研，倾听"上帝"的声音很重要。根据具体调研的目的任务不同，消费者调研可以参照消费者行为学中影响消费行为的四大因素[1]来具体研究消费者的特点，还可以参照消费者购买决策过程[2]来对消费行为

---

[1] 消费者购买行为受到动机、知觉、学习以及信念和态度等主要心理因素的影响。

[2] 消费者购买决策过程是由问题识别、信息收集、方案评价、购买决策和购后行为等阶段构成的。

展开调研，也可按照 5W1H 的思路来设计调研内容：what（买什么）、why（为何买）、who（谁买）、when（何时买）、where（何处买）、how（怎样买）。

（三）市场宏观环境调研

1. 经济环境调研

生产方面：能源和资源状况，交通运输条件，经济增长速度及增长趋势，产业结构，国内生产总值，通货膨胀率，失业率以及农、轻、重比例关系等。

消费方面：国民收入、消费水平、消费结构、物价水平、物价指数等。

2. 政治环境调研

国家制度和政策、国家和地区之间的政治关系、政治和社会动乱、国有化政策。

3. 法律环境调研

经济合同法、商标法、专利法、广告法、进口限制、税收管制、外汇政策等。

4. 科技环境

新技术、新产品、新能源的状况，科技发展总水平和发展趋势，本企业所涉及的技术领域的发展情况，专业渗透范围，产品技术质量检验指标和技术标准等。

5. 社会文化环境

社会文化环境包括教育程度和文化水平、民族分布、宗教信仰、风俗习惯、思维方式、审美观等。

（四）市场营销要素调研

营销要素的调研围绕营销组合中的 4P 展开，即产品、价格、渠道、促销调研。

1. 产品

新产品概念构想、产品概念测试、产品生命周期分析、产品试销分析、包装测试、品牌知名度和品牌广告知名度分析、品牌灌透率、品牌忠诚度、品牌吸引力、品牌优劣势分析、品牌形象分析。

2. 价格

价格需求弹性分析、新产品消费者预期价格分析、价格差异敏感性分析。

3. 渠道

渠道选择的合理性分析、中间商评价、渠道常见问题分析。

4. 促销

广告效果分析、广告媒体分析、事后广告效果测试。

（五）市场竞争状况调研

确认企业的竞争者、判断竞争者的目标、确定竞争者的策略、对竞争者进行优劣势分析、竞争者的反应能力分析。

四、营销大数据

大数据是继云计算、物联网之后 IT 产业又一次颠覆性的技术变革，对社会管理、国家安全与国家战略决策、企业与组织的管理决策、企业的业务流程以及个人生活方式产生巨大的影响。

麦肯锡曾评估大数据能使欧洲发达国家政府节省至少 1 000 亿欧元的运作成本，使美国医疗保健行业降低 8% 的成本，使大多数零售商的营业利润率提高 60% 以上。华尔街的德温特资本市场公司首席执行官保罗·霍廷每天的工作之一，就是利用电脑程序分析全球 3.4 亿个微博账户的留言，进而判断民众情绪，再以 1~50 进行打分。根据打分结果，霍廷再决定如何处理手中数百万美元的股票。霍廷的判断原则很简单：如果所有人都高兴，那就买入；如果大家的焦虑情绪上升，那就抛售。这一招收效显著，当年第一季度，霍廷的公司就获得了 7% 的收益率。这就是一个很好的运用大数据的例子。

【案例二】

国内外知名企业大数据的实践

·淘宝：淘宝推出的数据魔方服务是淘宝平台上的大数据应用方案。通过这一服务，商家可以了解淘宝平台上的行业宏观情况、自己品牌的市场状况、消费者行为等，并据此做出经营决策。淘宝根据匹配数据优化店铺排名和用户推荐，消费者可以更轻松地购买到心仪的宝贝。

·耐克：耐克近两年十分火爆的 Nike ID 业务就是充分挖掘数据潜力的例子。Nike ID 业务允许消费者基于耐克的一些产品进行个性化的改造，如选择自己喜欢的颜色搭配、面料，甚至绣上自己的名字缩写等。完成自己的设计后，耐克就能为消费者量身打造一款独一无二的运动鞋。通过 Nike ID 业务，耐克公司不仅能够了解用户的喜好，同时这些宝贵的数据对于耐克将来研发新品也是非常重要的参考。

·亚马逊：亚马逊一直通过大数据分析尝试定位客户和获取客户反馈，并发现数据越大，商业运营和决策支持效果越好。它根据每位顾客以往的购买和搜索记录，推荐其有可能感兴趣的相关产品，这一推荐系统对总销售的贡献超过 30%。亚马逊独有的亚马逊超级会员服务（Amazon Prime）提供的两天送货项目有利于其抢占顾客钱包份额。

大数据（big data），指无法在一定时间范围内用常规软件工具进行捕捉、管理和处理数据集合，是需要新处理模式才能具有更强的决策力、洞察力和流程优化能力来适应海量、高增长率和多样化的信息资产。

自 2012 年以来，"大数据"一词被越来越多地提及，人们用它来定义和描述信息爆炸时代产生的海量数据，并命名与之相关的技术发展与创新。大数据技术的战略意义不在于掌握庞大的数据信息，而在于对这些含有意义的数据进行专业化处理。换言之，如果把大数据比作一种产业，那么这种产业实现盈利的关键在于提高对数据的"加工能力"，通过"加工"实现数据的增值。

第二节　市场营销调研的实施

一、市场营销调研的程序

营销调研过程遵循一定的程序，其各个阶段是：确定调研目标、规划调研设计、计划取样、收集数据、分析数据和得出结论并准备报告。

图 4-1 画出了这六个环状的或循环流动的过程。之所以使用循环流动概念，是因

为调研所得出的结论可以生出新的创意和知识，从而可以推动进一步的调查。因此，在结论与报告和确定调研目标之间有一条虚线。管理层位于整个过程的中心，这是因为如果得不到管理层的支持，将无法确定适当的调研目标；此外，最后制定决策的是管理层，在提交报告以后，有可能要求进一步调研的仍然是管理层。

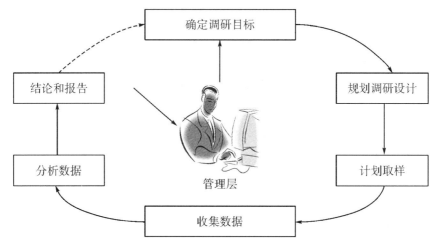

图 4-1 调研过程的各个阶段

图 4-2 列出了调研人员在每一个阶段必须做出的决策，这里的调研过程的讨论是从调研目标开始，因为大部分调研项目都是为了消除管理者对于企业的营销工作的某些方面的不确定。

（一）确定调研目标

一般而言，为更深入地了解问题，营销调研人员可以采用以下四个基础性技巧，即以往的调研与报告、初步研究、探索性调研和经验调查。

调研人员应当先调查一下以往的调研，其他人此前是否针对同样的调研问题做了工作；应当在公司的档案中查找以往的调研报告；此外，也可向有些专门的营销调研公司购买或获取各种调研报告。

初步研究是一种小规模的调研项目，它收集的数据来自那些与后续会用于完整的研究相类似的调研对象。它可以用作日后规模更大的研究的指南，也可检验调研的某个方法。初步研究能够极大地提高精度并减少和降低日后完整调研过程中可能会产生严重缺陷与风险，初步研究有时也被称作预检验。

探索性调研可以用来帮助识别需要制定的决策。探索性调研可以逐步压缩调研题目，帮助调研人员把模糊问题转变为条理清晰的问题，从而能够确定具体的调研目标。经过探索性调研后，调研人员应当确切知道在正式项目阶段应该收集什么样的资料，以及如何实施调研项目。

识别并阐明问题之后，无论是否需要进行探索性调研，调研人员都必须对调研目标进行正式陈述，这种陈述将描述所需的调研类型以及能够获得哪些情况以便决策者有的放矢地做出决策。表 4-3 为营销调研中问题陈述、调研目标及逻辑假设的示例。

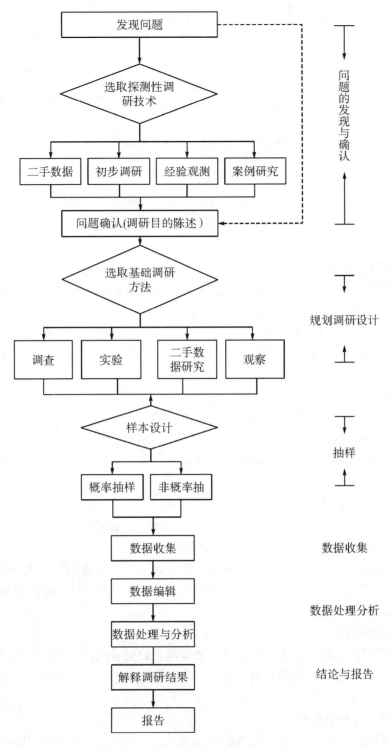

图4-2 市场营销调研各阶段流程图

第四章 市场营销调研与预测

表 4-3　营销调研中问题陈述、调研目标及逻辑假设示例

问题陈述	调研目标	逻辑假设
X 产品零售价应当是多少	预测三种价位下 X 产品的销量	定价为 5 元时的销量高于定价为 4 元和 6 元时的销量
我们可以怎样提高服务水平	找出顾客最看重的各种因素	整洁对于顾客的服务水平感知有积极作用
我们是否应当投资于某个旨在降低员工间角色冲突的培训项目	确定角色冲突对于员工工作满意度的影响有多大	角色冲突与工作满意度正相关

总之，为保证营销调研的成功和有效，首先，要明确调研的问题，既不可过于宽泛也不宜过于狭窄，要有明确的界定并充分考虑调研成果的实效性；其次，要在调研问题的基础上提出调研目标。

（二）规划调研设计

阐明调研问题之后，调研人员必须进行调研设计，调研设计是制订一个重要的计划，用来确定收集和分析所需要信息的方法和程序，为调研提供一个框架或者说是行动计划。调研设计中包括在调研前期确定的研究目标，以确保所收集的信息能够用来解决问题。调研人员还必须确定信息的来源、设计技巧、抽样方法以及调研的时间安排与成本。

（三）抽样

虽然抽样计划已经在调研设计中进行了大致的介绍，但抽样阶段是调研过程一个独立的阶段。对于抽样工作我们一般需要回答三方面的问题。

第一个抽样问题是应当抽取哪些人作为样本。要解决这个问题需要首先搞清楚目标总体。

第二个抽样问题涉及样本的规模，即样本应该有多大？尽管管理层可能希望对产品或服务的每一个潜在顾客进行检验，但这样做既没有必要也不现实，其实，通过一个很小的组成部分也能对总体做出可靠的测量。

第三个抽样问题是如何选择抽样单位。简单随机抽样可能是已知的最好方法，因为总体中每个单位都有同样的机会以已知的概率被抽中。不过，这仅是抽样的一种类型。

（四）收集数据

制订了抽样计划后，就进入了数据收集阶段。数据收集既可以通过人工观察或访谈的方法来进行，也可以利用机器来记录，但不管通过哪种方式收集，都必须在过程中注意尽量减少误差。

（五）处理并分析数据

完成实地的工作之后，必须把数据转换成可以回答营销经理提出的问题的格式，在此阶段，从原始的数据中挖掘出信息内容，数据处理通常始于数据编辑和数据编码。数据编辑包括检查数据收集形式，查看有无纰漏、字迹是否清晰以及分类是否一致；数据编码就是根据数据解释、归类、记录和输入数据库的规则对获取的数据建立有意义的类型和特征符号，在实践中通常要先对数据进行编码以方便计算机的处理。

数据分析是利用逻辑思维来解释收集到的数据。数据分析中所需的分析技巧取决于管理层对信息的要求、调研设计的特点以及所收集到数据的属性。统计分析的范围有可能涵盖从简单的概率分布到复杂的多变量分析。

（六）得出结论与准备报告

调研人员最重要的工作是将调研结果告知相关各方，包括解释调研结果、描述所隐含的信息，并得出适当的结论以供管理层做决策。

调研人员还需要注意你是向谁提交报告，例如：提交给博士组成的营销顾问团的报告与提交给一线管理人员的报告应当是有所区别的；调研人员还需要避免过于强调复杂的技术问题和尖端的调研方法，管理层往往并不希望看到充斥着调研设计和统计发现细节的报告，他们需要的是对发现的问题进行的总结。

二、市场营销调研的方法

市场营销调研的本质就是通过科学的方法，以客观的态度系统、高效地收集与企业营销活动有关的信息，为企业的营销决策提供依据。市场营销调研按信息资料的来源可以分为文案调查和实地调查两种。

（一）文案调查

文案调查法又称二手资料分析法，是市场研究人员对现成的数据、报告、文章等信息资料进行收集、分析、研究和利用的一种市场营销调研方法，经常用于探索性的研究阶段。文案调查收集的信息资料包括企业内部资料和外部资料两种。

企业的内部资料主要包括企业内部的各种报表、订货和发货记录，以及销售员和顾客的反馈信息等。

企业的外部资料主要包括各级政府、非营利机构、贸易组织和行业协会、专业市场调研公司的报告以及各种商业出版物所提供的信息资料。

（二）实地调查

实地调查也叫一手资料收集，是指为了特定的研究目的，由调查员依照调查方案直接向被访者收集第一手的信息资料。实地调查的方法又可以具体分为调查法、观察法和实验法。

1. 调查法

调查法是调查员利用事先拟订的调查提纲，直接向被访者询问的一种调查方法。由于调查法能够收集到广泛的信息资料，因而在市场营销调研中最为常用。

调查法又可分为问卷调查法、深度访谈法、小组座谈法、投射法和行为数据法。

（1）问卷调查法是由调查员通过结构性调查问卷从被访者处收集信息。它包括街头拦截式面访调查、入户面访调查、中心地调查、电话调查和邮寄调查等。

（2）深度访谈法由具有访谈经验并掌握一定访谈技巧的调查员对被访者进行面对面的深入访谈，以揭示对某一问题的潜在动机、态度、信念和情感。它是一种无结构的、直接的、一对一的访问，主要用于探索性研究。

访谈提纲

开场白：

×××，您好！我们是××市场访问员，为了解人们对辅助健康食品的购买意向，增进消费者和商家之间的沟通，让未来中国健康食品市场更加诚信，我们希望得到您的帮助。此次访谈中涉及的个人信息，我们保证会为您保密，请您放心。

提问交流：

1. 社会经济特征（如性别、年龄、受教育程度等）、家庭情况（如家庭收入、家庭人口数、家中老人小孩情况）。

2. 您对保健品的认识度如何？您觉得您家中哪些人有使用保健品的需要？需要什么类型或功能的保健品？

3. 您或您家人有购买保健品的经历吗？能谈谈您印象深刻的一次购买经历吗？（如购买渠道、购买原因、保健品种类、单次花费、购买之后的评价）

4. 您平时在哪里购买保健品？有没有网购的经历？（如果有，对这种方式是否满意？觉得网购存在什么问题？如果没有，是否愿意尝试网购？为什么？）

5. 如果淘宝卖家针对保健品开展优惠活动，如买赠、打折减价，您更倾向于哪种方式？（如果是买赠，希望赠送什么东西？如果是打折，希望折扣是多少？）

结束语：感谢您花时间接受我们的访谈，帮助我们了解您及您的消费习惯。祝您阖家欢乐，工作顺利！谢谢您的合作！

访谈提纲往往需要准备好主要的问题和引申的问题，访谈人员要具备察言观色和灵活应变的能力。此外，访谈过程中的记录也很重要，访谈中的实时记录和访谈后整理的记录都会用于后期的质性分析。

（3）小组座谈法又称为焦点访谈法，指采取一种松散的组织形式，将一组（通常6~12人）具有代表性的消费者或客户召集在一起，在一个受过专门训练的、有经验的主持人的组织下就某个问题进行无结构的、深入的讨论，从而获得对该问题的深入了解的一种调查方法。

这种调查方法基于这样一种假定：即人们处于小组讨论氛围下时更愿意分享自己的观点。这种调查方法一般选择在一个装有单面镜和录音录像设备的房间内进行，它是一种典型的定性的研究方法，几乎是定性调查的代名词。

焦点小组座谈提纲

访谈时间：××××年××月××日（星期五）14：00—17：00

访谈对象：共×××人

访谈题目数量：共16道题

访谈目的：

· 了解老客户对××快餐的产品、服务、环境的态度及建议。

· 了解老客户对××快餐设想的附加价值的态度及建议。

· 比较老客户对体验营销和附加价值的重要性程度的评价。

访谈形式：主持人抛出问题，受访者自由讨论，主持人不会进行干预或故意引导。

第一部分 引入

问题1：大家吃过××快餐吧？都去过哪些店？你们第一次去××快餐店是由于什么原因？总体感觉怎么样？

第二部分 主要内容

1. 产品

问题2：总体来说，你们对××快餐的食物感到满意吗？为什么？

问题3：你们认为××快餐用的食材新鲜吗？

问题4：你们认为××快餐的食物口味正宗/外观吸引人/菜品足够多样吗？

2. 服务

问题5：总体来说，你们对的服务感到满意吗？为什么？

问题6：情景题（假设其他条件相同）

情景A：老板十分热情，会在你进店后给你如下关怀——点餐时给予建议（例如：询问是否有忌口、推荐相应菜品、推荐适合人数的分量）；就餐中主动询问对菜品的满意度和改进建议，以及是否有其他需求。

情景B：老板会偶尔在店内走动，但是不会特别关注，除非你们主动召唤。

情景C：老板从未出现或即使出现也只是在柜台处，与你们没有任何互动。

问题7：你们对××快餐的服务速度/服务主动性/服务态度从头到尾的一致性满意吗？

3. 环境

问题8：总体来说，你们对××快餐的环境感到满意吗？为什么？

问题9：你们觉得××快餐的卫生状况、座位、店面如何？

问题10：你们注意到××快餐的背景音乐了吗？感觉如何？

4. 附加价值

问题11：假设××快餐想为顾客提供一些附加价值，你们有什么建议？

问题12：请将免费Wi-Fi、免费零食饮料（等位和饭后提供）、舒心的餐具三者进行重要性排序或者两两对比。

问题13：你平常会听韩文歌、看韩国综艺节目或电视剧吗？如果××快餐在店里提供点歌服务/播放韩国综艺节目或电视剧/提供韩流杂志，而其他同类型的快餐并未提供类似服务，你会更愿意去××快餐吗？为什么？

问题14：你玩过××快餐为等位的顾客提供的游戏机吗？你觉得这样的服务如何？有没有更好的建议？

5. 同业对比

问题15：你觉得跟其他快餐店对比，××快餐强在哪里？还有哪些地方可以借鉴其他店的？

问题16：你是否向他人推荐过××快餐？是否会再次去消费？

感谢参与！

（4）投射法又称为投影技法，它通过设置某种刺激物让被访者解释他人的行为，从而将自己所关心的问题的潜在动机、态度或情感间接投射出来。这是一种无结构的、非直接的调查方式。

（5）行为数据法是指通过商店的扫描数据、分类购买记录和顾客数据库来记录顾客的购买行为。通过分析这些数据可以了解许多情况。顾客的实际购买所反映的喜好常会比顾客反映给营销调研人员的话语更能反映真实情况。人们经常会说出那些常见的品牌，但实际购买时，会购买另外的一些品牌。例如，调查百货商店的数据表明，高收入的人并不会像他们所说的那样购买较贵的品牌，而许多低收入人也会购买一些较昂贵的品牌。美洲航空公司通过对其售出机票记录的分析，可以很清楚地从中找到一些关于乘客的有用信息。

2. 观察法

观察法是调查者在现场对被调查者的情况直接进行观察、记录，以取得市场信息资料的一种调查方法。观察法的好处是可以直接记录行为，而不必依赖来自应答者的报告。例如，被称为"神秘顾客"则是由特定的访问员扮作顾客，伪装购物，可以观察销售人员的一举一动，也可以进行比较购物以了解竞争性零售网点的价格。

观察法并非像清点人数那么简单，其任务的难度也远远超过没有经验的调研人员的想象，因为很多信息是无法观察到的，如态度、想法、动机以及其他无形的思想状况。

3. 实验法

实验法是研究人员通过设计一定的实验条件，将调查项目置于实验环境中收集信息的一种方法。这种方法主要用于因果关系研究。例如，为获取价格与乘客对空中电话服务购买量之间的关系变化，美洲航空公司选择了在芝加哥到东京正常航班上进行实验。在第一个周的航行中，它宣布每次服务的收费是 25 美元；在第二周的同一航次上，它又宣布每次服务的收费为 15 美元。假设每次航班上的头等舱载客人数相同，并且在一个星期内天天如此，那么，在通话次数上的任何重要变化都可能与收费价格有关。实验设计也可以通过试用其他价格、在其他航次上试用等方法进一步改善。

三、抽样

抽样是市场营销调研的基础，它是从调查对象的总体中抽取若干个个体，以用于代表调研总体。从统计理论上讲，当调查抽取的个体数量达到一定量时，可以认为对这些较少数量样本的调查结果与对全体对象调查的结果基本是一致的。但其前提条件是：调查样本的抽取必须科学，样本必须具有代表性，这样才能使调查结果翔实、可靠，并能充分反映调查总体的状况。

（一）抽样调查的意义

1. 有利于调研项目的顺利开展和进行

对于涉及面广、调查对象样本量超大的市场营销调研项目，只有采用抽样调查的方式才使调研工作的展开和进行成为可能。

2. 有利于提高调研工作的速度和效率

通过科学的抽样，能够减少调查访问对象的数量或提高调查工作的针对性和有效性，从而使市场营销调研工作速度和效率均得以大大提高。

3. 有利于降低调研成本

在保证抽样科学性和调查结果准确性的前提下，通过抽样来达到减少调查样本量的目的，这将大大节约市场营销调研中的人力、物力和财力。

4. 有利于提高调查结果的准确性

由于抽样调查可以使调查人员将全部精力集中在少数样本之上，故有助于调查工作误差的降低，更易于获得正确而周详的访问信息。

（二）样本容量的确定

在营销调研中，采用随机抽样方式采集资料时，需要预先确定样本容量的大小。在系统误差确定的条件下，抽样调查的准确性取决于抽样误差，而抽样误差的大小又与样本容量有直接的关系，即样本容量越大，抽样误差就越小。

当然，这并不能说明在抽样调查中样本容量越大越好，因为样本容量越大，调查的费用就越高。

因此，决定样本容量的主要因素是特定的调研项目对抽样误差的要求和项目预算经费。

根据随机抽样的基本原理，样本容量可以通过分析抽样误差、极限误差及置信度等来确定。

整理以下两个公式：

$$t = \frac{\Delta}{\mu}$$

$$\mu = \frac{\delta}{\sqrt{n}}$$

可以得到：

$$n = \frac{t^2}{\Delta^2} \delta^2$$

也就是说，只要能够确定 δ（总体标准差）、t（置信度）和 Δ（极限误差），n（样本容量）就可以确定。式中，μ 为抽样误差。

（三）抽样方法

1. 随机抽样

（1）简单随机抽样。简单随机抽样是最完全的概率抽样，即抽样时没有任何人为的选择与控制，用完全随机的方式从调查总体中抽取调查样本，故也被称作纯随机抽样。在具体操作上，又可分为以下两种：①抽签法，将总体每一个单元或个体编上号码，混合后从中随机抽出若干个样本；②乱数表法，将大量 0~9 的数字完全随机地"乱"排起来所形成的数表称为乱数表，乱数表法就是利用乱数表进行随机抽取数码样本的方法。

（2）等距抽样。等距抽样法也称为系统抽样法，它是先将调查总体单元按照一定顺序排列起来，随机抽取第一个样本后，按照一定样本间隔抽出所需要的调查样本。

（3）整群抽样。整体抽样是先将整个总体分割为多个相似的大群体，然后从中随机抽出若干个群体，这些群体中的所有个体构成整个调查样本。整群抽样方式具有群与群特征相似、群内个体特征不同、随机抽取若干群体作为调查样本的特点。

（4）分层抽样。分层抽样是一种卓越的随机抽样方法，它是先将总体按照某些重要标志进行分组（层），然后在各组中采用随机方式抽取调查样本。分层抽样方式具有组与组特征不同、组内个体特征相似、从各组中随机抽取个体样本的特点。

下面用表 4-4 来说明各种随机抽样（概率抽样）的抽样方法。在每一种情况下，总体都是 25 名消费者，而且总体中消费者的态度均呈现出 20% 的消费者表示不满意，40% 的消费者表示中立意见，40% 消费者表示满意。

表 4-4　随机抽样常用抽样方法说明与示意

随机抽样类型	总体抽样方法	图示	说明
简单随机抽样	1. 总体表示单位唯一，通常用数字表示；2. 样本通过随机数字来抽取	总体编号 01～25 各单位示意；随机抽取 01、08、10、17、24	总体中每个单位被选入样本的机会是均等的
等距抽样	1. 总体目录清单（抽样框）；2. 随机起点，使用抽取间隔选取样本单位	固定间隔　随机起点	样本抽取框内每个单位被选入样本的机会是均等的
整群抽样	1. 整体由组内相同、组间不同的一些群体构成；2. 随机选群，群内成员被随机选取进入样本	特征组 A、特征组 B、特征组 C、特征组 D、特征组 E	总体内每个群均有相同的机会被选中；每个群组内的成员也有相同的机会从群中被选中

表4-4（续）

随机抽样类型	总体抽样方法	图示	说明
分层抽样	1. 总体被分成不同的组（层）；2. 从每层中随机按比例选取其中成员作为样本	第一层 第二层	总体中的每层成员被选入样本的机会是均等的

2. 非随机抽样

（1）便利抽样。便利抽样也称随意抽样或任意抽样，它是调查人员采用自己认为最方便的方式进行样本抽取的一种方法。如在市场营销调研工作中经常采用的"街头拦截式"抽样方法就是一种典型的便利抽样，一方面，这种方式对地点与受访者的选择都有极大的主观性，总体中的某些人可能偶尔光顾或从不去闹市区；另一方面，由于缺乏精确的选择标准，有些成员因为他们的外表、举止或者其他因素而被调查人员人为地排除。

（2）判断抽样。判断抽样也称目的抽样，它是根据调查人员的主观判断或专家的判断来进行抽取样本的一种方法。这种方法适用于调查人员基于选择标准抽取典型样本的任何调查。

（3）配额抽样。配额抽样是非随机抽样中最流行的一种抽样方法，是对全部样本中的各种类型规定一个受访者的配额或比例，配额抽样根据研究内容来确定，并且通过总体关键特征（甄别标准）来区分。例如，某调研人员希望访问的样本中60%为男性，40%为女性，因而配额抽样可以克服便利抽内在的非代表性的风险。

（4）推荐抽样。推荐抽样是以"滚雪球"的方式，通过初始被调查者的推荐来挑选和获得其他调查样本的抽样程序。最初的名单在某些方面可能是具有特殊性的，样本的增加主要是通过最初原始名单中那些人的推荐产生的，依赖于受访者的社会关系，尤其适合于手头只有一个数量有限且少得可怜的抽样框，而受访者提供的推荐访问名单又比较符合调查需要时使用。

四、问卷设计

问卷是调研人员用来收集数据的工具，它是通过精心设计的格式来展现调研人员期望受访者回答的问题，是调研过程中一个非常重要的部分。事实证明，问卷设计会直接影响数据收集的质量，即便是非常有经验的调研人员，也不能弥补问卷缺陷带来的偏差。

撰写问句就是将每一项调研内容转换成提问的句子和回答的选项，调研人员应尽量减少问句偏差；由于问卷是专门为某项研究而设计的，因此对问卷的问句、使用说明、引导语和版面布局都要进行系统的评估与修订以防止潜在的错误；在上司或客户认可之前要对问卷进行预测试，预测试后要进行微调，随后要对问卷及答案进行编码以方便信息化处理。

1. 调研问卷的结构

一份完整的调研问卷包括问卷的标题、问卷说明词、问题与答案（问卷的主体）、问卷编码、被访者项目、调研者项目、结束语（必要的注明）等七个部分。

2. 问题和答案的设计

问卷中根据提问和回答方式的不同，可以将问题分为开放式问题和封闭式问题。

开放式问题（见表4-5）是指被调研对象可以自由回答的问题，这类问题调研者事先不规定答案，被调研者可以根据自己的理解不受任何限制地做出回答。

表 4-5　开放式问题的类型

开放式 问题的类型	说明
自由回答式	调研人员提出问题，不提供备选答案，由被调研者自由地回答。如："您为什么选择××洗发水？""您对您现在使用的冰箱满意吗？为什么？"
词语联想式	让被调研者看到给出的词后写出联想到的词，多用于品牌形象研究、产品名称测试等
文章完成式	由调研人员向被调研者提供有头无尾的文章，由被调研者按自己的意愿完成整篇文章，借以分析被调研者的动机。如，"当我选购××产品时，在我的决定中最重要的考虑点是……"
图画完成式	调研人员给出有两个人的图画，其中一个人说一句话，由被调研者以另外一个人的身份完成图中对话，从而了解被调研者的想法
角色扮演式	不让被调研者直接说出自己的动机、态度和观点，通过他对别人动机、态度和观点的描述，间接暴露自己的真实动机、态度和观点

封闭式问题（见表4-6）是指调研者实现已经设计好了问题的各种可能答案，被调研者只能从中选定一个或几个现成的答案。

表 4-6　封闭式问题中答案的设计

答案设计类型	说明
二项选择式	二项选择式又称是非式，即只允许被访问者在给定的两个性质相反的备选答案中选取其一
多项选择式	事先给出三个或三个以上的备选答案，被调研者根据要求结合实际情况从中选择一个或几个答案
排序式	要求被调研者根据自己的偏好程度判断所列答案的重要程度，并按顺序排列答案
量表式	要求被调研者根据自己的实际情况选择相应的词语或数字

3. 问卷设计中应注意的问题

（1）避免使用不确切的词和含糊不清的语句。例如：您经常饮用牛奶吗？在这个问题中，"经常"一词含糊不清，因为每个人对"经常"的理解可能存在差别，可能有些人认为每天都喝才称得上"经常"，还有一些人可能认为一周喝三次以上就是"经常"喝。此类不确切的词还有：偶尔、通常、时常、很多、几乎等。

（2）避免诱导性和倾向性提问。例如：××饮品制作精良、泡沫丰富、口味清纯，您是否喜欢？问句中的"制作精良、泡沫丰富、口味清纯"明显存在诱导性，会使调研结果产生偏差。

（3）避免提断定性问题。例如：您每天遛几次狗？此种提问方式存在的问题是，在问问题前还未确认被访者是否养狗。因此，提问时应先进行过滤，即向被访者询问是否养狗，然后再向选择养狗的被访者继续提问此问题。

（4）避免直接提出敏感性问题。例如：您有头皮屑吗？此类问题过于敏感，被访者很有可能拒访或提供不真实的答案。解决此类问题的办法是以间接的形式提问，如询问被访者周围是否有有头屑的人，或采用角色扮演式提问。

（5）避免使用专业化的词汇。问卷中应尽量避免涉及专业技术、消费者不能理解的术语等，如果必须要出现，则可以先进行释义或说明。

（6）避免使用模棱两可的语句。例如：您是否反对遛狗不牵绳？问卷措辞中应尽量避免使用包含双重否定的句子。

（7）问卷要注意时间性。例如：请问您去年一年用了多少袋洗衣粉？在设计问卷时，应注意问题的时间性以及被访者回答问题的难度。对于举例的问题，被访者可能由于时间太久可能根本想不起来了，也可能根本就没有注意到自己一年中能用多少袋洗衣粉，而且每袋的容量也是无法确定的一个标准。

××地区大学生乳制品消费情况调查问卷（示例）

您好，我们是××市场访问员，想要调查××大学生乳制品消费情况，所以需要了解一下您的想法、请在您选择的选项上打钩。我们保证会对您的信息保密，填写问卷需要占用您几分钟的时间，给您带来不便请谅解，感谢您的配合！

一、受访者背景资料

1. 您的性别是：[单选题]

□男　　　　□女

2. 您所在的学校是：[填空题，请填写全称]

_____大学/学院

3. 您所在的年级是：[单选题]

□大一　　□大二　　□大三　　□大四　　□硕士　　□博士

4. 您平均每月的生活费是：[单选题]

□1 000元以下　□1 000~1 999元　□2 000~2 999元　□3 000元及以上

二、乳制品消费习惯调查

1. 您平均每个月对乳制品的消费金额是：[单选题，如果选择"10元以下"，则结束本访问]

□10元以下　□10~19元　□20~49元　□50~99元　□100元及以上

2. 在选择乳制品的时候，您倾向于选择下列哪一种？[单选题，其他请注明]

□纯牛奶　□酸奶　□乳饮料（如优益C）　□奶粉　□调味乳（如核桃奶）

□其他_____

3. 一般情况下，您饮用奶制品的频率是：［单选题］

□每天喝　□经常喝（一周2～3次）　□偶尔喝（一个月2～3次）

□从来就不喝　□无所谓，有就喝，没有就不喝

4. 您买乳制品的原因是：［排序多选题］

□补充营养　□生活习惯　□增强抵抗力　□父母要求　□受身边人影响

□其他

5. 您经常购买或熟知的液体奶（如酸奶、纯奶）的品牌有：［多选题］

□伊利　□蒙牛　□君乐宝　□光明　□娃哈哈　□旺旺　□完达山　□其他

6. 对乳制品的购买，您更喜欢的方式是：［单选题］

□商场　□奶站　□学校超市　□食堂　□网上

7. 您喜欢的促销方式是：［排序多选题，其他请注明］

□不关注促销活动　□买赠　□打折　□团购优惠　□满额抽奖　□积分换礼

□其他_____

8. 请在表4-7中填写您认为影响乳制品购买的因素的重要程度：［矩阵量表题］

表4-7　影响乳制品购买的因素

因素	特别重要	很重要	一般	不重要	非常不重要
口感					
价格					
生产日期及保质期					
品牌知名度					
奶源					
添加剂					
其他人的评价					

我们的问卷调查到此结束，再次感谢您的配合！

调研人员：×××

调研地点：××××

调研时间：××××年××月

五、调查方法

调查方法主要有四种，即人员访问、电话调查、邮寄调查和网络调查，其中人员访问包括入户访问和街头拦截访问两种形式，电话调查包括传统电话调查、计算机辅助电话调查和全自动电话调查三种形式。这些调查方法的适宜时长、相对优缺点如表4-8所示。

表 4-8　不同调查方法的相对优缺点比较

调查方法	适宜时长	相对优点	相对缺点
入户访问	最多 1 个小时	可以展示产品或服务； 可以进行较为深入的访问； 访问环境轻松，反馈率高； 较容易控制访问的进度	访问成本高，需要大量的人力和时间； 入户困难； 被调查者容易受到访问人员的影响
街头拦截访问	5~15 分钟	访问地点集中，易于监督访问人员的工作； 成本相对于入户访问来说较低	访问环境复杂，可能会影响被调查者作答； 不适合调查复杂或不便公开的问题
传统电话调查	15 分钟	费用较为合理； 容易控制访问过程	调查对象受限； 调查内容较为浅显
计算机辅助电话调查	15~20 分钟	减少了人工访问的错误； 数据即时输入	需要相应设备
全自动电话调查	15 分钟	被调查者自行控制访问； 调查报告生成迅速	对被调查者的要求较高，需要会使用电脑
邮寄调查	5~15 分钟	调查范围广； 保密性强	调查周期长； 问卷回收率低
网络调查	根据情况而定	不受时间和空间限制； 收集数据迅速	调查对象受限； 被调查者必须会使用电脑及网络

六、在线调研

在线营销调研是指通过互联网调查、在线焦点小组、基于网络的实验或者追踪消费者在线行为来收集原始数据的营销调研过程。其主要方式有以下四种：

一是以互联网作为媒介开展营销调研。企业可以把调查问卷放到网站或社交平台上，也可发送电子邮件邀请人们回答提问。

二是创建在线面板，提供定期反馈，组织现场讨论，或者安排在线焦点小组讨论，借以收集营销信息。

三是网上实验调研。企业可以在不同的网站、不同的时间进行实验，以不同的价格、头条新闻或产品特征，来调研、测试、了解消费者的反应，比较各种营销决策的相对优势。

四是建立虚拟购物环境。利用虚拟购物环境来测试顾客对新产品的反应，调研相应营销计划的可行性。当顾客访问虚拟网站或转向其他网站时，企业可以根据点击率了解其购买行为特征。

相较于传统的调研方式，在线营销调研收到调研结果的回复率更高、速度也更快，而花费的成本低，尤其是省去了邮寄、电话、采访和数据处理的成本。样本规模对成本的影响微乎其微。一旦调查问卷设置完毕，10 个受访者和 10 万个受访者的在线成本差别不大。调研人员借助电子邮件或在特定网站上发布信息等方式，可以轻松快速地同时对数以千计的受访者进行调查。由于是受访者自己输入信息，回复可以瞬间完成。

一收到信息，调研人员就可以汇总、审核、共享调研数据。由于基于互联网的调查往往更具趣味性、互动性和吸引力，更容易得到受访者的配合与支持，因而回复率更高，受访者的覆盖面更广。

在线营销调研既可以基于互联网开展定量调查和收集数据，又可以通过在线焦点小组、微信、博客和社交网络开展定性研究。利用网络会议在世界任何地方、任何时间都可以和偏远地区的参与者进行焦点小组访谈。

所谓在线焦点小组，就是指在网络上聚集一组人，与训练有素的主持人讨论产品、服务或组织，以便获得有关消费者态度和行为的定性洞察。在线焦点小组的参与者可以使用自己的网络摄像头，在家里或办公室里登录焦点小组会议，观看和收听访谈内容，进行实时互动和面对面的讨论。在线焦点小组可以在任何语言环境中进行，并实现同声传译，将来自不同国家和地区的人们有效地联结在一起。调研人员几乎可以在任何地方实时查看访谈现场，省去了旅行、住宿和设备成本。

在线营销调研的不足之处是无法控制样本。如果看不到受访者，调研人员很难知道受访者是些什么样的人。为解决这一问题，不少企业使用选定社区和受访者面板的方法进行在线调研，也有些企业致力于开发自己的社交网络，用以获取顾客信息和顾客洞察。

【案例三】

问卷星的应用

问卷星是一个专业的在线问卷调查、测评、投票平台，专注于为用户提供功能强大、人性化的在线设计问卷、采集数据、自定义报表、调查结果分析系列服务。与传统调查方式和其他调查网站或调查系统相比，问卷星具有快捷、易用、低成本的明显优势，大量企业和个人广泛使用。

问卷星使用流程分为下面几个步骤：

1. 在线设计问卷

问卷星提供了所见即所得的设计问卷界面，支持多种题型以及信息栏和分页栏，并可以给选项设置分数（可用于量表题或者测试问卷），可以设置跳转逻辑，同时还提供了数十种专业问卷模板供选择。

2. 发布问卷并设置属性

问卷设计好后可以直接发布并设置相关属性，例如问卷分类、说明、公开级别、访问密码等。

3. 发送问卷

通过发送邀请邮件，或者用 Flash 等方式嵌入公司网站或者通过 QQ、微博、邮件等方式将问卷链接发给相关人员填写。

4. 查看调查结果

可以通过柱状图和饼状图查看统计图表，卡片式查看答卷详情，分析答卷来源的时间段、地区和网站。

5. 创建自定义报表

自定义报表中可以设置一系列筛选条件，不仅可以根据答案来做交叉分析和分类统计（例如统计年龄在 20~30 岁之间女性受访者的数据），还可以根据填写问卷所用时间、来源地区和网站等筛选出符合条件的答卷集合。

6. 下载调查数据

调查完成后，可以下载统计图表到 Word 文件保存、打印，或者下载原始数据到 Excel、导入 SPSS 等软件做进一步的分析。

* 第三节　市场营销预测概述

* 第四节　市场营销预测方法

思考与练习

1. 什么是市场营销调研？
2. 市场营销调研有哪些？
3. 市场营销调研方法有哪些？应该如何选择？
4. 市场营销预测的内容包括哪些方面？
5. 市场营销预测方法有哪些？
6. 理解时间序列平滑模型与时间序列分解模型的组合运用。
7. 理解时间序列模型与因果模型的组合运用。

本章小结

市场营销调研与预测是市场营销的基础性工作，对市场的准确分析是市场营销成功的前提条件。

本章介绍了市场营销调研的基本知识，而三种不同的调研及市场调研内容可以针对营销工作所涉及的八个方面来展开。而对于市场调研的具体步骤环节，我们着重介绍了调研方法、抽样方式及问卷的设计。

对于市场预测也对其预测的原则、种类、预测的基本内容及营销预测的过程进行了介绍，同时提出定类尺度、定序尺度、定距尺度和定比尺度四种类型定量数据，t 检验分析、回归分析、方差分析和因子分析常用的推断性统计分析方法，以及两大类预测方法，定性预测与定量预测法。

＊【案例分析】

母婴用品行业全景速览：线上线下融合发展是未来发展的必然趋势

实训任务

1. 实训项目

利用问卷星进行在线问卷设计与调查。

2. 实训目标

本次实训使用的"问卷星"是一个专业的在线问卷调查平台，它能提供功能强大的免费自助式在线设计问卷、自定义统计报表、调查结果分析等系列服务，问卷星被广泛应用于市场调查、满意度调查、在线报名、讨论投票等领域。

掌握使用问卷星等专业网站设计问卷的方法。

了解与问卷设计相关的调研活动，如问卷的发放、统计等。

3. 内容与要求

请将本章第二节"四、问卷设计"中"××地区大学生乳制品消费情况调查问卷（示例）"中的问卷，按照每个问题的要求，在问卷星里进行设计、编辑、发布，并直接利用问卷星的数据统计分析功能。

4. 实训步骤

（1）注册成为问卷星的用户。

（2）进入问卷星之后，显示问卷星的使用流程。

（3）选择"设计问卷"，创建一份问卷。

（4）选择一个主题进行搜索，页面左侧列出搜索结果，可任意选择一份作为模板。

（5）下面进入问卷基本信息设置，请各位根据已经规定的题目，进行针对性的问卷设计，注意问卷的结构与内容措辞。

注：在问卷设计的过程中，不能简单照搬或复制模板，应结合自己所选主题，独立撰写问卷内容，模板仅作参考。

（6）参考模板，对每个问题进行编辑和修改，设计自己的问题。可以修改问题和选项，以及其他更具体的参数。

参数1：加入图片，更直观生动地说明问题；

参数2：添加说明，例如对问卷中的术语进行解释说明；

参数3：允许填空，此处可以将封闭性问题和开放性问题相结合；

参数4：设置跳题，在选择某个选项之后跳转到特定题目。

可以修改题型，例如，将目前的单选题转换为多选题，或者设置跳转题型，在编辑列表中给相应的选项勾选"跳题"，然后设置跳转的题目序号。

（7）问卷设计完成之后，可以选择的操作有：测试填写问卷，修改问卷设置以及设置问卷外观。

在问卷风格设计中，可以对问卷的背景主题、文字主题、文字样式、显示设置、页眉页脚等信息进行设置，改变问卷的外观风格。

（8）问卷设计完成之后，选择发布问卷，系统弹出提示。

随后通过"发送问卷"选项来回收问卷，发送问卷的方式可以选择两种：一是通过复制链接并告诉对方；二是通过电子邮件请大家互相发送，并回答对方的问卷。

（9）在互相答完并回收问卷之后，请查看自己的问卷主页，选择"统计分析"，对自己创建并发送的问卷进行分析。分析的项目有单题统计，数据分析与报告，答题来源分析及完成率分析。通过这些具体的数据，可以对一份问卷的反馈和效果有一个直观的了解。

5. 实训考核

完成问卷星在线问卷设计实训报告。

参考文献

［1］伯恩斯，布什. 营销调研［M］. 6 版. 于洪斌，金钰，等译. 北京：中国人民大学出版社，2011.

［2］齐克芒德，巴宾. 营销调研精要［M］. 4 版. 应斌，王虹，译. 北京：清华大学出版社，2010.

［3］郭国庆，陈凯. 市场营销学（数字教材版）［M］. 7 版. 北京：中国人民大学出版社，2022.

［4］科特勒，凯勒，切尔内夫. 营销管理［M］. 16 版. 陆雄文，蒋青云，赵伟韬，等译. 北京：中信出版社，2022.

［5］黄浩，钟大辉. 市场营销学［M］. 成都：西南财经大学出版社，2009.

［6］叶叔晶，邱红彬. 营销调研实训教程［M］. 武汉：华中科技大学出版社，2006.

［7］曹旭平. 市场营销学［M］. 北京：人民邮电出版社，2017.

［8］于元元，钱程. 市场营销［M］. 北京：中国人民大学出版社，2018.

［9］孟韬. 市场营销：互联网时代的营销创新［M］. 北京：中国人民大学出版社，2018.

第五章

市场营销战略规划

学习目标

(1) 明确企业战略的含义，了解企业战略的制定过程。

(2) 理解商业模式以及互联网时代商业模式的创新。

(3) 学会界定企业使命。

(4) 在行业中识别竞争者，能够运用模型分析竞争者。

(5) 掌握三种基本竞争战略，不同市场地位与竞争战略。

(6) 掌握企业评价战略业务单位的主要方法。

本章知识结构图

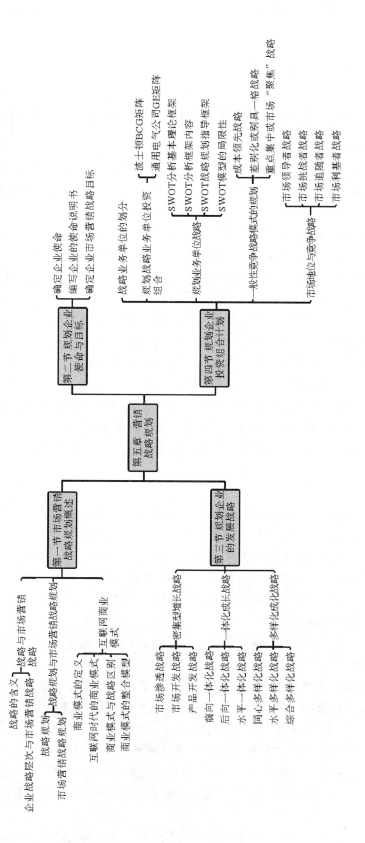

引导案例

【案例一】

重磅！五粮液坐不住了，出资 10 亿跨界新能源

2023 年 4 月 18 日，一家名为四川五粮液新能源投资有限责任公司成立，该公司由四川省宜宾五粮液集团有限公司 100% 控股。工作人员表示，此次设立新能源投资公司主要是因为看好新能源产业发展，也有拓展业务方向、增加利润增长点方面的考量。

早有跨界之举

早在 2018 年年初，五粮液就联手宜宾国资以 24.91 亿元的价格，收购奇瑞子品牌凯翼汽车 51% 的股权，随后便开始了"跨界造车"之路。数据显示，2019—2022 年，凯翼汽车年销量分别是 3.29 万辆、3.33 万辆、2.03 万辆和 3.43 万辆，销量不尽如人意。

五粮液的造车故事似乎就要难以为继，新能源的东风却为其带来一个新机会。2019 年，锂电巨头宁德时代落户于此，带动宜宾动力电池产业进入发展快车道。数据显示，2022 年，宜宾产销动力电池 72 GWh，占全国 15.47%，实现工业产值 889 亿元，预计 2023 年将超过 1 600 亿元。

除去产业集群带来的增益，2022 年 7 月，凯翼汽车还得到了宁德时代的背书，与之一起成立了宜宾时代凯翼新能源科技有限公司，共同进行合作研发。

这样看来，五粮液的跨界之举与其说是突然的行动，不如说是顺势而为、水到渠成。

寻求突破点

从五粮液近几年的业绩情况来看，其跨界之举还有一个更深层的原因，那就是它在白酒行业第一梯队的日子没有从前那么好过了，亟待寻求新突破。

从前，五粮液与茅台可称为白酒界"双雄"，两者实力不相上下，但近年来，五粮液逐渐被茅台甩在了身后。从营业收入来看，2019—2021 年，五粮液和茅台的营收差距持续扩大，分别为 353 亿元、376 亿元和 399 亿元，到 2022 年前三季度，这一数据有所收窄，但仍超过了 340 亿元。

而从整个白酒行业来看，第一梯队中五粮液无论是营业收入增速，还是净利润则增速都是相对靠后的。

2022 年前三季度，贵州茅台、洋河股份、山西汾酒、泸州老窖的营收增速分别为16.52%、20.69%、28.32% 和 24.20%，而五粮液的营收增速则为 12.19%。

在净利润增速上，2022 年前三季度，贵州茅台、洋河股份、山西汾酒、泸州老窖分别为 19.14%、25.78%、45.70% 和 30.94%，而五粮液仅有 15.36%。

在这种情况下，当新能源的东风吹来，它自然不想错过这个风口，找到它的"第二增长曲线"，这不仅能支撑企业未来业绩进一步增长，还能迎合未来的发展趋势。

结语

在碳达峰、碳中和的大背景下，未来十年或几十年，我国对光伏产业的投资投入

比重会越来越大，这一行业确实蕴藏了无数机遇。

五粮液跨界光伏，在一定程度上意味着它站上了风口，且它作为宜宾本地知名企业，身后还站着宜宾市国资委，要想在行业内占据一席之地，并非不可能。

但随着越来越多的跨界者到来，加上老牌光伏企业的反击，这一行业的发展速度必将进一步加快，激烈的竞争近在眼前。

资料来源：易简财经. 重磅！五粮液坐不住了，出资 10 亿跨界新能源［EB/OL］. （2023-04-19）［2023-06-05］.https://finance.sina.com.cn/money/bond/2023-04-19/doc-imyqxmnp5454867. shtml.

第一节　市场营销战略规划概述

一、战略与市场营销战略

习近平总书记在 2023 年 4 月 16 日出版的第 8 期《求是》杂志发表了重要文章《加快构建新发展格局 把握未来发展主动权》，文章指出："事实充分证明，加快构建新发展格局，是立足实现第二个百年奋斗目标、统筹发展和安全做出的战略决策，是把握未来发展主动权的战略部署。我们只有加快构建新发展格局，才能夯实我国经济发展的根基、增强发展的安全性稳定性，才能在各种可以预见和难以预见的狂风暴雨、惊涛骇浪中增强我国的生存力、竞争力、发展力、持续力，确保中华民族伟大复兴进程不被迟滞甚至中断，胜利实现全面建成社会主义现代化强国目标。"

（一）战略的含义

很多学者都认为，真正为企业战略下定义的第一个人是钱德勒（1962），他将战略定义为"确定企业基本长期目标、选择行动途径和为实现这些目标进行资源分配"。

1965 年，安索夫在《公司战略：面向增长与发展的经营政策的分析方法》一书中提出：战略就是一种决策规则，它将企业活动与以下四个方面连接起来——产品/市场范围（企业提供的产品与企业在其中经营的市场）、增长向量（企业打算进入的产品/市场的变化）、竞争优势（在每一个产品/市场中企业较之竞争者具有较强地位的那些独特的优势），以及协同作用（将企业的不同部分有机结合起来以取得单个部分不能实现的方法）。

1980 年，哈佛大学的迈克尔·波特教授在《竞争战略》一书中将战略定义为"公司为之奋斗的一些终点（目标）与公司为达到它们而寻求的方法（政策）的结合物"。

20 世纪 80 年代以后，加拿大麦吉尔大学的明兹伯格教授在对以往战略理论进行梳理和深入研究的基础上，将人们对战略的各种定义概括为"5P"。明兹伯格认为，人们在谈及战略时都是在谈论 5P 中的某一个或几个含义，实际上，战略具有多重含义，既应当仔细体会每种含义，又应当将多个含义联系起来以形成整体的战略观念。

营销资料

【资料一】

明兹伯格的战略 5P 定义

1. 战略是计谋（ploy）

它是威胁和战胜竞争者的计谋和谋略。这是军事谋略在企业管理中的直接引用。

2. 战略是计划（plan）

它是有意识的、正式的、有预计的行动程序。计划在先，行动在后。这是早期的战略观念。

3. 战略是模式（pattern）

它是一段时期内一系列行动流的模式。这是明兹伯格为战略下的一个定义。在明兹伯格看来，企业在某一时期基于资源而形成的使命与目标固然重要，但更重要的是企业已经做了什么和正在做什么。早期的战略观念强调分析，而明兹伯格更强调行动。

4. 战略是定位（position）

它是在企业的环境中找到一个有利于企业生存与发展的"位置"。

5. 战略是观念（perspective）

它是深藏于企业内部、企业主要领导者头脑中的感知世界的方式。战略是以思维和智力为基础的，它具有精神导向性，体现了企业中人们对客观世界的认识，它同企业中人们的世界观、价值观和理想等文化因素相联系。

战略与策略既有区别又有联系。战略是如何赢得一场战争的概念，而策略则是如何赢得一场战役的概念；策略是一种单一的主意或谋略，而战略则包含很多因素，但其重点是策略；策略具有某种竞争优势，而战略则用以保持这种优势；策略相对于产品或企业具有外在性，甚至不是企业自己制定的；而战略则是内在的，通常需要进行大量的内部组织工作；策略是沟通导向的，而战略则是产品导向或企业导向的。

习近平总书记指出："战略是从全局、长远、大势上做出判断和决策。""要善于进行战略思维，善于从战略上看问题、想问题。""战略上判断得准确，战略上谋划得科学，战略上赢得主动，党和人民事业就大有希望。""正确的战略需要正确的策略来落实。策略是在战略指导下为战略服务的。战略和策略是辩证统一的关系，要把战略的坚定性和策略的灵活性结合起来。"[①] 习近平总书记的科学论断对于我们正确理解战略与策略的关系，制订既高瞻远瞩又务实管用的营销计划、取得营销管理的成功，具有重要的指导意义。

（二）企业战略层次与市场营销战略

习近平总书记在出席解放军和武警部队代表团全体会议时强调"巩固提高一体化国家战略体系和能力，关键是要在一体化上下功夫，实现国家战略能力最大化。要坚持党

---

① 佚名. 习近平在省部级主要领导干部学习贯彻党的十九届六中全会精神专题研讨班开班式上发表重要讲话［EB/OL］.（2022-01-11）［2023-06-18］.http://www.gov.cn/xinwen/2022-01/11/content_5667663.htm.

中央集中统一领导，加强各领域战略布局一体融合、战略资源一体整合、战略力量一体运用，系统提升我国应对战略风险、维护战略利益、实现战略目的的整体实力"。

1. 企业战略层次

一般说来，一个企业的战略可划分为三个层次（见图5-1），即公司战略、业务（事业部）战略和职能战略。

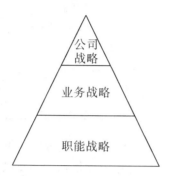

图5-1　企业战略的三个层次

公司战略是企业总体的、最高层次的战略。公司战略的侧重点在两个方面：一是从公司全局出发，根据外部环境的变化及企业内部条件，选择企业所需要从事的经营范围和领域；二是确定所从事的业务后，提出相应的发展方向，并以此为基础在各项事业部门之间进行资源分配，以实现公司整体的战略意图。

业务战略（经营战略）处于战略结构中的第二层次，包括竞争战略和合作战略。所涉及的决策问题是在选定的业务范围（市场/产品区域）内，事业部门应在什么样的基础上来进行竞争，以取得超过对手的竞争优势。为此，事业部门的经理者需要努力鉴别并稳固最有营利性和最有发展前途的市场，发挥其竞争优势。

职能战略是在职能部门中，如生产、市场营销、财会、研究与开发、人力资源等，由职能管理人员制订的短期目标和计划，其目的是实现公司和事业部门的战略计划。

公司战略、业务战略和职能战略之间相互作用，紧密联系。如果企业要想获得成功，必须将三者有机地结合起来，企业中高一层次的战略构成下一层次的战略环境（约束）；低一层次的战略为上一层次的战略目标的实现提供保障和支持。

2. 职能战略与市场营销战略

企业战略制定的最后一步便是细分职能战略。职能战略（function strategy）是按照总体战略或者业务战略对企业各方面职能活动进行的谋划。每个业务单元内的职能部门——市场营销、财务、生产、研究与开发、人力资源等，必须密切合作才能实现战略目标。

职能战略是为企业战略和业务战略服务的，必须与企业战略和业务战略相配合。比如，企业战略要培养创新的核心能力，企业的人力资源战略就必须体现对创新的鼓励，要重视培训、鼓励学习，把创新贡献纳入考核指标体系。在实施过程中，职能战略提供了具体的策略，是各部门行动的规划书。战略必须细化为职能层次上的战略才能具体实施，如市场营销、研究与开发、财务、人力资源、生产等。详细的分类如表5-1所示。

表 5-1　职能战略分类

类别	说明
市场营销战略	涉及市场营销活动整体（市场调研、预测、分析市场需求、确定目标市场、制定营销战略、实施具体营销战略）的方案或谋划
财务战略	根据公司战略、竞争战略和其他职能战略的要求，对企业资金进行筹集、运用、分配以取得最大经济效益
生产战略	是企业在生产成本、质量流程等方面建立和发展相对竞争优势的基本途径，它规定了企业生产制造和采购部门的工作方向，为实现企业总体战略服务
研究与开发战略	包括科学技术基础研究和应用研究，以及新产品、新工艺的设计和开发
人力资源战略	根据企业总体战略的要求，为适应企业生存和发展的需要，对企业人力资源进行开发，提高员工队伍的整体素质，从中发现和培养一大批优秀人才

市场营销战略作为企业战略管理的一个职能战略层面，必然受到上层次战略的约束，同时也必然为上层次战略目标的达成提供保障与支持。具体而言，市场营销战略要求公司的资产（资源）的管理必须根据变化多端的环境，选择切实可行、得以生存的商业方案，并以期最大限度地获得经济回报，市场营销战略规划一个重要的组成部分就是确立企业在某一商业领域内产品或市场的范围。

【案例二】

吉列（Gillette）锋速 3 与市场营销战略

过去的一段时间里，吉列公司要面对其剃须刀部发展速度缓慢的问题，这是因为其竞争对手舒适公司（Schick）发动了新型剃须刀的竞争攻势，严重威胁其主打产品——剃须刀及刀片的销售情况，而这两种产品已在北美和欧洲市场拥有 71% 的市场份额。吉列需要一种新的市场营销战略以保护其剃须刀和剃须刀片市场的占有率。

经过分析，吉列决定推出一款由其实验室开发并已具备上市条件的新型剃须刀——锋速 3。吉列有一套不同于他人的创新手段，吉列只有在其产品真正达到技术领先标准时才将其推向市场，而大多数竞争对手仅靠改进产品来应对竞争或满足市场。吉列需要新事物去巩固它的市场地位，而它的研究实验室拥有无可匹敌的产品准备上市。

吉列公司描述出以下市场营销战略：

·市场（在哪里竞争）：吉列决定同一天在全美市场推出锋速 3。

·策略手段（如何竞争）：吉列决定将锋速 3 作为一种升级的产品上市，它的价格比其替代产品——超级感应（Sensor Excel）的价格高 35% 还多，而超级感应比其上一代产品 Atra 的价格高 60% 多。

·时间安排（何时竞争）：吉列决定在公司的首席执行官阿尔·察恩先生退休之前推出这种新产品。公司希望锋速 3 可以充分利用察恩先生的影响力与人脉关系。

市场营销战略的构成应具备以下三项决策条件：

（1）在哪里竞争，也就是需要进行市场定位（例如，在一个整体市场中或在一个或多个局部市场内参与竞争）。

（2）如何竞争，也就是需要采取一种竞争的手段（例如，为了适应消费者的需求推广一种新产品，或为现有产品重新定位）。

（3）何时竞争，也就是需要为进入市场制定时间策略（例如，首先上市或等待市场初级需求已形成后再行动）。

二、战略规划与市场营销战略规划

（一）战略规划

战略规划也称战略管理过程，是指企业为保持其目标与变化环境之间的"战略适应"而制订长期战略所采取的一系列重大步骤。对于任何一个层次的战略规划而言，其主要过程一般可分解为四个阶段（见图5-2）：

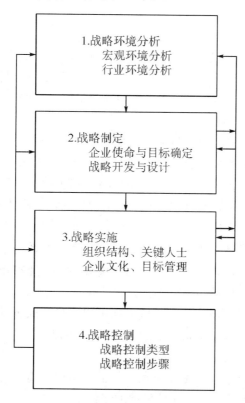

图5-2　战略规划的四个阶段

1. 战略环境分析

企业战略环境分为外部环境与内部环境，其中外部环境又可分为宏观环境（指社会、政治、经济、技术等因素）和经营环境（指企业经营的特定行业与竞争者状况等）。企业内部环境是有利于保证企业正常运行并实现企业利润目标的内部条件与内部氛围的总和，它由企业家精神、企业物质基础、企业组织结构、企业文化构成，四者相互联系、相互影响、相互作用，形成一个有机整体。

而对于市场营销战略环境分析而言，我们通常采用本书第二章介绍的两大类环境分类，即微观环境与宏观环境。

2. 战略制定

战略制定就是在对企业内部、外部环境综合分析的基础上，提出今后的中长期发展思路与方案。它包括明确企业的使命、目标与战略设想。

通常，对于一个跨行业经营的企业来说，它的战略决策应当解决以下两个基本的战略问题：一是企业的经营范围/领域，即明确企业的性质和所从事的事业，确定企业以什么样的产品或服务来满足哪一类顾客的需求；二是企业在某一特定经营领域的竞争优势，即要确定企业提供的产品或服务，要在什么基础上取得超过竞争对手的优势。

3. 战略实施

战略制定以后，便进入战略实施阶段。企业将要采取的步骤包括：调整组织结构、组织强有力的领导班子、制定有关职能战略、做好资源分配、形成鼓舞士气的公司文化、订立有关的企业政策等。此外，对于战略实施过程当中可能遇到的各种障碍，企业也必须设法加以克服。

4. 战略控制

企业对正在实施的战略进行监督调控，将战略实际执行情况与预定标准相比较，然后采取措施纠正偏离标准的误差。战略控制的目的是在问题变得严重之前就提醒企业高层管理者去加以解决，以保证各项战略的顺利实施，达到预期目标。

（二）市场营销战略规划

市场营销战略规划的制订是指这样一种管理过程：企业的最高管理层通过定出企业的基本任务、目标以及业务组合，使企业的资源和能力同不断变化着的营销环境保持适应的关系。一般而言，企业的市场营销战略规划也包括以下四个方面的内容：规定企业使命，确定企业目标，安排企业的业务组合，制定企业的增长战略。

市场营销战略规划的作用有以下七点：

第一，营销战略是联结企业与环境的要素，它直接关系到企业未来营销活动的成败得失，关系到企业的前途和命运。企业的战略规划是企业在市场上取胜的法宝，它实现了企业自身与其营销环境的相互适应。

第二，成功的战略规划使企业在某些方面可以引导、改善其营销环境。产生新的局面，旨在加强企业自身的应变能力和竞争能力的长期性、全局性、方向性的规划。

第三，营销战略规划的制定可以让员工清楚自己的使命和明白自己的责任。一旦经理人员和员工理解了企业正在做什么和为什么这样做，他们常常就会感受到自己是企业的一部分，并主动承担起支持企业发展的责任。

第四，成功的战略规划提供向员工授权的机会。通过鼓励员工参与决策及充分发挥其主动性、想象力来增强员工的效能感。

第五，战略规划的制定可以使企业在销售、获利能力、生产能力等效果增强，避免企业陷入财务困境。

第六，营销战略规划可以让企业对外部环境的威胁有更深刻的认识、对竞争对手更深入的了解，使员工生产效率提高、变革阻力减少以及对绩效与收入之间有更加深入的理解。

第七，战略规划常常为企业带来良好的秩序和纪律，使得整个管理系统有效率和效能。

对任何事物都应采取一分为二的观点，战略规划尽管有很多好处，但也有一些弊端。战略规划是一个错综复杂的过程，常常将企业带入难堪的境地。战略规划不是为企业提供迅速获得经营成功的灵丹妙药，相反它需要企业经历一个过程，且其主要功能是为企业或管理者提供提出问题、解决问题的基本框架。

三、互联网商业模式

（一）商业模式的定义

商业模式（business model）自 20 世纪 90 年代以来被广泛使用和传播，现已变成管理者、创业者和投资者挂在嘴边的热门名词。对于商业模式的定义，不同的学者有不同的解读。蒂默斯（Timmers）认为商业模式是"关于产品、服务和信息流的架构，包括对各种商业的参与者和他们的角色的描述，对各种参与者潜在收益的描述，以及对收入来源的描述"。玛格丽特（Magrett）认为商业模式是用于解释厂商运行方式的故事。我们认为，商业模式是对一个组织如何行使其功能的描述，是对其主要活动的提纲挈领的概括；它定义了公司的客户、产品、服务以及业务流程，还提供了有关公司如何组织以及创收和盈利的信息。商业模式与企业战略一起主导公司的主要决策。

商业模式是一个动态系统，能够决定厂商跨边界互动的内容、管理和建设。从历史的发展角度看，最古老、最基本的商业模式就是店铺模式，具体点说，就是在具有潜在消费人群的地方开设店铺并展示产品或服务。

随着时代的进步，商业模式变得越来越精巧。"饵与钩"模式或者"搭售"模式出现在 20 世纪早期。在这种模式下，基本产品的售价极低、通常处于亏损状态，而与之相关的消耗品或服务的价格则十分昂贵。比如，剃须刀（饵）和刀片（钩），手机（饵）和通话时间（钩），打印机（饵）和墨盒（钩）等。

随着时代的发展，商业模式开始多样化，如硬件+软件模式、互联网免费模式等，每一次商业模式的革新都能给公司带来一定的竞争优势。但是随着时间的推移，公司必须不断地思考它的商业模式。随着消费者价值取向从一个行业转移到另一个行业，公司必须不断改变它们的商业模式。一个公司成功与否最终取决于它的商业模式是否符合消费者的需求。

（二）互联网时代的商业模式

习近平总书记指出："当今时代，数字技术作为世界科技革命和产业变革的先导力量，日益融入经济社会发展各领域全过程，深刻改变着生产方式、生活方式和社会治理方式。面对数字化带来的机遇和挑战，国际社会应加强对话交流、深化务实合作，携手构建更加公平合理、开放包容、安全稳定、富有生机活力的网络空间。"[①]

随着科技的发展，互联网颠覆了以往的商业模式，传统意义上可依托的壁垒被打破，任何经验主义都显得苍白无力。黑莓、诺基亚、东芝、摩托罗拉等多家国外著名电子厂商被兼并或倒闭的消息接踵而至。而苹果公司一跃成为世界上市值最高的公司，BAT 三巨头、华为等成为中国领军企业。正如 2013 年 9 月时任诺基亚公司 CEO 的约玛·奥利拉在记者招待会上同意微软收购时所说的一句话："我们并没有做错什么，但不知为什么，我们输了。"

无数的例子说明，互联网时代的商业模式需要让消费者参与生产和创造价值，让厂商与消费者连接，厂商与消费者共创价值、分享价值，这样才能既享有来自厂商供

① 佚名. 习近平向 2022 年世界互联网大会乌镇峰会致贺信 [EB/OL]. (2022-11-10) [2023-06-18]. http://jh-sjk.people.cn/article/32562899.

应面的规模经济与范围经济的好处，又享有来自消费者需求面的规模经济与范围经济的好处。互联网时代商业模式的创新主要体现在以下几个方面。

1. 平台化运作

以前的平台指的是计算机的操作环境，随着淘宝、京东等第三方电子商务平台的出现，各式各样的平台纷纷涌现，如技术平台、产业平台、商业平台等。构建平台进行营销的模式称为平台营销（platform marketing）。

（1）把企业做成平台。平台是快速配置资源的架构，企业通过整合全球资源来完成自己的目标。例如，海尔过去是管控企业，现在将自身打造成一个供合作伙伴自由创业、供更多用户自由分享的开放平台。

（2）把产品做成平台。贯彻广义的产品经营理念，把"产品只是产品"转换成"产品不是产品"。"产品只是产品"是指产品的初始功能不变，"产品不是产品"是指围绕产品的初始功能边界进行开放，把更多的功能纳入这个产品中，围绕产品的核心功能进行体系化扩展，围绕用户需求不断升级产品，使产品成为更多功能的平台载体，苹果手机等智能手机就是典型的例子。

（3）把员工看成平台。充分发掘现代知识型员工的潜力，谷歌、3M 等知识型企业让员工在工作时间内有一定的自由时间来完成自己想做的工作，很多新发明和新技术都由此产生。

2. 通过免费赚钱

过去，要免费就不能赚钱，要赚钱就不能免费，免费与赚钱之间的关系是对立的。而现在，既免费又赚钱、通过免费赚钱，免费与赚钱的关系是统一的。也就是说，互联网时代的基本商业模式就是免费，免费成为常态。

网络时代的实物商品以软件化、数字化形式出现、因此软件就是商品，数字就是产品。数字化产品生产的固定投入高，但是边际成本低，即产品初次生产成本高，再次生产成本低甚至为零，因为产品再次生产只需在电脑上复制粘贴即可，可见商品免费符合互联网经济的基本规律。

现在通过免费赚钱有以下几种模式：

（1）"交叉补贴"模式，即通过赠送一种商品和服务，捆绑销售另一种商品和服务。

（2）"三方市场"模式，即针对产品生产者和使用者之外的第三方收费。

（3）"版本划分"模式，比如初级功能免费、升级功能收费，前期服务免费、后期服务收费等。

（4）"数据服务"模式，数据服务是价值链上利润最高的领域。

3. 用户本位主义和员工化用户

在互联网条件下，商业模式从以企业为中心转向以用户为中心，由 B2C 转向 C2B。个人成为创造财富的主体，形成"用户本位主义"，设计、标准、生产、内容、推广、销售、体验、评价都来自用户，因此互联网时代需要重塑企业与用户之间的关系，要让用户从参与企业生产到融入企业生产，从融入企业生产到主导企业生产。员工化用户指让用户成为"准员工"，成为为企业服务的"社会资源"。

（1）把用户看作低报酬员工。企业逐渐将自己不具有技术、成本优势的环节放到全社会、全世界范围内进行业务众包，比如，海尔的创客实验室汇集了全球创客的智慧，支付低报酬就可以获得优质的研发成果。

（2）把用户看作零报酬员工。现在企业出设备，让用户自我服务，如银行的 ATM 机（自助柜员机）、车站机场的自助取票机都是这种思维的实践。

（3）把用户看作负报酬员工。现在企业只是投资建立服务网络，比如银行用户网络服务系统、网上点餐系统，用户可以直接登录网站随时随地进行自我生产、消费与服务。用户不仅自我服务而且自带设备，成为企业的负报酬员工。

4. 跨界协作和无边界成为商业新常态

跨界协作指跨越行业、领域进行合作。虚拟经济和实体经济的融合，平台型生态系统的商业模式的发展，使更多的产业边界变得模糊。

随着专业分工日益精细，虚拟组织大量出现，厂商跨越边界成为可能。企业通过跨界的方式纷纷进入非相关领域，例如阿里巴巴进入金融领域，小米进入电视领域。

无边界是指企业利用互联网技术和思维，实现从跨界到无边界的突破。在经营上，产品实现从单一功能向产品平台的转变，产品的生产营销全过程从有限时间、有限空间到无限时间、无限空间的扩展；在管理上，打破企业内部的垂直边界，建立扁平化管理平台，员工实现自我管理，打破企业之间的边界，实现企业间物流、信息流和资金流的无缝对接，从竞争关系变成竞合关系；在操作上，在研发、制造、销售和物流环节实现虚拟运作，最大限度地整合社会资源。

（三）商业模式与战略的区别

商业模式与战略的区别见表 5-2。

表 5-2　商业模式与战略的区别

类别	商业模式	战略
内容	主要描述企业各部分怎样构成一个系统，是对具体的战略措施所具有的内在联系的研究	企业一系列竞争性活动和业务方法的组合，是对战略制定方法及战略形成过程的研究
关注点	企业内部经营有竞争基础和依据，关注企业本身是否有巨大的盈利能力	企业外部竞争与竞争策略，具有竞争性，通过建立并保持竞争优势获取优良绩效
特点	系统性、逻辑性	目的性、动态性、过程性，普遍性

1. 商业模式与战略的内容不同

商业模式的概念始于 Excel 软件的广泛应用，现在商业模式已超越技术层面，日益关注企业整体运作以及价值创造和获取。战略是包括一系列竞争性活动和业务方法的组合。战略理论是对战略制定方法及战略形成过程的研究，而商业模式理论是对具体的战略措施所具有的内在联系的研究。商业模式要回答的问题是：企业做什么？如何盈利？而战略要解决的问题是：如何去做？如何取得竞争优势？

2. 商业模式与战略的关注点不同

商业模式从客户价值主张出发，围绕顾客价值创造和传递来构建企业系统，强调顾客价值创造及其持续性；战略从应对外部挑战出发，关注企业竞争优势的构建。商业模式在构建时考虑企业的收入结构、现金流与利润；而战略关注的是打败竞争对手和资源投入，对现金流与盈利考虑不多。

3. 商业模式与战略的特点不同

首先，商业模式具有系统性、逻辑性。商业模式是所有职能战略组成的体系，能完整地描述企业的价值创造体系，更强调内在逻辑。战略则具有目的性、动态性、过程性，有些企业可能商业模式不变，但战略常变。其次，战略具有普遍性，如低成本战略、差异化战略等都是普遍适用的。而商业模式很难一概而论，我们通常根据具体的案例来描述一个企业的商业模式，如国美模式、京东模式等。企业可以借鉴这些具体的模式来制定适合自己的战略措施。

（四）商业模式的整合模型

完整的商业模式除了具备结构性和逻辑性、模块性和系统性、静态性和动态性、客观性和主观性等特点外，作为一种模型化表达方式，还应该具有层次性。所谓的层次性是指把商业模式的不同要素按功能分配到不同层次，每一层次都有必不可少的特定功能。第 N 层的要素只能借助第 $N-1$ 层要素所具备的功能来发挥自己的功能，因此第 N 层要素具有的功能不仅包括本身的功能，还包括第 $N-1$ 层要素的功能。

在计算机科学中，核心层、汇聚层、接入层共同构成一个完整的计算机层级网络，最终通过协调各层功能来完善网络的功能。我们借鉴计算机科学的三层级网络概念，将不同商业模式表达模型的纵向演进分析、横向比较分析和所提取的核心要素等内容整合在一个分级模型中，形成商业模式的整合模型。

这个商业模式的整合模型（见图5-3）展示了企业如何以顾客为中心，围绕价值这个中心议题来洞察价值、创造价值、传递价值和获取价值。在商业模式的模型化表达中，顾客处于核心层的位置。商业模式强调以顾客为中心，围绕顾客来解决一般价值创造问题。从价值的角度看，商业模式应该围绕顾客这个中心来构建，强调企业要面向顾客，以顾客为出发点和落脚点。

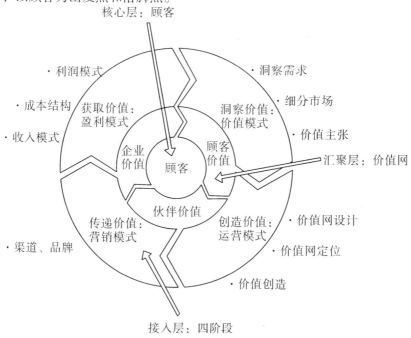

图5-3 商业模式的整合模型

资料来源：王雪冬，董大海（2013）.

汇聚层是指与核心层有紧密联系、直接为核心层提供服务的层次，包括顾客价值、企业价值、伙伴价值三个部分。其中，顾客价值是商业模式价值体系的核心，代表顾客在价值网络中所能获得的利益；伙伴是指企业价值创造活动的利益相关者，伙伴价值表示这些利益相关者在商业模式价值网络中应得的利益；企业创造顾客价值和伙伴价值的最终目的在于获取企业价值，表现为收入、利润等财务绩效指标。

接入层按照价值发生的不同阶段可分为洞察价值（价值模式）、创造价值（运营模式）、传递价值（营销模式）和获取价值（盈利模式）四个部分。价值模式包括洞察需求、细分市场、价值主张三部分，企业可以通过洞察价值了解顾客的根本需求，找到合适的细分市场，为顾客提供价值。运营模式包括价值网设计、价值网定位、价值创造三部分，企业要确定价值网络的关键行为主体，明确企业在运营中的定位，最后确定实现价值创造的关键活动。营销模式是企业向顾客传递价值的不同手段，包括渠道、品牌等，互联网时代的商业模式创新主要体现为电子商务渠道创新。盈利模式的收入模式、成本结构和利润模式三个要素反映企业如何把自己提供的产品和服务变现。

第二节　规划企业使命与目标

习近平总书记在第十四届全国人民代表大会第一次会议上指出："具有五千多年文明史的中华民族，在历史上创造了无数辉煌，也经历过许多磨难。近代以来，中国逐步成为半殖民地半封建社会，饱受列强欺凌、四分五裂、战乱频繁、生灵涂炭之苦。""中国共产党成立之后，紧紧团结带领全国各族人民，经过百年奋斗，洗雪民族耻辱，中国人民成为自己命运的主人，中华民族迎来了从站起来、富起来到强起来的伟大飞跃，中华民族伟大复兴进入了不可逆转的历史进程。"

习近平总书记还在讲话中强调：从现在起到本世纪中叶，全面建成社会主义现代化强国、全面推进中华民族伟大复兴，是全党全国人民的中心任务。强国建设、民族复兴的接力棒，历史地落在我们这一代人身上。我们要按照党的二十大的战略部署，坚持统筹推进"五位一体"总体布局、协调推进"四个全面"战略布局，加快推进中国式现代化建设，团结奋斗，开拓创新，在新征程上作出无负时代、无负历史、无负人民的业绩，为推进强国建设、民族复兴作出我们这一代人的应有贡献。

此处，我们先界定几个常用术语：使命（mission，也被称作企业理念、信念、远景、宗旨或企业任务）是指公司存在的目的或理由，或者公司应该努力的方向，眼光放在长远机会上。策略（policy）是指公司用于指导和规范某些活动和决策的文字建议，尤其是那些具有重要意义或经常出现的那些活动。目的（objective）是一个长期的目标，不能够局限于某段时间。目标（goal）是企业可量化的目的，由管理者确定，通过按部就班的行为在未来某一个时候可以实现。战略方向（strategic direction）是一个包括一切术语，如使命、目标和目的的方方面面。虽然我们知道目标和目的之间存在区别，但是为了叙述的方便，我们将这两个术语放到一起同时考虑。

一、确定企业的使命

在公司确定它的使命时，不妨参考彼得·德鲁克的五个经典问题：

（1）我们的企业是干什么的？

（2）顾客是谁？

（3）我们对顾客的价值是什么？

（4）我们的业务将是什么？

（5）我们的业务应该是什么？

例如：20世纪80年代早期，可口可乐公司将其企业定位从软饮料市场营销商转变为酿造公司，于是，公司购买了三家葡萄酒酿造企业。几年以后，公司失败地离开葡萄酒业务。虽然软饮料和葡萄酒业都属于饮料行业，但是运作软饮料业务所需的管理技能与运作葡萄酒业务所需的管理技能相差甚远。可口可乐公司忽略了一些基本常识而自大地变更/扩大了自己的企业使命。

当然，随着时间的流逝，对于新的机会或变化的市场条件，企业使命也需要修改。亚马逊在线（Amazon.com）的使命正在从世界最大的网上书店改变成世界最大的网络商店。电子海湾（eBay）的使命正从经营在线的受托拍卖变为所有商品的拍卖。

很明显，企业的使命既不是当前业务的声明也不是当前业务的任意扩展。它明确了业务的范围和本质，并不是从今天的角度来讲的业务，而是未来可能的业务，使命在确定企业经营业务与范围的界定中起着主要作用。

公司是否有一个书面的企业使命声明并不重要，重要的是在确定使命时要考虑到相关技术和市场营销因素（与特定的细分市场和它们的需求有关）。

营销资料

【资料二】

部分知名企业的企业使命（概述性）描述

迪士尼：使人们过得快活。

福　特：汽车要进入家庭。

微　软：致力于提供使工作、学习、生活更加方便、丰富的个人电脑软件。

索　尼：体验发展技术造福大众的快乐。

惠　普：为人类的幸福和发展做出技术贡献。

耐　克：体验竞争、获胜和击败对手的感觉。

沃尔玛：给普通百姓提供机会，使他们能与富人一样买到同样的东西。

ＩＢＭ：无论是一小步，还是一大步，都要带动人类的进步。

万　科：建筑无限生活。

柯　达：我们建立统一、重视效益的企业文化。为消费者及顾客提供各种有效的方法，使他们无论何时何地都能够拍摄、保存、处理及打印图像和照片，并能将图像和照片传递给其他人和设备。开发合乎经济效益、与众不同的优质产品，并迅速投放市场。我们的员工来自不同的文化背景，具有一流的聪明才智和技能，并共同维护柯达公司在世界影像业的领导地位。

家乐福：家乐福所有的努力的最大目标是顾客的满意。零售行业是通过选择商品，提供最佳品质及最低价格，以满足顾客多变的需求。

二、编写企业的使命说明书

一份有效的使命说明书可以向公司的每个成员明确地阐明有关目标、方向和机会等方面的意义。公司的使命说明书充当着一只"无形的手"，引导着广大而又分散的职工各自地，却一致地为实现公司目标而进行工作。

好的企业使命说明书应该具备三个明显的特点：

一是明确公司要参与的主要竞争范围：包括行业范围、产品应用范围、能力范围、市场细分范围、纵向合作范围（企业自己生产自己需要产品的供应程度）以及地理范围。

二是强调企业所需要遵守的主要政策和价值观，即涉及企业的核心价值观与企业经营指导方针，包括：指导员工怎样处理顾客、供应商、分销商、竞争性和其他具体问题以及将个人自主的范围加以限定，以使员工在重大问题上行动一致。

三是具有激励性与可操作性。

营销资料

【资料三】

界定企业使命的参考因素

（1）历史和文化。界定企业使命，必须注意自己的历史和文化的延续问题。

（2）所有者、管理者的意图和想法。企业的上级主管单位或董事会，对企业的发展和未来会有一定的考虑和打算；企业的高层管理人才，也会有自己的见解和追求。这些都会影响企业目的、性质和特征的界定。

（3）市场、环境的发展与变化。市场、环境不是一成不变的，其变动会给企业发展提供机会或带来威胁。考虑企业使命，自然是为了顺应时代和潮流。

（4）资源条件。不同的企业，资源条件必然不一样。资源条件的约束，决定了一个企业能够进入哪些领域，不能开展哪些业务。

（5）核心能力和优势。每家企业都能从事很多业务，但是只有它最擅长、肯定优于竞争者的特长，才能成为它的优势所在。界定企业使命必须结合企业的核心能力，使之能够扬长避短，倾注全力发展优势，才有可能干得出色。

三、确定企业市场营销战略目标

企业必须有一个指导其行动的目标。虽然目标本身并不能保证某个企业取得成功，但它的存在确定无疑地使管理活动效率更高，减少管理成本。

野心勃勃的战略目标会导致企业资源的浪费，打击员工的干劲，导致失去以往的利润，并对企业未来发展带来危险；畏畏缩缩的战略目标会让企业错失机会，迷失方向，为妥协与落败打开大门。

市场营销战略目的与目标的制定可以根据企业活动（产品/市场组合目标，即企业在哪些特定市场中销售哪些特定产品）、财务指数（投资回报、利润率等）、预期达到的位置（市场份额、质量状况等）这些因素进行组合表达。

对于一个业务经营单位，我们通常将其目的与目标分解为三个级别（见图5-4）：衡量、增长/生存、限定性。

---

1. 战略性业务单位：
   烹饪炊具
2. 企业使命：
   向不同的家庭销售带有"烘/烤/煮/烧"功能的炊具，使用电燃料技术
3. 目标：
   A. 衡量性指标：
      收益率
      现金流
   B. 增长/生存性指标：
      市场地位
      生产效率
      创新
   C. 限定性指标：
      在某些技术的研发方面进行投资
      避免具有季节性的业务
      避免反托拉斯问题
      承担起公众责任
4. 目的：
   特殊目标和实现上述所有目标的时间约束

图 5-4　某业务单元市场营销战略目标说明

在企业级别上，目标受到企业员工、高层管理者价值系统、企业资源、业务单位的表现和外部环境的影响；业务经营单位目标以客户、市场竞争和企业战略为基础；产品/市场目标由产品/市场优势和劣势（在当前的战略、历史业绩、市场营销效力和市场营销环境的基础上确定优势劣势）和动力（动力是指未来的发展趋势）所决定。

一旦设定了一个目标，可以使用下面的标准验证其正确性：

（1）一般来讲，它是行动指南吗？它能帮助管理者选择最吸引人的行为过程从而方便了决策吗？

（2）它是否足够明确清晰地表达肯定/否定企业某类明示/暗示的行为吗？例如，"获得利润"就并不代表是一个明确清晰地肯定企业的行为，但是"在电器产品中开展有利可图的业务"就能清楚地肯定企业的行为。

（3）它是衡量和控制业绩的工具吗？

（4）是否具有足够的雄心与毅力去实现这个挑战性目标？

（5）它认识到外部和内部的约束了吗？

（6）它可以在企业的较高和较低层面上将更广泛的目标与特定目标结合起来吗？例如，经营战略目标可否与公司战略目标联系起来？反过来，它们也可以与其产品/市场目标（职能战略目标）联系起来吗？

以上的六点其实与我们常说的目标应该具备"层次化、数量化、可行性、协调一致性、明确性以及激励性"是一致的含义与要求。

第三节　规划企业的发展战略

我们接下来从市场营销的观点来探讨如何规划公司战略（经营范围以及资源的分配），即从市场营销的观点来规划企业通过经营哪些业务来发展自己。

一、密集型增长战略

密集型增长战略的基本特征是发掘产品或市场的潜能，增加现有产品/服务的销售额和利润额，使企业获得快于当前的速度增长。

在进行密集型增长战略设计过程中，美国战略管理学者安索夫（Ansoff）为提供了"产品-市场扩展矩阵（product-market expansion grid）"作为分析框架（见图5-5）。

	现有产品	新产品
现有市场	市场渗透战略	产品开发战略
新市场	市场开发战略	（多样化战略）

图5-5　三种密集型增长战略
（安索夫"产品-市场扩展矩阵"）

公司采用密集型增长战略的原因一般有三个：一是竞争对手的销售量占优势，存在着竞争缺口；需要通过市场渗透战略以填补竞争缺口。二是销售系统不健全，存在销售缺口；需要通过市场开发战略以填补销售缺口。三是产品品种不合理，存在产品缺口；需要通过产品开发战略以填补产品缺口。

按照安索夫的思考逻辑，公司面临如何壮大、发展自己的问题时，应该首先考虑在现有市场上，对于现有的产品能否得到更多的市场份额（市场渗透战略）；然后，公司应该考虑是否能为现有产品寻找到新的市场（市场开发战略）；接着，公司应该考虑能否为其现有的市场上开发并推广出若干有潜在利益的新产品（产品开发战略）；最后，公司还能考虑走多样化发展（注意：安索夫在其矩阵中所谈的多样化与我们后面所谈的多样化有所区别）的道路。

（一）市场渗透战略

市场渗透战略是企业将现有产品和现有市场两个因素进行组合而产生的战略。在现有市场上如何扩大现有产品的销售量，而这主要取决于两个因素，即销售量＝产品使用者的数量×使用频率。所以，市场渗透战略的具体思路主要就是从以下三个方面入手：

一是扩大产品使用者数量，即把不使用本公司产品者转变为使用人、努力发掘潜在的客户、把竞争对手的顾客吸引过来。

二是扩大产品的使用频率，即增加产品使用次数、增加每次使用量、增加产品的新用途。

三是改进产品特性，即改进产品特性能留住老用户、吸引新用户，以及增加用户每次使用量。

总之，市场渗透战略希望通过对现有产品进行较小的改进，从现有市场上赢得更多的顾客。这种战略风险最小，如果市场处于成长期，在短期内此战略可能会使企业利润有所增长。

但因以下四个原因，它也许是风险最大的一种发展战略：第一，除非企业在市场上处于绝对优势地位，否则必然会出现许多强有力的竞争对手；第二，企业管理者宁愿把精力放在现有事务处理而可能错过了更好的投资机会；第三，顾客兴趣的改变容易导致企业现有目标市场的衰竭；第四，一项大的技术突破可能会使产品的价值全部丧失。

（二）市场开发战略

市场开发战略是通过将现有产品和相关市场两个因素进行组合而产生的战略，它是发展现有产品的新顾客（顾客市场）或新的地域市场（地理市场），从而扩大产品销售量的战略，延长了产品生命周期。具体而言，实行这种战略有三种方式：

一是地理范围市场的开发，即把本企业的现有产品打入其他相关的市场。

二是在新的用户市场寻找潜在的用户，例如对讲机过去较多针对安保行业用户，而现在逐渐向用户外运动爱好者进行推广。

三是增加新的销售渠道，例如某凉茶饮料以前主要通过火锅店进行推广销售，后来进入普通超市，再后来转战 KTV 等销售渠道。

市场开发战略比市场渗透战略风险性大。这种战略迫使管理人员放开眼界，拓宽视野，重新确定营销组合。但此战略仍是一个短期战略，它仍然不能降低因客户减少或技术上落后而产生的风险。

（三）产品开发战略

产品开发战略是指企业通过改进老产品或开发新产品去增加产品在既有市场的销售量，扩大市场占有率。

这种战略要求企业根据市场需要，不断改进产品的规格、式样，使产品具有新的功能和新的用途；同时又要增加产品的花色品种，不断推出新产品，以满足不同顾客的需要。

二、一体化成长战略

一体化成长战略是指企业充分利用自己在产品、技术、市场上的优势，根据物资流动的方向，使企业不断地拓展深度与广度的一种战略。一体化战略有利于深化专业分工协作，提高资源的利用深度和综合利用效率。一体化的三种基本形式示意图见图 5-6。

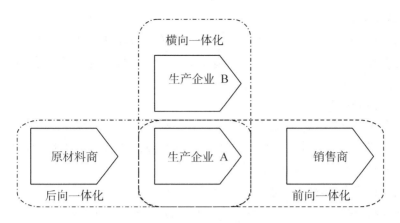

图 5-6　一体化三种基本形式示意图

（一）前向一体化战略

企业通过新建或兼并收购下游产业的企业，使企业自己的业务活动更加接近消费者，保证原有产品的市场。例如，成衣厂兼并服装厂、洗车制造公司开设销售分公司和维修部、快速消费品生产商开设便利店等。

（二）后向一体化战略

企业通过新建或兼并收购上游产业的企业，使企业自己的业务活动更加接近原材料供应，使过去的原材料供应商变为自己的原料生产供给部门，保证原材料的供应。例如，某液态奶生产商为保证奶源的稳定性与安全性，兼并或新建奶牛养殖业。

（三）横向一体化战略

横向一体化战略也称为"水平一体化"，是指处于相同行业、生产同类产品或工艺相近的企业实现联合（收购、合并），扩大生产规模，取得规模经济，巩固市场地位。

采用一体化战略需要承担一定的风险。横向一体化的风险来自企业对同一产业的过分投入，一旦市场消失，一个庞大的企业肯定比一个小型企业更难改变经营方向。纵向一体化（前向一体化与后向一体化）的风险：①需要大量的资本投入，给企业财务资源管理带来很大的压力；②使企业进入了新的不熟悉行业，增加了企业管理的难度；③容易产生各个经营阶段生产能力的平衡困难，特别是当企业是通过兼并方式实现一体化时，新老业务能力如果不平衡，会带来产能的浪费，甚至会完全抵消一体化可能带来的增加收益部分。因此，采取一体化战略要求企业提高管理能力，以承担更大更多的责任和风险。

三、多样化成长战略

如果在原来的经营框架内已经无法发展，或在原经营框架之外有更好的机会，也可以考虑多样化成长。

（一）同心多样化

这是指面对新市场、新顾客，以原有技术、特长和经验为基础，增加新业务。比如，拖拉机厂生产小货车，电视机厂生产其他家用电器。由于企业是从同一圆心逐渐向外扩展活动领域，没有脱离原来的经营主线，有利于发挥已有优势，因此风险相对较小。

（二）水平多样化

这是指针对现有市场和现有顾客，采用不同技术增加新业务。这些技术与企业现有能力没有多大关系。比如，原来生产拖拉机的企业，现在准备生产农药、化肥。企业在技术、生产方面进入了全新的领域，风险较大。

（三）综合多样化

这是指企业以新业务进入新市场，新业务与企业现有的技术、市场及业务没有联系。比如，一家计算机软件公司投资进入保健品行业，并且还从事房地产等业务。这种做法风险最大。

多样化成长并不是说企业要利用一切可乘之机大力发展新业务，相反，企业在规划新的发展方向时必须十分慎重，须结合已有的特长和优势加以考虑。

*第四节　规划企业投资组合计划

本章小结

企业战略确定企业的未来，并与风险紧密相连。企业战略应首先确定战略目标，然后使达到目标的机会最大化。在新经济时代下，企业开始关注于商业模式与战略之间有关系。随着消费者价值取向从一个行业转移到另一个行业，公司必须不断改变它们的商业模式。

从战略管理的角度，企业为了适应来自国内外全面挑战的激烈竞争，要求有新型的管理规划程序，使企业具有较强的适应环境变化的能力。企业战略规划便应运而生，主要包括：确定企业的任务与目标，选择合适的市场机会并制订相应的增长策略，制订投资组合计划等。

企业在规定了企业的总任务和目标之后，需要指定产品或服务的投资组合计划。制订产品或服务的投资组合最有效的方法就是进行战略业务单位的划分并对其评价。常用的评价方法有波士顿矩阵法、GE矩阵分析法等。

企业为了达到预期的市场占有率或者扩大资金来源的目的，在对各业务单位进行分析之后，企业应着手制订业务组合计划，确定对各个业务单位的投资战略。

思考与练习

1. 如何理解战略与策略之间的关系？
2. 互联网时代下商业模式与战略之间的关系是怎样的？
3. 如何界定企业使命？
4. 企业实现密集增长的方式有哪些？
5. 什么是战略业务单位？
6. 常见的规划公司战略业务单位的方法有哪三种？具体内容是什么？
7. 一般性竞争战略有哪三类？它们的具体内容是什么？
8. 不同市场地位的竞争者，它们的竞争战略设计内容是怎样的？

* 【案例分析】

王老吉率队强闯"白酒局"，可惜生不逢时

实训任务

1. 实训项目

SWOT 分析矩阵的运用。

2. 实训目标

我们可以利用 SWOT 模型来规划业务单位的战略，因为对于 SWOT 而言，它既是一种基本理论框架，也是一种独特的思维与分析方法，还是一种战略规划基本指南。

3. 内容与要求

请将本章第四节"规划业务单位战略"知识，利用"SWOT 矩阵"分析宜宾某个酒企的情况。

4. 实训步骤

（1）选定宜宾某一酒类生产企业，进行企业走访或数据搜集。

（2）根据 SWOT 矩阵，完成这家企业的 SWOT 分析。

5. 实训考核

分组完成，并提交分析报告。各小组与老师进行互评总结。

参考文献

［1］科特勒，凯勒，切尔内夫. 营销管理［M］. 16 版. 陆雄文，蒋青云，赵伟韬，等译. 北京：中信出版社，2022.

［2］郭国庆，陈凯. 市场营销学（数字教材版）［M］. 7 版. 北京：中国人民大学出版社，2022.

［3］盂韬. 市场营销：互联网时代的营销创新［M］. 北京：中国人民大学出版社，2018.

［4］波特. 竞争优势［M］. 夏忠华，译. 北京：中国财政经济出版社，1988.

［5］波特. 竞争战略［M］. 陈小悦，译. 北京：中国财政经济出版社，1997.

［6］希尔，琼斯，周长辉. 战略管理［M］. 7 版. 孙忠，译. 北京：中国市场出版社. 2007.

［7］格兰特. 公司战略管理［M］. 3 版. 胡挺，张海峰，译. 北京：光明日报出版社，2001.

［8］杰恩. 市场营销策划与战略［M］. 6 版. 贾光伟，译. 北京：中信出版社，2004.

［9］曹旭平. 市场营销学［M］. 北京：人民邮电出版社，2017.

［10］于亢亢，钱程. 市场营销［M］. 北京：中国人民大学出版社，2018.

第六章

目标市场营销

学习目标

（1）明确市场细分的作用及其依据。

（2）应用市场细分的原理对消费者市场和产业市场进行细分。

（3）掌握选择目标市场的三种战略。

（4）掌握市场定位步骤及定位战略。

本章知识结构图

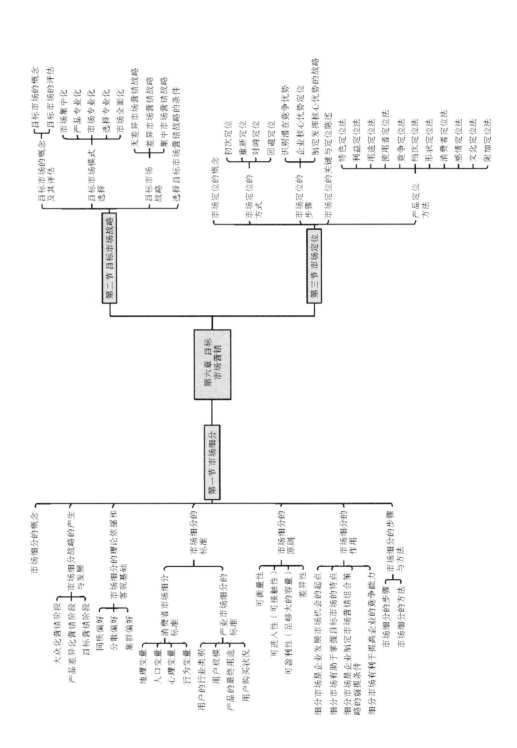

导入案例

【案例一】

喜茶品牌定位

为什么喜茶能够在一年之内从一家江门小店，发展到比肩在中国发展近20年、营业额高达2 000亿元的商业巨头星巴克？

一、喜茶品牌策划如何引起消费者共鸣

1. 根据年轻消费者的心理进行店铺品牌形象设计

喜茶坚持原创，并在喝茶这方面有很多艺术创意，逐渐让喝茶变成一种生活的方式。在店铺的品牌形象设计上，喜茶一直坚持高颜值，因为如今的年轻消费群体对产品质量与外观的要求都很高，年轻消费者很愿意把那些颜值高的品牌形象发到朋友圈宣传，也难怪喜茶对颜值把控得这么严格。

2. 产品是品牌强大的保障

品牌能够强大，离不开有特色的产品。喜茶被捧红的功劳在于它的芝士奶茶盖，由于现在的年轻消费群体都爱高品质，并且有尝试新事物的心理，喜茶通过一系列高大上的描述，便成功占据了消费者的心智。另外，喜茶借助低脂的概念，更是让女性消费群体爱不释手。

3. 跨界营销，吸引更多目标受众

喜茶深知年轻消费者所爱，与各大品牌商家合作，从而实施它的跨境营销策略。喜茶与W酒店的合作时，就联合设计了行李牌、礼盒、手袋与调酒器，既方便了消费者也宣传了自己的品牌。但需要注意的是，喜茶品牌策划全案在选择品牌合作商也是有要求的，只有那些年轻、高端且时尚的品牌才可以，因为目标受众一样，更容易强化喜茶品牌形象，从而吸引更多消费群体。

二、喜茶品牌策划包含的内容

1. 品牌定位

一个优秀的喜茶品牌在建立之初离不开对品牌的定位，对于任何产品来说，只有明确消费目标群体，以市场导向为基准，才能形成明确的品牌定位。在同质化的茶饮市场，形成独树一帜的餐饮品牌个性。

对于时下年轻人青睐的"新茶饮"市场，其目标群体明确指向年轻的女性消费群体。针对消费群体，策划团队通过对区域性大数据的统筹调查，确定"谁"会愿意"买单"。而随后的一系列营销活动，都是紧紧围绕这些目标群体去展开的。"喜茶""奈雪的茶"纷纷展开攻势，在店铺的设计风格和各种外卖优惠上，更倾向于年轻的女性客户的消费需求，准确的定位营销让这些"新茶饮"品牌在资本市场获得不少青睐。

2. 形象打造

喜茶品牌被消费者认知，离不开品牌形象的打造，其中包括品牌名称、品牌故事、logo、VI设计以及餐饮空间的设计。这些元素就是餐饮品牌的颜值，能让消费者一眼就认出来。一个优秀的餐饮品牌形象，能够让消费者在产生心理认同感的同时，也在消费潜意识中产生关联，这是促进消费者认可该品牌的重要方式。

3. 营销为王

在流量为王的时代，喜茶品牌的营销非常重要。喜茶品牌全案策划中，品牌的营销是整体策划过程中直接与消费者互动的环节。在如今差异化越来越被人重视的茶饮市场，差异化营销让消费者对品牌的认知度更高。

在喜茶品牌的营销中，提炼产品卖点是其中的关键一环。茶饮市场向来是没有秘密的战场，对于一个爆红的品类，很快就有模仿者跟上，而如何才能在营销中占据先机，学会提炼产品并加以宣传，就是让餐饮品牌的产品立于不败之地的关键所在。

在茶饮品牌策划中，用全案思维来打造整体喜茶品牌，才能保证品牌的顺利落地。从前期的品牌定位、品牌形象的打造，再到营销策略的推进，都是以市场导向为基准，经过精准的消费群体定位分析后，才能有效地贯彻落实餐饮品牌全案策划的整体运行。

资料来源：弘元机制股权课堂. 营销智慧：喜茶品牌定位案例解析［EB/OL］.（2021-06-05）［2023-06-05］.https://mp.weixin.qq.com/s/m4P1-0a6b4GE_Nf0Icur2g.

目标市场营销（STP）是一项战略性的市场活动，旨在协助销售人员寻找潜在的市场机会，并为其提供更好的销售支持。该方法能够帮助销售团队根据不同的目标市场，开发适销对路的产品，并调整产品的价格、销售渠道和广告宣传等方面，以迅速而有效地进入市场。

目标市场营销是现代战略营销中的核心环节，它包含了市场细分、确定目标市场和市场定位这三个重要步骤。通过精确地进行这些步骤，销售人员能够更好地把握市场机会，满足不同市场的需求，提高销售业绩，并推动企业的增长和成功。

第一节　市场细分

一、市场细分的概念

市场细分（market segmentation）是由美国市场营销学家温德尔·史密斯（Wendell R. Smith）在 1956 年提出来的一个概念。此后，美国营销学家菲利浦·科特勒进一步发展和完善了温德尔·史密斯的理论并最终形成了成熟的 STP 理论［市场细分（segmentation）、目标市场选择（targeting）和定位（positioning）］。今天，市场细分与定位理论早已被业界普遍接受，STP 理论也已经成为营销领域最重要、最有效、最常用的战略工具之一。可以说，市场细分是市场营销理论的新发展，顺应了卖方市场向买方市场转变这一新的市场形势，是企业经营贯彻市场导向的必然产物。

市场细分是指企业通过市场调查研究，根据消费者需求的不同特征，把市场分割成两个或多个消费者群的过程。也就是企业把一个异质的整体市场划分为若干个相对同质的子市场或亚市场，以用来确定目标市场，使企业相对有限资源的效益最大化的一个过程。

市场作为一个复杂而庞大的整体，由不同的购买者和群体组成。由于这些购买个体和群体在地理位置、资源条件、消费心理、购买习惯等方面的差异性，在同类产品市场上，会产生不同的购买行为。为此，一个企业在市场营销中可能为消费对象中的不同群体制订不同的营销计划，也可能是只展开一种营销活动以专指某一确定群体。也就是说，市场细分理论认为，在多元选择的市场背景下，消费者由于各种因素的区别，本身也呈现为多样化的，用任何单一的营销策略来对应所有不同的消费者群体，都不是一种优秀的战略选择。

正如习近平总书记指出："要顺应居民消费新趋势，从供需两端发力，积极培育重点消费领域细分市场。"①

市场细分的理论不仅用于企业消费市场，同时也适用于政务服务领域。2023年6月，习近平总书记在内蒙古考察时指出："要全面落实就业优先政策，把推动实现更加充分更高质量的就业摆在突出位置，完善政策体系，强化培训服务，精准有效实施减负稳岗扩就业各项政策措施，支持多渠道灵活就业，重点抓好高校毕业生、退役军人、农民工等群体就业。"②

消费者购买行为的差异程度有时候显著，有时候却并不明显。市场细分的目的是使同类产品市场上，同一细分市场的顾客具有更多的共同性，不同细分市场之间需求具有更多的差异性，以使企业明确有多少数目的细分市场及各细分市场需求的主要特征。

经济活动往往存在这样的现象：一方面产品滞销积压，另一方面消费者需求并未得到较充分的满足；一方面企业感到生意很难做，另一方面很多生意又没人做。造成这种矛盾现象的主要原因之一，就是企业忽视市场细分，不善于选择目标市场。实行市场细分，可以为企业认识市场、研究市场、选择市场提供科学依据。

二、市场细分战略的产生与发展

有什么样的市场条件，就会产生什么样的营销战略思想。市场细分战略同样如此，它是在总结企业市场营销实践经验的基础之上产生和发展的。市场细分作为现代市场营销理论与实践结合的产物，经历了以下几个主要阶段。

（一）大众化营销（mass marketing）阶段

早在19世纪末20世纪初，西方经济发展的重心是速度和规模，企业市场营销的基本方式是大量营销，即企业将同一种产品大量生产、大量分销和大量促销给所有的买主。比如，可口可乐公司就曾经使用这一战略，只生产一种容量为6.5盎司的包装、式样完全一样的可乐，以吸引所有的消费者；亨利·福特向市场上推出著名的T型车时，也是采用统一的设计和唯一的黑色款式。

由于大众化营销方式具有较低的成本和销售价格，在当时的市场环境下，可以获得较高的利润。大众化营销以市场的共性为基础，忽略市场需求的差异，力图以标准化的产品和分销影响最广泛的市场范围。在商品不充足、消费个性不突出、产品需求

① 新华网.习近平：激发制度活力激活基层经验激励干部作为 扎扎实实把全面深化改革推向深入[EB/OL].(2018-07-06)[2023-06-05].http://www.xinhuanet.com/politics/leaders/2018/07/06/c_1123090619.htm? ivk_sa=1024320u.

② 光明时政.习近平在内蒙古考察时强调把握战略定位坚持绿色发展 奋力书写中国式现代化内蒙古新篇章[EB/OL].(2023-06-09)[2023-06-25].https://politics.gmw.cn/2023-06/08/content_36618667.htm.

同质化的市场前提条件下，大众化营销能够有效地实现规模经济，为企业所推崇。

（二）产品差异化营销（product different marketing）阶段

在 20 世纪 30 年代，发生了震撼世界的资本主义经济危机，西方企业面临产品严重过剩。市场迫使企业转变经营观念，企业营销方式经历了从大量营销向差异化营销的转变。产品差异化营销较大量营销是一种进步。但是，由于该策略的前提是以企业现有的能够提供的设计、技术为基础进行的生产，结果是使企业向市场推出了具有不同质量、外观和品种规格等与竞争者不同的产品或产品线。由于其产品差异化缺乏市场基础，因此不能大幅度地提高产品的适销率。由此可见，在产品差异化营销阶段，企业仍没有重视市场需求的研究，市场细分战略仍无产生的基础和条件。

（三）目标营销（target marketing）阶段

20 世纪 50 年代以后，在科学技术革命的推动下，生产力水平大幅度地提高，产品日新月异，生产与消费的矛盾日益尖锐，以产品差异化为中心的推销体制远远不能解决西方企业所面临的市场问题。于是，市场迫使企业再次转变经营观念和经营方式。由产品差异化营销转向以市场需求为导向的目标营销，即企业在研究市场和细分市场的基础上，结合自身的资源与优势，选择其中最有吸引力和最能有效地为之提供产品和服务的细分市场作为目标市场从事经营，设计与目标市场需求特点相互匹配的营销组合等。于是，市场细分战略应运而生。

市场细分理论的产生和发展，使传统营销观念发生了根本变革，在理论和实践中都产生了极大的影响，以至于被西方理论家称为"市场营销革命"。市场细分化理论经过了一个不断完善的过程。最初，人们认为把市场划分得愈细愈能适应顾客需求，从而取得更大收益。但是，自 20 世纪 70 年代以来，由于能源危机和整个资本主义市场不景气，营销管理者发现过分的细分市场必然导致企业总经营成本上升，因而导致总收益下降。因此，又出现了一种"市场同合化"的理论。这一理论不是对市场细分化理论的简单否定，而是从成本和收益的比较出发，主张适度细分，是对过度细分的反思和矫正。而这一理论在 20 世纪 90 年代全球营销环境下，又有了新的内涵，适应了全球化营销趋势的发展。总之，这些变化都反映了市场细分化理论的演变，是该理论趋于成熟完善的表现。

三、市场细分的理论依据和客观基础

消费者购买行为受到很多因素的影响，产品属性是其中非常重要的一个因素。根据消费者对产品不同属性的重视程度及识别偏好，可以将消费者分为三种偏好模式。这种需求偏好差异的存在是市场细分的理论依据。以冰激凌为例，根据消费者对甜度和奶油的不同偏好，可以产生同质偏好、分散偏好、集群偏好三种偏好模式（见图 6-1）。

（一）同质偏好

同质偏好指所有的消费者具备大致相同的偏好，如图 6-1（1）所示。这种市场不存在自然形成的细分市场，消费者对产品不同属性的重视程度大致相同，现有产品品牌基本相似，且集中在偏好的中心。

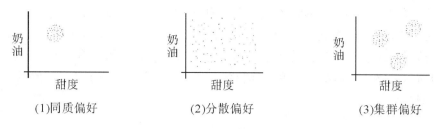

图 6-1　基本市场偏好模式

（二）分散偏好

分散偏好指消费者的偏好可能呈分散形态在空间四处散布，这表示消费者对产品的需求存在差异。但在这种模式下，消费者偏好很不集中，相似性不明显，集合较为困难，如图 6-1（2）所示。对这类市场，先进入市场的品牌可能定位在市场的中央，通过适应众多消费者某些方面的需要，以迎合并满足尽可能多的消费者的需求。

（三）集群偏好

集群偏好指不同的消费者群体有不同的消费偏好，但同一消费群体的消费偏好大致相同，如 6-1（3）所示。这种市场也被称为自然细分市场。进入该市场的第一家企业可以有三种选择：一是定位于偏好中心，来迎合所有的消费者，即无差异营销；二是定位于最大的细分市场，即集中性营销；三是同时开发几种品牌，分别定位于不同的细分市场，即差异化营销。

四、市场细分的标准

市场细分的理论依据是消费者偏好和需求的差异性，因此可以运用影响消费者需求的因素作为市场细分的标准（也称细分指标或者细分变量）对市场进行细分。总体来说，可以把这些因素分为两个部分，即消费者市场的细分标准和产业市场的细分标准。

（一）消费者市场的细分标准

概括地说，细分消费者市场的变量主要有三类，即环境细分、心理细分和行为细分。以这些变量为标准来细分市场就产生出地理细分、人口细分、心理细分和行为细分四种市场细分的基本形式。

1. 地理变量

由于处于不同地理位置和不同地理环境的消费者，会形成不同的消费需求、消费习惯和偏好，因此地理细分是常用的市场细分方法。按照消费者所处的地理位置、自然环境来细分市场，具体来讲有国别、地区、城市规模、人口密度、气候等细分标准。

处在不同地理环境下的消费者对于同一类产品往往有不同的需求与偏好，他们对企业采取的营销策略与措施会有不同的反应。比如，我国南方人喜欢吃辛辣的食品，而北方人则偏爱吃面食，因此餐饮市场上，粤菜馆、湘菜馆、川菜馆、东北菜馆等各具地方特色的餐馆争奇斗艳，在深圳这座移民城市表现得尤为突出。美国通用食品公司根据东西部地区消费者对咖啡口味的不同需求，分别推出不同的产品，东部偏爱清淡的咖啡，而西部偏好口味醇厚的咖啡。

地理变量易于识别，是细分市场应考虑的重要因素，但处于同一地理位置的消费者需求仍会有很大差异。比如，在我国的一些大城市，如北京、上海，流动人口逾百万，这些流动人口本身就构成一个很大的市场，很显然，这一市场有许多不同于常住人口市场的需求特点。所以，简单地以某一地理特征区分市场，不一定能真实地反映消费者的需求共性与差异，企业在选择目标市场时，还必须进一步考虑其他因素。

【案例二】

耐克公司

耐克公司在中国南北方市场中采取了不同的营销策略，因为地理因素产生了明显的消费者市场细分。南北方气候环境和文化传统的不同，导致了南方和北方消费者对耐克产品的需求存在差异。在南方市场，由于气候炎热，消费者更偏爱轻便、通风、透气的衣物和鞋子，因此耐克在南方市场推出了轻便、透气的运动装备，包括运动短裤、T恤等。北方市场气候较为寒冷，耐克在北方市场则注重保暖和实用性，推出了风衣、跑步鞋等保暖型产品。

此外，南北方文化传统的差异也导致了消费者市场细分。在南方市场，消费者更偏向于色彩鲜艳、华丽的品牌及产品，而在北方市场，则注重实用性和品牌知名度。为了适应这些不同的需求，耐克在南方和北方营销上采取了不同的策略，比如在南方市场注重透气性的特点，而在北方市场着重宣传保暖的产品特点等。这些都是地理因素对消费者市场细分所产生的影响。

资料来源：郭颖颖. 李宁与耐克公司营销策略比较研究：以中国市场为例［D］. 北京：中央财经大学，2023.

2. 人口变量

按人口统计变量，如年龄、性别、家庭规模、家庭生命周期、收入、职业、教育程度、宗教、种族、国籍等为基础细分市场。消费者需求、偏好与人口统计变量有着很密切的关系，比如，只有收入水平很高的消费者才可能成为高档服装、名贵化妆品、高级珠宝等的经常买主。人口统计变量比较容易衡量，有关数据相对容易获取，由此构成了企业经常以它作为市场细分依据的重要原因。

由于生理上的差别，男性与女性在产品需求与偏好上有很大不同，如在服饰、发型、生活必需品等方面均有差别。像美国的一些汽车制造商，过去一直是迎合男性要求设计汽车，现在，随着越来越多的女性参加工作并拥有自己的汽车，这些汽车制造商正研究市场机会，设计具有吸引女性消费者特点的汽车。

不同年龄的消费者有不同的需求特点，如青年人对服饰的需求与老年人的需求就差异较大。青年人需要鲜艳、时髦的服装，老年人需要端庄素雅的服饰。

高收入消费者与低收入消费者在产品选择、休闲时间的安排、社会交际与交往等方面都会有所不同。比如，同是外出旅游，在交通工具以及食宿地点的选择上，高收入者与低收入者会有很大的不同。正因为收入是引起需求差别的一个直接而重要的因素，在诸如服装、化妆品、旅游服务等领域根据收入细分市场相当普遍。

消费者职业不同，所受教育的不同也会引起需求差别的细分市场。比如，农民购买汽车注重油耗比、耐用性和功能的实用性；而城市上班族则是喜欢舒适型的、样式美观的汽车，可以满足上班代步，也能短途自驾游；又如，由于消费者所受教育水平的差异会引起审美观具有很大的差异，不同消费者对居室装修所涉及的材质、颜色、风格等会有不同的偏好。

一个家庭，按年龄、婚姻和子女状况，可划分为七个阶段。在不同阶段，家庭购买力、家庭人员对商品的兴趣与偏好会有较大差别。

单身阶段：年轻，单身，几乎没有经济负担，新消费观念的带头人，娱乐导向型购买。

新婚阶段：年轻夫妻，无子女，经济条件比将来要好。购买力强，对耐用品、大件商品的欲望、要求强烈。

满巢阶段一：年轻夫妻，有6岁以下子女，家庭用品购买的高峰期。不满足现有的经济状况，注意储蓄，购买较多的儿童用品。

满巢阶段二：年轻夫妻，有6岁以上未成年子女。经济状况较好。购买趋向理智型，受广告及其他市场营销刺激的影响相对减少。注重档次较高的商品及子女的教育投资。

满巢阶段三：年长的夫妇与尚未独立的成年子女同住。经济状况仍然较好，妻子或子女皆有工作。注重储蓄，购买冷静、理智。

空巢阶段：年长夫妇，子女离家自立。前期收入较高。购买力达到高峰期，较多购买老年人用品，如医疗保健品。娱乐及服务性消费支出增加。后期退休收入减少。

孤独阶段：单身老人独居，收入锐减。特别注重情感、关注等需要及安全保障。

除了上述方面，经常用于市场细分的人口变数还有家庭规模、国籍、种族、宗教等。实际上，大多数公司通常是采用两个或两个以上人口统计变量来细分市场。

【案例三】

屈臣氏的目标市场策略

屈臣氏采用了一种高度专业化的集中化目标市场策略，通过仔细的市场细分，选择了只有两个或少数几个细分市场作为其目标市场，以便实施专门化的生产和销售策略。这种策略旨在充分发挥公司在特定市场上的优势，并提高其在市场中的份额和占有率。

在进行市场细分时，屈臣氏采取了综合考虑的方法，结合了地理和人口因素。在地理因素方面，公司将目标市场定位在城市市场上，这是因为城市市场提供了更广阔的销售机会和消费需求。在人口因素方面，公司进一步细分了目标客户群体。首先，公司选择了女性作为主要目标客户，因为女性在健康和美容方面的需求通常更为迫切。其次，公司将年龄范围限定在18至35岁之间的青年女性，这是因为这个年龄段的女性具有一定的购买力和较强的消费能力。最后，公司还将目标客户群体的收入水平定位在中高收入阶层，这意味着这些消费者拥有较高的消费能力和购买力。

这个目标客户群体注重个性化，对购物体验有较高的要求。由于生活节奏紧张，他们不太愿意花费时间去大型卖场或超市购物，更喜欢在提供舒适购物环境的店铺中购物，这样可以让他们更好地享受购物的乐趣并得到更专业的产品建议和服务。

总结起来，屈臣氏通过深入的市场研究和细致的市场细分，精确地确定了18至35岁的女性消费者群体作为目标市场。这些消费者具有强烈的个性化需求、较高的消费能力和购买力。为了迎合他们的喜好和需求，屈臣氏提供了舒适的购物环境，并专注于为他们提供专业化的产品和服务。这种专业化和定位策略使得屈臣氏能够在特定市场中脱颖而出，并建立起竞争优势。

资料来源：刘温，初红桥. 基于女性消费心理的屈臣氏营销策略研究 [J]. 商场现代化，2012 (8)：1.

梁丽君，郑燕君，曾云，等. 新零售背景下屈臣氏自有品牌的营销策略探究 [J]. 中国商论，2021 (24)：3.

3. 心理变量

根据购买者所处的社会阶层、生活方式、个性特点等心理因素细分市场就叫心理细分。

社会阶层是指在某一社会中具有相对同质性和持久性的群体。处于同一阶层的成员具有类似的价值观、兴趣爱好和行为方式，不同阶层的成员则在上述方面存在较大的差异。很显然，识别不同社会阶层的消费者所具有不同的特点，对于很多产品的市场细分将提供重要的依据。

通俗地讲，生活方式是指一个人怎样生活。人们追求的生活方式各不相同，如有的追求新潮时髦，有的追求恬静、简朴；有的追求刺激、冒险，有的追求稳定、安逸。西方的一些服装生产企业，为"简朴的妇女""时髦的妇女"和"有男子气的妇女"分别设计不同服装，均是依据生活方式细分市场。

个性是指一个人比较稳定的心理倾向与心理特征，它会导致一个人对其所处环境作出相对一致和持续不断的反应。俗语说："人心不同，各如其面。"每个人的个性都会有所不同。通常，个性会通过自信、自主、支配、顺从、保守、适应等性格特征表现出来。因此，个性可以按这些性格特征进行分类，从而为企业细分市场提供依据。在西方国家，对诸如化妆品、啤酒、保险之类的产品，有些企业以个性特征为基础进行市场细分并取得了成功。

4. 行为变量

行为变量主要指消费者在购买过程中对产品的认知、态度、使用等行为特点，主要的细分依据有寻求利益、使用率、消费时机、使用者状况等。

(1) 购买时机。购买时机是指顾客需求和消费产品的时间特性，根据消费者提出需要、购买和使用产品的不同时机，将他们划分成不同的群体。如对旅游的需求一般在公共假期和寒暑假处于高峰。城市公共汽车运输公司可根据上班高峰时期和非高峰时期乘客的需求特点划分不同的细分市场并制定不同的营销策略；生产果珍之类清凉解暑饮料的企业，可以根据消费者在一年四季对果珍口味的不同，将果珍市场消费者划分为不同的子市场。

(2) 寻求利益。寻求利益指消费者对所购买的产品能带给自己的好处有不同的要求，如购车时，消费者可能会有以下要求：款式好、安全、省油、耐用等。因此，经营者应了解消费者在购买某种产品时所重视的主要利益是什么，消费者还有哪些利益没有得到满足，进而使自己的产品突出这些利益要求，就可以更好地引起消费者的兴趣。

【案例四】

浙江白酒市场细分研究

浙江省，地处中国东南沿海，下辖11个地市，其中两个城市（杭州、宁波）为副省会城市，面积10.55万平方千米，人口5 700万左右，是中国最发达的省份之一，浙江省属于中国传统黄酒生产及消费区域，但作为经济发达省份，白酒的消费市场全国排名也名列前茅。2019年浙江省次高端白酒市场份额如图6-2所示。

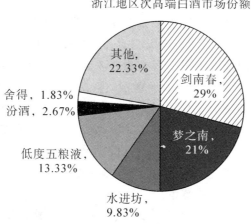

图6-2 2019年浙江省次高端白酒市场份额

（数据来源：千数网整理）

本次问卷调研总共历时两个月，设计步骤见图6-3。本次问卷分别通过自有人脉渠道、浙江省白酒行业协会渠道发放调研问卷，总共收集问卷589份，去除无效问卷125份，实际获得有效问卷464份（见表6-1），分布于浙江省11个地市。

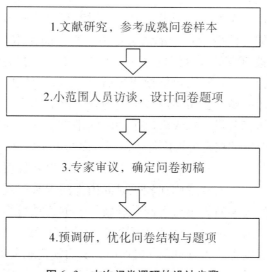

图6-3 本次问卷调研的设计步骤

表 6-1 本次问卷调研的有效问卷

项目	子市场一	子市场二	子市场三	子市场四	子市场五
子市场名称	时尚精英人群	热情自信人群	安静闲适人群	经济实惠人群	热衷社交人群
样本数量/个	95	103	105	102	59
占比/%	20.5	22.2	22.6	22.0	12.7

基于以上分析，以及结合竞品分析研究，白酒品牌企业可以选择适合企业自身品牌定位的细分市场及目标人群，进行相关的营销活动。中小型白酒企业，特别是地方小型白酒企业在向规模化发展的过程中面临各种问题和困难亟待解决。中国白酒行业自 20 世纪 80 年代逐步市场化以来，经历了近四十年的发展，不少中小型白酒企业或品牌在竞争中逐渐被市场淘汰，中国白酒企业最多时达到三万多家，现在保守估计仍有7 300家，其中大部分企业规模较小，管理粗放，缺乏市场竞争力。对于市场规模小，竞争力尚且薄弱的白酒品牌企业需要对消费者行为理论、营销理论、品牌理论、定位理论等相关理论的研究，做好市场细分与定位的相关工作，需要深刻了解"定位"背后的逻辑以及相关的方法论及工具，而不是企业闭门造车或一意孤行的结果，也不是请人精心"策划"出一个定位，并"强制"推销给市场，这样做的结果往往适得其反，甚至引起市场的反感或厌恶情绪。

资料来源：何晓刚. 如何进行有效的市场细分：以浙江白酒市场为例［EB/OL］.（2022-07-21）［2023-06-05］.https：//mp.weixin.qq.com/s/JMmFNVl_u63n03szkqNVgQ.

（3）使用者状况。根据顾客是否使用和使用程度细分市场。通常可分为：经常购买者、首次购买者、潜在购买者和非购买者。大公司往往注重将潜在使用者变为实际使用者，较小的公司则注重于保持现有使用者，并设法吸引使用竞争产品的顾客转而使用本公司产品。

（4）使用率或使用数量。使用率反映的是消费者使用量的多寡。根据消费者使用量的不同，可将消费者分为少量使用者、中量使用者和大量使用者。大量使用者人数可能并不很多，但他们的消费量在全部消费量中占很大的比重。美国一家公司发现，美国啤酒超过80%是被50%的顾客消费掉的，另外一半的顾客的消耗量只占消耗总量的12%。因此，啤酒公司宁愿吸引重度饮用啤酒者，而放弃轻度饮用啤酒者，并把重度饮用啤酒者作为目标市场。公司还进一步了解到大量喝啤酒的人多是工人，年龄在25~50岁，喜欢观看体育节目，每天看电视的时间不少于3小时。很显然，根据这些信息，企业可以大大改进其在定价、广告传播等方面的策略。

（5）品牌忠诚程度。企业还可根据消费者对产品的忠诚程度细分市场。有些消费者经常变换品牌，另外一些消费者则在较长时期内专注于某一或少数几个品牌。通过了解消费者品牌忠诚情况和品牌忠诚者与品牌转换者的各种行为与心理特征，不仅可为企业细分市场提供一个基础，而且有助于企业了解为什么有些消费者忠诚本企业产品，而另外一些消费者则忠诚于竞争企业的产品，从而为企业选择目标市场提供启示。

（6）购买的准备阶段。消费者对各种产品的了解程度往往因人而异。有的消费者可能对某一产品确有需要，但并不知道该产品的存在；还有的消费者虽已知道产品的存在，但对产品的价值、稳定性等还存在疑虑；另外一些消费者则可能正在考虑购买。

针对处于不同购买阶段的消费群体，企业进行市场细分并采用不同的营销策略。

（7）态度。企业还可根据市场上顾客对产品的热心程度来细分市场。不同消费者对同一产品的态度可能有很大差异，如有的很喜欢持肯定态度，有的持否定态度，还有的则处于既不肯定也不否定的无所谓态度。针对持不同态度的消费群体进行市场细分并在广告、促销等方面应当有所不同。

营销资料

【资料一】

携程的市场细分

方法一：按区域细分。比如，北京携程用户、上海携程用户、成都携程用户等。

首先我认为携程的市场是可以按区域来细分的，可是这种细分对携程有价值吗？如果说从基于需要的方面考虑，需要的本质是为了促进业务的增长，这种细分的维度就非常清晰了。

比如市场人员要开拓携程的业务，可以先按区域来进行划分。

方法二：按城市层级细分。比如，北上广深一线城市、二线城市、三线城市。

我们可以按城市层级来细分，然后再从携程的数据库中看不同市场层级中携程的市场战略。

如果你发现北方的三线城市有大量空白点用户，那你的市场战略就非常明显，就是瞄准这些用户进行业务开拓。

方法三：按用户行为细分。比如，只订机票的顾客、订机票+酒店+订车的顾客等。

当然，携程还可以按照行为来细分。很多客户在携程上订机票后，还会买其他的旅游产品。你会发现哪些客户只订机票，哪些客户喜欢订完机票后酒店一起订，哪些客户订完机票订完酒店还喜欢订车。

你可以把这些不同的客户区分出来，找到他们背后的特质，按照现在比较流行的说法，叫作用标签来做用户画像。这也是一种细分的方式，因为细分出来之后你的市场推广策略可能完全不一样，你用霰弹枪和狙击枪是完全不一样的。

方法四：按顾客价值细分。比如，区分顾客使用程度和消费金额，找出需要重新维护的客户，直接联系客户，形成商旅出行的整体管家一条龙服务，获得溢价。

比如你去看携程的后台，去识别出携程客户当中的使用程度、消费金额有什么不一样，找出需要重度维护的客户，然后让后台的客服和客户直接联系，形成商旅出行整体管家一条龙服务，你就可以获得巨大的溢价，采取差异化的策略。

所以你看，无论是哪种细分的方式，关键在基于企业的目的和需要，而目的和需要背后的思维底牌在哪呢？在于如何迅速获得你的业务增长。

资料来源：熊熊. 如何进行市场细分（携程细分市场案例）［EB/OL］.（2021-12-

16）［2023-06-05］.https://mp.weixin.qq.com/s/jc2BMlPKS_XdL4l10ir5SQ.

（二）产业市场细分的标准

许多用来细分消费者市场的标准，同样可用于细分生产者市场。如根据地理、追求的利益和使用率等变量加以细分。不过，由于生产者与消费者在购买动机与行为上存在差别，所以，除了运用前述消费者市场细分标准外，还可用一些新的标准来细分生产者市场。

1. 用户的行业类别

用户的行业类别可分为：农业、工业、军工、食品、纺织、机械、电子、冶金、汽车、建筑等。不同行业的用户其需求和要求也不同。计算机公司通常将其市场细分为：公司集团、小企业、机关学校、家庭。

2. 用户规模

企业用户按规模可以分为大型、中型、小型企业，或者大客户、小客户等。用户规模不同，其购买力、购买数量、购买的行为和方式等都有很大差别。

在生产者市场中，有的用户购买量很大，而另外一些用户购买量很小。以钢材市场为例，像建筑公司、造船公司、汽车制造公司对钢材需求量很大，动辄数万吨的购买，而一些小的机械加工企业，一年的购买量也不过几吨或几十吨。企业应当根据用户规模大小来细分市场，并根据用户或客户的规模不同，企业的营销组合方案也应有所不同。比如，对于大客户，宜于直接联系、直接供应，在价格、信用等方面给予更多优惠；而对众多的小客户，则宜于使产品进入商业渠道，由批发商或零售商去组织供应。

3. 产品的最终用途

产品的最终用途不同也是工业者市场细分标准之一。工业品用户购买产品，一般都是供再加工之用，对所购产品通常都有特定的要求。比如，同是钢材用户，有的需要圆钢，有的需要带钢；有的需要普通钢材，有的需要硅钢、钨钢或其他特种钢。此时，企业可根据用户要求，将大体相同的用户集合成群，并据此设计出不同的营销策略组合。

4. 用户购买状况

根据工业者购买方式来细分市场。工业者购买的主要方式如前所述包括直接重购、修正重购及新任务购买。不同的购买方式的采购程度、决策过程等不相同，因而可将整体市场细分为不同的小市场群。

五、市场细分的原则

企业可根据单一因素，亦可根据多个因素对市场进行细分。选用的细分标准越多，相应的子市场也就越多，每一子市场的容量相应就越小。相反，选用的细分标准越小，子市场就越少，每一子市场的容量则相对较大。如何寻找合适的细分标准，对市场进行有效细分，在营销实践中并非易事。一般而言，成功、有效的市场细分应遵循以下基本原则：

（一）可衡量性

可衡量性指细分的市场是可以识别和衡量的，亦即细分出来的市场不仅范围明确，而且对其容量大小也能大致做出判断。有些细分变量，如具有"依赖心理"的青年人，在实际中是很难测量的，以此为依据细分市场就不一定有意义。可衡量性主要表现为：对细分市场上消费者对商品需求的差异性的各项要求，通过产品或服务反映和说明让消费者感觉到你的差异。衡量细分市场主要体现在以下几个方面。

一是对细分后的市场范围清楚界定。例如，礼品市场可分为国内市场、国际市场，其中国内市场还可进一步细分为华中市场、西南市场、东北市场等；也可根据消费行为细分为青年人礼品市场、儿童礼品市场、老年人礼品市场等。再如，对生产资料市场进行细分，则可选择最终用户、用户规模和生产能力、用户地点等因素作为细分标准。

二是对市场容量的衡量。在细分市场后作为企业就要明确细分范围内的市场容量是多大，因为细分市场就是为了对市场进行全面彻底的开发和利用。

三是对市场潜力的衡量。成功营销最大的定律就是不断开发新的有需求的市场，对于每一个商品来说，不是所有的地区都有无限的市场，所以在细分市场时我们除了考虑到现在有的市场容量，还要考虑在将来的很长一段时间内，对于这个细分范围内还有很多潜在的市场需求。

（二）可进入性（可接触）

可进入性指细分出来的市场应是企业营销活动能够抵达的，即企业通过努力能够使产品进入并对顾客施加影响的市场。不管多么好的市场，如果你的企业或商品没法进入这块市场，那么再细分也是没有意义的。比如，生产冰淇淋的企业，如果将我国中西部农村地区作为一个细分市场，恐怕在一个较长时期内都难以进入。细分市场时一定考虑企业进入这个市场有多大的一定量的销售额。根据这一要求，我们应从各个细分市场的规模、发展潜力、购买力等方面着手。通常，企业对营销策略和商品有绝对信心时，市场的规模、发展潜力、购买力等方面越大，那么该企业进入这个市场后的占据性就会更强，销售额就会更大。

（三）可盈利性（足够大的容量）

通过细分，必须使子市场有足够的需求量，能够保证企业获取足够的利润，有较大的利润上升空间，即细分出来的市场其容量或规模要大到足以使企业获利。进行市场细分时，企业必须考虑细分市场上顾客的数量，以及他们的购买能力和购买产品的频率。如果细分市场的规模过小，市场容量太小，细分工作烦琐，成本耗费大，获利小，就不值得去细分。因此，市场在很多情况下不能无限制地细分下去，避免造成规模上的不经济。市场细分必须要把握一个前提条件：即细分出的子市场必须有足够的需求水平，是现实可能中最大的同质市场，值得企业为它制定专门的营销方案，只有这样，企业才可能进入该市场，才可能有利可图。

（四）差异性

差异性是指各细分市场的消费者对同一市场营销组合方案会有差异性反应，或者说对营销组合方案的变动，不同细分市场会有不同的反应。如果不同细分市场顾客对产品需求差异不大，行为上的同质性远大于其异质性，此时，企业就不必费力对市场进行细分。但是，对于细分出来的市场，企业应当分别制定出独立的营销方案。如果无法制定出这样的方案，或其中某几个细分市场对是否采用不同的营销方案不会有大的差异性反应，便不必进行市场细分。

六、市场细分的作用

前些年我国曾向欧美市场出口真丝花绸，这种产品在欧美市场上的消费者是上流社会的女性。由于我国外贸出口部门没有认真进行市场细分，更没有掌握目标市场消费者的需求特点，因而营销策略发生了较大失误：产品配色不协调、不柔和，未能赢得消费者的喜爱；价格采取了未能迎合消费者心理的底价策略，而目标市场消费者要求的是与其社会地位相适应的高价产品；销售渠道有的选择了街角商店、杂货店，甚至跳蚤市场，大大降低了真丝花绸产的华贵地位；广告宣传也流于一般。这个失败的营销个案，恰好从反面告诫我们市场细分对于制定营销组合策略具有多么重要的作用。

（一）细分市场是企业发展市场机会的起点

在发达的商品经济"买方市场"条件下，企业营销决策的起点在于发现具有吸引力的市场环境机会，这种环境机会能否发展成市场机会，取决于两点：一是这种环境机会是否与企业战略目标一致；二是利用这种环境机会能否比竞争者具有优势，并获得显著收益。显然，这些必须以市场细分为起点。通过细分市场，企业可以发现哪些市场需求已得到满足，哪些只满足了一部分，哪些仍是潜在需求。相应的可以发现哪些产品竞争激烈，哪些产品竞争较小，哪些产品亟待开发。

发展最优的市场机会，对于中小企业至关重要。因为中小企业资源能力有限，技术水平相对较低，因此在市场上与实力雄厚的大企业相比，缺乏竞争力。通过市场细分，中小企业就可以根据自身的经营优势，选择一些大企业不愿顾及、相对市场需求量小一些的细分市场，集中力量满足某一特定市场的需求，即可在整体竞争激烈的市场条件下，在某一局部市场取得较好的经济效益，在竞争中求得生存和发展。

（二）细分市场有助于掌握目标市场的特点

不进行市场细分，企业选择目标市场必定是盲目的，不认真地鉴别各个细分市场的需求特点，就不能进行有针对性的市场营销。20世纪80年代中期中国粮油公司出口日本市场冻鸡的销售起伏，就是一个很有说服力的启示。

（三）细分市场是企业制定市场营销组合策略的前提条件

市场营销组合是企业综合考虑产品、价格、促销形式和销售渠道等各种因素而制定的市场营销方案。上述几个因素各自又存在不同的层次，各个因素之间又有多种组合形式。但就每一个企业特定的市场而言，只有一种最佳的组合形式，而这种最佳组合只能是进行市场细分的结果。

（四）细分市场有利于提高企业的竞争能力

在市场经济的条件下，竞争作为市场经济的内在规律必然发挥作用。一个企业竞争能力的强弱要受到客观因素的影响，但通过有效的营销战略可以改变现状。利用市场细分战略是提高企业竞争能力的一个有效方法。因为，在市场细分后，每一个细分市场上竞争者的优势和劣势就明显地暴露出来。企业只有看准市场机会，利用竞争者的弱点，同时有效地开发本企业的资源优势，用较少的资源把竞争者的顾客和潜在顾客变为本企业产品的购买者，提高市场占有率，增强竞争能力。

细分市场是有一定客观条件的。社会经济进步，人们生活水平提高，顾客需求呈现出较大差异时，细分市场才成为企业在营销管理活动中急需解决的问题。因此只有商品经济发展到一定阶段，市场上商品供过于求，消费者需求多种多样，企业无法用大批量生产产品的方式或差异化产品策略有效地满足所有消费者需要的时候，细分市场的客观条件才具备。但是，细分市场不仅是一个分解的过程，也是一个聚集的过程。所谓聚集的过程，就是把对某种产品特点最易做出反应的消费者集合成群。这种聚集过程可以依据多种标准连续进行，直到识别出其规模足以实现企业利润目标的某一个消费者群。

七、市场细分的步骤与方法

（一）市场细分的步骤

美国市场学家麦卡锡提出细分市场的一整套程序，这一程序包括七个步骤。

1. 选定产品市场范围

选定产品市场范围，即确定进入什么行业、生产什么产品。产品市场范围应以顾客的需求，而不是产品本身的特性来确定。例如，某一房地产公司打算在乡间建造一幢简朴的住宅，若只考虑产品特征，该公司可能认为这幢住宅的出租对象是低收入顾客，但从市场需求角度看，高收入者也可能是这幢住宅的潜在顾客。因为高收入者在住腻了高楼大厦之后，恰恰可能向往乡间的清静，从而可能成为这种住宅的顾客。

2. 列举潜在顾客的基本需求

比如，公司可以通过调查，了解潜在消费者对前述住宅的基本需求。这些需求可能包括：遮风避雨，安全、方便、宁静，设计合理，室内陈设完备，工程质量好，等等。

3. 了解不同潜在用户的不同要求

对于列举出来的基本需求，不同顾客强调的侧重点可能会存在差异。比如，经济、安全、遮风避雨是所有顾客共同强调的，但有的用户可能特别重视生活的方便，还有的用户则对环境的安静、内部装修等有很高的要求。通过这种差异比较，不同的顾客群体即可初步被识别出来。

4. 抽掉潜在顾客的共同要求，而以特殊需求作为细分标准

上述所列购房的共同要求固然重要，但不能作为市场细分的基础。如遮风避雨、安全是每位用户的要求，就不能作为细分市场的标准，因而应该剔除。

5. 划分不同的群体或子市场

根据潜在顾客基本需求上的差异方面，将其划分为不同的群体或子市场，并赋予每一子市场一定的名称。例如，西方房地产公司常把购房的顾客分为好动者、老成者、新婚者、度假者等多个子市场，并据此采用不同的营销策略。

6. 市场合并或细分

进一步分析每一细分市场需求与购买行为特点，并分析其原因，以便在此基础上决定是否可以对这些细分出来的市场进行合并，或做进一步细分。

7. 分析竞争状况及发展趋势

估计每一细分市场的规模，即在调查基础上，估计每一细分市场的顾客数量、购买频率、平均每次的购买数量等，并对细分市场上产品竞争状况及发展趋势做分析。

（二）市场细分的方法

企业在运用细分标准进行市场细分时必须注意以下问题：第一，市场细分的标准是动态的，是随着社会生产力及市场状况的变化而不断变化的。如年龄、收入、城镇规模、购买动机等都是可变的。第二，不同的企业在市场细分时应采用不同标准。因为各企业的生产技术条件、资源、财力和营销的产品不同，所采用的标准也应有区别。第三，企业在进行市场细分时，可采用一项标准，即单一变量因素细分，也可采用多个变量因素组合或系列变量因素进行市场细分。

下面介绍几种市场细分的方法。

一是单一因素法，即选用某一单个因素进行市场细分。1978 年，资生堂公司在日本对化妆品市场进行调查以后，依据年龄因素把潜在消费者分为四类：第一类是15～17 岁的女孩子，她们讲时髦、好打扮，对化妆品的需要意识很强烈，但购买的往往是单一的化妆品；第二类是18～24 岁的姑娘，她们对化妆品很关心，也会采取积极的消费行为，只要她们中意，价格再高也在所不惜，往往成套购买化妆品；第三类是25～34 岁的青年妇女，她们多数已婚，对化妆品的需求心理和消费行为虽然有所变化，化妆却仍然是她们的生活习惯；第四类是35 岁以上的妇女，她们被分为积极派和消极派，但也显示了对单一化妆品的需要。由此，也就区分出了四个不同的细分市场。

二是综合因素法，运用两个以上的因素同时从多个角度进行市场细分。比如，依据收入、家庭规模和车主年龄三个因素细分轿车市场，就可以得到36（3×3×4）个不同的细分市场（见图6-3），这种方法适合于消费者需求差别情况较为复杂，要从多方面去分析、认识的场合。

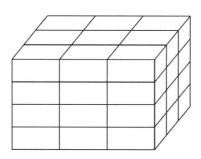

图6-3　细分轿车市场

三是系列因素法，也就是用两个以上因素但是根据一定顺序逐次细分市场。细分的过程也就是一个比较、选择细分市场的过程，下一阶段的细分在上一阶段选定的细分市场中进行。例如，日本的黄樱酒酿造公司，依据以下思路进行市场细分：首先，他们依据地理因素对消费者分类，选中了日本关东地方，这是因为关西地方已有许多日本名酒，如"滩之名酒""伏见名酒"等品牌已有较大影响，而关东地方尚无名酒品牌，许多人在酒店要酒时，只以"一级酒""二级酒"的称呼代之，没有特别指定某种酒的习惯。同时，关东地方属于日本首都圈，人口比较集中，约 3 000 万人，同其他地方相比亦占有较大优势。其次，依据消费者的年龄分类，"黄樱"选择了中年人士。这是因为他们通常是酒的爱好者、消费的主力。虽然在日本市场，威士忌、葡萄酒、白兰地等大量流入，但是日本烧酒也甚为流行。他们认为这个年龄层今后仍然是

"黄樱"的支持者。最后，"黄樱"又用心理标准对中年人士喝酒追求的利益再次细分……最终确定了自己的目标市场（见图6-4）。

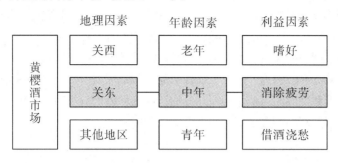

图6-4 黄樱酒细分市场的方法

第二节　目标市场战略

一、目标市场的概念及其评估

（一）目标市场的概念

目标市场就是企业期望并有能力占领和开拓，能为企业带来最佳营销机会与最大经济效益的具有大体相近需求、企业决定以相应商品和服务去满足其需求并为其服务的消费者群体。

企业通过市场细分，有利于明确目标市场；通过市场营销策略的应用，有利于满足目标市场的需要。也就是说，目标市场就是通过市场细分后，企业准备以相应的产品和服务满足其需要的一个或几个子市场。目标市场有一个选择策略的问题，即关于企业为哪个或哪几个细分市场服务的决定。具体来讲，所谓目标市场选择，就是指企业在市场细分之后的若干子市场中，所运用的企业营销活动之"矢"而瞄准的市场方向之"的"的优选过程。

（二）目标市场的评估

企业的目标市场是企业营销活动所要满足的市场需求，是企业决定要进入的市场。企业的一切营销活动都是围绕目标市场进行的。选择和确定目标市场，是企业制定营销战略的首要内容和基本出发点，不仅直接关系着企业的经营成果以及市场占有率，而且还直接影响到企业的生存。因此，企业在选择目标市场时，必须认真评价目标市场的营销价值，从市场潜力、竞争状况，以及本企业的资源条件、营销能力和营销特点全面分析评估再研究是否值得去开拓，能否实现以最小的消耗，取得最大的营销成果。一般来说，企业应对考虑进入的目标市场进行以下几方面的评估：

1. 有一定的市场规模和增长潜力

要评估细分市场是否有适当规模和增长潜力，这里的适当规模是指企业规模与其实力是相适应的。例如，对于大企业来说，较小的市场不利于企业充分利用其生产能力；而对于小企业，它们则缺乏相应的能力，来满足较大市场的有效需求或难以抵御

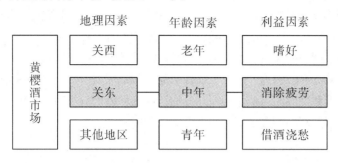

较大市场上的激烈竞争。增长潜力是指有尚未满足的需求，有充分发展的潜力。

2. 细分市场结构有足够的市场吸引力

吸引力主要是从获利的角度看市场长期获利率的大小。市场可能具有适当规模和增长潜力，但从利润立场来看不一定具有吸引力。波特认为有五种力量决定整个市场或其中任何一个细分市场的长期的内在吸引力。细分市场可能具备理想的规模和发展特征，然而从盈利的观点来看，它未必有吸引力。这五个群体分别是同行业竞争者、潜在的新参加的竞争者、替代产品、购买者和供应商。企业必须充分估计这五种因素对长期获利率所造成的影响，预测各细分市场的预期利润的多少。它们具有的五种威胁如图6-5所示。

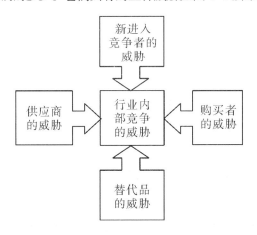

图6-5 影响市场吸引力的五种威胁

第一，行业内部竞争的威胁。如果某个行业市场已经有了众多强大的或者竞争意识强烈的竞争者，那么该细分市场就会失去吸引力。如果该细分市场处于稳定或者衰退期，生产能力不断大幅度扩大，固定成本过高，撤出市场的壁垒过高，竞争者投资很大，那么情况就会更糟。这些情况常常会导致价格战、广告争夺战，或者促使新产品推出，并使公司要参与竞争就必须付出高昂的代价。

第二，新进入竞争者的威胁。如果某个细分市场会增加新的生产能力和大量资源并争夺市场份额的新的竞争者，那么该细分市场就会没有吸引力。问题的关键是新的竞争者能否轻易地进入这个细分市场。如果新的竞争者进入这个细分市场时遇到森严的壁垒，并且遭受到细分市场内原来的公司的强烈报复，他们便很难进入。也就是说，如果保护细分市场的壁垒越低，原来占领细分市场的公司的报复心理越弱，那么这个细分市场就越缺乏吸引力。某个细分市场的吸引力会随着其进退的难易程度而有所区别。根据行业利润的观点，最有吸引力的细分市场应该是进入的壁垒高、退出的壁垒低；细分市场进入和退出的壁垒都高，利润潜力大，但伴随较大的风险；细分市场进入和退出的壁垒都较低，公司便可以进退自如，然而获得的报酬虽稳定但不高；最坏的情况是进入细分市场的壁垒较低，而退出的壁垒却很高。于是在经济良好时，大家蜂拥而入，但在经济萧条时，却很难退出。其结果是大家都生产能力过剩，收入下降。

第三，替代品的威胁。如果某个细分市场存在着替代产品或者有潜在替代产品，那么该细分市场就失去吸引力。替代产品会限制细分市场内价格和利润的增长。公司应密切注意替代产品的价格走向。如果这些替代产品行业中的技术有所发展，或者竞争日趋激烈，这个细分市场的价格和利润就可能会下降。

第四，购买者的威胁。如果某个细分市场中购买者的讨价还价能力很强或正在加强，该细分市场就没有吸引力。此时，购买者会设法压低价格，对产品质量和服务提出更高的要求，并且使竞争者互相斗争，所有这些都会使销售商的利润受到损失。对于购买者比较集中、该产品在购买者的成本中占较大比重、产品无法实行差别化、顾客的转换成本较低等情况，购买者的讨价还价能力会加强。销售商为了保护自己，可选择议价能力最弱或者转换销售商能力最弱的购买者。较好的防卫方法是提供顾客无法拒绝的优质产品供应市场。

第五，供应商的威胁。如果公司的供应商——原材料和设备供应商、公用事业、银行等，能够提价或者降低产品和服务的质量，或减少供应数量，那么该公司所在的细分市场就会没有吸引力。如果供应商集中或有组织，或者替代产品少，或者供应的产品是重要的投入要素，或转换成本高，或者供应商可以向前实行联合，那么供应商的讨价还价能力就会较强大。因此，与供应商建立良好关系和开拓多种供应渠道才是防御上策。

3. 符合企业的目标和资源

某些细分市场虽然有较大吸引力，但不能推动企业实现发展目标，甚至分散企业的精力，使之无法完成其主要目标，这样的市场应考虑放弃。此外，还应考虑企业的资源条件是否适合在某一细分市场经营。只有选择那些企业有条件进入、能充分发挥其资源优势的市场作为目标市场，企业才会立于不败之地。因此企业选择目标市场必须考虑以下两点：第一，是否符合企业的长远目标，如果不符合就只有放弃；第二，企业是否具备了在该市场获胜所需的技术和资源，如企业的人力、物力、财力等，如果不具备，也只能放弃。但是，仅拥有必备的力量是不够的，还必须具备优于竞争者的技术和资源，具有竞争的优势，才适宜进入该细分市场。

2023 年 6 月，习近平总书记在内蒙古考察时强调："要加快优化产业结构，积极发展优势特色产业。内蒙古是国家重要能源和战略资源基地、农畜产品生产基地和我国向北开放重要桥头堡，优化产业结构必须立足这些禀赋特点和战略定位，大力发展优势特色产业，积极探索资源型地区转型发展新路径，加快构建体现内蒙古特色优势的现代化产业体系。要发挥好能源产业优势，把现代能源经济这篇文章做好。要发挥好战略资源优势，加强战略资源的保护性开发、高质化利用、规范化管理，加强能源资源的就地深加工，把战略资源产业发展好。要发挥好农牧业优势，从土地、科技、种源、水、草等方面入手，稳步优化农牧业区域布局和生产结构，推动农牧业转型发展，大力发展生态农牧业，抓好农畜产品精深加工和绿色有机品牌打造，促进一二三产业融合发展，推动农牧业高质量发展。要积极参与共建'一带一路'和中蒙俄经济走廊建设，提升对外开放水平，构筑我国向北开放的重要桥头堡，在联通国内国际双循环中发挥更大作用。要加强与京津冀、长三角、粤港澳大湾区和东三省的联通，更好融入国内国际双循环。"

二、目标市场模式选择

目标市场模式主要有六种，具体见图 6-6。

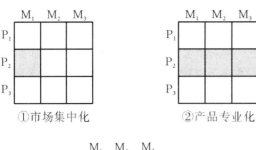
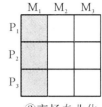

①市场集中化　　　　②产品专业化　　　　③市场专业化

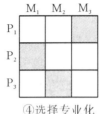
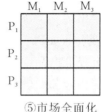

④选择专业化　　　　⑤市场全面化

图6-6　目标市场选择的模式

（注：M为各子市场；P为各细分产品线。）

（一）市场集中化

市场集中化是企业选择一个细分市场，集中力量为之服务。较小的企业一般这样专门填补市场的某一部分。集中营销使企业深刻了解该细分市场的需求特点，采用针对的产品、价格、渠道和促销策略，从而获得强有力的市场地位和良好的声誉。但同时隐含较大的经营风险。

市场集中化（见图6-6①）也是最简单的目标市场模式。它是指企业的目标市场都高度集中在一个市场面上，企业只生产一种产品，供应一个顾客群。具有经营对象单一，可集中力量在一个细分市场上取得较高市场份额等优点，其缺点是目标市场狭窄、经营风险较高。

（二）产品专业化

产品专业化（见图6-6②）指企业生产一种产品向各类消费者销售。这类企业可在特定的产品领域树立良好信誉（如绿箭口香糖）。但如果这一领域发展出全新的替代技术，该企业则面临经营滑坡的危险。

（三）市场专业化

市场专业化（见图6-6③）是指企业专门为一个顾客群服务，生产、经营他们需要的各种产品。美国一家公司专门为喜爱男装的女性提供她们所需的各种产品：服装、鞋帽、手包和化妆品等。有助于发展和利用与顾客之间的关系，降低交易成本、树立良好形象、分散经营风险。但该顾客群需求一旦下降，企业会遇到收益下降的危险。

（四）选择专业化

选择专业化（见图6-6④）是指企业有所选择地生产几种产品，有目的地进入几个不同的细分市场，满足这些市场面的不同需求。这实际上是一种多角化经营模式，可适当分散企业风险。企业须具有较好的资源和较强的营销实力。鄂尔多斯煤炭集团在进入煤炭市场的同时，又成立了蒙西高科技园区和神农甘草公司等。

（五）市场全面化

市场全面化（见图6-6⑤）是指企业在各个细分市场上生产各种不同的产品，分别满足各类顾客的不同需求，以期覆盖整个市场。需要注意的是，只有实力雄厚的大企业才有可能采取这种模式。

在现实经济生活中，企业运用这五种目标市场模式时，一般总是首先进入最有利可图的细分市场，只有在条件和机会成熟时，才会逐步扩大目标市场范围，进入其他细分市场。

三、目标市场战略

企业确定目标市场战略时有三种选择：

（一）无差异市场营销战略

无差异市场营销指企业在市场细分之后，不考虑各子市场的特性，只注重子市场的共性，决定只推出单一产品，运用单一的市场营销组合，力求满足尽可能多的顾客的需求。该战略的优点是产品的品种、规格、款式简单统一，有利于标准化与大规模生产，有利于降低生产、存货、运输、研究、促销等成本费用。其主要缺点是某种单一产品要以同样的方式广泛销售并受到所有购买者的欢迎，这几乎是不可能的。

采用无差异市场营销战略的企业将产品的整个市场视为一个目标市场，用单一的营销策略开拓市场，即用一种产品和一套营销方案吸引尽可能多的购买者。无差异营销策略只考虑消费者或用户在需求上的共同点，而不关心他们在需求上的差异性。可口可乐公司在20世纪60年代以前曾以单一口味的品种、统一的价格和瓶装、同一广告主题将产品面向所有顾客，就是采取的这种策略（见图6-7）。

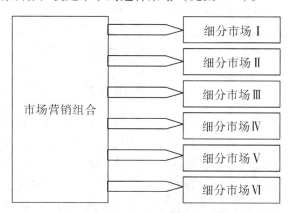

图 6-7　无差异市场营销战略

无差异营销的理论基础是成本的经济性。生产单一产品，可以减少生产与储运成本；无差异的广告宣传和其他促销活动可以节省促销费用；可以减少企业在市场调研、产品开发、制定各种营销组合方案等方面的营销投入。这种策略比较适用于需求广泛、市场同质性高且能大量生产、大量销售的产品。

无差异市场营销策略一般适用于垄断产品、专利产品、新产品的导入期且市场同质性高或供不应求的产品，对于大多数企业、大多数产品来说并不一定合适。首先，消费者需求客观上千差万别并不断变化，一种产品长期为所有消费者和用户所接受是不太可能的。其次，当众多企业如法炮制，都采用这一策略时，会造成市场竞争异常激烈，同时在一些小的细分市场上消费者需求得不到满足，这对企业和消费者都是不利的。再次，易于受到竞争企业的攻击。当其他企业针对不同细分市场提供更有特色的产品和服务时，采用无差异策略的企业可能会发现自己的市场正在遭到蚕食，但又无力有效地予以反击。正是这些原因，世界上一些曾经长期实行无差异营销策略的大企业最后也被迫改弦更张，转而实行差异性营销策略。被视为实行无差异营销典范的可口可乐公司，面对百事可乐、七喜等企业的强劲攻势，也不得不改变原来策略。一方面向非可乐饮料市场进军，另一方面针对顾客的不同需要推出多种类型的新可乐。

（二）差异市场营销战略

差异市场营销指企业决定同时为几个子市场服务，设计不同的产品，并在渠道、促销和定价方面都加以相应的改变，以适应各个子市场的需要。该战略的优点是可提高消费者对企业的信任感，进而提高重复购买率，促使总销售额增加。其缺点是可能使企业的生产成本和市场营销费用增加。

实行这种策略的企业，需要先对整体市场进行市场细分，然后根据每个细分市场的特点，分别为它们提供不同的产品，制订不同的营销计划，并开展有针对性的营销活动。例如，自行车厂为了满足不同消费者的需求和偏好，分别提供男车、女车、赛车、山地车、变速车、载重车、童车等多种产品，就是在自行车市场上实行差异性市场营销策略（见图6-8）。

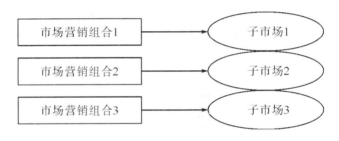

图6-8　差异市场营销

实行差异性策略的优点：一是企业可以采用小批量、多品种的生产方式，并在各个细分市场上采用不同的市场营销组合，以满足不同消费者的需求，实现企业销售量的扩大；二是企业具有较大的经营灵活性，不是依赖于一个市场或一种产品，从而有利于降低经营风险。但采取差异性营销策略，缺点也是显而易见的：一是增加了生产成本、管理费用和销售费用，由于需要制订多种营销计划，使得生产组织和营销管理大大地复杂化了；二是要求企业必须拥有高素质的营销人员、雄厚的财力和强大的技术力量。为了减少这些因素的影响，企业在实施差异性策略时，一是要注意不可将市场划分得过细；二是不宜卷入过多的细分市场。

（三）集中市场营销战略

集中市场营销是指企业集中所有力量，以一个或少数几个性质相似的子市场作为目标市场，试图在较少的子市场上取得较大的市场占有率。实行这种营销的企业，一般是资源有限的中小企业，或是初次进入新市场的大企业。实行集中性市场营销有较大的风险性，因为目标市场范围比较狭窄，一旦市场情况突变、竞争加剧、消费者偏好改变，企业就有可能陷入困境。

实行这种策略的企业，既不是面向整体市场，也不是把营销分散在若干个细分市场，追求在较大的市场上占有较小的市场份额。而是把力量集中在一个或少数几个细分市场上，实行有针对性的专业化生产和销售。采用集中性策略的意义就在于：与其在大市场上占有很小的份额，不如集中企业的营销优势在少数细分市场上占有较大的，甚至是居支配地位的份额，以向纵深发展。如服装厂专为中老年妇女生产服装，汽车制造厂专门生产大客车，等等，均属于集中性策略（图6-9）。

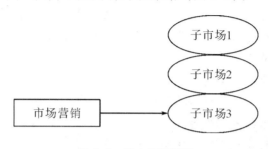

图 6-9　集中市场营销

　　集中性策略的优点是：有利于企业准确地把握顾客需求，有针对性地开展营销活动，也有利于企业降低生产成本和营销费用，提高投资收益率。这种策略特别适用于小企业。因为小企业的资源力量是有限的，如果能够集中力量在大企业不感兴趣的少数细分市场上建立优势就有可能取得成功。集中性策略的缺点是经营风险较大。因为采用这一策略使得企业对一个较为狭窄的目标市场过于依赖，一旦这个目标市场上的情况突然发生变化，比如消费者的需求偏好突然发生变化，或者有比自己更强大的竞争对手进入这个市场，企业就有可能陷入困境。因此，采用集中性策略的企业必须密切注意目标市场的动向，随时做好应变的准备。

　　上述三种目标市场战略各有利弊，企业在进行决策时要具体分析产品、市场状况和企业本身的特点。也就是要关注企业目标市场策略的影响因素：企业资源、产品特点、市场特点和竞争对手的策略。

　　首先来看企业的资源特点。对于资源雄厚的企业来说，如拥有大规模的生产能力、广泛的分销渠道、程度很高的产品标准化、好的内在质量和品牌信誉等，可以考虑实行无差异市场营销策略；如果企业拥有雄厚的设计能力和优秀的管理素质，则可以考虑实行差异市场营销策略；而对实力较弱的中小企业来说，适于集中力量进行集中营销策略。企业初次进入市场时，往往采用集中市场营销策略，在积累了一定的成功经验后再采用差异市场营销策略或无差异市场营销策略，扩大市场份额。

　　其次是产品特点。产品的同质性表明了产品在性能、特点等方面的差异性的大小，是企业选择目标市场时不可不考虑的因素之一。一般来说，对于同质性高的产品，如食盐等，宜实行无差异市场营销；对于同质性低或异质性产品，差异市场营销或集中市场营销是恰当选择。

　　此外，产品因所处的生命周期的阶段不同而表现出的不同特点亦不容忽视。产品处于导入期和成长初期，消费者刚刚接触新产品，对它的了解还停留在比较粗浅的层次，竞争尚不激烈，企业这时的营销重点是挖掘市场对产品的基本需求，往往采用无差异市场营销策略。等产品进入成长后期和成熟期时，消费者已经熟悉产品的特性，需求向深层次发展，表现出多样性和不同的个性来，竞争空前激烈，企业应适时地转变策略为差异市场营销或集中市场营销。

再次是市场特点。供与求是市场中两大基本力量，它们的变化趋势往往是决定市场发展方向的根本原因。供不应求时，企业重在扩大供给，无暇考虑需求差异，所以采用无差异市场营销策略；供过于求时，企业为刺激需求、扩大市场份额殚精竭虑，多采用差异市场营销或集中市场营销策略。

从市场需求的角度来看，如果消费者对某产品的需求偏好、购买行为相似，则被称为同质市场，可采用无差异市场营销策略；否则，即为异质市场，采用差异市场营销和集中市场营销策略更合适。

最后要考虑的因素是竞争者的策略。企业可与竞争对手选择不同的目标市场覆盖策略。例如，竞争者采用无差异市场营销策略时，自己企业选用差异市场营销策略或集中市场营销策略更容易发挥优势。

总之，企业的目标市场战略应慎重选择，一旦确定，就应该有相对的稳定性，不能朝令夕改。但灵活性也不容忽视，没有永恒正确的策略，一定要密切注意市场需求的变化和竞争动态。

四、选择目标市场营销战略的条件

企业所选择的目标市场是否适当，直接关系到企业的营销成败以及市场占有率的大小。因此，选择目标市场时，必须认真评价细分市场的营销价值，分析研究是否值得去开拓，能否实现以最少的人财物消耗，取得最大的销售效果。一般来说，一个细分市场要能成为企业的目标市场，必须具备以下三个条件：首先要拥有一定的购买力，有足够的销售量及营业额；其次要有较理想的尚未满足的消费需要，有充分发展的潜在购买力，以作为企业市场营销发展的方向；最后是市场竞争还不激烈，竞争对手未能控制市场，有可能乘势开拓市场营销并占有一定的市场份额，在市场竞争中取胜。

所以，选择目标市场就是选择一个或一个以上有利于本企业扩大产品销售，保持市场的相对稳定，而不是越多越好。据英国市场营销协会的安德鲁·泰斯勒教授对英国、法国、德国等国家的 360 家出口大企业的调查，90%的出口产品集中在少数几个目标市场，而盈利却比无目标市场的企业高出 30%~40%。

第三节　市场定位

一、市场定位的概念

确定目标市场范围后，企业就要在目标市场上进行定位了。市场定位是指企业全面地了解、分析竞争者在目标市场上的位置后，确定自己的产品如何接近顾客的营销活动。

2022 年 4 月，习近平总书记在海南考察时强调："振兴港口、发展运输业，要把握好定位，增强适配性，坚持绿色发展、生态优先，推动港口发展同洋浦经济开发区、自由贸易港建设相得益彰、互促共进，更好服务建设西部陆海新通道、共建'一带一路'。"①

市场定位（market positioning）是 20 世纪 70 年代由美国学者阿尔·赖斯提出的一个重要营销学概念。所谓市场定位就是企业根据目标市场上同类产品竞争状况，针对顾客对该类产品某些特征或属性的重视程度，为本企业产品塑造强有力的、与众不同的鲜明个性，并将其形象生动地传递给顾客，求得顾客认同。市场定位的实质是使本企业与其他企业严格区分开来，使顾客明显感觉和认识到这种差别，从而在顾客心目中占有特殊的位置。

正如习近平总书记在 2023 年 7 月在苏州考察时指出："苏州在传统与现代的结合上做得很好，不仅有历史文化传承，而且有高科技创新和高质量发展，代表未来的发展方向。"习近平总书记还对当地负责同志讲，"平江历史文化街区是传承弘扬中华优秀传统文化、加强社会主义精神文明建设的宝贵财富，要保护好、挖掘好、运用好，不仅要在物质形式上传承好，更要在心里传承好。"

所以，定位的观点强调的是消费者在头脑或者心目当中所占有的特殊的位置。

传统的观念认为，市场定位就是在每一个细分市场上生产不同的产品，实行产品差异化。事实上，市场定位与产品差异化尽管关系密切，但有着本质的区别。市场定位是通过为自己的产品创立鲜明的个性，从而塑造出独特的市场形象来实现的。一项产品是多个因素的综合反映，包括性能、构造、成分、包装、形状、质量等，市场定位就是要强化或放大某些产品因素，从而形成与众不同的独特形象。产品差异化是实现市场定位的手段，但并不是市场定位的全部内容。市场定位不仅强调产品差异，而且要通过产品差异建立独特的市场形象，赢得顾客的认同。比如，2012 年成立的"三只松鼠"品牌，率先提出森林食品的概念，三只松鼠以"Q 萌"可爱的二次元形象到达消费者心理。在十年不到的时间内，由一家小公司上升到国内坚果零食十大企业之一。

需要指出的是，市场定位中所指的产品差异化与传统的产品差异化概念有本质区别，它不是从生产者角度出发单纯追求产品变异，而是在对市场分析和细分化的基础上，寻求建立某种产品特色，因而它是现代市场营销观念的体现。

市场定位的概念提出来以后，受到企业界的广泛重视。越来越多的企业运用市场定位，参与竞争、扩大市场。市场定位勾画企业产品在目标市场即目标顾客心目中的形象，使企业所提供的产品具有一定特色，适应一定顾客的需要和偏好，并与竞争者的产品有所区别。例如，江苏森达集团开发的"好人缘"牌皮鞋就定位为面向大众的质优价廉产品，科龙公司实行高技术、高起点的产品定位，海尔集团是质量争先、技术领先的产品定位。

---

① 新华社. 习近平在海南考察时强调：解放思想开拓创新团结奋斗攻坚克难 加快建设具有世界影响力的中国特色自由贸易港［EB/OL］.（2022 - 04 - 14）［2023 - 06 - 05］. https：//www.gov.cn/xinwen/2022 - 04/13/content_5685109. htm.

【案例五】

爱玛发布全新品牌定位：时尚爱玛·自在出行

爱玛的时尚随着时代的变化而不断进化。发布会上，爱玛科技集团副董事长段华正式发布全新品牌定位——"时尚爱玛 自在出行"，期待在新的品牌定位指导下，能够真正为用户带来时尚的视觉享受，自由自在的骑行乐趣，彻底激活 20 余年的审美积累，刷新爱玛的时尚观。这是爱玛的新代名词，一种自由自在的新生活价值主张，也是爱玛面向未来的自我发展要求——时尚不仅要年轻潮流、设计引领、丰富多彩，还要带来安全放心、无忧驾驶、品位乐趣的自在。

围绕这一全新定位，爱玛用六大全新品牌时尚观对此进行了解读：时尚无法定义，但需要引领；时尚应服务大众，而不是某个层级的特权，"人人都是明星，都可以享受骑行"；时尚体现年轻，但不是年轻人的专利；时尚不等于流行，而是经典与流行的结合，有品位更有情怀；时尚不应该中看不中用，而是好看又好用；时尚不能千人一面，而要满足多元化的时尚追求。

正如爱玛的理论所传达的，爱玛一直用时尚的表达，去满足人们对美好骑行生活的向往。在品类创新上，爱玛开创了滑板车时代、MINI 家族世代、时尚龟时代、酷车时代、明星同款时代，用一款款时尚产品回应用户对美的需求；在色彩趋势研究方面，爱玛始终保持着业界翘楚地位，国际视角下的精心挑选、跨领域融合和全球美学中心色彩团队的专业研究，为消费者提供了专业而前瞻性的出行色彩灵感，迷彩、英伦、波普、条纹、IP 款、格子，每一个年度色彩都定格了时代的瞬间；睫毛灯、一字灯、回形灯等经典设计元素的设定，塑造出爱玛独一无二的风格。爱玛的时尚贯穿"人、货、场"，形象更为鲜明。

资料来源：电摩公社.初心不改，时尚百年！艾玛发布全新品牌定位：时尚艾玛自在出行［EB/OL］.（2023-04-28）［2023-06-05］.https://mp.weixin.qq.com/s/YtolR6qh13DrJVpuKQjyjQ.

二、市场定位的方式

市场定位作为一种竞争战略，显示了一种产品或一家企业与类似的产品或企业之间的竞争关系。定位方式不同，竞争态势也不同。下面分析三种主要的定位方式。

（一）初次定位

初次定位指新成立的企业初入市场、企业新产品投入市场，或者产品进入新市场时，企业必须从零开始，运用所有的市场营销组合，使产品特色符合所选择的目标市场。根据竞争对手在目标市场的位置，确定本企业产品的有利位置。

（二）重新定位

重新定位指企业变更产品特色，改变目标顾客对其原有的印象，使目标顾客对其产品新形象有一个重新的认识过程。市场重新定位对于企业适应市场环境、调整市场营销战略是必不可少的。即使产品在市场最初定位时做得很好，随着时间的推移也必须重新定位，这样做的原因有两个：一是竞争者可能会推出一个与本企业定位相近的新品牌，从而侵占了企业本品牌的一部分市场定位；二是有些消费者的爱好发生了变化。

企业在重新定位时，要考虑两个因素：一是要考虑把自己的品牌全面从一个子市场转移到另一个子市场成本费用；二是要考虑把自己的品牌在新品牌上能获得多少收入。

重新定位策略是企业对已经上市的产品实施再定位，一般情况下，这种定位的目的在于摆脱困境，重新获得增长与活力。例如，美国强生公司的洗发液由于产品不伤皮肤和眼睛，最初被定位于婴儿市场，当年十分畅销。后来由于人口出生率下降，婴儿减少，产品逐渐滞销。经过分析，该公司决定重新将产品定位于年轻女性市场，突出介绍该产品能使头发松软、富有光泽等特点，再次吸引了大批年轻女性。自行车作为传统代步工具，50 年代美国年产销 400 万辆，后下降为年 130 万辆。于是，相关企业对其重新定位：健身休闲用品，并增加了品种类型和花色。橘汁的传统定位：维生素 C 保健饮品（保健功能）；新定位：消暑解渴，提神，恢复体力的饮品。

（三）对峙定位

对峙定位策略又称竞争性定位策略，指企业选择在目标市场上与现有的竞争者靠近或重合的市场定位，要与竞争对手争夺同一目标市场的消费者。这种定位方法有一定的风险性，但能激励企业学习竞争者的长处，充分发挥自己的优势。实行这种定位策略的企业，必须具备以下条件：

一是能比竞争者生产出更好的产品；

二是该市场容量足以吸纳两个以上竞争者的产品；

三是比竞争者有更多的资源和更强的实力。

例如，美国可口可乐与百事可乐是两家以生产销售碳酸型饮料为主的大型企业。可口可乐自 1886 年创建以来，以其独特的味道扬名全球，第二次世界大战后百事可乐采取了针锋相对的策略，专门与可口可乐竞争。半个多世纪以来，这两家公司为争夺市场而展开了激烈竞争，而它们都以相互间的激烈竞争作为促进自身发展的动力及最好的广告宣传，百事可乐借机得到迅速发展。1988 年，百事可乐荣登全美十大顶尖企业榜，成为可口可乐强有力的竞争者。当大家对百事可乐和可口可乐之战兴趣盎然时，双方都是赢家，因为喝可乐的人越来越多，两家公司都获益匪浅。

（四）回避定位

回避定位策略也叫填补空隙策略，指企业尽力避免与实力较强的其他企业直接发生对抗竞争，寻找新的尚未被占领的，但又对许多消费所重视的市场"空白点"进行定位。开发并销售目前市场上还没有的某种特色产品，开拓新的市场领域。其优点在于能迅速立足于市场，在目标顾客心目中树立良好的形象；并且，这种策略的风险较小，成功率较高。例如，"金利来"进入内地市场时，就填补了男士高档衣物的空位。通常在两种情况下适用这种策略：一是这部分潜在市场即营销机会没有被发现，在这种情况下，企业容易取得成功；二是许多企业发现了这部分潜在市场，但无力去占领，这就需要有足够的实力才能取得成功。

在金融业兴旺发达的香港，"银行多过米铺"这句话毫不过分。在这一弹丸之地各家银行使出全身解数，走出了一条利用定位策略突出各自优势的道路，使香港的金融业呈现出一派繁荣景象。汇丰银行定位于分行最多、实力最强、全港最大的银行，是实力展示式的诉求。20 世纪 90 年代以来，为拉近与顾客的情感距离，新的定位立足于

"患难与共、伴同成长",旨在与顾客建立同舟共济、共谋发展的亲密朋友关系。恒生银行则定位于充满人情味、服务态度最佳的银行,通过走感性路线赢得顾客心。突出服务这一卖点也使它有别于其他银行。渣打银行定位于历史悠久、安全可靠的英资银行。这一定位树立了可信赖的"老大哥"形象,传达了让顾客放心的信息。中国银行定位于有强大后盾的中资银行,这一定位直接针对有民族情结、信赖中资的目标顾客群。

三、市场定位的步骤

实现产品市场定位,需要通过识别潜在竞争优势、企业核心优势定位和制定发挥核心优势的战略三个步骤实现。

(一)识别潜在竞争优势

识别潜在竞争优势是市场定位战略的基础。通常企业的竞争优势表现在成本优势和产品差别化优势两个方面。成本优势使企业能够以比竞争者低廉的价格销售相同质量的产品,或以相同的价格水平销售更高质量水平的产品。产品差别化优势是指产品独具特色的功能和利益与顾客需求相适应的优势,即企业能向市场提供的在质量、功能、品种、规格、外观等方面比竞争者能够更好地满足顾客需求的能力。为实现此目标,企业首先必须进行规范的市场研究,切实了解目标市场需求特点以及这些需求被满足的程度。一个企业能否比竞争者更深入、更全面地了解顾客,是能否取得竞争优势、实现产品差别化的关键。另外,企业还要研究主要竞争者的优势和劣势,知己知彼,方能战而胜之。我们可以从以下三个方面评估竞争者:一是竞争者的业务经营情况,如估测其近三年的销售额、利润率、市场份额、投资收益率等;二是评价竞争者的核心营销能力,主要包括产品质量和服务质量的水平等;三是评估竞争者的财务能力,包括获利能力、资金周转能力、偿还债务能力等。

(二)企业核心优势定位

核心优势是指与主要竞争对手相比(在产品开发、服务质量、销售渠道、品牌知名度等方面),在市场上可获取明显的差别利益的优势。显然,这些优势的获取与企业营销管理过程密切相关。所以,在识别企业核心优势时,应对企业的全部营销活动加以分类,并对各主要环节在成本和经营方面与竞争者进行比较分析,最终定位和形成企业的核心优势。

(三)制定发挥核心优势的战略

企业在市场营销方面的核心优势不会自动地在市场上得到充分表现。对此,企业必须制定明确的市场战略来充分表现其优势和竞争力。例如,通过广告传导核心优势战略定位,使企业核心优势逐渐形成一种鲜明的市场概念,并使这种概念与顾客的需求和追求的利益相吻合。

四、市场定位的关键与定位陈述

市场定位的关键是指企业塑造自己的产品比竞争者更具竞争优势的特性,即找出消费者心智上的坐标位置,它的定位是"攻心之战",取胜的关键是要在消费者的心中找到一个恰当的坐标位置。在此,坐标轴变量的选择至关重要,而我们经常性地采用产品定位图作为我们对产品定位进行直观分析的辅助工具。

定位工作的形成是以定位陈述来体现的，所谓定位陈述（positioning statement），即将企业或品牌的市场定位简洁精准地予以阐述说明。

定位陈述的基本模式是：为了满足××群体（目标市场）的××需求，本企业（或品牌）是××样子的（表明差异性）。

定位描述首先要说明产品的品类身份，然后指出与其他品类成员的差异性（独特性）。把产品归入一个具体的品类，旨在说明它与这个品类中其他产品的相似性，便于人们了解，但产品的卓越性是建立在差异性的基础之上的。市场定位重在彰显产品的独特性、差异性。

定位陈述是以"心智图"为基础，通过文字描绘出什么样的"心智上的坐标"，并以此定位陈述作为企业/产品/品牌沟通的宗旨。

五、产品定位的方法

各个企业经营的产品不同，面对的顾客不同，所处的竞争环境也不同，因而可选择的市场定位战略也不同。总体上，企业可以选择的市场定位的方法有以下几种。

（一）特色定位法

根据具体产品的特殊定位也就是根据自己产品的某种或某些特点，或者根据目标顾客所看重的某种或某些利益去进行定位。这里的产品特色包括企业生产该产品所使用的技术、设备、生产流程及产品的功能等消费者关心的信息，也包括与该产品有关的原料、产地、历史等因素。当企业的某些特性超出竞争对手的水平时，企业就应该在市场上强调产品的这些特性以推进市场的认可。将市场定位与产品差异化相结合。这种定位更多表现在心理特征方面，它产生的结果是使潜在的消费者对一种产品形成观念和态度，在类似产品之间找到区别。比如，迪斯尼乐园在其广告中宣传自己是世界上最大的主题公园。大，就是一种产品特色，它蕴含了一种利益，即有最多的娱乐项目可供选择。又如，龙井茶、瑞士表等都是以产地及相关因素定位，而一些名贵中成药的定位则充分体现了原料、秘方和特种工艺的综合。

（二）利益定位法

这是根据产品特性为顾客提供的利益定位，这里的利益既包括顾客购买产品时所追求的利益，也包括购买产品时能获得的附加利益，产品本身的属性及消费者获得的利益能使人们体会到它的定位。如大众汽车"气派"，丰田车"经济可靠"，沃尔沃车"耐用"，而奔驰是"高贵、王者、显赫、至尊"的象征，奔驰的电视广告中较出名的广告词是"世界元首使用最多的车"。如无铅皮蛋、不含铅的某种汽油等将其定为不含铅，间接地暗示含铅对消费者健康不利。有一则广告说，七喜汽水"非可乐"，强调七喜不是可乐型饮料，意在响应美国当时的反咖啡因运动，暗示可乐饮料中含咖啡因，对消费者健康不利。这种定位关键是要突出本企业产品的优势和特点，以及他对目标顾客有吸引力的因素，从而在竞争者中突出自己的形象。

（三）用途定位法

根据产品使用场合及用途来定位。例如，"金嗓子喉宝"专门用来保护嗓子，"丹参滴丸"专门用来防治心脏疾病。为老产品找到一种新用途，是为该产品创造定位的好方法。尼龙从军用到民用，便是一个最好的用途定位例证。小苏打一度被广泛用作家庭的刷牙剂、除臭剂和烘烤配料等，现在国外开始把它们作为冰箱除臭剂、作为调味汁和肉卤的配料、作为夏令饮料的原料之一等。各种品牌的香水，在定位上也往往不同，有的定位于雅致的、富有的、时髦的妇女，有的定位于生活方式活跃的青年人。如防晒霜被定位于防止紫外线将皮肤晒黑、晒伤，而保持和补充水分的润肤霜则被定位于防止皮肤干燥。

（四）使用者定位法

根据使用者的类型来定位。企业常常试图把某些产品指引给适当的使用者即某个细分市场，以便根据该细分市场来塑造恰当的形象。企业使用者定位主要针对某些特定消费者群体进行的促销活动，以期在这些消费者心中建立起企业产品"专属性"特点，激发消费者的购买欲望。这种定位战略能在一定程度上满足消费者心理需求，促进消费者对企业产生信任，采用此方法时，企业要为目标客户设计专门产品并采取不同的营销措施。例如，在房地产广告中常听到"成功人士"的家园，或者文艺界人士和教师等的最佳选择，这就是通过特定的使用者类型为自己定位。再比如，"奔驰"和"宝马"两款车在面向同一市场时都采用使用者定位战略，分别选择了不同的形象定位，从而有效避免了正面竞争。具体来说，奔驰以企业董事长、银行经理、企业主和政府要员为主要使用者，他们通常年龄较大，一般都配有专职司机；而宝马的使用者多为年轻的经理、部门主管及各行业的成功人士，他们喜欢自己开车。康佳集团针对农村市场的"福临门系列彩电"，充分考虑农民消费者的需求特殊性，定位为质量过硬、功能够用、价位偏低，同时增加了宽频带稳压器等配件产品。

（五）竞争定位法

利用竞争者定位指一个企业可以通过将自己同市场声望较高的某一同行企业进行比较，借助竞争的知名度来实现自己的市场定位。比较常见的做法是，通过推出比较性广告来说明本企业产品与竞争产品在某个或某些性能特点方面的相同之处，从而达到引起消费者注意并在心目中形成印象的目的。比如，有"东方威尼斯"之称的苏州在旅游市场定位方面可谓典型的利用竞争者定位战略。根据竞争者来定位可以接近竞争者定位，如康柏公司要求消费者将其个人电脑与 IBM 个人电脑摆在一起比较，企图将其产品定位为使用简单而功能更多的个人电脑；也可远离竞争者定位，如七喜将自己定位为"非可乐"饮料，从而成为软饮料的第三大巨头。

（六）档次定位法

不同的产品在消费者心目中按价值高低有不同的档次。对产品质量和价格比较关心的消费者来说，选择在质量和价格上的定位也是突出本企业形象的好方法。企业可以采用"优质高价"定位和"优质低价"定位。在"各种家电产品价格大战"如火如荼的同时，海尔始终坚持不降价，保持较高的价位，这是"优质高价"的典型表现。如劳力士表价格高达几万元人民币，是众多手表中的至尊，也是财富与地位的象征。拥有它，无异于暗示自己是一名成功的人士或上流社会的一员。

（七）形状定位法

根据产品的形式、状态定位。这里的形状可以是产品的全部，也可以是产品的一部分。如"白加黑"感冒药、"大大"泡泡糖都是以产品本身表现出来的形式特征为定位点，打响了其市场竞争的第一炮。

（八）消费者定位法

按照产品与某类消费者的生活形态和生活方式的关联定位。以劳斯莱斯为例，它不仅是一种交通工具，而且是英国富豪生活的一种标志。100 多年来，劳斯莱斯公司出产的劳斯莱斯豪华轿车总共才几十万辆，最昂贵的车价格高达 34 万美金。

（九）感情定位法

运用产品直接或间接地冲击消费者的感情体验而进行定位。如"田田口服液"以"田田珍珠，温柔女性"为主题来体现其诉求和承诺。由于"田田"这一品牌名称隐含"自然、清纯、迷人、温柔"的感情形象，因而其感情形象的价值迅速通过"温柔女性"转为对"女性心理"的深层冲击。"田田"这一女性化特质的品牌名称，明确地将一种感情形象的价值倾向作为其产品定位的出发点，并以此获得了市场商机。

（十）文化定位法

将某种文化内涵注入产品之中，形成文化上的品牌差异，称为文化定位。文化定位可以使品牌形象独具特色。

（十一）附加定位法

通过加强服务树立和加强品牌形象，称为附加定位。对于生产性企业而言，附加定位需要借助于生产实体形成诉求点，从而提升产品的价值；对于非生产性企业来说，附加定位可以直接形成诉求点。例如，"真诚到永远"是海尔公司一句响彻全球的口号。

市场定位实际上是一种竞争策略，是企业在市场上寻求和创造竞争优势的手段，要根据企业及产品的特点、竞争者及目标市场消费需求特征加以选择。实际营销策划中，往往是将多种方法结合起来使用。

本章小结

市场细分是指企业通过市场调查研究，根据消费者需求的不同特征，把市场分割成两个或多个的消费者群的过程。消费者市场细分标准包括：地理变量、人口变量、心理变量和行为变量。产业市场细分的标准包括：用户的行业类别、用户规模、产品的最终用途、用户购买状况。市场细分的原则包括：可衡量性、可进入性、可盈利性和对营销策略反应的差异性。

企业确定目标市场战略有三种选择：无差异市场营销战略、差异市场营销战略和集中市场营销战略。

市场定位的实质是使本企业与其他企业严格区分开来，使顾客明显感觉和认识到这种差别，从而在顾客心目中占有特殊的位置。市场定位的关键在于企业塑造自己的产品比竞争者更具竞争优势的特性即找出消费者心智上的坐标位置。

思考与练习

1. 目标市场营销与大众化营销有何不同？差异化营销与产品差异化有何不同？

2. 试用人口统计、地理、消费心理、行为等细分变量对彩电、服装、食品等市场进行细分。

3. 成功或有效市场细分的判断标准有哪些？如何应用？

4. 为什么细分市场要从内外两个方面进行评估？

5. 无差异营销、差异化营销和集中化营销各有何利弊？

＊【案例分析】

品牌扎堆春日营销，伊利液态奶靠差异化强势突围

资料来源：营销之美. 春季营销新灵感：伊利化"春意"为创意［EB/OL］.（2023-04-26）［2023-06-05］.https://www.shangyexinzhi.com/article/6677680.html.

实训任务

1. 实训项目

创立并实施一个针对特定目标市场的营销战略。

本次实训的重点放在创建并执行一套针对特定目标市场的营销战略上。希望通过这种方式，能帮助学生深入理解和掌握市场营销全过程，包括进行市场研究、准确定位目标市场、设计并实施相应的营销策略，以及对营销效果进行评估和优化。

2. 实训目的

本次实训的目标在于获得实际应用营销理论的经验。首先，需要能进行深入的市场调研，准确理解和定位目标市场。然后，需要能够在理解目标市场的基础上制定出有效的营销策略，并将这些策略转化为实际的营销活动。最后，需要能够通过数据分析和解读评估营销活动效果，并据此优化和调整现有的营销策略。

3. 实训内容与要求

本次实训的内容涵盖了市场调研、目标市场的确定、营销策略的设计与执行，以及营销效果的评估和策略优化。首先，学生需要通过市场调研收集并分析关于市场规模、消费者行为、竞争对手等重要信息。然后，需要明确他们的营销活动的目标市场，并根据调研结果，设计出涵盖产品、价格、地点（分销渠道）和推广（包括广告和销售促进）在内的全方位营销策略。最后，执行了营销活动之后，他们需要收集相关数据，通过分析这些数据来评估他们的营销活动效果，并根据评估结果调整和优化他们的营销策略。

4. 实训步骤

（1）将学生分成若干小组，每个小组需要选定一个产品或服务，并为其确定一个

目标市场。

（2）进行市场调研，收集和分析与目标市场相关的信息。

（3）根据调研结果制定一套全方位的营销策略，并设计相应的营销活动计划。

（4）在模拟环境中，执行他们的营销活动，并根据实际情况进行适当调整。

（5）收集并分析相关数据，评估营销活动效果，并对营销策略进行优化和调整。
每个小组都需要向全班展示工作成果，同时进行讨论和反馈。

5. 实训考核

将从以下几个方面对学生们的表现进行评估。首先，市场调研报告必须是完整且准确的，可以展示市场调研过程中的努力和成果。其次，设计的营销策略需要有创新性，同时也要适合实际情况。再次，考核各团队执行营销活动时的表现，包括执行能力和团队协作能力。最后，需要能够通过数据分析评估营销活动效果，并能根据这些评估结果对营销策略进行优化和调整。

参考文献

［1］刘悦坦. 创意是一种悟性：重新解读李奥·贝纳与"万宝路神话"［J］. 现代营销：学苑版，2005（1）：64.

［2］韩嘉懿. 消费者市场购买行为分析：以万宝路为例［J］. 现代营销（下旬刊），2019（6）：77-78.

第七章

产品策略

学习目标

（1）理解产品及产品整体的概念。

（2）掌握产品生命周期理论，熟悉产品生命周期各阶段的市场营销策略。

（3）理解产品组合的概念，了解产品组合策略的运用。

（4）掌握新产品的开发程序。

（5）理解品牌的概念以及作用，掌握品牌策略。

（6）理解包装的概念和作用，了解包装策略和包装的设计。

本章知识结构图

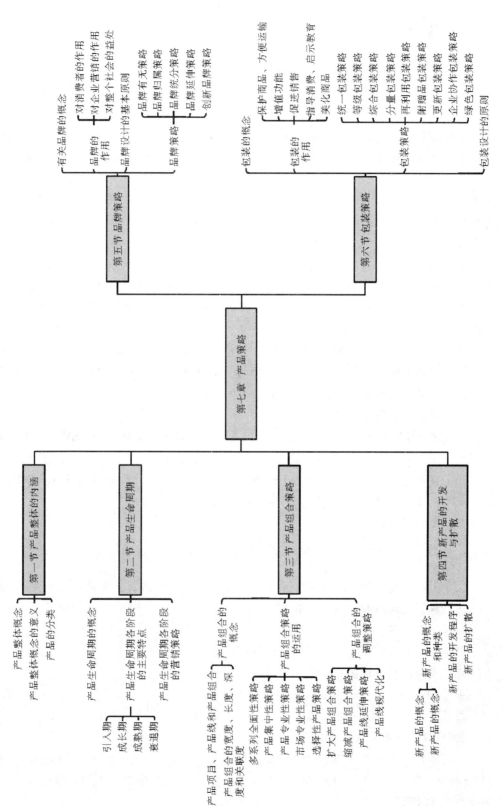

引导案例

【案例一】

比亚迪的产品系列

比亚迪是一家致力于"用技术创新，满足人们对美好生活的向往"的高新技术企业。比亚迪成立于1995年2月，经过20多年的高速发展，已在全球设立30多个工业园，实现全球6大洲的战略布局。比亚迪业务布局涵盖电子、汽车、新能源和轨道交通等领域，并在这些领域发挥着举足轻重的作用，从能源的获取、存储，再到应用，全方位构建零排放的新能源整体解决方案，比亚迪是香港联合交易所和深圳证券交易所上市公司，营业额和总市值均超过千亿元。

在汽车领域，凭借技术研发和创新实力，比亚迪已掌握电池、芯片、电机、电控等新能源车全产业链核心技术。比亚迪新能源车已形成乘用车、商用车和叉车三大产品系列，涵盖七大常规领域和四大特殊领域（"7+4"战略，其中"7"为私家车、出租车、城市公交、道路客运、城市商品物流、城市建筑物流、环卫车；"4"为仓储、港口、机场、矿山专用车辆）。截至2022年底，比亚迪新能源车连续10年荣获中国销量冠军，产品足迹已遍及全球6大洲、70多个国家和地区、超过400个城市。比亚迪汽车的系列是可以根据多种形式来分的，具体内容如下：

一、根据能源类别区分

一是纯电EV系列：汉EV、海豚、海豹、元PLUS、元Pro、唐EV、比亚迪e2、比亚迪e3、秦Pro EV、秦PLUS EV、宋PLUS EV、比亚迪D1；

二是插电混动DM系列：宋PLUS DM-i、宋Pro DM-i、宋MAX DM-i、汉DM-i/DM-p、秦PLUS DM-i、驱逐舰05、唐DM-i/DM-p。

二、根据产品定位区分

一是高端旗舰系列：汉家族、唐家族、海豹；

二是中端主流系列：宋家族；

三是入门亲民系列：秦家族、元家族、海豚、驱逐舰05、比亚迪e2、比亚迪e3。

三、根据王朝网和海洋网区分

一是王朝系列：唐、宋、元、汉、秦；

二是海洋系列：海豹、海豚、驱逐舰05。

四、根据车型类别区分

一是SUV系列：唐家族、元家族、宋PLUS DM-i、宋PLUS EV、宋Pro DM-i；

二是轿车系列：汉家族、秦家族、比亚迪e2、比亚迪e3、海豚、海豹；

三是MPV系列：宋MAX DM-i、比亚迪D1。

王朝和海洋两大系列2022年全年累计销量达1 852 625辆，其中2022年12月销售228 596辆，同比增长高达130.6%。2023年2月，入选"2022福布斯中国可持续发展工业企业TOP50"。

资料来源:

[1] 无敌电动网. 比亚迪车系列是怎么分的? 比亚迪分为几个系列 [EB/OL].
(2022-12-24) [2023-04-10].https://www.modiauto.com.cn/bk/51833.html.

[2] 中国网. 比亚迪公布 2022 年累计销同比大幅增长 [EB/OL]. (2023-01-04)
[2023-04-10]. https://cj.sina.com.cn/articles/view/3164957712/bca56c10020021flz.

产品是市场营销组合中最重要,也是最基本的因素。因为企业在制定营销组合策略时,首先必须决定发展什么样的产品或服务来满足目标市场需求。因此,能否正确地制定和实施产品策略与企业营销成败关系重大。同时,产品策略是其他营销组合因素的基础,它直接或间接地影响到其他因素。

第一节　产品整体的内涵

一、产品整体概念

什么是产品?按照传统的观念,产品仅指通过劳动而创造的有形物品。这是狭义的产品概念。按照市场营销观念,产品是指能提供给市场,用于满足人们某种需要和欲望的任何事物,包括实物、服务、场所、组织、思想、主意等。广义而言,产品包括物理形体、服务、事件、人物、地点、组织、创意或上述实体的组合。在这里,我们广泛地使用产品这个词来囊括这些实体中的任何一项或全部内容。因此,一个苹果的 iPad(平板电脑),一辆丰田的凯美瑞汽车,一杯星巴克的摩卡咖啡是产品;一次普吉岛旅游,商业银行的投资服务和医院医生的建议也是产品。

可见,产品概念已经远远超越了传统的有形实物的范畴,思想、主意等作为产品的重要形式也能进入市场交换。传统上,产品的整体概念包括三层含义,即核心产品、形式产品和延伸产品。近年来,菲利普·科特勒等学者提出了五个层次的概念(见图 7-1)。

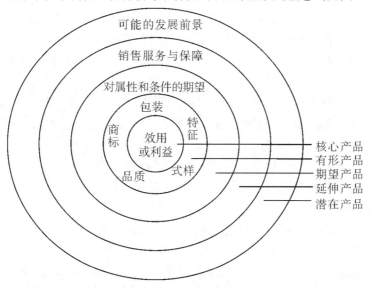

图 7-1　产品整体概念

（一）核心产品

核心产品也叫实质产品，是指消费者购买某种产品时所追求的利益，是顾客所要购买的实质性东西。例如，对于空调来说，顾客购买的是"凉爽"；而对于化妆品来说，顾客购买的则是"美貌"。可见，消费者购买某种产品，并不是为了占有或获得产品本身，而是为了获得能满足某种需要的效用或利益。企业的市场营销人员应善于发现消费者购买产品时所追求的利益，积极销售消费者所需要的"东西"，满足其需求。

（二）有形产品

核心产品虽然是产品整体概念中最基本最重要的部分，但是，对于消费者来说，它只是一个抽象的概念，必须借助一定的形式才能具体地被消费者所把握。这种核心产品借以实现的形式就是有形产品，指向市场提供的能满足某种需要的产品实体或服务的外观。如果是实体物品，它在市场上通常表现为产品质量水平、外观特色、款式、品牌名称和包装等内容；作为服务的有形产品，也具有类似的特征。这些特征是购买者选购时的依据。市场营销者应从满足消费者所追求的利益出发，进行产品设计，将核心产品转变成有形的东西，以便更好地满足顾客的需求。

（三）期望产品

期望产品是指购买者在购买产品时期望得到的与产品密切相关的一整套属性和条件。如旅馆的客人期望得到清洁的床位、沐浴露、浴巾、衣帽间等服务。因为大多数旅馆都能满足旅客这些一般期望，所以旅客在选择档次大致相同的旅馆时，一般是根据哪家旅馆较近和方便而定。

期望产品理念要求企业在生产设计销售过程中充分考虑消费者的利益，在回报高额利润的同时企业应尽可能地让顾客满意，增强品牌美誉度[①]。期望产品理念贯彻得好不好，将直接影响消费者对产品的信任度与品牌忠诚度[②]顾客取得了满意的期望产品，将形成良好的品牌形象，从而真正认知并认可品牌。否则将造成极大的落差，使顾客对产品失去信任并产生怀疑，继而转向其他产品。

（四）延伸产品

延伸产品也叫附加产品或扩展产品，是指顾客在购买产品时所获得的全部附加服务和利益，包括提供信贷、免费送货、保证、安装、售后服务等。因为顾客在购买时，需要的不仅仅是产品本身，而是与该产品相关联的、能满足其某种需要的一切。例如，用户购买计算机不仅是购买进行计算的工具设备，而主要是购买解决问题的服务，这就包括使用说明、软件程序、安装、调试和简便的维修方法等。企业市场营销人员必须正视这种基于产品的附加内容的整体消费体系，进行"系统销售"，即不仅要提供适应消费者需要的形式产品和核心产品，还要提供更多的延伸产品。事实上，如今的竞争更多地体现在延伸产品的层次，只有向购买者提供更多实际利益的延伸产品，才能在激烈的市场竞争中取胜。

（五）潜在产品

潜在产品是指现有产品包括所有附加产品在内的、可能发展成为未来最终产品的

---

① 品牌美誉度是品牌力的组成部分之一，它是市场中人们对某一品牌的好感和信任程度
② 品牌忠诚度是指由于品牌技能、品牌精神、品牌行为文化等多种因素，使消费者对某一品牌情有独钟，形成偏好并长期购买这一品牌商品的行为。简言之，品牌忠诚度就是消费者的重复购买行为。

潜在状态的产品。有形产品表明产品的现状，而潜在产品则预示产品的演变趋势和发展前景。如彩色电视机可发展成为录放映机、电脑终端机、手机屏幕等。潜在产品是产品整体概念当中的最高层次，很少企业能做到。如企业能做到这个层次将形成绝对竞争优势从而彻底击败所有竞争对手。这要求企业有超强的预测能力与长远的战略眼光，同时这也是建立在强大的财力与科研能力基础上的。

产品整体概念的五个层次能够比以往的三个层次更深刻而准确地表述产品整体概念，更能体现以顾客为中心的现代营销观念。因为这一概念的内涵和外延都是以消费者需求为标准的，是由消费者的需求来决定的。对产品整体概念的理解是真正贯彻现代营销观念的开始。

二、产品整体概念的意义

产品整体概念体现了以顾客为导向的现代市场营销观念，是市场经营思想的重大发展，它对企业经营有着重要的理论指导意义。

（1）产品整体概念指明了产品是有形特征和无形特征构成的综合体。为此，企业一方面要在产品设计、开发过程中，应有针对性地提供不同功能，以满足消费者的不同需要，同时还要保证产品的可靠性和经济性；另一方面，对于产品的无形特征也应充分重视，因为，它也是产品竞争能力的重要因素。产品的无形特征和有形特征的关系是相辅相成的，无形特征包含在有形特征之中，并以有形特征为后盾；而有形特征又需要通过无形特征来强化。

（2）产品整体概念是一个动态的概念。随着市场消费需求水平和层次的提高，市场竞争焦点不断转移，对企业产品提出更高要求。为适应这样的市场态势，产品整体概念的外延处于不断再外延的趋势之中。当产品整体概念的外延再外延一个层次时，市场竞争又将在一个新领域展开。

（3）对产品整体概念的理解必须以市场需求为中心。产品整体概念的五个层次，清晰地体现了一切以市场要求为中心的现代营销观念。衡量一个产品的价值，是由顾客决定的，而不是由生产者决定的。

（4）产品的差异性和特色是市场竞争的重要内容。产品整体概念五个层次中的任何一个要素都可能形成与众不同的特点。企业在产品的效用、包装、款式、安装、指导、维修、品牌、形象等每一个方面都应该按照市场需要进行创新设计。

（5）把握产品的核心产品内容可以衍生出一系列有形产品。一般来说，有形产品是核心产品的载体，是核心产品的转化形式。这两者的关系给我们这样的启示：把握产品的核心产品层次，产品的款式、包装、特色等完全可以突破原有的框架，由此开发出一系列新产品。

产品整体概念的五个层次，十分清晰地体现了以顾客为中心的现代营销观念。这一概念的内涵和外延都是以消费者需求为标准的，由消费者的需求来决定的。可以说，产品整体概念是建立在"需求＝产品"这样一个等式基础上的，没有产品整体概念，就不可能真正贯彻现代营销观念。

三、产品的分类

在市场营销中要根据不同的产品制定不同的营销策略，而要做到科学地制定有效的营销策略，就必须先对产品进行科学的分类。根据产品的不同特征、特点，可以按不同的标准进行分类，通常按消费者的购买习惯可划分为四类，即便利品、选购品、特殊品及非渴求品。

（一）便利品

便利品是指消费者经常购买，希望能在需要时即可买到，而且不愿意花时间去比较品牌、价格的产品和服务。便利品还可以细分为日用品（食品、肥皂、牙膏等）、冲动购买品（糖果、玩具、杂志等）、急用品（下雨时的雨伞、停电时的蜡烛和手电筒等）三类。

（二）选购品

选购品是指消费者在购买之前要经过仔细比较、认真挑选，才会决定购买的产品，如家具、家用电器、服装等。选购品挑选性强，因此经营者要提供大量的花色、品种以备购买者挑选。此外，还应拥有经过培训的销售人员来为顾客提供咨询和服务。

（三）特殊品

特殊品是指具有某种独特性能或消费者对其牌子、标记有特殊认识的产品。对这些产品大部分消费者愿意做出特殊的购买努力，多花时间与精力去购买，如特殊品牌和式样的小汽车、高保真音响以及具有特殊收藏价值的邮票、钱币等。经营此类商品，网点应该更集中，并要做好售后服务工作。

（四）非渴求品

非渴求品指消费者不知道或者虽然知道但没有兴趣购买的产品，如墓地、百科全书等。非渴求品的特殊性决定了对它需要加强广告、推销等营销手段刺激消费，使消费者对它产生购买欲望。

第二节　产品生命周期

一、产品生命周期的概念

产品生命周期是指某产品从进入市场到被淘汰退出市场的全部运动过程、它是产品的一种更新换代的经济现象。

一种新产品正式上市，即意味它的生命周期由此开始，一段时间后它不再被消费者接受而退出市场时，其生命周期便宣告结束。这里的产品生命周期实际上指的是产品的市场寿命、经济寿命，而非使用寿命，它们是不同的概念。产品的市场寿命指产品在市场上存在的时间，它的长短主要受市场因素的影响。产品的使用寿命则是指从产品投入使用到产品报废所经历的时间，它是产品实体的消耗磨损，是具体有形的变化，其长短受自然属性、使用频率等因素的影响。

产品生命周期的长短由众多因素决定，其中包括：产品本身的性质、特点；市场竞争的激烈程度；科学技术的发展程度；消费需求的变化速度；企业营销的努力程度等。从总的趋势来看，产品生命周期正在日益缩短。企业只有加快产品开发和更新换代的速度，才能立于不败之地。典型的产品生命周期一般可分为四个阶段，即引入期、成长期、成熟期和衰退期（见图7-2）。产品生命周期曲线描述了一个产品在市场上从无到有、高速发展、市场饱和，直至被淘汰退出市场的运动过程。

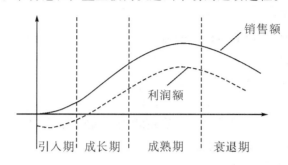

图7-2　产品生命周期

产品生命周期各阶段的划分是相对的。一般来说，各阶段的分界依据是产品的销售量和利润额的变化情况。在引入期，产品销售量增长缓慢，利润增长也比较缓慢，利润一般为负。一旦销售量开始迅速增长，利润由负变正，则说明引入期已经结束，进入成长期。当销售量的增长减慢，利润增长值接近于零时，说明已进入成熟期。在成熟期，产品的销售量从缓慢增加到缓慢递减，同时利润额开始下滑。当销售量加速递减，利润也比较快地下降时，说明产品已进入了市场衰退期。

二、产品生命周期各阶段的主要特点

（一）引入期

引入期始于新产品首次在市场上普遍销售之时。新产品进入引入期之前需要经历开发、研制、试销等过程，这一时期的特点有六个，分别是：

第一，顾客对产品还不了解，只有少数追求新奇的顾客可能购买，销售量很低。

第二，为了扩展销路，需要大量的促销费用，对产品进行宣传。在这一阶段，由于技术方面的原因，产品不能大批量生产，因而成本高、销售额增长缓慢，企业不但得不到利润，而且可能亏损。

第三，企业尚未建立理想的营销渠道和高效率的分配模式。

第四，产品技术、性能也有待进一步完善。

第五，价格决策难以确立，高价可能限制了购买，低价可能难以收回成本。

第六，同类产品的生产者较少，竞争不激烈。

（二）成长期

当产品进入市场，销售取得成功之后，便进入了成长期。成长期是指产品通过试销效果良好，购买者逐渐接受该产品，产品在市场上站住脚并且打开了销路。这个时期通常表现的主要特点有七个，分别是：

第一，顾客对产品已经熟悉，大量的新顾客开始购买，市场逐步扩大。

第二，产品大批量生产，生产成本相对降低，企业的销售额迅速上升，利润也迅速增长。

第三，竞争者看到有利可图，便纷纷进入市场参与竞争，使同类产品供给量增加，价格随之下降，企业利润增长速度逐步减慢，最后达到生命周期利润的最高点。

第四，产品已经定型，技术工艺比较成熟。

第五，市场价格趋于下降。由于市场竞争的加剧以及生产成本的降低，产品的市场价格会逐步趋于下降。

第六，为了适应竞争和市场扩张的需要，企业的促销费用水平基本稳定或略有提高，但占销售额的比例下降。

第七，建立了比较理想的营销渠道。

（三）成熟期

成熟期是指产品进入大批量生产并稳定地进入市场销售，经过成长期之后，随着购买产品的人数增多，市场需求趋于饱和。

成熟期可以细分为三个时期：

（1）成长成熟期。此时期各销售渠道基本呈饱和状态，增长率缓慢上升，还有少数后续的购买者继续进入市场。

（2）稳定成熟期。由于市场饱和，消费平稳，产品销售稳定，销售增长率一般只与购买者人数成比例，如无新购买者则增长率停滞或下降。

（3）衰退成熟期。销售水平显著下降，原有用户的兴趣已开始转向其他产品和替代品。全行业产品出现过剩，市场竞争加剧，一些缺乏竞争能力的企业将逐渐被取代，新加入的竞争者较少。竞争者之间各有自己特定的目标顾客，市场份额变动不大，突破比较困难。

成熟期的特点表现为如下几个方面：

第一，产品销售量增长缓慢，逐步达到最高峰，然后开始缓慢下降。

第二，产品的销售利润增长也减慢，达到最高点后开始下降。

第三，市场竞争非常激烈，各种品牌、各种款式的同类产品不断涌现市场。

第四，由于竞争加剧，产品售价开始降低，企业的营销费用，尤其是促销费用增加。

（四）衰退期

随着科学技术的发展，新产品或新的替代用品出现，将使顾客的消费习惯发生改变，转向其他产品，从而使原来产品的销售额和利润额迅速下降。于是，产品进入了衰退期。这一时期特点有四个，分别是：

第一，产品销售量由缓慢下降变为迅速下降，消费者的兴趣已完全转移。

第二，价格已降到最低水平，利润很低甚至出现亏损。

第三，多数企业由于无利可图而纷纷退出市场。

第四，留在市场上的企业逐渐减少产品附带服务，削减促销费，简化销售渠道，以维持最低的经营水平。

三、产品生命周期各阶段的营销策略 ┤────────────────────────────

（一）引入期的营销策略

在商品引入期，一方面，由于消费者对商品十分陌生，企业必须通过各种促销手段把商品引入市场，力争提高商品的市场知名度；另一方面，进入引入期的产品生产成本和销售成本相对较高，企业在给新产品定价时不得不考虑这个因素。所以，在引入期企业营销的重点主要集中在促销和价格方面。一般有四种可供选择的市场策略。

1. 高价快速策略

这种策略的形式是：采取高价格的同时，配合大量的宣传推销活动，把新产品推入市场。其目的在于先声夺人，抢先占领市场，并希望在竞争还没有大量出现之前就能收回成本，获得利润。适合采用这种策略的市场环境为：

（1）必须有很大的潜在市场需求量。

（2）这种商品的品质特别高，功效又比较特殊，很少有其他商品可以替代。消费者一旦了解这种商品，常常愿意出高价购买。

（3）企业面临潜在的竞争对手，想快速建立良好的品牌形象。

2. 选择渗透策略

这种策略的形式是：在采用高价格的同时，只用很少的促销努力。高价格的目的在于能够及时收回投资，获取利润；低促销的方法可以减少销售成本。这种策略主要适用于以下情况：

（1）商品的市场比较固定、明确。

（2）大部分潜在的消费者已经熟悉该产品，他们愿意出高价购买。

（3）商品的生产和经营必须有相当的难度和要求，普通企业无法参加竞争，或由于其他原因使潜在的竞争不迫切。

3. 低价快速策略

这种策略的形式是：在采用低价格的同时做出巨大的促销努力。其特点是可以使商品迅速进入市场，有效地限制竞争对手的出现，为企业带来巨大的市场占有率。该策略的适应性很广泛。适合该策略的市场环境是：

（1）商品有很大的市场容量，企业渴望在大量销售的同时逐步降低成本。

（2）消费者对这种产品不太了解，对价格又十分敏感。

（3）潜在的竞争比较激烈。

4. 缓慢渗透策略

这种策略的形式是：在新产品进入市场时采取低价格，同时不做大的促销努力。低价格有助于市场快速地接受商品；低促销又能使企业减少费用开支，降低成本，以弥补低价格造成的低利润或者亏损。适合这种策略的市场环境是：

（1）商品的市场容量大。

（2）消费者对商品有所了解，同时对价格又十分敏感。

（3）存在某种程度的竞争。

（二）成长期的营销策略

在商品进入成长期以后，有越来越多的消费者开始接受并使用，企业的销售额直线上升，利润增加。在此情况下，竞争对手也会纷至沓来，威胁企业的市场地位。因此，在成长期，企业的营销重点应该放在保持并且扩大自己的市场份额、加速销售额的上升方面。另外，企业还必须注意成长速度的变化，一旦发现成长的速度由递增变为递减时，必须适时调整策略。这一阶段可以适用的具体策略有以下几种：

一是积极筹措和集中必要的人力、物力和财力，进行基本建设或者技术改造，以利于迅速增加或者扩大生产批量。

二是提高商品的质量，增加商品的新特色，在商标、包装、款式、规格和定价方面做出改进。

三是进一步开展市场细分，积极开拓新的市场，吸引新的用户，以利于扩大销售。企业可以努力疏通并增加新的流通渠道，扩大产品的销售面。

四是改变企业的促销重点。例如，在广告宣传上，从介绍产品转为树立形象，以利于进一步提高企业产品在社会上的声誉。

五是充分利用价格手段。在成长期，虽然市场需求量较大，但在适当的企业可以降低价格，以增加竞争力。当然，降价可能暂时减少企业的利润，但是随着市场份额的扩大，还渴望增加长期利润。

（三）成熟期的营销策略

通常，这一阶段比前两个阶段持续的时间更长，大多数商品均处在该阶段，因此管理层也大多数是在处理成熟产品的问题。

在成熟期中，有的弱势产品应该放弃，以节省费用开发新产品；但同时也要注意到原来的产品可能还有其发展潜力，有的产品就是由于开发了新用途或者新功能而重新进入新的生命周期的。因此，企业不应该忽略或者仅仅是消极地防卫产品的衰退。有时，最佳的防卫就可能是优越的攻击。企业应该系统地考虑市场、产品及营销组合的策略。

1. 市场修正策略

市场修正策略即通过努力开发新的市场，来保持和扩大自己的商品市场份额。

①通过努力寻找市场中未被开发的部分，例如，使非使用者转变为使用者；②通过宣传推广，促使顾客更频繁地使用或每一次使用更多的量，以增加现有顾客的购买量；③通过细分市场，努力打入新的市场区划，如对地理、人口、用途等的细分；④赢得竞争者的顾客。

2. 产品改良策略

企业可以通过对产品特征的改良，来提高销售量。例如：

①品质改良，即增加产品的功能性效果，如耐用性、可靠性、速度及口味等；②特性改良，即增加产品的新的特性，如规格大小、重量、材料质量，添加物以及附属品等；③式样改良，即增加用户在产品美感上的需求。

3. 营销组合调整策略

营销组合调整策略即企业通过调整营销组合中的某一因素或者多个因素，来刺激销售。例如：①通过降低售价来提升竞争力；②改变广告方式以引起消费者的兴趣；③采用多种促销方式，如大型展销、附赠礼品等吸引客户；④扩展销售渠道、改进服务方式或者货款结算方式等。

（四）衰退期的营销策略

当商品进入衰退期时，企业不能简单地一弃了之，也不应该恋恋不舍，一味维持原有的生产和销售规模。企业必须研究商品在市场的真实地位，然后决定是继续经营还是放弃经营。在这一阶段，企业可以采取的市场营销策略如下：

1. 维持策略

维持策略即企业在目标市场、价格、销售渠道、促销等方面维持现状。由于这一阶段很多企业会相继退出市场，因此，对一些有条件的企业来说，并不一定会减少销售量和利润。使用这一策略的企业可配以商品延长寿命的策略，企业延长产品寿命周期的途径是多方面的，最主要的有以下几种：

①通过价值分析，降低产品成本，以利于进一步降低产品价格；②通过科学研究，增加产品功能，开辟新的用途；③加强市场调查研究，开拓新的市场，创造新的内容；④改进产品设计，以提高产品性能、质量、包装、外观等，从而使产品寿命周期不断实现再循环。

2. 集中策略

集中策略即企业仍然留在原来的目标上继续经营，但是根据市场变动的情况和行业退出障碍水平在规模上做出适当的收缩。如果把所有的营销力量集中到一个或者少数几个细分市场上，以加强这几个细分市场的营销力量，也可以大幅度地降低市场营销的费用，增加当前的利润。

3. 榨取策略

榨取策略即大幅度降低销售费用，如广告费用削减为零、大幅度精简推销人员等，虽然销售量有可能迅速下降，但是可以增加眼前利润。

4. 放弃策略

放弃策略即企业决定放弃经营某种商品以撤出该目标市场。在撤出目标市场时，企业应该主动考虑以下几个问题：

①将进入哪一个新区域，经营哪一种新产品，以及可以利用以前的那些资源；②品牌及生产设备等剩余资源如何转让或者出卖；③保留多少零件存货和服务以便在今后为过去的顾客服务。

第三节　产品组合策略

产品就像人一样，都有其从出生到衰退的过程。因此，企业不能仅仅经营单一的产品，世界上很多企业经营的产品往往种类繁多，如美国光学公司生产的产品超过 3 万种，美国通用电气公司经营的产品多达 25 万种。当然，并不是经营的产品越多越好，那么企业应该生产和经营哪些产品才是有利的？这些产品之间应该有些什么配合关系？这就是产品组合问题。

一、产品组合的概念

（一）产品项目、产品线和产品组合

产品项目是指产品大类或产品线中各种不同的品种、规格、质量的特定产品，在企业名录中列出的每一种产品都是一个产品项目，它是产品线的具体组成部分。例如，某服装公司生产的某一具体型号的衣服就是该公司众多产品项目中的一个。

产品线是指产品在技术上和结构上密切相关、具有相同使用功能、规模不同而满足同类需求的一组产品。比如电冰箱、抽油烟机、电磁炉等产品都是为了满足做饭所需要的产品，因而构成厨房设备产品线。

产品组合是指全部商品的有机构成方式，或者说是企业生产和经销的全部产品的结构。企业根据企业资源、市场需求和竞争状况对产品组合进行适当的调整，以达到最佳的产品组合。比如，某大型服装公司生产的男装、女装、儿童服装构成了产品组合，其中男装是一条产品线，这条产品线中的西装、大衣、毛衣、衬衣等则分别是产品项目。又如，某一小型汽车配件公司，只生产某一具体型号的零件这一个产品项目。

（二）产品组合的宽度、长度、深度和关联度

（1）产品组合的宽度是指产品组合中所拥有的产品线的数目。产品组合的宽度说明了企业的经营范围大小、跨行业经营，甚至实行多角化经营程度。增加产品组合的宽度，可以充分发挥企业的特长，使企业的资源得到充分利用，提高经营效益。此外，多角化经营还可以降低风险。例如，佳能公司的产品组合包括两条强大的产品线：办公设备和图像产品，因此它的产品组合的宽度就是2。

（2）产品组合的长度是指产品组合中所有产品线的产品项目总数。每一条产品线内的产品项目数量，称为该产品线的长度。如果具有多条产品线，可将所有产品线的长度加起来，得到产品组合的总长度，再除以产品组合的宽度，即为平均产品线的长度。例如，高露洁在每条产品线内都有很多品牌，个人护理产品线包括液体皂、沐浴露、"爱尔兰之春"香皂、除臭香露等产品。

（3）产品组合的深度是指产品线中每种产品有多少花色、品种、规格。加深产品组合的深度，可适应市场需求，满足不同顾客的需要，吸引更多的买主，但也会带来加大生产经营成本的问题。企业应权衡利弊，合理决策。例如，高露洁牙膏就有很多类型：高露洁全效牙膏、高露洁牙结石牙膏、高露洁清新香型牙膏、高露洁冰凉薄荷牙膏、高露洁健齿白牙膏、高露洁持久超感白牙膏、高露洁儿童牙膏、含小苏打和过氧化物的高露洁牙膏等。

（4）产品组合的关联度是指各条产品线在最终用途、生产条件、分销渠道或其他方面相互关联的程度。产品组合的深度越浅、宽度越窄，则产品组合的关联度越大。一般而言，实行多角化经营的企业，其产品组合的关联度小。假定宝洁的产品组合如表7-3，那么宝洁公司生产的就是清洁剂、牙膏、条状肥皂、纸尿布、纸巾5大类产品，所以产品组合的宽度是5。其中，清洁剂产品线有9个产品项目，牙膏产品线有2个产品项目，条状肥皂产品线有8个产品项目，纸尿布产品线有2个产品项目，纸巾产品线有4个产品项目，所以其产品组合的长度为25（9+2+8+2+4）。如果佳洁士品牌有3个规格，每个规格有2种口味，则佳洁士品牌的深度是6（2×3）。

表 7-3　宝洁公司的产品组合（假定）

产品大类	产品项目
清洁剂	象牙雪、德来夫特、汰渍、快乐、奥克雪多、德希、波尔德、圭尼、伊拉
牙膏	格利、佳洁士
条状肥皂	象牙、柯克斯、洗污、佳美、保洁净、香味、海岸、玉兰油
纸尿布	帮宝适、露肤
纸巾	查敏、白云、普夫、旗帜

二、产品组合策略的运用

由于市场需求和竞争形势的变化，产品组合中的每个项目，必然会在变化的市场环境下发生分化，企业必须结合自身实力和经营目标，对其产品组合的长度、宽度、深度和关联度进行不同的选择，这便形成了不同的产品组合策略。产品组合一般有五个可供选择的策略：

（一）多系列全面性策略

多系列全面性策略强调的是企业着眼于向顾客提供所需要的一切产品。这种策略又有广义和狭义之分：广义的是指企业尽可能向整个市场提供各方面的产品或服务，尽可能地扩大产品线的宽度和深度，不受产品关联度的约束。比如，五粮液集团除了生产众所周知的酒类产品以外，还生产经营精密塑胶制品、成套小汽车模具、大中小高精尖注射和冲压模具，以及生物工程、药业、印刷、电子、物流等等。狭义的是指在某一领域、某一行业、某一方面内向市场提供全部产品，也就是产品线之间的关联度较大，如海尔集团的产品线很多，但大都和电器有关。

（二）产品集中性策略

这种策略是指企业根据自己的专长，集中经营有限的或单一的产品以适应有限的或单一的市场需求。例如，某汽车厂专门生产供城市环卫系统运输垃圾用的专用汽车，即属于此种策略。

（三）产品专业性策略

产品专业性策略是指企业重点生产经营某一类产品来满足市场需求。例如，某汽车制造厂的产品都是汽车，推出了小轿车、大客车和运货卡车三条产品线，产品分别满足家庭、团体和货运企业用户的需要。

（四）市场专业性策略

市场专业性策略是指企业向某个专业市场、某类顾客提供所需要的各种商品。例如，以建筑业为其产品市场的工程机械公司，其产品组合就应由推土机、翻斗车、挖沟机、起重机、水泥搅拌机、压路机、载重卡车等产品线所组成。再如，旅游服务公司的产品组合就应考虑旅游者所需要的一切服务产品，如交通、住宿、饮食、景点导游、照相等。这种产品组合方式是以满足同一类用户的需要而联系起来的。

（五）选择性产品策略

选择性产品策略是指企业生产经营某些具有特定需要的特殊产品项目，如生产经营某些特殊病人需要的药品、保健品、食品等。由于产品特殊，所能开拓的市场是有限的，但竞争威胁也小，有助于企业长期占领市场。

三、产品组合的调整策略

（一）扩大产品组合策略

扩大产品组合策略是指开拓产品组合的宽度和加强产品组合的深度。前者是在原有的产品组合中增加一条或几条产品线，扩大企业的经营范围；后者是在原有产品线内增加新的产品项目，发展系列产品。

扩大产品组合策略的优点：①有利于充分利用企业的人力资源和其他各种资源，发挥各种生产能量，降低成本，增强企业竞争能力；②有利于减少季节性与市场需求波动的影响，分散企业经营风险，增强企业经营的稳定性；③可充分利用商誉和商标，获得大量采购同类原材料的折价优惠，有利于提高企业的市场营销效率；④有利于适应顾客多方面的需要，扩大营业规模。但这种策略有很大的制约性，它要求企业拥有多条生产线，具有多种销售渠道，促销也要多样化，而这会使生产成本和销售费用增加。通常，扩大产品组合策略的具体方式有以下三种：

一是平行式扩展，即生产企业在设备和技术力量允许的条件下，充分发挥生产潜能，向专业化和综合性方向扩展。这种扩展方式的特点是在产品线层次上进行平行延伸，增加产品系列，扩大经营范围。

二是系列式扩展，即企业在维持原产品品质的前提下，增加同一产品的规格、型号和款式。这种扩展方式通过增加产品项目，使产品组合在产品项目层次上向纵深发展。这样能向更多的目标市场提供产品，以满足更广泛的市场需求。

三是综合利用式扩展，即企业生产与原有产品系列不相关的产品，通常与综合利用原材料、处理废物、防治环境污染等结合进行，充分利用企业资源和剩余生产能力，提高企业效益。

（二）缩减产品组合策略

缩减产品组合策略是削减产品线或产品项目，特别是要取消那些获利小的产品，以便集中力量经营获利大的产品线和产品项目。

缩减产品组合策略的优点：①企业可集中资源、技术于少数产品，提高产品质量，降低消耗；②减少资金占用，加快资金周转；③扩大少数产品的生产规模，以便从事大批量生产，产生规模效益；④减少产品脱销断档现象，加强对消费者的销售服务；⑤使广告宣传、分配渠道等目标更加集中，提高效率。但这种策略风险较大，一旦生产经营的产品在市场上失利，企业可能遭受严重损失。缩减产品组合的方式有以下两种：

一是减少产品线数量，实现专业化生产经营。根据市场的变化情况，集中企业的优势资源，减少产品生产的类别，只生产和经营少数几个产品系列。

二是保留原产品线，削减产品项目，停止生产产品系列中不同品种、规格和式样的产品，外购同类产品继续销售，尽量生产能创造更高利润的产品。

（三）产品线延伸策略

产品线延伸策略是指将产品线加长，增加企业的经营档次和范围。产品线延伸的主要原因是为满足不同层次的顾客需要和开拓新的市场，具体有以下三种形式：

一是向上延伸，即企业原来生产低档产品，后来决定在产品线中增加中档产品和高档产品。

产品线延伸策略的主要优点：①高档产品畅销，销售增长较快，利润率较高；②企业估计高档产品市场上的竞争者较弱，易于被击败；③企业想使自己成为生产种类全面的企业。但是采用这种策略也要承担一定风险，例如，可能引起生产高档产品的竞争者进入低档产品市场，进行反攻；未来的顾客可能不相信企业能生产高档产品；企业的销售代理商和经销商可能没有能力经营高档产品。

二是向下延伸，即企业原来生产高档产品，后来增加低档产品。采用向下延伸策略主要是因为高档产品在市场上受到竞争者的威胁，本企业产品在该市场的销售增长速度趋于缓慢，企业得向下延伸寻找新的经济增长点。同时，某些企业出于填补产品线空缺、防止新的竞争者加入的考虑，也会实施这一策略。

向下延伸策略的主要优势：①可以节约新品牌的推广费用；②可使新产品搭乘原品牌的声誉便车，很快得到消费者的承认；③企业可以充分利用各种资源。向下延伸策略的局限性：①处理不好可能弄巧成拙，容易陷入困境，因为推出低档产品会使企业在原高档产品的投入相对减少，使该市场相对萎缩；②向下延伸策略，会侵犯低档市场竞争者的利益，可能刺激新竞争对手的种种反击；③经销商可能不太愿意经营低档次的商品，以规避经营风险等；④向下延伸策略也有可能是一把"双刃剑"，既可能低成本拓展业务，也有可能落入陷阱，如损害原品牌的品牌形象。

三是双向延伸，即企业在原有产品的基础上一方面增加高档产品，另一方面增加低档产品，扩大市场阵地。这种策略在一定条件下有利于扩大市场占有率，提高自己的竞争能力。但是企业采取这种策略也会带来一些风险：随着产品项目的增加，各项成本也增加，这不仅加大了市场风险，而且也增加了经营难度，需要企业不断提高经营管理水平。

（四）产品线现代化

在某些情况下，产品线的长度虽然是适当的，但产品还停留在以往的水平，那就需要更新产品，实现产品大类现代化，以利于竞争。这一策略强调的是把现代化科学技术应用到生产过程中，对现有产品线的技术进行更新和改造。产品大类现代化可以采取渐进式和激进式两种方式。选择渐进式实现的方式可以节省资金，但也容易被竞争者发现和模仿；而激进式实现产品线现代化举措，需在较短的时间内投入大量的资金，但可以快速产生市场效果，并对竞争者形成威胁。

第四节　新产品的开发和扩散

2015 年 5 月 27 日，习近平总书记在华东七省市党委主要负责同志座谈会上的讲话中提出："综合国力竞争说到底是创新的竞争。要深入实施创新驱动发展战略，推动科技创新、产业创新、企业创新、市场创新、产品创新、业态创新、管理创新等，加快形成以创新为主要引领和支撑的经济体系和发展模式。"企业在市场经济中发展，不断提高满足顾客需求的能力，是企业在激烈竞争中生存的客观要求。顾客需求总是处于不断变化之中，因此这种需求的满足是一个动态过程。在这个过程中，企业仅生产单一形式的产品，难以满足各个时期不同层次的顾客需求。为顾客提供与其需求一致的产品并进行新产品开发，就成为企业谋求发展的必由途径。

一、新产品的概念及种类

从市场营销的角度看，凡是企业向市场提供的过去没有生产过的产品都叫新产品。具体地说，只要是产品整体概念中的任何一部分的变革或创新，并且给消费者带来新的利益、新的满足的产品，都可以认为是一种新产品。据此，新产品包括以下四种类型：

（一）全新产品

全新产品指在科学技术开发上具有意义的新产品。这种类型的新产品通常采用了新的设计原理、新的制造材料和新的生产技术，制成的产品一般具有全新的功能，与现有的产品存在根本的区别。这是绝对的新产品，它的创新程度最高，具有其他类型新产品所不具备的经济、技术上的如下优势：①可取得发明专利权，享有独占权利；②能通过其明显的新特征与新用途改变传统的生产、生活方式，取得全新的市场机会，创造需求。但这种产品的研制是一件相当困难的工作，需要技术、资金、时间的保证，还要承担巨大的投资风险。因此，实力较强、规模较大的企业出于市场战略上的考虑，引领市场潮流，重视开发完全创新的产品固然必要，但为了应对眼前的市场竞争，也应重视开发相对的新产品，即在原有产品的基础上进行更新换代、改革与仿制。

（二）换代新产品

换代新产品是指在原有产品的基础上，部分采用新技术、新材料制成的性能有显著提高的新产品。换代新产品的技术含量比较高，是在原有产品基础上的新发展，因此它是企业进行新产品开发、提高竞争能力的重要创新方式。新产品在产品性能方面，可能显得更为通用、灵便、快速。例如，电脑的升级、电视机的功能创新等。换代产品通常在实用材料和制造原理上与原产品有一定的延续性，因而开发这类产品比开发全新产品相对容易，开发成本和承担的风险也比较低。现代科学技术的进步、消费者日益多变的需求，是企业对产品更新换代的良好条件和环境。

（三）改进新产品

改进新产品是指对原有产品在材料、性能、结构、造型、颜色、包装等方面做出改进的新产品。以下情况均属这种类型：①采用新设计、新材料改变原有产品的品质，降低成本，但产品用途不变；②采用新式样、新包装、新商标改变原有产品的外观而不改变其用途；③把原有产品与其他产品或原材料加以组合，使其增加新功能；④采用新设计、新结构、新零件增加其新用途。例如，把窗口式空调改良为分体式空调，把普通酒改为精品酒，对洗发水的香型作出改变，等等。一般来说，改进新产品的技术产量低或不需要使用新技术，是较容易设计的新产品形式。它可以增强竞争能力、延长产品生命周期、减少研制费用和风险、提高经济效益。由于改良产品只是在品质、特色、款式、外形等方面对原有产品进行了一定程度的改进，且改进之后的产品非常贴近顾客的消费习惯，因此这类产品比其他新产品更容易得到顾客的接受。

（四）仿制新产品

仿制新产品是指市场已经存在但企业尚未生产的产品。由于这些产品的开发与生产都是对已有产品的一种模仿，所以又称为模仿新产品。在国际市场上，一些产品虽然已经流行多年，但是受地理位置或其他因素的影响，它们并没有出现在国内市场上，国内企业如果生产这些产品，就属于制造和生产模仿新产品。从市场竞争和企业经营上看，在新产品的发展中，部分仿制和全面仿制是不可避免的。仿制是开发新产品最快捷的途径，并且风险也较小，只要有市场需求，又有生产能力，就可以借鉴现成的样品和技术来开发本企业的新产品。例如，日系汽车曾风靡全球，它的第一步是从仿制开始的；"广货"畅销于国内外市场，其中不乏仿制的产品。需要注意的是，仿制不能违反专利法等法律法规，并对原有产品进行适应性的修正。

在国内和国际公司的竞争与日俱增的情况下，每个公司都应积极开发新产品。企业要获得新产品，并不意味着由企业独立完成从新产品的创意到生产的全过程。除了自己开发外，企业还可以通过购买专利、经营特许、联合经营等方式来取得新产品的经营权。企业应该根据自己的研发能力和经济能力合理地选择获取方式、开发方式或者两者并用来发展新产品。

二、新产品的开发程序

新产品开发是一项极其复杂的工作，从根据用户需要提出设想到正式生产产品投放市场为止，其中经历许多阶段，涉及面广、科学性强、持续时间长，因此必须按照一定的程序开展工作，这些程序之间互相促进、互相制约，才能使产品开发工作协调、顺利地进行。产品开发的程序是指从提出产品构思到正式投入生产的整个过程。由于行业的差别和产品生产技术的不同特点，新产品开发所经历的阶段和具体内容并不完全一样。但一般企业研制新产品的开发程序大致如图7-4所示，主要包括八个阶段，即创意产生、创意筛选、概念发展和测试、营销战略发展、商业分析、产品开发、市场测试和商品化。新产品在开发过程结束之后，正式进入消费者采用过程。

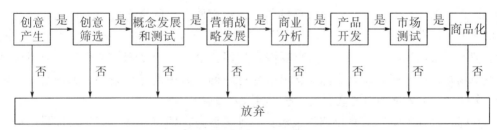

图7-4 新产品的开发程序

（一）创意产生

没有创意就不可能生产出新的产品，因此创意是新产品开发的基础和起点，它为新产品开发提供了基本轮廓。所谓创意，就是开发新产品的设想。在创意产生阶段，营销部门的主要责任是：①积极地在不同环境中寻找好的产品创意；②积极地鼓励公司的内外部人员发展产品创意；③将所汇集的产品创意转送公司内部有关部门，征求修正意见，使其内容更加充实。营销人员寻找和搜集新产品创意的来源主要有以下几个方面：

（1）顾客。顾客的需求和欲望是新产品创意的逻辑起点。大量新产品创意起源于那些首先使用企业产品的顾客，因为这些顾客比其他人先认识到了产品需要改进的地方。企业通过观察顾客对现有产品的购买、使用，分析顾客提出的批评和建议，可以形成创意，解决现有产品存在的问题。

（2）竞争者。分析和研究竞争者的产品，往往可以发现新的创意。对于竞争者所开发的新产品的销售状况，拟开发新产品的企业必须引起高度关注，且要准确地评价这些新产品的市场反应。无论这些新产品的销售是否成功，他们的销售信息对于拟进行新产品开发的企业而言，在寻找创意方面都具有极其重要的参考价值。所以企业应重视通过经销商、供应商和销售人员来了解竞争产品的销售情况及消费者对它的评价反映。

（3）企业内部人员。企业内部人员主要包括设计、制造、高层管理人员和促销人员等。管理学大师彼德·德鲁克认为，企业作为一个营利性组织，它只有两项重要的任务，即营销与创新。创新是企业发展中的永恒主题，没有创新机制的企业就没有生命力。因此在倡导先进文化的社会中，通常都会大力鼓励创新。

（4）科技人员。在科学技术突飞猛进的今天，企业与科研之间的关系极为密切，企业依靠科研力量的推动而发展，科研机构依靠企业的资金支持而强大。因此科学技术人员越来越成为新产品创意的主要来源。如智能手机、平板电脑、合成纤维、塑料等的出现，都来自科学家对基础科学的研究。

（5）中间商。中间商直接接触市场，可将顾客的需要和意见反映给企业，还可向企业提供市场上有关新技术与原材料方面的信息，对启发新产品创意帮助极大。

除了以上几种来源外，企业还可以从大学、咨询公司、同行业的团体协会以及有关的媒体那里寻求有用的新产品创意。

（二）创意筛选

创意筛选就是在取得足够多的创意之后，对它们进行优选，挑选出可行性较高的创意，剔除那些不可行或可行性较低的创意，从而使有限的资源集中于成功机会较大的创意上。筛选创意时要考虑以下三个因素：第一，产品创意的目标市场和市场规模、竞争情况、市场风险、发展趋势及市场潜力如何；第二，产品创意是否与企业目标和企业市场营销目标有关；第三，开发和研究这一创意有关的必要资源，如原材料、资金、分销商、开发能力等是否具有可获得性。

在筛选过程中要注意避免两种失误：一种是误舍，即将一些具有开发前景的产品创意筛选舍去；另一种是误用，即将一个没有市场发展前景的产品构想付诸实施，结果投入市场后遭遇失败，造成人力、物力、财力和时间的损失。

为甄别创意的优劣，企业应根据其发展目标和资源条件评价市场机会的大小，淘汰那些市场吸引力不大的构思，然后对余下的构思采用加权评分法分别计算其成功的分数值，并按一定的标准从中选出企业可以接受的产品构思。

（三）概念的发展和测试

经过筛选后保留下来的产品创意还要进一步发展成为产品概念。所谓产品概念，是指企业从消费者的角度对创意进行的详尽描述，使产品创意具体化，以便顾客在头脑中形成一种直观的产品形象。对新产品创意提出问题的回答可形成不同的产品概念，即谁使用该产品？产品的主要利益是什么？适用于什么场合？

确定了最佳产品概念，进行产品和品牌的市场定位后，就应当对产品概念进行测试。所谓产品概念测试，就是用文字、图画描述或者用实物将产品概念展示给一群目标顾客以观察他们的反应。

新产品测试的具体内容：第一，新产品概念的可传播性和可信度即测试消费者对该产品概念所提供的利益是否清楚明白，是否相信该新产品概念所能提供的利益。第二，潜在消费者对新产品概念的需求水平。即测试消费者对该新产品概念的需求程度。消费者需求愿望越强烈，新产品概念成功的可能性越大。与此同时，企业还应对每一个产品概念都进行定位，以了解同类产品的竞争状况，优选最佳的产品概念。选择的依据是未来市场的潜在容量、投资收益率、销售成长率、生产能力以及对企业设备、资源的充分利用等，可采取问卷方式将产品概念提交目标市场有代表性的消费者群进行测试、评估。

（四）营销战略发展

对已经经过测试的产品概念，企业的新产品经理必须为把这种产品引入市场而初步制订市场营销战略计划。这个营销计划将在以后的阶段中被不断完善发展。营销计划包括三个部分：第一，描述目标市场的规模、结构、消费者的购买行为、产品的市场定位，对前期的销售量、市场占有率、利润率的预测等。第二，描述该产品预期价格、分销策略以及第一年的营销预算。第三，描述预期的长期销售额和利润目标，以及不同时期的市场营销组合策略等。

对上述三部分分析之后制定相应的营销战略，包括渠道选择、价格策略、市场定位、市场占有率目标、促销策略等，或者做出相应的营销组合，如产品的定价、确定分销渠道、广告与用户调查等。新产品投产以后按已制定的战略上市，并随环境的变化进行修正、调整。

（五）商业分析

在这一阶段，企业的管理部门要审查新产品将来的销售量、成本和利润计划以确定它们是否符合公司的目标，因此企业还需要预测销售量和估计成本、利润。

1. 预测销售量

企业管理者要估计新产品的销售量是否能够使企业获得满意的利润。对销售量的预测，必须将新产品分为不同的类型，分别是一次性购买的产品、非经常性购买的产品和经常购买的产品。然后根据不同类型产品的特征进行市场销售量预测，在预测的过程中参考市场上类似产品的市场容量和市场占有率，以此来预测可能的销售量。

2. 估计成本、利润

在完成销售预测后，企业还要根据营销战略计划分析各种费用，如广告费用、促销费用、财务费用、管理费用、生产成本、开发成本等，结合暂定的产品价格计算出每年的预计利润和亏损，从而对产品概念在商业上是否可行做出判断。

（六）产品开发

如果产品概念通过了商业测试，就移至产品开发部或工程部，把它发展成实体产品。到目前为止，它只是一段语言描述、一张图样或一个粗糙的模型。在本阶段要解决的问题是产品创意能否转化为在技术上和商业上可行的产品。如果不能，公司除了获得在此过程中的有用信息外，它的积累投资将付诸东流。产品开发是一个重要步骤，只有通过产品试制，投入资金、设备和人力，才能使产品概念实体化，发现不足与问题，改进设计，才能证明这种产品概念在技术、商业上的可行性。需要强调的是，新产品开发必须使模型或样品具有产品概念所规定的所有特征。

（七）市场测试

市场测试是指新产品基本定型后，可投放到经过挑选的有代表性的一定市场范围内进行销售试验。其目的是检验在正式销售条件下，市场对新产品的反应，以便具体了解消费者的喜爱程度、购买力状况和不同的意见要求，为日后批量生产提供参考依据。通过市场测试，一方面可以进一步改进产品的品质，另一方面能帮助企业制定出有效的营销组合方案。根据新产品试销的不同结果，企业可以做出不同的决策。试销结果良好，可全面上市；试销结果一般，则应根据顾客意见修改后再上市；试销结果不佳，应修改后再试销，或停止上市。当然，并非所有的新产品都要经过试销，成功把握较大的新产品就不必试销，以免失去市场机会。还有价格昂贵的特殊品、高档消费品和少量销售的工业品，通常也不经过试销而直接推向市场。

（八）商品化

商品化是指对经过测试获得成功的新产品，进行大批量生产和销售。这是新产品开发的最后一个程序。至此，新产品也就进入了商业化阶段。为了使新产品顺利上市，企业应对其入市时机和地点进行慎重决策。在入市时机上，如果新产品是替代本企业老产品的，应在原有产品库存较少时上市，以避免对原有产品销路产生影响；如果新产品的需求具有较强的季节性，应在需求旺季上市，以争取最大销量；如果新产品需要改进，则应等到其进一步完善后再上市，切忌仓促上市。在入市地点上，一般采用"由点到面、由小到大"的原则。先在某一地区市场上集中搞好新产品的促销活动，逐步扩大市场份额，取得消费者的信任，然后再向更广的市场扩展。在进行市场扩展时，应当找出最有吸引力的市场首先投放。在选择这一市场时要考察这样几个方面：市场潜力；企业在该地区的声誉；投放成本；对其他地区的影响力；该地区研究数据的质量。另外，竞争因素是非常重要的，公司必须慎重考虑竞争对手在市场上的表现。但实力雄厚并拥有庞大销售网络的大企业，也可将新产品直推向国内外市场。具体说来，入市时除了要注意时机和地点，还要注意以下几个方面：

（1）目标顾客。企业在推出新产品时要针对最有希望的购买群体。新消费品的目标顾客应具备下列特性：①他们将成为早期采用者；②是大量使用者；③是舆论领袖并对该产品赞不绝口；④和他们接触的成本不高。

（2）营销策略。公司必须制订一个把新产品引入扩展市场的实施计划。这里，首先要对各项市场营销活动分配预算，然后规定各种活动的先后顺序，从而有计划地开展各种市场营销活动。

三、新产品的扩散

新产品一旦进入市场，企业的任务就是抓住时机进行推广，达到使消费者普遍接受的目的。在这个阶段，要考虑消费者的心理因素，具体地研究消费者在心理上接受新产品的一般规律。在采用新产品的过程中，消费者接受商品具有"阶段性"，主要包括五个相互联系、有序的阶段。

（一）认知或知晓

认知或知晓是消费者获取关于新产品信息的第一步。消费者开始知道了有某种新产品存在。企业应想方设法吸引消费者的注意，建立初步印象。消费者的"知晓"往往通过多条渠道获得。

（二）兴趣

产品或服务不但引起了消费者的注意，而且使消费者产生了一定的兴趣。产生兴趣的消费者会自然地成为"信息寻求者"的角色，主动查找有关商品和服务的资料，进行各种对比分析。

（三）欲望

在发生兴趣、对商品进一步了解的基础上，消费者产生了对商品或劳务的渴求。企业若能在这个阶段适时、适度地让消费者了解产品的优点，进一步诱发购买是水到渠成的事。

（四）确信

通过前几个阶段，消费者确信商品对自己是适用的，便会下决心购买。

（五）成交

成交是指消费者从思想观念到行动上都接受了新产品，并正式付诸购买行动。以上介绍了一般的心理活动过程，但不同的消费者对新产品的态度不同，因此，还得研究不同的消费者。有的市场学者做了一些调查，将消费者采用新产品的情况按其态度分为以下五类：

（1）最早采用者，又称为革新型的购买者。这类人对新产品敏感，消息灵通，喜欢创新，约占消费者群的 2.5%，被称作"消费先驱"。这类消费者在购买中起示范作用，是企业推广新产品的极好目标。

（2）早期采用者。这类人喜欢评论，好鉴赏，以领先为荣，约占消费群的 13.5%。

（3）中期采用者。这类人性格比较稳重，接触外界的事物多，一般经济条件较好，愿用新产品，约占消费者群的 34%。

（4）晚期采用者。他们与外界接触相对较少，经济条件也比较差，一般不主动采用新产品，而是待大多数人证实其效用后方才采用，约占消费者群的 34%。

（5）最晚采用者又称保守型的消费者。他们为人拘谨，对新产品总是持怀疑与反感态度，只有待到新产品已成为传统式产品时才采用，约占消费者群的 16%。

第五节　品牌策略

习近平总书记高度重视品牌建设，多次提出殷切期许。2014 年 5 月 10 日，在河南考察时，习近平总书记提出"推动中国制造向中国创造转变、中国速度向中国质量转变、中国产品向中国品牌转变"。为大力宣传知名自主品牌，讲好中国品牌故事，提高自主品牌影响力和认知度，自 2017 年起，我国将每年 5 月 10 日定为中国品牌日。当今时代产品日趋同质化，品牌成为差异化的重要价值资产和来源，品牌战略在营销战略中扮演着愈发重要的角色。

一、有关品牌的几个概念

（一）品牌的定义

区别专业的营销者的最佳方式也许是看他们是否拥有对品牌的创造、维持、保护和扩展的能力。美国市场营销协会对品牌的定义如下：品牌是一种名称、术语、标记、符号或设计，或是它们的组合运用，其目的是借以辨认某个销售者的产品或服务，并使之同竞争对手的产品和服务区别开来。

品牌实质上代表卖者对交付给买者的利益和服务的一贯性的承诺。品牌的整体含义，可以分为六个层次：

1. 属性

一个品牌首先给人带来特定的属性，这是品牌最基本的含义。例如，"奔驰"意味着昂贵、工艺精湛、马力强大、高贵、转卖价值高、速度快等。公司可以利用这些属性的一个或者几个做广告宣传。许多年来，奔驰有一句广告语是："其工程质量全世界其他汽车无可比拟。"这就是为了显示该汽车其属性而精心设计的定位纲领。

2. 利益

品牌不只意味着一整套属性，属性需要转化为功能性或情感性的利益，顾客买的正是利益而不是属性。耐久的属性体现了功能性的利益，如"多年内我不需要再买车"；昂贵的属性体现了情感性利益，如"这辆车让我感觉到受人尊重"。

3. 价值

品牌也说明一些生产者价值。因此，"奔驰"代表着高绩效、安全、声望及其他东西。该品牌营销者必须推测出在寻找这些价值的特定的汽车购买群体。

4. 文化

品牌可能附加象征了一定的文化。"奔驰"汽车代表着德国文化，即组织严密、高效率和高质量。

5. 个性

品牌代表了一定的个性。如果品牌是一个人、动物或物体的名字，会使人们想到什么呢？"奔驰"可能会让人想到严谨的老板、凶猛的狮子或庄严的建筑。有的时候，它可以表示一位实际名人或发言人的个性。

6. 使用者

品牌暗示着购买或使用产品的消费者类型。比如，我们看到一位20来岁的秘书开着一辆"奔驰"时会感到有些吃惊。我们更愿意看到开车的是一位50岁的高级经理。事实上，产品所表示的价值、文化和个性，均可反映到使用者的身上。

如果一个公司把品牌仅看成是一个名字，它就忽视了内容的关键点。品牌的挑战是要深度地开发品牌的意义。如果一个品牌能被看出所有六层含义，我们就称它为深意品牌，否则就是肤浅品牌。

六个层次的品牌内涵使企业必须考虑品牌特性的深度层次。购买者更重视品牌利益而不是品牌属性；而且竞争者很容易模仿或复制这些属性；另外，现有的属性还可能会随着时间的推移、技术的进步而变得毫无价值。品牌最持久的含义是其价值、文化和个性，它们构成了品牌的基础，揭示了品牌间差异的实质。

促销品牌的一个或几个利益也包括风险。假定奔驰吹捧它的主要利益是"高绩效"，再假定几个竞争品牌体现了同样高或更高的绩效，或假定汽车购买者开始认为高绩效不如其他利益重要，因此，奔驰应需要有更大的自由度来调整新的利益定位。

一个品牌最持久的含义应是它的价值、文化和个性，它们确定了品牌的基础。奔驰表示了"高技术、绩效、成功"等。这就是奔驰必须采用的品牌战略。如果用奔驰的名字在市场进行廉价销售，这就一个是错误的决定，因为这会冲淡奔驰多年来建立的价值观和培养的品牌个性。

（二）品牌名称

品牌名称是指品牌中可以用语言称呼并可以用文字表述的部分。品牌名称应在五个字以内，因为人的短时记忆容量是 7 ± 2 个，如果字符过长，消费者就很难记住。例如，"联想""海尔""美加净""阿迪达斯"等。

（三）品牌标志

品牌标志是指品牌中可以被认出但不能用言语称呼，也不能用文字表述的部分。通常是一些符号、图案、颜色、字体和其他特殊的设计，往往具有特殊的内涵。

（四）商标

商标是指经过注册登记，受到法律保护的品牌或品牌中的某一部分，是法律名称。商标是企业的无形资产，驰名商标更是企业的巨大财富。在我国，商标通常有"注册商标"与"非注册商标"之分。注册商标是指受法律保护、所有者享有专用权的商标。非注册商标是指未办理注册手续、不受法律保护的商标。国家规定，必须使用注册商标，必须申请商标注册，未经批准注册的，不得在市场销售。

品牌与商标是极易混淆的一对概念，两者既有联系，又有区别，品牌并不完全等同于商标，或者说品牌有别于商标。品牌市场概念，是产品和服务在市场上通行的牌子，它强调与产品及其相关的质量、服务等之间的关系，品牌实质上是品牌使用者对顾客在产品特征、服务和利益等方面的承诺。而商标属于法律范畴，是法律概念，它是已获得专用权并受法律保护的品牌，是品牌的一部分。

二、品牌的作用

品牌的作用是多方面的，我们从对消费者、企业营销以及社会三个方面进行分析。

（一）对消费者的作用

第一，有助于消费者识别产品的来源或制造厂家，更有效地选择和购买商品。品牌便于消费者辨认、识别所需商品，有助于消费者选购，提高购物效率，降低消费者购买成本。随着科学技术的发展，商品的科技含量日益提高，对消费者来说，同种类商品间的差别越来越难以辨别，商品品牌的存在使消费者可借助品牌来辨别、选择所需的商品并得到相应的便利服务，如更换零部件、维修服务等，从而提高消费者的购物效率。

第二，品牌有利于消费者维护自己的权益。企业为了维护自己品牌形象和信誉，都十分注意恪守对消费者的承诺，并注重同一品牌的产品质量水平同一化，另外一旦企业的产品有了品牌，也便于有关部门对产品质量进行监督，质量出了问题也便于追查责任。如选购时避免上当受骗，出现问题时便于索赔和更换等。品牌有助于消费者避免购买风险，降低购买成本，从而更有利于消费者选购商品。

第三，品牌有利于促进产品改良，有益于消费者。企业为了适应消费者需求的变化，适应市场竞争的客观要求，必然会不断更新或创制新产品，以变更、增加承诺，品牌最终会带给消费者更多的利益。

第四，好的品牌对消费者具有很强的吸引力，有利于消费者形成品牌偏好，满足消费者的精神需求。

（二）对企业营销的作用

第一，品牌便于企业进行经营管理。品牌是一种品质的标志，同时也是一种身份的象征，有了品牌之后，在企业内部管理上容易分门别类，在与外界交流沟通的过程中也使程序得到简化，如在做广告宣传和签订买卖合同时，都需要有品牌，以简化交易手续。

第二，有助于产品的销售和占领市场。注册商标受法律保护，具有排他性。品牌经注册后获得商标专用权，其他任何未经许可的企业和个人都不得仿冒侵权，从而为保护品牌所有者的合法权益奠定了客观基础。同时，品牌有助于稳定产品的价格，减少价格弹性，增强对动态市场的适应性，减少未来的经营风险。

第三，品牌可建立稳定的顾客群，吸引那些具有较高品牌忠诚度的消费者，使企业的销售额保持稳定。借助品牌，消费者了解了品牌标定下的商品；借助品牌，消费者记住了品牌及商品，也记住了企业；借助品牌，即使产品不断更新换代，消费者也会在其对品牌信任的驱使下产生购买欲望，在信任品牌的同时，企业在社会形象、市场信誉得以确立并随品牌忠诚度的提高而提高。同时，在新产品开发过程中企业也能借助品牌让消费者快速接受新产品，从而节约新产品市场投入成本。

第四，有助于市场细分，进而进行市场定位。企业可按不同细分市场的要求，建立不同的品牌，再以不同的品牌分别投入不同的细分市场。海尔集团旗下的家电品牌包括海尔、卡萨帝、统帅、AQUA、斐雪派克、日日顺、通用家电等，分别对准了不同的家电细分市场。海尔能够在家电市场长青，与它的多品牌策略也是分不开的，如果是单一品牌绝不可能做到如此的成绩。

第五，有助于企业抵御竞争者的攻击，保持竞争优势。良好的品牌有助于树立良好的企业形象。品牌往往以其简洁、明快、易读易记的特征而使其成为消费者所记忆产品的质量、特征的标志，这有利于引起消费者的注意，满足他们的需求，所以是企业促销的重要基础。另外，由于消费者往往依照品牌选择产品，这就促使生产经营者更加关心品牌的声誉，不断开发新产品，加强质量管理，有助于树立良好的企业形象，使品牌经营走上良性循环的轨道。

（三）对整个社会的益处

第一，品牌可促进产品质量的不断提高。由于消费者按照自己的需求及偏好选择不同的品牌，生产者不能不关心品牌的声誉，必须加强质量管理，从而促使市场上的产品质量普遍提高。

第二，品牌可加强社会的创新精神。科技的不断发展，消费者偏好的不断变化，使得原有产品不再能够满足消费者的所有需求，这就鼓励生产者在竞争中不断创新，从而使市场上的产品丰富多彩、日新月异。

第三，商标专用权可保护企业间的公平竞争，使商品流通有秩序地进行，促使整个社会经济健康发展。

三、品牌设计的基本原则

一个好的品牌名称，是品牌被消费者认知、接受、满意乃至忠诚的前提。品牌名称会在很大程度上影响品牌联想，并对产品销售产生直接影响，是品牌的核心要素。除品牌命名应符合法律规定，品牌设计还应该充满艺术性和创造性，它不仅需要设计者非常熟悉产品的特性，而且需要有较高的文字和艺术修养，有丰富的人文社会生活知识。在品牌设计过程中，一般应坚持以下几个基本原则：

（一）简洁醒目，易读易记

品牌的一个重要作用就是识别商品。因此，想要使人们见到后能留下深刻的印象，起到广告宣传的作用，就必须简洁明了、一目了然，为此在设计时应采用流行的色彩、明快的线条、精练的文字、抽象的图案，要避免过于写实，画面要色彩匀称，图案清晰，线条流畅，使品牌的整体结构形象化、艺术化、通俗化。在语言上，文字要精练，要易于拼读、辨认、记忆，并且朗朗上口、悦耳动听，绕口、低沉的读音将使商品的宣传推广大打折扣。

（二）构思巧妙，特色鲜明

在构思上要匠心独运，勇于创新，体现品牌的独特个性。平庸无奇的品牌不但无法引起消费者注意，而且会留给消费者产品一般化的感觉。只有独特别致、新颖美观、充满感召力的品牌，才能给消费者以美的感受，并使消费者更快地记住这个品牌。

（三）富蕴内涵，饱含情感

我国很多品牌设计取材于已有的人名地名、山川河流、风景名胜、植物花卉、符号图形及神话典故，此时品牌大多有其独特的含义和解释，具有丰富的个性和文化内涵，这样的品牌通常能引起消费者的美好联想，并使其在购买或消费时产生一种文化认同和价值选择。

（四）品牌设计要与目标市场的文化背景相适应

由于世界各国的历史文化传统、语言文字、风俗习惯、价值观念和审美情趣不同，不同的消费者对于一个品牌的认知、联想必然会有很大差异，因此品牌设计尤其是出口商品的品牌设计特别要注意避免使用当地忌讳的图案、色彩，以及令顾客产生歧义的文字内容。我国企业在语言方面不仅要注意翻译成外文时是否产生歧义，还要注意会不会因汉语拼音与英文混淆而产生歧义。

四、品牌策略

（一）品牌有无策略

品牌有无策略是指企业决定是否给其产品规定品牌名称。企业是否需要为自己生产经营的产品建立品牌？历史上许多产品不使用品牌，制造商或经销商直接把产品从麻袋、箱子中取出来销售，市场对同类产品没有任何辨认的凭证。欧洲中世纪的行会经过努力，要求手工业者在其产品上加印标记，以保护他们自己并使消费者不受劣质产品的侵害，这使最早的品牌标记得以产生，逐渐发展到今天只有个别产品不使用品牌。

尽管品牌能够给品牌所有者、品牌使用者带来很多好处，但并不是所有的产品都必须使用品牌，这要视企业和产品的具体情况而定。实践中，有的营销者为了节约包装、广告等费用，降低产品价格，吸引低收入购买力，提高市场竞争力，也常采用无品牌策略。例如，棉花、大豆、煤炭以及一些包装简单、价值较低的日用品一般无须使用品牌。当然，商品有无品牌不是一成不变的。随着品牌意识的增强，近年来，我国企业品牌化程度不断提高，原来不使用品牌的一些农产品，如大米、肉类产品，以产地作为其品牌的情况越来越多。

品牌对于大多数商品还是必要的，通过设计、宣传企业品牌，可以提高企业品牌知名度，有利于塑造产品形象。不过企业必须认识到建立品牌不仅需要付出成本，而且要承担开发失败的风险和损失。

（二）品牌归属策略

品牌归属策略是指企业在决定使用品牌之后，就产品品牌归属问题所做的策略，即品牌归谁所有、由谁负责。一般来说，品牌的归属有三种选择。

1. 制造商品牌

制造商品牌是指品牌归制造商所有，一般来说，大中型企业或产品声誉比较高的企业，愿意使用自己的品牌。传统上，由于产品的设计、质量、特色都是由制造商决定的，所以大多数产品都使用制造商品牌。制造商可以自己拥有品牌，然后利用多种销售渠道销售产品，这样可以在获取较大利润的同时较好地控制自己的品牌。在制造商具有良好市场声誉、拥有较大市场占有率的条件下，尤其是当制造商的品牌成为名牌后，使用制造商品牌将更为有利。

2. 经销商品牌

经销商品牌即品牌归经销商所有。在制造商资金能力薄弱、市场营销力量相对不足的情况下，可以使用经销商品牌。尤其是那些新进入市场的中小企业，无力用自己的品牌将产品打入市场时，往往会借助中间商品牌。近年来，经销商的品牌日益增多，一些有名望的大百货公司、超级市场、服装商店都在使用自己品牌的产品。生产者也愿意利用经销商的品牌，从而借助其良好的品牌信誉及庞大完善的销售体系，将自己的产品更好地推向市场。例如，美国清教徒时装公司生产40多种低价服装，但其销售不畅。后来，这家公司决定将其生产的牛仔裤类使用卡尔温·克雷因设计师的商标，按其销售额付给卡尔温·克雷因15%的特许使用费。结果，其销售迅速上升，牛仔裤类的利润率高达13%。

3. 混合品牌

混合品牌是指企业一部分产品采用自己的品牌，另一部分则采用中间商的品牌，选择的标准是看哪种品牌对企业更有利。

营销企业选择制造商品牌或经销商品牌时，即品牌归属生产者还是中间商，要全面考虑，权衡利弊，最关键的问题要看生产者和中间商谁在市场中居主导地位、拥有更好的市场信誉和拓展市场的潜能。一般来讲，在生产者或制造商的市场信誉良好、企业实力较强、产品市场占有率较高的情况下，宜采用生产者品牌；若生产者或制造商资金实力薄弱，则应以中间商品牌为主，或全部采用中间商品牌。

（三）品牌统分策略

企业需要决定自己的产品是都使用一个品牌，还是各种产品分别使用不同品牌，这就是品牌统分策略。通常有四种可供选择的策略。

1. 统一品牌策略

统一品牌策略是指企业的各种产品都以同一品牌推入市场。如三九集团所生产的各种药品都统一采用"999"品牌，哈药集团三精制药的产品如"三精"葡萄糖酸锌口服液、"三精"司乐平、"三精"血宜生口服液等。这种策略的优点是：①采用这种品牌策略不仅可以大大减少促销费用，而且可以利用统一品牌建立广告传播体系，使消费者具有强烈和深刻的印象；②企业还可以利用成功的品牌推出新产品，使新产品快速打开销路。

2. 个别品牌与多品牌策略

个别品牌即企业决定每个产品使用不同的品牌。采用个别品牌名称，为每种产品寻求不同的市场定位，这样不仅有利于增加销售额和对抗竞争对手，而且有利于分散风险，使企业的整个声誉不致因某种产品表现不佳而受到影响。这种策略的主要优点是：①便于区分高、中、低档各类型产品，以适应市场上不同顾客的需求；②使企业的声誉与众多产品品牌联系，不会因某一品牌的信誉下降，影响到其他品牌产品的销售，以提高企业整体在市场竞争中的安全性；③每一种产品采用一个品牌，能激励企业内部各产品之间创优品牌的竞争；④扩大了企业的产品阵容，提高了企业的声誉。

多品牌策略是指企业同时为一种产品设计两种多两种以上相互竞争品牌的做法。企业同时经营多种不同的品牌，多种不同的品牌同时并存必然使企业的促销费用升高且存在自身竞争的风险，所以，在运用此策略时，要注意各品牌市场份额的大小及变化趋势，适时撤销市场占有率过低的品牌，以免造成自身品牌过度竞争。如"宝洁"公司的洗衣粉使用了"汰渍""碧浪"；肥皂使用了"舒肤佳"；牙膏使用了"佳洁士"。

3. 分类品牌策略

分类品牌策略是指企业的各类产品分别命名，一类产品使用一个品牌。例如，安利公司的营养保健品的品牌是纽崔莱，而美容化妆品的品牌是雅姿。使用分类品牌策略主要原因有两个：一是企业生产或销售许多不同类型的产品，如果都统一使用一个品牌，这些不同类型的产品就容易互相混淆。例如，美国斯威夫特公司同时生产火腿和化肥，这是两种截然不同的产品，需要使用不同的品牌名称，以免互相混淆。二是有些企业虽然生产或销售同一类别的产品，但是为了区别不同质量水平的产品，往往也分别使用不同的品牌名称。例如，青岛美达实业股份有限公司在其所经营的各种香皂中，将销往北京、广东等高档市场的香皂定名为"得其利是"，销往东北、华北等中档市场的香皂定名为"雁牌"，销往沂蒙山区等低档市场的香皂则命名为"蝴蝶"。

4. 企业名称与个别品牌名称并用

企业名称与个别品牌并用策略是指企业对每一种产品都确定品牌名称，但在每个品牌名称前又冠以企业名称，企业名称表示产品由谁生产，品牌名称则表明产品的特点。如美国通用汽车公司生产多种类型的汽车，所有产品都采用"GM"两个字母所组成的同一品牌，而对各类产品分别使用凯迪拉克、别克、雪佛兰等不同的品牌。这种策略的优点是：①新产品名称前冠以企业名称，可以使产品合理地享受到企业的声誉，从而有利于销售；②各种新产品又有自己的品牌名称，可以使新产品保持相对独立性，具有各自特色，减少因某一品牌声誉下降而带来的风险。

（四）品牌延伸策略

品牌延伸策略是指企业利用其成功品牌名称的声誉推出改良产品或新产品。企业采取这种策略可以节省宣传介绍新产品的费用，使新产品迅速、顺利地进入市场。若企业拥有一个强势品牌，绝对应该考虑发展和保护它在市场上的地位。例如，海尔品牌在冰箱上获得成功之后，又利用这个品牌成功地推出了洗衣机、电视机、热水器、计算机等新产品。目前，越来越多的企业都在进行品牌延伸。品牌延伸可以给企业带来如下的好处：

（1）它可以加快新产品的定位，保证新产品投资决策的快捷准确。

（2）品牌延伸有助于减少新产品的市场风险。品牌延伸，是新产品一问世就已经取得了品牌化，甚至获得了知名品牌化，这就可以大大缩短被消费者认知、认同、接受、信任的过程，极为有效地防范了新产品的市场风险，并且可以节省数以千万计的巨额开支，有效地降低了新产品的成本费用。与同类产品相比，它就与之站在同一起点上，甚至略优于竞争对手，具备了立于不败之地的竞争能力。品牌延伸有益于降低新产品的市场导入费用。

（3）品牌延伸有助于强化品牌效应，增加品牌这一无形资产的经济价值。

（4）品牌延伸能够增强核心品牌的形象，提高整体品牌组合的投资效益。

但是，这种策略用得不好就会适得其反。例如，浙江纳爱斯集团推出雕牌牙膏失利的根本原因就是品牌延伸策略的失误。雕牌在洗涤市场的成功在于其长期的大规模的广告轰炸策略，虽然成就了高知名度，但将雕牌的产品属性深深限制在了洗涤类产品上。因此，消费者一听到雕牌牙膏，嘴里就会有一股洗衣粉的味道，用"洗衣粉牙膏"显然是消费者无法"容忍"的。因此，在采用品牌延伸策略时，一定要进行市场调查，弄清消费者对改良产品或新产品的接受度。

此外，品牌延伸还可能因以下四种情况削弱原有品牌。

（1）品牌延伸的失败会使消费者失去对原品牌产品的信任。如果新产品的质量、性能等不能令用户满意，就可能影响消费者购买同一品牌命名的其他产品的愿意。

（2）品牌延伸可能只是从原品牌抢走销售额，即"同室操戈"，使原品牌产品更加虚弱。

（3）管理时间和总的预算时间将在原产品和新产品间分配，经理和工人们的注意力被分散了，他们就不像以前那样集中于原品牌产品。

（4）零售厂商只有有限的货架空间，而每一条新的产品线都会提出额外的货架需求。零售商们可能不愿意接受该品牌的延伸产品，或者只把原先分给该品牌的货架划出一部分给这些新产品，这样显然侵害到了原品牌产品的利益。

（五）创新品牌策略

创新品牌策略又称更换商标策略，它包括骤变和渐变两种类型。骤变，即摒弃原有的商标，而采用全新的商标；渐变，就是逐渐改变原有的商标，使新商标与旧商标的图案、符号、造型上很相近，形象上一脉相承。这种方法既能保持原有商标在市场上的信誉，又能节约商标创新费用。

第六节　包装策略

包装是产品生产的重要组成部分，它不但保证了产品的使用价值，而且还增加了产品的价格，良好的包装是增强产品市场竞争力的有效手段。

一、包装的概念

包装属于产品整体概念中的形式产品，是产品的又一重要组成部分，产品只有包装好后，生产过程才算结束。产品包装有两层含义：一是指产品的容器和外部包装，即包装器材；二是指对某一品牌商品设计并制作容器或包装物的一系列活动过程。在实际工作中，二者往往难以区分，故统称为产品包装。

（一）包装的构成要素

包装的构成要素主要有以下六个：①商标、品牌：这是包装中最主要的构成要素，应占据突出位置。②形状：这是包装中必不可少的组合要素，有利于储运、陈列及销售。③色彩：这是包装中最具刺激销售作用的构成要素，对顾客有强烈的感召力。④图案：这是在包装中，其作用如同广告中的画面。⑤材料：包装材料的选择会影响包装成本，也影响市场竞争力。⑥标签：其中含有大量商品信息，印有包装内容和产品所含主要成分、品牌标志、产品质量等级、生产厂家、生产日期、有效期和使用方法等。包装设计是美化品牌形象和传达产品信息最直接的方式之一，对现代消费越来越重要。

（二）产品包装的层次

一是运输包装，也称外包装或大包装，主要用于保护产品品质安全和数量完整，便于储运和识别，如装运香烟的纸板箱，等等。

二是中层包装是保护内包装的包装物，如每条香烟的包装、装入一定数量牙膏的纸盒，等等。

三是销售包装，即零售包装，也称内包装或小包装，实际上是产品的直接容器或包装物，如牙膏的软管、饮料的瓶子、食品的小纸盒等。内包装不仅要保护商品，更重要的是要美化和宣传商品，便于陈列，吸引顾客，方便消费者认识、选购、携带和使用。

近年来，随着各种商业业态的发展，销售包装既有适合个人消费的小包装出现，也有方便家庭消费的较大包装单位的出现；人们环保意识的增强，又使包装出现简单化、轻便化的趋势，并强调包装材料的可回收性、可利用性。

二、包装的作用

包装作为商品的重要组成部分，其营销作用主要表现在以下几个方面：

（一）保护商品、方便运输

保护商品、方便运输是商品包装的基本作用。产品从生产领域向消费领域转移的过程中，要经过运输、装卸、储存、销售等环节。良好的包装可以使产品在空间转移和时间转移过程中避免碰撞、风吹日晒而受损，保证产品使用价值的完好。

（二）增值功能

包装是产品的一个组成部分，优良精美的包装能提高产品的身价。消费者愿意付出较高的价格来购买，超出的价格往往高于包装的附加成本。同时，由于包装的完善，产品损耗减少，从而使企业的利润增加。

（三）促进销售

好的包装本身就是一幅宣传广告，人们往往是根据包装选购产品。因此，包装被称为"无声的推销员"，它起着宣传产品、介绍产品、激发消费者购买欲望的作用。

（四）指导消费、启示教育

包装上一般都附有大量的产品信息，这些信息包括介绍产品性能和注意事项，起到方便使用和指导消费的作用；也有的包装上有回收标志，提示消费者不要乱扔废弃的包装容器，以维护公共场所的卫生。

（五）美化商品

消费者在选购商品时，首先看到的是商品包装。精美的包装起到美化产品的作用，会对消费者产生极大的吸引力。

三、包装策略

产品包装在市场营销中是一个强而有力的武器，因此，企业在进行包装设计时必须选择适当的包装策略。常用的包装策略有以下几种。

（一）统一包装策略

统一包装策略也称类似包装策略，是指企业所生产经营的各种产品，在包装上采用相同的图案、相近的颜色或其他共同的特征，整个包装外形相类似，使用户容易注意到这是同一家企业生产的产品，因而也称产品线包装。这种策略的好处是：①节约包装设计成本和印刷成本；②壮大企业声势，提高企业信誉，一系列格调统一的产品包装势必会使消费者受到反复的视觉冲击，从而形成深刻的印象；②有利于新产品上市，通过类似包装可以利用企业已有声誉，使新产品迅速在市场上占有一席之地。统一包装策略适用于质量水平档次类同的产品，不适用于质量等级相差悬殊的产品，否则会对高档优质产品产生不利影响，并危及企业声誉。

（二）等级包装策略

等级包装策略是指企业将所生产经营的产品，按质量等级的不同实行不同的包装。把高档、中档、低档产品区别后，采用相应的包装，使产品的价值与包装一致。一般产品采用普通包装，而优质高档产品采用精美包装。

（三）综合包装策略

综合包装也称多种包装、配套包装，是指企业把应用时互相有关联的多种商品置入同一个包装容器之内，同时出售。这种策略既为消费者购买、携带、使用和保管提供了方便，又有利于企业扩大销路，推广新产品。例如，工具配套箱、家用药箱、百宝箱、化妆盒等都是综合包装。但要注意的是，采用综合包装策略时，在同一包装物内必须是关联商品。

（四）分量式包装策略

对于一些称重产品，根据消费者在不同时间、地点、使用量等情况，采用重量大小不同的包装，如坛装、袋装榨菜。当然也有一些价格较贵的产品，实行小包装给消费者以实惠的感觉，如小瓶的迪奥香水等。还有一些新产品，为让消费者试用而采用小包装。

（五）再利用包装策略

再利用包装又称多用途包装，是指在用户将包装容器内的商品使用完毕后，这一包装容器并未作废，还可以继续利用，可能是用于购买原来的产品，也可能用作其他用途。这种策略增加了包装物的用途，有助于引起用户的购买兴趣，促进其重复购买，发挥广告的作用，甚至对环境保护也有所贡献。

（六）附赠品包装策略

附赠品包装策略是目前国外市场上比较流行的包装策略，现在在我国市场上的运用也有所增多。这种策略是企业在某商品的包装容器中附加一些赠品，以诱发消费者重复购买，是一种有效的营销推广方式。例如，儿童玩具、糖果等商品包装中附赠连环画、认字卡片、粘纸；化妆品包装中附有赠券，累计若干可得不同的赠品；有些产品包装内附有奖券，中奖后获得奖品。如此等等，不胜枚举。

（七）更新包装策略

更新包装策略是指企业随着产品的更新和市场的变化，相应地改革包装设计。在现代市场经营中，商品包装的改进如同产品本身的改进一样，对市场营销有着重要的作用。假使与同类产品内在质量相似，销路却不畅，有可能就是包装设计不受欢迎，此时应注意变换包装，推出有新意的包装，可能会创造出优良的销售业绩。同时，应在市场上多收集有关包装表现的信息，不断改进产品包装，及时采用新材料、新技术，精心设计新造型，创造新颖独特的包装，发挥包装的各种功能。

（八）企业协作的包装策略

企业在开拓新的市场时，由于宣传等原因其知名度可能并不高，所需的广告宣传投入费用又太大，而且很难立刻见效。这时可以联合当地具有良好信誉和知名度的企业共同推出新产品，在包装设计上重点突出联手企业的形象，这是一种非常实际有效的策略，在欧美、日本等发达国家是一种较为普遍的做法。如日本电子产品在进入美国市场时滞销，后采用西尔斯的商标，以此占领了美国市场。

（九）绿色包装策略

随着消费者环保意识的增强，绿色环保成为社会发展的主题，伴随着绿色产业、绿色消费而出现的绿色概念营销方式成为企业经营的主流。因此在包装设计时，选择可重复利用或可再生、易回收处理、对环境无污染的包装材料，既容易赢得消费者的好感与认同，也有利于环境保护和与国际包装技术标准接轨，从而为企业的发展带来良好的前景。如用纸质包装替代塑料袋装，羊毛材质衣物中夹放轻柔垫纸来取代硬质衬板，既美化了包装，又顺应了发展潮流，一举两得。

例如，日本设计师在酱菜包装上下了颇大的功夫。为了传达自然、环保的概念，酱菜的包装大量采用自然材料或仿真（树叶、竹叶）材料；有时将它们形象地塑造成原初素材的样子，像整条萝卜、整棵白菜，努力地表达出一种回归自然生态的含义。正是经过各种用心的设计，产品的附加值才得以提升。

四、包装的设计原则

由于产品包装的用途不同，对各类包装的要求也不同。为合理、充分地发挥产品包装的作用，在设计过程中必须遵循以下的原则。

（一）符合法律规定、兼顾社会利益的原则

包装设计作为企业市场营销活动的重要环节，在实践中必须严格依法行事。例如，法律规定在包装上应该标明企业名称及地址；对食品、化妆品等与人身体健康密切相关的产品，还应标明生产日期、保质期及产品使用原料、成分等。不仅如此，包装设计还应兼顾社会利益，减轻消费者负担、节约社会资源，禁止使用有害包装材料，实施绿色包装策略。

（二）满足使用者的需求

不同层次的包装有不同的用途，对于内包装，消费者更希望能直接找到功能用法等信息。对于外包装，仓库管理员则希望放在仓库里易于识别，很快能找到。

（三）符合企业形象和品牌定位

包装应与商品的价值和质量相适应，应能显示商品的特点或独特风格。要有特色，能区别于竞争者的同类产品。

（四）包装装潢应给人以美感

包装上的商标、品牌要醒目，易于识别，使消费者在稍远的距离也能辨认，易于购买。包装装潢上的文字、图案、色彩等不能与目标市场的风俗习惯、宗教信仰发生抵触，包装上的文字说明应实事求是。

（五）具有防伪功能

这里所说的防伪功能并不是指在包装上额外加上防伪标志，而是在文字、图形、色彩的设计上做到不易被模仿，便于申请专利。单独的文字，或者文字和简单色彩的搭配都较易被模仿，因此包装设计应尽可能使用一些独特的图形，如西安杨森药品包装上的分子结构图。

（六）遵守包装道德

包装设计应维护消费者利益，不应用虚假、误导、欺骗性包装损害消费者利益，进行不公平竞争。

（七）厉行节约原则

要杜绝过度包装、夸大包装和无用包装，以节约资源。采用简化包装也可降低售价，提高产品的竞争力。

本章小结

在企业市场营销活动中产品因素处于核心地位，其他三个因素都是以产品决策为基础的。产品是一个整体概念，这个概念清晰地体现了以顾客为中心的现代营销观念。

产品生命周期包括引入期、成长期、成熟期、衰退期四个阶段，研究产品生命周期规律的意义在于根据各阶段的不同特点制定相应的营销策略。

产品组合是指一个企业提供给市场的全部产品线和产品项目或结构，即企业的业务经营范围，一般用宽度、长度、深度和关联度等来衡量。

市场营销学中的新产品不是从纯技术角度来理解的，产品只要在功能或形态上得到改进，进而与原有产品产生差异，并给顾客带来新的利益即为新产品。新产品的一整套开发程序的每一个环节都直接影响到新产品开发的成败，均需认真研究和实践。

品牌是有形产品的重要组成部分，包括品牌名称、品牌标志。品牌的基本功能是区分不同企业的同类产品，企业的品牌策略包括品牌有无策略、品牌归属策略、品牌统分策略、品牌延伸策略和创新品牌策略。

有形产品的另一重要组成部分是包装，为充分利用包装进行促销活动，企业应根据实际情况选择适当的包装策略，遵守一定的包装原则。

思考与练习

1. 何为产品整体概念？产品整体概念的营销学意义是什么？

2. 什么是产品生命周期？产品生命周期各阶段有哪些市场特征？

3. 什么是产品组合？产品组合的宽度、长度、深度和关联度对企业营销活动的意义是什么？

4. 什么是新产品？新产品开发包括哪些主要阶段？

5. 品牌对营销企业有何作用？设计品牌应遵循哪些原则？

6. 包装有哪些层次？有何作用？

* 【案例分析】

动感地带——我的地盘听我的

资料来源：

[1] 吴雁汶. 动感地带的品牌策略 [J]. 新闻爱好者，2010 (12)：78-79.

[2] CCTIME 飞象网. 动感地带数智代言人上央视，带你玩转"科普元宇宙" [EB/OL]. (2023 - 03 - 23) [2023 - 04 - 10]. http//www. cctime. com/html/2023 - 3 - 27/1647014. htm.

实训任务

1. 实训项目

设计一款智能电子产品的产品说明书。

2. 实训目的

（1）帮助学生理解产品整体概念。

（2）使学生认识从消费者感知的角度设计产品说明书的重要性。

（3）使学生掌握设计产品说明书的步骤和方法。

3. 实训内容与要求

以小组为单位，选择一种智能电子产品（如智能穿戴、智能电器、智能家居等等），为其设计一份产品使用说明书。

（1）产品说明书必须符合科学性、实用性、知识性和条理性的要求。

（2）设计的说明书样式为折叠式（包括封面、封里、封底三部分）。

（3）说明书要打印上交一份。

4. 实训步骤

（1）将学生分为若干小组，每组6~8人，选定组长一名，由组长进行分工。

（2）小组讨论选定一种智能电子产品（如智能穿戴、智能电器、智能家居等等）进行资料收集。

（3）小组设计并撰写一份产品使用说明书。

（4）小组选派一名代表向大家展示和介绍小组设计的产品说明书。

5. 实训考核

（1）全体同学投票决出一、二、三等奖。

（2）同学及教师点评。

参考文献

[1] 韩英, 李晨溪. 市场营销学 [M]. 郑州：河南科学技术出版社, 2020.

[2] 马玲, 张舰. 市场营销学 [M]. 北京：北京理工大学出版社, 2016.

[3] 王晶晶, 陈沛金, 王来. 市场营销学 [M]. 成都：电子科技大学出版社, 2019.

[4] 黄浩, 钟大辉. 市场营销学 [M]. 成都：西南财经大学出版社, 2009.

[5] 王占祥, 白琳, 郭家鹏. 市场营销学 [M]. 西安：西北大学出版社, 2017.

[6] 魏保华, 王高峰, 郑丽. 药品市场营销学 [M]. 北京：世界图书出版公司, 2020.

[7] 李宏, 孙丽英, 刘春英. 市场营销学 [M]. 北京：北京理工大学出版社, 2019.

第八章

价格策略

学习目标

（1）理解影响定价的主要因素。

（2）掌握定价的一般方法。

（3）明确定价的基本策略。

（4）理解企业降价、提价的原因及方式，企业调整价格后各方的反应以及企业应对竞争者价格调整的反应。

本章知识结构图

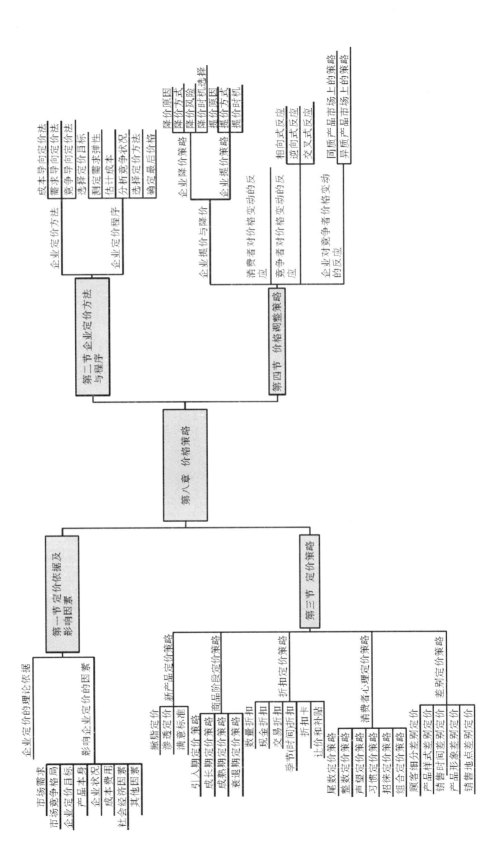

第八章 价格策略

第一节 定价依据及影响因素

- 企业定价的理论依据
- 影响企业定价的因素
  - 市场需求
  - 市场竞争格局
  - 企业定价目标
  - 产品本身
  - 企业状况
  - 成本费用
  - 社会经济因素
  - 其他因素

第二节 企业定价方法与程序

- 企业定价方法
  - 成本导向定价法
  - 需求导向定价法
  - 竞争导向定价法
- 企业定价程序
  - 选择定价目标
  - 测定需求弹性
  - 估计成本
  - 分析竞争状况
  - 选择定价方法
  - 确定最后价格

第三节 定价策略

- 撇脂定价
- 渗透定价
- 满意定价标准
- 新产品定价策略
  - 引入期定价策略
  - 成长期定价策略
  - 成熟期定价策略
  - 衰退期定价策略
- 商品阶段定价策略
- 折扣定价策略
  - 数量折扣
  - 现金折扣
  - 交易折扣
  - 季节性折扣
  - 折扣卡
  - 让价和补贴
- 尾数定价策略
- 整数定价策略
- 声望定价策略
- 习俗定价策略
- 招徕定价策略
- 组合定价策略
- 消费者心理定价策略
- 顾客组分差别定价
- 产品样式差别定价
- 销售时间差别定价
- 产品形象差别定价
- 销售地点差别定价
- 差别定价策略

第四节 价格调整策略

- 企业降价策略
  - 降价原因
  - 降价方式
  - 降价风险
  - 降价时机选择
- 企业提价策略
  - 提价原因
  - 提价方式
  - 提价时机
- 企业提价与降价
- 消费者对价格变动的反应
- 竞争者对价格变动的反应
  - 相向式反应
  - 逆向式反应
  - 交叉式反应
- 企业对竞争者价格变动的反应
- 企业对竞争者的反应
  - 同质产品市场上的策略
  - 异质产品市场上的策略

引导案例

【案例一】

龙泉驿区：立案调查"坐地起价"商家

2022年8月，一场疫情席卷成都。9月1日，成都宣布即将封城，市民开始了疯狂的囤货购物行为，一些商家趁机涨价。9月1日，龙泉驿区市场监督管理局接到举报，反映在某商店买菜时标价5元/500克的番茄，结账时商家"坐地起价"变成了6元/500克，并且商家态度极为嚣张。"上午卖5元/500克，下午就卖6元/500克，需了解经营者涨价原因。"在检查现场，执法人员核查番茄售卖5元的进货凭证，由于该家经营者未现场提供相关进货凭证，执法人员要求经营者以及上游供应商前往当地市场监督管理部门接受讯问。在执法检查现场，品名为"铁棍山药"的商品价格标签标注价格为9.5元/500克，执法人员现场查询电脑结算系统时发现，铁棍山药在电脑系统上的售价为12元/500克。执法人员查看山药销售记录发现，前一天商家就以12元/500克的价格在销售，但直到执法人员到场，货架上的价格仍没有变动。

目前，该商家涉嫌低价高售以及疫情防控期间哄抬物价等行为，成都市龙泉驿区市场监督管理局已对其展开立案调查。

资料来源：红星新闻记者.严惩"借疫生财"！成都多个区县对商家哄抬价格展开立案调查[EB/OL].(2022-09-08)[2023-05-03].https://news.sina.com.cn/c/2022-09-08/doc-imqmmtha6509581.shtml.

【案例二】

超市或将面临10 000元行政处罚

2022年11月，重庆的疫情一直没有缓解，市民囤货的欲望一直没有下降，一些商家也在疫情期间做了价格调整，市民对商家坐地起价的行为极为不满。2022年11月25日，重庆市璧山区璧城街道景山路一家生鲜超市因涉嫌在疫情期间恶意涨价，接到了璧山区市场监管局送达的行政处罚听证告知书，将面临行政处罚10 000元。

事发前几日，璧山区市场监管局接到群众举报称，该超市的蔬菜在疫情期间卖得比平时贵，涉嫌在疫情期间恶意涨价。接到举报后，璧山区市场监管局执法人员立即进行执法检查。

"检查过后，我们发现这家超市销售的土豆、圆白菜、油麦、圆萝卜4种蔬菜，进销差价率较本轮疫情发生前分别提高26.7%、47.8%、65.0%、67.3%。"璧山区市场监管局相关负责人介绍。

据了解，在疫情期间，该家超市货主主要从双福国际农贸城、璧山鸡冠石鲜活农产品中转站及农村散户处购进蔬菜进行销售，在运输、人工、储存等方面成本未发生明显变化的情况下，所经营的土豆、圆白菜、油麦、圆萝卜的进销差价却明显增加。

璧山区市场监管局执法人员对超市售卖的蔬菜价格进行执法检查。在成本增加不大的情况下，大幅提高部分蔬菜销售价格，依据《中华人民共和国价格法》第十四条第（三）项，当事人构成哄抬价格的违法行为，或将面临 10 000 元行政处罚。

璧山区市场监管局提醒，疫情期间，哄抬价格、串通涨价、囤积居奇等扰乱市场秩序的违法行为，一经查实将依法严肃处理。欢迎广大群众积极监督相关市场主体，如发现各类价格违法行为，及时拨打 12315、12345 热线电话进行投诉举报。

思考：这两起涨价事件的商超在定价时考虑的因素有哪些？

市场监管局对其展开立案调查的依据是什么？

资料来源：喻言. 哄抬价格？重庆璧山一超市或将面临万元罚款 [EB/OL].（2022-11-29）[2023-05-03] https://baijiahao.baidu.com/s? id=1750818014368703825.

2015 年 10 月，《中共中央 国务院关于推进价格机制改革的若干意见》（以下简称《意见》）指出价格机制是市场机制的核心，市场决定价格是市场在资源配置中起决定性作用的关键。改革开放以来，作为经济体制改革的重要组成部分，价格改革持续推进、不断深化，放开了绝大多数竞争性商品价格，对建立健全社会主义市场经济体制、促进经济社会持续健康发展发挥了重要作用。同时，《意见》还明确了新时期价格改革的路线图、时间表。遵照中央决策部署，价格机制改革进入完善主要由市场决定价格机制的时期，主要从"放管服"三方面发力，取得了突破性进展。

第一节　定价依据及影响因素

20 世纪 60 年代，哈佛商学院的雷蒙德·科里（Raymond Corey）指出：定价是真理的时刻——定价决策是所有营销活动的焦点。

价格是整个市场经济的中枢，它是影响需求和购买行为的主要决定因素。价格策略是市场营销组合策略中的一个重要的构成内容，因为价格直接影响着竞争者的竞争措施，影响着企业产品的销量及利润，涉及生产者、经营者、消费者等各方面的利益。企业要想实现其营销目标，必须为企业各种产品制定合理的价格水平和可行的价格策略。然而，价格是企业市场营销组合的一个重要变数，也是最复杂、最敏感的一个市场因素。比如，对价格施加多大影响才能赚到足够的钱呢？如果你拥有这样的影响力，怎样运用才是最好的呢？价格是怎么设定出来的？为什么它们是可行的？它们是如何发挥作用的？本章从四个方面带你了解定价策略。

一、企业定价的理论依据

价值规律的理论，就是定价的依据。价值是价格的基础，产品价格是产品价值的货币表现形式。价格围绕价值上下波动正是价值规律作用的表现形式。商品价格虽然时升时降，但商品价格的变动总是以其价值为轴心的。另外，从较长时期和全社会来看，商品价格与价值的偏离有正有负，可彼此抵消。因此，从总体上来看，商品的价格与价值还是相等的，这就是价值规律的表现。价值规律是反映商品经济特征的重要规律，是研究价格形成的理论指导。

商品的价格与价值相一致是偶然的，不一致却是经常发生的。这是因为，商品的价格虽然以价值为基础，但还受到多种因素的影响，使其发生变动。

二、影响企业定价的因素

从组织视角来看，不同部门参与定价决策时考虑的因素不同。财务经理可能高度受到他们自己的会计导向的影响，基于价值视角，他们要求较高的定价与较高的毛利率。销售与营销部门经理往往更大地受到他们顾客导向的影响，基于夺取市场份额的能力、达成销售目标的角度，他们更倾向于制定较低的价格来吸引顾客。运营经理可能受到他们自己的目标与绩效衡量指标的影响，也可能为了追求产量的扩大与生产效率的改善而倾向于制定较低的定价。

从交换价值理论来说，产品价格主要取决于产品所包含的价值及效用。价值反映了产品与其他物品相互交换的能力；效用是产品能够满足消费者需求或欲望的能力；价格是产品价值和效用的货币度量。

所以，现实中企业价格的制定和实现受到多方面因素的影响和制约。有企业内部因素，也有企业外部因素；有主观的因素，也有客观的因素。概括起来，影响定价的因素可分为市场需求、市场竞争状况、企业定价目标、产品本身、竞争者的产品和价格、政府的政策法规等。

（一）市场需求

市场需求及其变化常常是价格决策的主要参考因素。对于价格和需求的关系，西方经济学进行过理论分析，揭示了两者之间的关系。

1. 需求规律

如果其他因素保持不变，消费者对某一商品需求量的变化与这一商品价格变化的方向相反，即商品的价格下跌，需求量就上升，而商品的价格上涨，需求量就相应下降，这就是商品的内在规律——需求规律。需求规律在理论上可用替代效应和收入效应的综合作用——价格效应来解释。

价格效应是指当某商品的价格发生变动时，消费者需求量也发生变动的现象。替代效应是指其他商品价格不变，某商品价格发生变动，从而商品的相对价格发生变化，消费者在原来价格组合下的购买力水平没有发生变化，但对价格变动商品的需求量发生变化的现象。收入效应是指由于商品价格变化引起消费者的收入相对变化而引起商品的购买量发生变化的现象。三者的关系为：价格效应＝替代效应+收入效应。

任何商品的替代效应都为负值，而收入效应则根据商品的特点，有的为正值，有的为负值。例如，某些商品价格下降，意味着消费者收入相对增加，会改用其他品质较高的商品，减少对其需求，从而表现为收入正效应。

对于收入效应为负值的商品，因为替代效应为负值，所以价格效应也为负值，这种商品即满足需求规律的正常商品；对于收入效应为正值的商品，其价格效应是替代效应和收入效应力量对比的结果，因而可能是不满足需求规律的特殊商品。例如，某些商品价格下降后，由于收入正效应相当大，消费者实际收入提高引起对该商品需求减少的数量超过替代效应所引起的购买量的增加，使事实上对该商品的需求量在其价格降低时反而减少，这类商品称为"吉芬商品"。

还有一些商品，由于消费者出于追逐"高雅"的心理选择消费，产生了所谓的"炫耀效应"，以致出现商品的价格越高，需求量反而越大的现象，如消费群体对品牌高档商品的追求、高收入阶层对高档住宅房地产的需求等。这些特殊商品都是不满足需求规律的例外。

需求规律反映了商品需求量变化与商品价格变化之间的一般关系，是企业决定自己的市场行为，特别是制定价格时必须考虑的一个重要因素。

2. 需求弹性

需求弹性一般分为需求价格弹性、需求收入弹性和需求交叉弹性。

（1）需求价格弹性。现实中，各个企业面临的市场需求的特点存在着差异，有的市场需求对价格变化的反应比较敏感，有的则反应相对迟钝。西方经济学理论对此进行研究，将市场需求对价格变化的反应程度称为价格弹性。需求价格弹性表明需求量 Q 对于价格 P 的变动反应的灵敏程度。需求价格弹性系数 E_d 反映需求量变动的百分比与价格变动百分比之比，它表明当价格变动百分之一时，需求量发生变动的百分比，由于需求量与价格两者成反比例关系，需求价格的弹性系数为负值。

（2）需求收入弹性。需求收入弹性指因收入变动而引起需求相应的变动率。需求收入弹性大的产品，一般包括耐用消费品、高档食品、娱乐支出等，在消费者货币收入增加时这类产品的需求量大幅度增加。需求收入弹性小的产品，一般包括生活的必需品，在消费者货币收入增加时这类产品的需求量增加幅度比较小。需求收入弹性为负值的产品，意味着消费者货币收入的增加将导致对该产品需求量的下降。比如，一些低档食品、低档服装等。因为消费者收入增加后，就会减少对此类产品的需求，甚至不再购买，而转向高档产品。

（3）需求交叉弹性。需求交叉弹性指具有互补或替代关系的某种产品价格的变动，引起与其相关的产品需求相应发生变动的程度。商品之间存在着相关性，一种产品价格的变动往往会影响其他产品销售量的变化。这种相关性主要有两种：一是商品之间互为补充，组合在一起共同满足消费者某种需要的互补关系；二是产品之间由于使用价值相同或相似而可以相互替代或部分替代，从而形成替代关系。一般而言，在消费者实际收入不变的情况下，具有替代关系的产品之间，某个商品价格的变化将使其关联产品的需求量出现相应的变动（一般是同方向的变动）；具有互补关系的产品之间，当某个产品价格发生变动，其关联产品的需求量会同该产品的需求量发生相一致的变化。

总之，正是由于价格会影响市场需求，所以企业制定价格的高低才会直接影响到企业产品的销售，从而影响企业市场营销目标的实现。所以企业的市场营销人员在制定价格时，必须要了解市场需求对价格变动的反应。

（二）市场竞争格局

市场竞争状况是影响企业定价不可忽视的因素，企业必须考虑比竞争对手更为有利的定价策略才能获胜，因此，企业定价的"自由程度"一定意义上取决于市场竞争的格局。企业应该善于利用竞争对手的产品价格这一因素，对其产品进行市场定位，树立独特的市场形象。在现代经济中，市场竞争一般有以下四种状况，其价格决策各有不同。

1. 完全竞争市场的价格决策

完全竞争市场状况下，企业只能接受在市场竞争中现成的价格，买卖双方都只是

"价格的接受者"，而不是"价格的决定者"，价格完全由供求关系决定，各自的行为只受价格因素的支配，企业无须去进行市场分析、营销调研，且所有促销活动都只会增加产品的成本，也就没必要去专门策划和实施促销活动了。在此，企业只能依靠提高其产品的生产效率，降低各种消耗及费用，才能获得更多的利润。在实际的生活中，完全竞争一般（通常情况下）是不存在的，因为任何一个产品都存在一些差别，加上国家政策的干预以及企业间的不同的营销策略，使完全竞争几乎不可能出现。

2. 不完全竞争市场的价格决策

不完全竞争也叫垄断竞争，是一种介于完全竞争和纯粹垄断之间的市场条件，是一种既无独占倾向又含竞争成分的常见的状况，有别于完全竞争。市场上企业虽然很多，但彼此提供的产品或劳务是有差异的，也存在着产品质量、销售渠道、促销活动的竞争。一方面，企业根据其"差异"的优势，可以部分地通过变动价格的方法来寻求比较市场利润。另一方面，因为各个企业所提供的产品并无本质差异，产品之间具有很强的替代性，所以任何卖方如果定价过高，就极有可能失去市场。因此在垄断竞争市场条件下，一般来说，少数的买者或卖者拥有较优越的交易条件，可以对市场价格的成交价和数量起较大的作用。而其他多数企业都能积极主动地影响市场价格，它们不再是消极的价格接受者，也不是完全被动地适应市场价格，而是强有力的价格决定者。企业可以通过广告宣传、包装、品牌等方式影响消费者，使他们从心理上感受到不同企业所提供的产品具有差异性，从而愿意接受企业确定的产品价格。

3. 寡头竞争市场的价格决策

这是竞争和垄断的混合物，也是一种不完全竞争，指一个行业中几家少数的企业生产和销售的产品占此市场销售量的绝大部分，价格实际上由他们共同控制。各个"寡头"之间相互依存、影响，一个"寡头"企业调整价格就会引起其他寡头企业的连锁反应，因此，寡头企业之间要互相密切注意对方战略的变化和价格的调整。寡头又可分为完全寡头垄断和不完全寡头垄断两种。这两种寡头都不是完全的垄断者，但每个垄断寡头都会对价格产生重要作用。完全寡头垄断条件下，市场价格是由少数寡头通过默契所确定的，或者是由一家最大的寡头先行定价，其他寡头便跟随着它。这种价格一旦确定，会在相当长的时间里比较稳定。在不完全寡头垄断条件下，各家寡头生产的产品各具特色，它们可以通过各种促销方式吸引消费者，培养消费者对其产品的忠诚和偏爱，一定程度上它们可以控制自己产品的价格，不受竞争对手的影响。

4. 完全垄断市场的价格决策

现实中，这一类型的市场也属少见。完全垄断市场是指在一个行业中的某种产品或劳务是独家经营，没有竞争对手。但它通常有政府垄断和私人垄断之分。这种垄断一般有特定条件，如垄断企业可能拥有专利权、专营权或特别许可等。由于垄断企业控制了进入这个市场的种种要素，所以它能完全控制市场价格。从理论上分析，垄断企业有完全自由定价的可能，但在现实中其价格也受到消费者情绪及政府干预等方面的限制。

（三）企业定价目标

企业定价目标是指企业通过制定一定水平的价格，达到促进销售、获取利润的预期目的，企业定价的盈利目标是企业定价的指导思想，它直接决定企业定价的方法和策略，包括成本、市场需求和竞争等。不同的定价目标，对这些因素的影响是不相同的，而这些因素则会影响企业的定价策略。

1. 以利润为定价目标

利润是企业从事经营活动的主要目标，也是企业生存和发展的源泉。在市场营销中不少企业就直接以获取利润作为制定价格的目标。

（1）以获取投资收益为定价目标。企业之所以投资于某项经营活动，是期望在一定时期内收回投资并获得一定数量的利润。所谓投资收益定价目标，是指企业以获取投资收益为定价基点，加上总成本和合理的利润作为产品销售价格的一种定价目标。

（2）以获取最大利润为定价目标。获取最大利润是市场经济中企业从事经营活动的最高期望。企业在追求最大利润时，一般都必须遵循边际收益等于边际成本的原则。市场营销中以获取最大利润为定价目标，是指企业综合分析市场竞争、产品专利、消费需求量、各种费用开支等后，以总收入减去总成本的差额最大化为定价基点，确定单位商品价格，争取最大利润。

（3）以获取合理利润为定价目标。它是指企业在激烈的市场竞争压力下，为了保全自己、减少风险，以及限于力量不足，只能在补偿正常情况下的社会平均成本的基础上，加上适度利润作为商品价格，成为合理利润定价目标。一方面，适度利润不会使价格看起来太高而令公众难以接受，有助于树立企业良好形象；另一方面，适度利润也可以避免不同市场主体之间不必要的价格竞争，有利于建立良好社会经济秩序和社会公平。

2. 以销售收入最大化为定价目标

相同的情况下，销售额越高则利润越高，所以很多企业都会追求销售额的最大化。销售收入的最大化只受产品的需求函数 D 的影响，但因为需求函数的不同，价格变动对销售收入的影响也不完全一样。需求弹性小于 1 的产品只有提价销售才能增加销售收入，而对于需求弹性大于的产品只有降价销售才能增加销售收入。企业需要根据产品的需求函数寻求销售收入的最大化的产品价格。

3. 以市场占有率为定价目标

市场占有率最能直观反映一个企业经营状况及该企业产品在市场中的竞争力。在实际应用中，市场占有率目标分为扩大和保持两个层面：扩大市场占有率需要企业对市场需求保持高度灵敏和及时做出反应，用质优价廉的产品迅速打开和占领市场，抢占市场份额；保持市场占有率则要求企业对竞争对手和竞争产品时刻关注，并不断调整产品价格，以保持竞争优势。

在以市场占有率为定价目标时，必须基于反不正当竞争法及反垄断法的相关要求，特别注意低价打开和占领市场时自身企业的资金周转和现金流问题，要多关注竞争产品，做到知己知彼。

（四）产品本身

产品的自身属性、特征等因素也是企业制定价格时必须考虑的点。

1. 产品的种类

企业应分析自己生产或经营的产品种类是日用必需品、选购品，还是特殊品，是威望与地位性产品，还是功能性产品，不同的产品种类对价格有不同的要求。如日用必需品的价格必然要顾及大众消费的水平，特殊品的价格则侧重特殊消费者。大众服饰产品和威望与地位服饰产品定价差别较大。

2. 标准化程度

产品的标准化程度直接影响产品的价格决策。标准化程度高的产品价格变动的可能性一般低于非标准化或标准化程度低的产品。标准化程度高的产品的价格变动如过大，很可能引发行业内的价格竞争。

3. 产品的易腐、易毁和季节性

一般情况下容易腐烂、变质并不宜保管的产品，价格变动的可能性比较高。常年生产、季节性消费的产品与季节性生产常年消费的产品，在利用价格的作用促进持续平衡生产和提高效益方面有较大的主动性。

4. 时尚性

产品的款式和设计是否具有时尚性也会影响价格的高低。时尚性强的产品价格变化较显著。一般来说，产品处在新潮的高峰阶段，价格要定高一些，而在新潮高峰过后，应及时采取适当的调整策略。

5. 生命周期阶段

处在不同周期阶段的产品的变化有一定规律，是企业选择价格策略和定价方法的客观依据。

（1）导入期。导入期也可认为是新品上市期，产品刚上架时，定价方式可以有两种：新产品自身带有很大的优势，比如能解决消费者痛点，卖家就可以将价格设定得高一些，待产品热度消退，再逐步降价。有些产品刚上架，自身优势不明显，产品竞争力较弱，短期内很难累积起有说服力的数据（反馈、星级评分等），在这种情况之下，为了让产品快速进入市场，卖家可将价格设低一些。但是，也不能设得太低，否则非但赚取不到利润，反而会让消费者低估商品的价值，甚至怀疑是不是假货。

（2）成长期。当卖家的产品在销量、好评、星级分数等各项指标上有了一些基础，销量处于上升阶段，但忠实粉丝还相对较少，处于成长阶段时，卖家可以稍微提一下价格。当然，也可以将价格控制在比竞争对手的稍微偏低一点的范围。

（3）成熟期。当产品销量已经很稳定了，并且在排名、流量、星级评分、销量等各方面的指标都很不错，或各方面的数据都显示是一款爆品时，产品更多的是代表品牌形象与店铺定位，卖家可以将价格设得比市场价略高一些。

（4）衰退期。当产品在市场火爆之后，就会慢慢地进入衰退期，消费者的忠诚度也会下降，市场需求也会逐渐减弱，销量与利润会大不如从前，那么卖家们也没必要继续强推这个产品。如果还有库存的，可以通过降价等方式销售。

（五）企业状况

企业状况主要指企业的生产经营能力和企业经营管理水平对制定价格的影响。由于不同的企业规模和实力的不同，资金周转的要求不同和信息沟通方式不同，以及企业营销人员的素质和能力高低的不同，对价格的制定和调整应采取不同的策略。

1. 企业的规模与实力

规模大、实力强的企业在价格制定上余地大，企业如认为有必要，可在有条件的情况下大范围地选用薄利多销和价格正面竞争策略。而规模小、实力弱的企业生产成本一般高于大企业，价格的制定上往往比较被动。

2. 资金周转

企业年利润水平受到资金周转速度的影响。一般来说，企业维护高价格会带来高利润，但会因此延缓资金的周转速度；而降价促销是加快资金周转的有效手段，但是企业会因此损失部分利润。在这种情况下，企业通常会选择较低的机会成本来确定商品的价格。

3. 企业的信息沟通

企业的信息沟通包括企业的信息控制和与消费者的关系两个方面。信息通畅、与消费者保持良好的关系可适时调整价格并得到消费者的理解和认可。

4. 企业营销人员的素质和能力

拥有熟悉生产经营环节、掌握市场销售、供求变化等情况并具备价格理论知识和一定的实践能力的营销人员，是企业制定最有利价格和选择最适当时机调整价格的必要条件。

（六）成本费用

对企业的定价来说，成本是一个关键因素。企业产品定价以成本为最低界限，企业定价必须首先使总成本得到补偿，要求价格不能低于平均成本费用。产品的平均成本费用包含平均固定成本费用和平均变动成本费用两个部分，固定成本费用并不随产量的变化而按比例发生，企业取得盈利的初始点只能在价格补偿平均变动成本费用之后的累积余额等于全部固定成本费用之时。显然，产品成本是企业核算盈亏的临界点，产品售价大于产品成本时企业就有可能形成盈利，否则就会亏本。在测算产品成本时，因为产量的不同会带来不同的总成本，所以要用平均成本来比较和确定最优规模产量。一般而言，企业定价中使用比较多的成本类别有以下几种：

1. 总成本

总成本（TC）是指企业生产一定数量的某种产品所发生的成本总额，是总固定成本（TFC）和总可变动成本（TVC）之和。

2. 总固定成本

总固定成本（TFC）也称为间接成本总额，指一定时期内产品固定投入的总和，如厂房费用、机器折旧费、一般管理费用、生产者工资等。在一定的生产规模内，产品固定投入的总量是不变的，只要建立了生产单位，不管企业是否生产、生产多少，总固定成本都是必须支付的。

3. 总变动成本

总变动成本（TVC）也称为直接成本总额，指一定时期内产品可变投入成本的总和，如原材料、辅助材料、燃料和动力、计件工资支出等。总变动成本一般随产量增减而按比例增减，产量越大，总变动成本也越大。

4. 平均固定成本

平均固定成本即总固定成本除以产量的商。固定成本不随产量的变动而变动，但是平均固定成本必然随产量的增加而减少，随产量的减少而增加。

5. 平均变动成本

平均变动成本即总变动成本除以产量的商。平均变动成本不会随产量增加而变动。

但是当生产发展到一定的规模，工人熟练程度提高，批量采购原材料价格优惠，变动成本就会呈递减趋势；如果超过某一极限，则平均变动成本又有可能上升。

6. 平均成本

平均成本即总成本除以产量。固定成本和变动成本会随着生产效率提高、规模经济效益的逐步形成而下降，单位产品平均成本呈递减趋势。

7. 边际成本

边际成本是每增加或减少 1 单位产品而引起总成本变动的数值。企业可根据边际成本等于边际收益的原则，以寻求最大利润的均衡产量；同时，按边际成本制定产品价格，可以使全社会的资源得到合理利用。

8. 长期成本

长期成本是企业能够调整全部生产要素时，生产一定数量的产品所消耗的成本。所谓长期，是指足以使企业根据它所要达到的产量来调整一切生产要素的时间量。在长时期内，一切生产要素都可以变动。所以长期成本中没有固定成本和变动成本之分，只有总成本、边际成本与平均成本之分。

9. 机会成本

机会成本指企业为从事某项经营活动而放弃另一项经营活动的机会，或利用一定资源获得某种收入时所放弃的另一种收入。另一项经营活动所应取得的收益或另一种收入即为正在从事的经营活动的机会成本。

（七）社会经济因素

社会经济因素主要是指一个国家或地区的经济发展状况，它从宏观上对企业产品定价产生软约束。也就是说，企业产品的定价水平，必须符合目标市场的经济发展水平，只有这样，企业的营销定价才能被目标市场接受。对企业营销定价有约束作用的社会经济因素主要有：

1. 社会生产的发展状况

在一般情况下，社会生产发展越快或处于建设扩充时期，由于社会需求量增大，产品价格容易上涨；然而，在社会生产萎缩或衰退时期，社会需求减少，产品价格就会下跌。若社会生产处于良性平衡发展阶段，社会物价整体水平则相对平衡；若社会生产处于失衡发展阶段，必然会出现结构性供求失衡矛盾，社会物价水平便会发生动荡。这些都会影响到企业产品的定价。

2. 社会购买力水平

社会经济发展与社会购买力水平的提高是紧密相连的，社会经济越发达，人们购买力水平越能相应提高。在此情况下，消费者对价格敏感程度会有所下降，产品价格可适当提高；否则，产品价格应适当降低。

3. 社会货币发行量

社会货币发行量与价格水平有密切的关系。货币的发行量如果超过了商品流通中的正常需要，就意味着通货膨胀、纸币贬值，此时产品价格就会上涨；如果国家保持适度从紧的货币政策，控制信贷规模，货币发行量与流通中对货币需要量保持基本一致，产品价格就会稳定。

4. 社会资源状况

社会资源的稀缺程度及利用状况对企业定价也有重要影响。当资源供应充足时，企业可以选择价格较低的原材料进行生产，使产品成本降低，企业在定价时就会扩大价格选择余地；当资源供应紧张时，原材料价格会上涨，产品成本会增加，企业在定价时就会缩小价格选择余地。

（八）其他因素

企业的定价策略除受成本、需求以及竞争状况的影响外，还受到其他多种因素的影响。这些因素包括政府或行业组织的干预、消费者习惯和心理、企业或产品的形象等。

1. 政府或行业组织干预

《中共中央 国务院关于推进价格机制改革的若干意见》中指出，在经营者自主定价领域，对经济社会影响重大特别是与民生紧密相关的商品和服务，要依法制定价格行为规则和监管办法；对存在市场竞争不充分、交易双方地位不对等、市场信息不对称等问题的领域，要研究制定相应议价规则、价格行为规范和指南，完善明码标价、收费公示等制度规定，合理引导经营者价格行为。

政府为了维护经济秩序，或为了其他目的，可能通过立法或者其他途径对企业的价格策略进行干预。政府的干预包括规定毛利率，规定最高、最低限价，限制价格的浮动幅度或者规定价格变动的审批手续，实行价格补贴等。例如，美国某些州政府通过租金控制法将房租控制在较低的水平上，将牛奶价格控制在较高的水平上；法国政府将宝石的价格控制在低水平，将面包价格控制在高水平；我国某些地方为反暴利对商业毛利率的限制等。一些贸易协会或行业性垄断组织也会对企业的价格策略进行影响。

2. 消费者心理和习惯

价格的制定和变动在消费者心理上的反映也是价格策略必须考虑的因素。在现实生活中，很多消费者存在"一分钱一分货"的观念。面对不太熟悉的商品，消费者常常从价格上判断商品的好坏，从经验上把价格同商品的使用价值挂钩。消费者心理和习惯上的反应是很复杂的，某些情况下甚至会出现完全相反的反应。例如，在一般情况下，涨价会减少购买，但有时涨价会引起抢购，反而会增加购买。因此，在研究消费者心理对定价的影响时，要持谨慎态度，仔细了解消费者心理及其变化规律。

3. 企业或产品的形象

有时企业根据企业理念和企业形象设计的要求，需要对产品价格做出限制。例如，企业为了树立热心公益事业的形象，会将某些有关公益事业的产品价格定得较低；为了形成高贵的企业形象，将某些产品价格定得较高；等等。

第二节 企业定价方法与程序

一、企业定价的方法

（一）成本导向定价法

成本导向定价是经济学术语，是企业以产品成本为中心的生产方导向定价思路。其目标是在不亏本的情况下获得尽可能高的利润。

1. 成本加成定价法

成本加成定价法是用产品单位成本加上一定比例的利润制定产品价格的方法。该理论假设销售者有决定价格的主导权，购买者仅能影响加成率。

成本加成定价法有两种常用的定价模型。X 表示价格，C 表示平均成本，w 表示成本加成率。一是基于成本计算成本加成价格，则有：$X = C \times (1+w)$；二是基于售价计算成本加成价格，则有：$P2 = C \div (1-w)$

例：A 公司向其关联企业 B 公司出售塑料制品，B 公司对塑料制品进行了二次加工后，销售给外国第三方客户。假定塑料制品制造业的标准毛利率是生产成本的 20%，A 公司生产塑料制品的平均成本为 100 元，那么，按照基于成本计算成本加成价格，A 公司向 B 公司销售塑料制品的独立交易价格为 120 元（100×120%）。按照基于售价计算成本加成价格，则交易价格为 100÷（1-20%）= 125。

成本加成定价方法需要考虑三方面因素：一是成本基础的选择。成本基础包括完全成本基础、变动成本基础、作业成本基础。各个企业可以根据本单位的实际情况选择不同的成本基础。但是选择的成本基础不同，确定的加成率也应该不同。二是企业业务量水平较稳定。如果业务量存在较大差异，制造费用分摊结果就会因业务量的波动被过高或过低地分摊。三是加成率的选择。不同的行业、不同的产品及不同季节的产品利润率会有很大波动，制定一个适合本企业的加成率可以增强企业价格的竞争能力及获利能力。

2. 变动成本加成定价法

变动成本加成定价法是以产品的变动成本为基础，加上一定数额的边际贡献，以二者之和作为产品价格的定价方法。其计算公式为：单价=单位变动成本 b/（1-税率-边际贡献率）。它的理论基础是只要售价大于 b 即可，因为不管企业是否接受订货，固定成本都不会发生变动，能提供边际贡献就能增加利润总额。

它的定价步骤是先计算产品的单位变动成本，再计算加成百分比，最后得到定价。

例：假设某公司投资 1 000 000 元，每年产销 A 产品 50 000 件，其单位变动成本包含直接材料 7 元、直接人工 10 元，变动性制造费用 5 元，变动推销及管理费用 3 元。固定性制造费用 750 000 元，固定性销售与管理费用每年 500 000 元。若该公司期望获得的报酬率为 20%，如何定价？

第一步，计算产品单位变动成本。已知 A 产品的每单位变动成本合计为 25 元如表8-1 所示：

表 8-1　单位变动成本　　　　　　　　　　　　　单位：元

名称	费用
直接材料	7
直接人工	10
变动性制造费用	5
变动性推销及管理费用	3
单位产品的制造成本合计	25

第二步，计算加成百分比。变动成本加成定价法：

加成百分比＝（投资额×期望的投资报酬率＋固定成本）÷（产量×单位制造成本）

采用变动成本加成定价法，其加成百分比计算如下：

加成百分比＝［1 000 000×20%＋（750 000＋500 000）］÷（50 000×25）＝116%

按此加成百分比计算，A 产品的目标售价为 25×（1＋116%）＝54（元），如表 8-2 所示。

表 8-2　变动成本加成定价　　　　　　　　　　　　单位：元

名称	费用
直接材料	7
直接人工	10
变动性制造费用	5
变动性推销及管理费用	3
单位产品的制造成本合计	25
成本加成（116%）	29
目标售价	54

这种定价方法主要在市场竞争激烈、产品必须降价出售时采用，因为这时如果采取总成本加成定价法，必然会因为价格太高影响销售，从而出现产品积压，而采用变动成本加成定价法，价格一般都会低于总成本加成法，容易迅速扩大市场，因为只要售价不低于变动成本，就说明生产可以维持，但如果售价低于变动成本，就表明生产越多亏本越多。

3. 目标利润定价法

目标利润定价法又称目标收益定价法、目标回报定价法，是根据企业预期的总销售量与总成本，加上一定的目标利润来定价的方法。其要点是使产品的售价能保证企业达到预期的目标利润率。企业根据总成本和估计的总销售量，确定期望达到的目标收益率，然后推算价格。其计算公式为

$$价格 = \frac{总成本 + 目标利润}{期望销量} = 单位变动成本 + （固定成本 + 目标利润）/期望销量$$

其中，目标利润＝投资额×期望投资利润率。

例：某公司生产一批产品，固定总成本为 20 000 元，平均变动成本为 50 元，预计销量为 500 个，目标利润为 40 000 元，则该公司根据该定价策略所制定的价格为

50+（20 000+40 000）/500＝170（元）

在运用目标利润定价法时需要考虑三点：一是要实现的目标利润是多少？二是大致的需求弹性是多少？三是价格。

成本导向法的优点在于很好地考虑到了成本，但该方法存在一个严重的缺陷，即企业以估计的销售量来确定目标价格，忽略了需求与竞争是影响销量的重要因素。因此，企业往往得不到预计的目标利润就在于对预计销量的失算。

（二）需求导向定价法

成本是企业经营的底线，却不是满足顾客需求的依据；顾客需求的底线是其购买力。因此，低于成本的定价未必就能满足顾客需求；高于成本的定价未必就不能满足顾客需求。

需求导向定价法是基于不同顾客、不同时间、不同地点的需求差异和市场普遍习惯以顾客需求和消费者感受为主要依据来确定产品价格的方法，主要包括感知价值定价法和需求差异定价法。

1. 感知价值定价法

感知价值定价法是指企业以消费者对商品价值的理解度为定价依据，运用多种营销策略和手段影响消费者对商品价值的认知形成对企业有利的价值观念，再根据商品在消费者心目中的价值来制定价格。消费者的价值感知主要来源于其主观判断、以往经验和对消费体验的感知。同时，对产品效用的预期、产品的质量保证、服务承诺、分销渠道、品牌声誉和可信度等因素也会影响消费者的感知价值。企业可以通过营销活动提高消费者的感知价值，从而提高产品价格。认知价值定价法的关键和难点在于如何准确地了解顾客感知价值的方式及其决策过程。企业如果过高地估计消费者的理解价值，则会因其价格过高难以达到应有的销量；但若企业低估消费者的理解价值，又会因其定价就可能低于应有水平而使企业收入减少。

感知价值可表示为：感知价值＝感知利益或品质÷感知付出成本

从上式可以看出，在成本一定的条件下，消费者感受到的感知价值会随着感知利益或品质的增加而增加。同时，应当注意的是，感知价值对于消费者并不仅意味着低价格，还应将价格与消费者的感知价值联系起来。比如，人们对奔驰车的感知价值非常高，使得其价格越高的产品销量就越大。

2. 需求差异定价法

需求差异定价法是根据需求方面的差异来制定产品的价格。这种方法比单一价格销售产品更能增加销量，并能获得更多的"消费者剩余"，即顾客在购买商品时所预料的、情愿付出的价格与市场实际价格之间的差额使企业的赢利达到最大化。通常情况下，一个顾客购买商品实际付出的价格，不会高于他愿意支付的价格，因此，对同一商品，不同顾客愿意支付的价格是不同的。所以商家应针对这种需求差异，制定多种价格，以满足不同顾客的需求，从而将这些"消费者剩余"尽可能多地转化为企业的利润。这种价格差异的基础是：顾客需求、顾客的购买心理、产品样式、地区差别以及时间差别等，采用这种方法定价，一般是以该产品的历史定价为基础，根据市场需

求变化的具体情况，在一定幅度内变动价格。这种方法的具体实施通常有五种方式：

（1）基于顾客差异的差别定价。这是根据不同消费者消费性质、消费水平和消费习惯等差异，制定不同的价格。如会员制下的会员与非会员的价格差别；学生、教师、军人与其他顾客的价格差别；新老顾客的价格差别；国外消费者与国内消费者的价格差别等。企业可以根据不同的消费者群的购买能力、购买目的、购买用途的不同，制定不同的价格。

（2）基于时间差异的差别定价。在实践中我们往往可以看到，同一产品在不同时间段里的效用是完全不同的，顾客的需求强度也是不同的。在需求旺季，商品需求价格弹性化，可以提高价格；而在需求淡季，价格需求弹性较高，可以采取降低价格的方法吸引顾客。

（3）基于产品差异的差别定价。质量和规格相同的同种产品，虽然成本不同，但企业在定价时，并不根据成本的不同按比例定价，而是按外观和式样的不同来定价。这里定价所考虑的真正因素是不同外观和式样对消费者的吸引程度。比如说，营养保健品中的礼品装、普通装及特惠装三种不同的包装，虽然产品内涵和质量一样，但价格往往相差很大。

（4）基于不同地理位置的差别定价。由于地区间的差异，同一产品在不同地区销售时，可以制定不同的价格。例如，飞机与轮船上的舱位由于对消费者的效用不同而价格不一样；电影院、戏剧院或赛场由于观看的效果不同而价格不一样。

（5）基于交易平台差异的差别定价。交易平台是买卖双方沟通产品信息的渠道，如实体店铺、网络店铺、电视购物、直播平台等。

总之，需求差异定价法能反映需求差异及变化，特别是在买方市场的情况下，有助于提高企业的市场占有率和增强企业产品的渗透率。但这种定价法不利于成本控制，且需求差异不易准确估计。

（三）竞争导向定价法

竞争导向定价法是指企业制订产品或劳务的价格是为了某种竞争的需要，反映在价格制订过程中就是企业价格决策的依据，主要是竞争对手的价格及其变动状况，而不是本企业产品的成本状况、市场需求状况。采用竞争导向定价法，要求企业综合分析影响竞争成败的各种因素，以便实现既定的定价目标。竞争导向定价法主要包括随行就市法、相关商品比价法、竞争投标定价法等。

1. 随行就市法

随行就市法也称为通行价格定价法，即以同类产品的平均价格作为企业定价的基础。这种方法适合企业在难于对消费者和竞争者的反应做出准确估计、自己又难于另行定价时运用。

随行就市法的具体形式有两种：一种是随同行业中处领先地位的大企业价格的波动而同水平波动；另一种是随同行业产品平均价格水准的波动而同水平波动。在竞争激烈、市场供求复杂的情况下，单个企业难以了解消费者和竞争者对价格变化的反应，采用随行就市的定价方法不仅能为企业节省调研费用，而且可以避免贸然变价所带来的风险；各行业价格保持一致也易于同行竞争者之间和平共处，避免价格战和竞争者之间的报复，这也有利于在和谐的气氛中促进整个行业的稳定发展。

随行就市定价法这种"随大流"的定价方法，主要适用于需求弹性比较小或供求基本平衡的商品，如大米、面粉、食油以及某些日常用品。这种情况下，如果某企业把价格定高了，就会失去顾客；而把价格定低了，需求和利润也不会增加。所以，随行就市是一种较为稳妥的定价方法，也是竞争导向定价方法中广为流行的一种。

随行就市定价法的优点在于其简单易行，不依赖需求曲线、价格弹性和产品的成本；也不会对整个行业价格系统造成较大破坏，不会扰乱行业内现有的均衡。随行就市法被认为是反映了行业的集体智慧，既能保证适当的收益，又有利于协调同行业的发展。但这种方法易造成企业的故步自封和一成不变。

2. 相关商品比价法

相关产品比价法是以某种同类产品为标准品，以它的现行价格为标准，通过成本或质量的比较而制定新品种价格的方法。

（1）按值论价。产品与标准品相比，若成本变动与质量变动的方向和程度大体相似，则可按成本差异程度确定产品价格。其计算公式为：产品价格＝标准品价格×（1+产品成本差异率）。这种方法的优点是简便，但不能反映新产品与标准品的质量差异。

（2）按质论价。按质论价有两种形式。

①产品与标准品相比，若质量显著提高而成本增加不大，可按他们的质量差别确定产品的价格。其计算公式为：标准品价格×（1+产品成本差异率）≤产品价格≤标准品价格×（1+产品质量差率）。这里的质量差率要通过产品质量效用的综合评估而确定。

②若产品成本减少不多，而质量明显下降，应被告低质低价，其计算公式为：优质产品价格＝标准品价格×（1-低质产品质量差率）。

采用这种定价法，由于价格常与标准品保持由品牌声誉、质量和成本等方面的差别而形成的一定距离，因此，这是一种以避免竞争为主要意图的定价方法。

3. 竞争投标定价法

在商品和劳务交易中，采用招投标的方式，由一个卖主（或买主）对两个以上并相互竞争的不潜在买主（或卖主）出价，这种择优成交的定价方法称为竞争投标定价法。它有以下三种形式。

（1）拍卖式定价（auction-type pricing）。拍卖式定价在现实生活中很常见，涉及的产品范围非常广泛，一般有两种典型的方法，即英格兰式拍卖和荷兰式拍卖。

英格兰式拍卖也称"增价拍卖"，是指在拍卖过程中，拍卖人宣布拍卖标的的起叫价及最低加幅价，竞买人以起叫价为起点，由低至高竞相加价，最后产生最高应价者，拍卖人以公开表示成交的方式宣告成交。此种拍卖方式因源于英国而得名，标的多集中在古董、艺术品、不动产和旧设备、车辆等方面。

荷兰式拍卖又称"降价拍卖"，是指在拍卖过程中，拍卖人宣布拍卖标的的起叫价及降幅，并依次往下叫价，一有人应价，即可宣告成交。这种拍卖方式因源出荷兰而得名，花卉、鲜菜等市场，为保持拍品在新鲜状况下卖出，经常使用降价拍卖方式使拍卖品尽快成交。

（2）集团定价（group pricing）。集团定价是一种多人对多个同一商品进行购买的方式，买卖双方都可以通过加入一个集团而获得更优惠的价格。它的特点在于，商品的最终成交价格不是由竞价者出价确定，而是根据其投标总数量的不同（购买量）以相对应的价格进行销售。同一种商品，买的人越多，最终成交的价格就越低。在网络营销中，此种销售形式往往在一个预先设定的时段内进行。在到达截止时间时，系统会自动根据出价总人数判定此种商品的最终成交价格。

（3）密封式投标定价。企业参加竞标总希望中标，而能否中标在很大程度上取决于企业与竞争者投标报价水平的比较。因此，投标报价时要尽可能准确，预测竞争者的价格意向，然后在正确估算完成招标任务所耗成本的基础上，定出最佳报价。

二、企业定价的程序

（一）选择定价目标

企业在制定价格时，首先要确定定价目标，即根据企业发展方向、经济实力、所处的市场环境、商品寿命周期所处的不同阶段等，选择符合企业战略目标的具体定价目标。企业定价目标的确定是指导企业进行价格决策、制定定价策略的依据，也是企业进行价格决策的首要过程。企业定价目标直接影响产品价格，是指导企业进行价格决策的主要因素。由于经营者的内部条件和外部环境具有层次性、差别性和动态性的特点，不同经营者的具体定价目标存在着差异性。即使是同一经营者在经营不同商品时，其具体的定价目标也会由于经营条件的差异而不尽相同，并表现出一定的阶段性。

目标利润目标（target return objective）是将一种特定的利润水平作为目标。这种定价方法经常以一种销售百分比或投资百分比的形式出现。例如，一家大的生产商可能瞄准15%的投资利润率，而便民超市或其他的食品杂货连锁店的目标可能是1%的销售利润率。

销售导向目标（sales-oriented objective）追求销售量、货币销售额或市场份额，将销售额或市场份额作为指标，而没有指向利润指标。

竞争导向的目标就是以应对或防止竞争为定价目标。价格竞争是市场竞争的重要方面。用价格去应对竞争是一种相应对策，也就是用价格作为竞争的一种手段。例如，竞相降价以求争夺销售市场，战胜竞争对手；及时调价以求地位对等；或价格适当高于对方，以求树立声望等。

（二）测定需求弹性

在定价中，企业应根据需求弹性理论来测定产品的不同价格水平对市场需求数量和需求强度的影响，以便确定市场需求最大时消费者所能接受的价格上限——最高价格。需求弹性是需求价格弹性的简称，是指价格变动引起市场需求量的变化程度，即市场需求量变动对价格变动的灵敏程度。不同产品的市场需求量对价格变动的反映不同，也就是弹性大小不同。用 E_d 表示需求价格弹性系数，Q 表示需求量，P 表示价格，则：

$$E_d = \frac{(Q_2 - Q_1)/Q_1}{(P_2 - P_1)/P_1}$$，即需求价格弹性 = 需求量变动的百分比/价格变动的百分比，

其中，为比较需求价格弹性系数的大小，这里 E 取绝对值。

由于价格高买的人少，而价格低买的人多，所以价格与需求量呈反方向变动。价格弹性的大小，一般以 E 的值大于1或小于1来表示。

（1）$|E_d| = 0$，表明无论价格如何变动，需求量都固定不变，始终有 $\Delta Q = 0$，需

求曲线是一条与横轴垂直的线，此时称需求完全无弹性，或称需求弹性为零。

（2）$|E_d| = \infty$，表明在价格既定的条件下，需求量是无限的，需求曲线为一条与横轴平行的直线，此时称需求有完全弹性。

（3）$|E_d| = 1$，表明价格每提高（或降低）一定比率，则需求量相应减少（或增加）相同的比率，需求曲线为一条正双曲线，此时称需求为单一弹性。

（4）$|E_d| > 1$，表明价格每提高（或降低）一定比率，则需求量相应减少（或增加）更大的比率，需求曲线比较平坦，此时称需求富有弹性。

（5）$0 < |E_d| < 1$，表明需求量变动比率的绝对值小于价格变动比率的绝对值，需求曲线比较陡峭，此时称需求缺乏弹性。

（三）估计成本

成本是价格的基础，测算出产品成本才可以判断企业在价格上的优劣势地位，为确定价格战略和策略提供基础依据。任何企业在市场营销定价时都会面临一个成本估算的问题，进行保本分析，企业商品价格的上限取决于市场需求及有关限制因素，而最低价格不能低于商品的经营成本费用，这是企业价格的下限，也是企业可参照的最低价格——保本价格。

（四）分析竞争状况

分析竞争的目的是帮助企业产品确定一个最有竞争力的价格。对市场竞争的分析主要包括：市场竞争的格局分析、主要竞争对手实力的分析、竞争对手应变态度和策略分析。

（五）选择定价方法

企业选择适当的定价方法以实现企业的定价目标。

（六）确定最后价格

企业运用一定的定价方法确定了初步价格后，还不能交付使用。因为依据每种方法制定出来的价格都有一定的片面性，因而需要在全面分析的基础上进行调整，以确定最终价格。因此，在最后确定价格时，必须考虑是否遵循这样四项原则：①商品价格的制定与企业预期的定价目标的一致性，有利于企业总的战略目标的实现；②商品价格的制定符合国家政策法令的有关规定；③商品价格的制定符合消费者整体及长远利益；④商品价格的制定与企业市场营销组合中的非价格因素是否协调一致、互相配合，为达到企业营销目标服务。

第三节　定价策略

价格是市场营销组合中唯一能为公司带来收入的因素，其他因素都代表成本，因此价格制定得是否合理是企业在市场竞争中成败的关键因素之一。

一、新产品定价策略

定价策略不是一成不变的，它随产品所处生命周期的不同而改变。尤其是在产品成长阶段，更具有挑战性。当公司推出一种新产品时，就面临第一次定价的挑战。新产品上市，企业常使用三种定价策略，分别是撇脂定价、渗透定价和满意定价。

（一）撇脂定价

撇脂定价策略又称取脂定价策略。取脂或撇脂一词来自短语"从生日蛋糕的顶端取出（或撇去）奶油"，它是一种高价格策略。撇脂定价是指厂商在新产品上市的初期把价格定得较高，以便在较短的时期内可以收回全部投资，获得利润。企业之所以这样做，是因为产品的前期消费者认为，新产品具有较高的价值，其价格可以定得高一些。

取脂定价策略可以看作一个时间上的差别定价。在新产品上市的时候，厂商针对收入较高的消费者，向他们索取较高的价格，对于这部分消费者，价格弹性较小。随着时间的推移，再采取逐渐降低价格的策略，以争取大量对价格较敏感的那部分收入较低的消费者。

这种定价方法的优点：①利用高价产生的厚利，使企业在新产品上市之初，即能迅速收回投资，减少投资风险。②在全新产品或换代新产品上市之初，顾客对其尚无理性的认识，此时的购买动机多属于求新求奇。利用这一心理，企业通过制定较高的价格，以提高产品身份，创造高价、优质、名牌的印象。③先制定较高的价格，在其新产品进入成熟期后可以拥有较大的调价余地，不仅可以通过逐步降价保持企业的竞争力，而且可以从现有的目标市场上吸引潜在需求者，甚至可以争取到低收入阶层和对价格比较敏感的顾客。④在新产品开发之初，由于资金、技术、资源、人力等条件的限制，企业很难以现有的规模满足所有的需求，利用高价可以限制需求的过快增长，缓解产品供不应求状况，并且可以利用高价获取的高额利润进行投资，逐步扩大生产规模，使之与需求状况相适应。

这种定价方法的缺点：①高价产品的需求规模毕竟有限，过高的价格不利于市场开拓、增加销量，也不利于占领和稳定市场，容易导致新产品开发失败。②高价高利会导致竞争者的大量涌入，仿制品、替代品迅速出现，从而迫使价格急剧下降。此时若无其他有效策略相配合，企业苦心营造的高价优质形象就可能会受到损害，失去一部分消费者。③价格远远高于价值，在某种程度上损害了消费者利益，容易招致公众的反对和消费者抵制，甚至会被当作暴利来加以取缔，诱发公共关系问题。

使用这种定价方法的前提条件有以下五个：

第一，市场上存在一批购买力很强，并且对价格不敏感的消费者。初期的高价格能给消费者以产品是高档的、质量是可信的印象，因而使顾客认为高价格是合理的。第二，这样的一批消费者的数量足够多，企业有厚利可图。第三，产品从设计到实际投产有足够长的时间，使产品在高价出售时，竞争者或替代品来不及很快进入市场，暂时没有竞争对手推出同样的产品，本企业的产品具有明显的差别化优势。第四，当有竞争对手加入时，本企业有能力转换定价方法，通过提高性价比来提高竞争力。第五，适用于创新性产品，高价格树立了产品的高质量形象。具体地说，它适用于具有独特的技术，不易仿制，有专利保护，生产能力不能迅速扩大等特点的新产品。

在上述条件具备的情况下，企业就应该采取撇脂定价的方法。

从根本上看，撇脂定价是一种追求短期利润最大化的定价策略，若处置不当，则会影响企业的长期发展。因此，在实践当中，特别是在消费者日益成熟、购买行为日趋理性的今天，采用这一定价策略必须谨慎。使用撇脂定价法不是偶然的，某些企业和某些行业普遍、长期使用撇脂定价法。

例如，苹果公司是使用撇脂定价法的高手，该公司每年推出一种新型的、价格更高的手机，以满足创新型消费者的需求。然后当该产品的初期销售下降，并且竞争对手也引进类似的产品时，就将这种手机的价格压低，满足大众消费的需求。通过这种做法，苹果公司在各细分市场上获取了最大利润。

（二）渗透定价

与撇脂定价相反，渗透定价是公司在产品上市初期，对其制定低价格，目的是力求新产品迅速、深入地打进市场，快速吸引大量的消费者，夺取市场占有的先机，并最大限度地占领市场，取得较大的市场占有率。

这种定价策略的优点是在市场竞争激烈的环境下能抑制竞争者插足从而保持自己在市场上的独占地位。同时，较高的销售量可以降低成本，使公司有可能进一步降低价格，在较长的时期内保持低价优势，增强公司的市场竞争力。

渗透定价不利之处在于渗透意味着批量生产，然后以低价销售大量产品，而当遇到产能过剩、存货过多时，公司必然会损失巨额的制造成本，而撇脂定价在发现有限的需求不具备继续实行高价时，公司只要降低价格就可以了。渗透定价的另一个问题易出现在知名品牌，当其用渗透定价时会在市场上产生产品泛滥、"低价值即低品牌形象"的后果，进而使得该品牌不仅失去良好的品牌形象，还给提价和提升品牌形象带来了阻碍。

使用这种方法的前提条件有以下四种：①产品的需求价格弹性较大，市场对价格非常敏感，低价会刺激需求，带来产品销量大幅度的增加，使产品的市场份额迅速成长。②低价可以阻止竞争，采用渗透价格的公司可以长期保持低价地位，否则低价优势只是暂时的。另外，低价是企业的竞争优势，不会引起恶性价格战。③产品存在着较大的规模经济性，生产和分销的成本必须随着产品销量的增加而下降。④出于竞争或其他企业战略上的考虑，企业需要用低价格来吸引大量顾客，打开市场或尽快地占领市场，扩大市场份额，以谋求有利的市场地位。例如，小米公司通过整合上下游资源，推出千元版手机，迅速挤占了市场份额，市场销量的增加，又进一步降低了产品的单位成本与价格，这种循环使产品在价格上长期保持竞争优势。

如果将低价渗透策略应用于在网络销售平台上时，要注意以下几点：首先，由于互联网是从免费共享资源发展而来的，因此消费者一般认为网上商品比从线下其他渠道购买商品要便宜，所以在网上不宜销售那些消费者对价格敏感而企业又难以降价的产品；其次，在网上公布价格时要注意区分消费对象，是普通消费者、还是零售商、批发商、合作伙伴，应该分别提供不同的价格信息发布渠道，否则可能因低价策略混乱造成营销渠道混乱；最后，网上发布价格时要注意比较同类网店公布的价格，因为消费者可以通过比价搜索功能很容易在网上找到最便宜的商品，如果价格不够低，低价渗透就毫无作用。

（三）满意定价

满意定价是把产品的价格定在比较合理的位置上，既不太高，也不偏低，比较适中，兼顾厂商、中间商及消费者的利益，使顾客、同行及全社会都感到满意，使买卖双方都有利，都能满足。这种定价策略就是满意定价，其价格介于上述二者之中，因此又称之为满意价格。

该低价策略的优点是，其制定出的价格比较合理，既能让消费者愉快接受，又能保证经营者从中获取合理利润，使买卖双方都感到满意。同时，满意价格制定得比较公平，因此上调下降的余地也比较大。但策略的缺点是，比较保守和稳定，不适于需求复杂多变或竞争激烈的市场环境。

满意定价与前二者的不同之处在于，满意定价的前提是市场竞争不很激烈，产品以保守的角色参与市场竞争，来获取其应有的收益，没有很强的市场攻击性。而前二者的市场竞争优势都很明显，分别是质量领先与成本领先，且是以市场抢占者的身份参与竞争，具有很强的市场攻击性，结果往往成为其目标市场上的领导者。

比起撇脂定价和渗透定价，满意定价更追求稳妥和合理，通常适用于价格弹性较小的生活必需品和重要的生产资料。

二、商品阶段定价策略

（一）引入期定价策略

引入期的营销焦点在于占领市场。

1. 顾客类型

在产品生命周期的引入期，消费者按特点可以分为新产品爱好者和远见型消费者。新产品爱好者主要会对前期市场做出贡献，而远见型消费者则对引入期的后期市场做出主要贡献。新产品爱好者单纯因为产品的某些革命性属性而喜欢新产品。他们是社会中那一小部分热衷于最新科技和产品的人群。他们通过关注科技和产品的发展获得愉悦感。新产品爱好者倾向于把新产品作为玩具，而不是解决商业问题的方案。远见型消费者往往寻求解决某些问题方法的巨大突破，他们会不断地寻找能够帮他们解决问题的革命性新产品。远见型消费者在潜在市场中所占份额很小，但是他们的重要性远远高于新产品爱好者，因为他们会成为早期的新产品采用者。远见型消费者能够将新的解决方案与战略机会相匹配，他们会将这种机会转化为高曝光度、高风险的项目，而且他们有足够的现金购买革命性新产品。相比新产品爱好者，远见型消费者对价格的敏感性更低，但是他们对结果的敏感性更高。

2. 运用基于交换价值模型的定价方法采用撇脂或渗透策略

引入期的市场中，没有相近的产品能够作为对比参照物，而且在新产品发布之前，这个市场根本不存在，即使在发布之后，这个市场在一段时间内也还是很小的。因此，大部分的计量经济学和顾客导向的研究方法都无法使用。更重要的是，在这个潜在的市场中，消费者对新产品缺少经验，不太会了解这种新产品的潜在价值，因此，消费者的支付意愿范围可能很大，而且没有明显的逻辑，也与产品价值的关系不大。要在一个处于引入期的市场中定价，管理层最好使用交换价值模型。

交换价值模型主要依赖管理层对新产品价值的评估。有一种整合这种模型的方式是进行"As If/To Be"分析。通过这种分析，管理层会形成对消费者购买新产品过程的理解，首先管理层会模拟消费者在购买新产品的前一天解决相应问题的过程，然后模拟消费者购买新产品的第二天解决问题的过程。通过这种模拟，管理层就可以形成一张关于新产品经济交换价值的说明图。

对成功公司的调查显示，将价格定位在通过交换价值模型得出的一系列价格的较高水平对公司最有利。这种定价方式背后的部分逻辑是基于引入期市场的特性。不管价格定得高还是低，谨慎的细分市场消费者都不会买新产品。远见型消费者是最应该抓住的细分市场，只要可以满足他们对价值的需求，他们在价格上是不会吝啬的。因此，成功的公司都会把价格定在潜在价格范围的高端水平。虽然公司不能将产品价格定得比产品能够带来的价值更高，但是公司也应该把价格定在一个比较高的水平上，以便让消费者了解产品能够带来的价值。

（二）成长期定价策略

在产品生命周期的成长期，新兴市场的各个维度都在迅速地发生着变化。新的消费者进入市场并接受这个新兴市场的产品，为大市场带来了更多的细分市场。同时进入市场的还有被利益吸引的竞争者。竞争者会尝试不同的组合策略，可能会带来产品增值、特性区分和价格水平变动。

1. 顾客类型

在成长期，消费者根据特点分为早期多数顾客、晚期多数顾客和迟滞型顾客。

早期多数顾客寻求解决问题的改良方法并愿意承受可控的风险以享受新产品带来的价值。他们对价值的敏感性很高，对价格敏感性也在一个合理的高度。早期多数顾客的购买意愿不单单由价格决定，价格和产品带来价值的差额对购买意愿的影响更大。

晚期多数顾客和迟滞型顾客不喜欢接受新产品，但迫于现实又不得不接受，他们骨子里还是喜欢传统和沿袭下来的习惯，对创新比较排斥。在进行购买决策时，晚期多数顾客和迟滞型顾客十分挑剔。他们喜欢能够满足他们特别需求的产品，一般倾向于购买单一功能的产品，而且对具有创新性特点的产品没什么兴趣。一旦满足了他们的需求，他们就会坚持使用，而且具有一定的品牌忠诚度。他们对风险的容忍度很低，一般希望产品的功能就像一台可靠的冰箱一样：开门灯就亮，关门灯就灭。晚期多数顾客和迟滞型顾客对价格敏感性很高，因为他们对新产品未来的发展没什么兴趣。

2. 运用基于消费者感知定价法的方法可能提价也可能降价的策略

比起引入期市场，处于成长期市场的公司管理层的定价空间相对较窄，但是他们会因为更好的定价准确性和定价行动获益，这会影响产品的定价方法以及公司研究新的价格结构以抓住顾客的可能性。在成长期市场，消费者对产品比引入期时更为熟悉，这让消费者可以较为清楚地在不同的产品特性之间做出权衡，并且预测应用产品能够带来的好处，而且随着市场中消费者的增加，消费者的偏好可以利用统计学方法来研究，因此，消费者感知定价法就能够得出合理准确的价格。

在成长期的市场，价格水平一般会下降，但并不是所有产品在成长期的价格都低于引入期价格。新竞争者进入市场会带来更大的降价压力，但是成本的降低一般也可以为降价带来支持。随着市场的扩大，细分市场的增加，提价的可能性也会增大，因为在某些细分市场，顾客为了获得更大的收益和价值愿意支付更高的价格。

（三）成熟期定价策略

1. 市场特点

这一时期的产品渗透基本饱和，尽管市场需求会增加，但市场进一步成长空间很小，竞争会更加激烈，快速的产品演进将被更加可预测的行业动向代替。竞争格局基本形成，公司的战略也基本定型，但价格结构缺乏弹性。

2. 基于消费者偏好的定价方法

成熟期市场定价准确性更高，因为竞争者对市场有了更好的理解。像联合分析这样的消费者偏好分析理论有了足够的消费者和市场分析样本。在大多数的成熟期市场中，消费者偏好分析是最主流的定价方法。在一些产品导向的行业，经济价格优化会变得有利可图。由于有了大量的历史数据，管理层可以通过跟踪历史数据找到价格和销量间的统计学联系，他们可能找出有意义的需求弹性关系来进行价格优化。

（四）衰退期定价策略

产品进入衰退期之后，产品的需求量和销售量开始大幅度下降，甚至出现滞销状况，利润也日益缩减，这个时候的价格不稳定，要预测价格变化的方向不太可能。在大多数行业，竞争压力会使价格变低，企业一般进行降价措施，有的采取变动成本定价法，销售价格低于成本，仅补偿其固定成本即可。如果同行竞争对手出现了退市现象，而市场上依然有较少的保守购买者，企业也可以选择维持原价。而在某些行业，针对某种特定的高价值利基需求，产品稀缺性还可能让价格升高。比如手机在更新换代过程中某个型号产品进入衰退期，大部分会降价处理。而汽车在退市前可能因为成为绝版而提价。

三、折扣定价策略

折扣是企业营销的重要手段。企业在出售商品前可先定出一个正式价格，而在销售过程中，则可利用各种折扣来刺激中间商和消费者，以促进销售。这种定价方式可以让消费者直接了解产品的降价幅度以刺激其购买欲。在网络营销的今天，一些网商一般会按照市面上的流行价格进行折扣定价。例如，亚马逊的图书价格一般都要进行折扣，有时折扣达到原价的 3~5 折，甚至更低。

折扣定价主要方法有以下几种。

（一）数量折扣

数量折扣是根据买方购买的数量多少，分别给予不同的折扣。买方购买商品的数量越多，折扣越大。数量折扣可分为累计数量折扣和非累计数量折扣。前者规定买方在一定时期内，购买商品达到一定数量或一定金额时，按总量给予一定折扣的优惠，目的在于使买方企业保持长期的合作，维持企业的市场占有率。后者是只按每次购买产品的数量给予折扣的优惠，这种做法可刺激买方一次性大量购买，减少库存和资金占压。如淘宝上商家经常采取两件 85 折、三件 7 折等折扣策略。

数量折扣的促销作用非常明显，企业因单位产品利润减少而产生的损失完全可以从销售的增加中得到补偿。此外，销售速度的加快，使企业资金周转次数增加，流通费用下降，从而导致企业盈利水平上升。运用数量折扣策略的难点在于如何确定合适的折扣标准和折扣比例。因此，企业应结合产品的特点、销售目标、成本水平、资金利润率、需求规模、购买频率、竞争者手段以及传统的商业惯例等因素来制定科学的折扣标准和比例。

（二）现金折扣

现金折扣是对按约定日期提前付款或按期付款的买主给予一定的折扣优惠，这样做的目的是鼓励买主尽早付款以利于企业的资金周转。运用现金折扣应考虑三个因素：一是折扣率大小，二是给予折扣的限制时间长短，三是付清货款期限的长短。例如，某项产品成交价为1 500元，交易条款注明"3/10，净30"，意思是，限定30天内交款，如10天内付款给予3%的现金折扣。在国际贸易中，因买卖双方距离遥远并且交易手续复杂，很多外贸企业和外国公司进行生意洽谈的时候都会采取现金折扣，以弥补企业的时间成本和资金周转速度。

（三）交易折扣

交易折扣是生产企业根据各个中间商在市场营销活动中所担负的功能不同，而给予不同的折扣，所以也称"功能折扣"。如产品销售价为100元，其批发商和零售商的折扣率分别为20%和10%，则批发商须付款80元，零售商须付款90元。采用这种策略有利于调动中间商经销本企业产品的积极性，扩大销售量。

交易折扣的比例，主要考虑中间商在销售渠道中的地位、对生产企业产品销售的重要性、购买批量、完成的促销功能、承担的风险、服务水平、履行的商业责任以及产品在分销中所经历的层次和在市场上的最终售价等，鼓励中间商大批量订货，扩大销售，争取顾客，并与生产企业建立长期、稳定、良好的合作关系是实行交易折扣的主要目的。交易折扣还可以对中间商经营的有关产品的成本和费用进行补偿，并让中间商有一定的盈利。

（四）季节（时间）折扣

季节折扣是指生产季节性商品的企业，在产品销售淡季时，给购买者一定的价格优惠。例如，在夏季购买羽绒服，冬季购买电风扇等，均给予优惠价格，目的在于鼓励中间商和消费者购买商品，减轻库存，加速商品流通，迅速收回资金，促进企业均衡生产，充分发挥生产和销售潜力，避免因季节变化而带来的市场风险。季节折扣率，应不低于银行存款利率。时间折扣是指企业对于不同时期甚至不同钟点的产品或服务也分别制定不同的价格。

（五）折扣卡

折扣卡是营销中常用的销售优惠方式。折扣卡也称优惠卡，是一种可以以低于商品或服务价格进行消费的凭证。消费者可凭此卡获得购买商品或享受服务的价格优惠。优惠卡的折扣率一般从5%到60%不等，适用范围可由经销商规定，如可以是一个特定的商品或服务，也可以是同一品牌的系列商品，甚至可以是商家的所有商品；有效期可以是几个月、一年或更长时间。

（六）让价和补贴

让价和补贴是间接折扣的一种形式，它是指购买者按价格目录将货款全部付给销售者以后，销售者再按一定的比例将货款的一部分返还给购买者。补贴是企业为特殊目的、对特殊顾客以特定形式所给予的价格补贴或其他补贴。

四、消费者心理定价策略

（一）尾数定价策略

尾数定价（odd-evenpricing）法指的是商家根据消费者对一些数字尾数有不同认知心理而对商品价格尾数做出的一些处理来进行的价格制定方法。例如，0.95元、19.99元、119.97元等。根据消费心理学家的调查发现，价格尾数的微小差别，能够明显影响消费者的购买行为。一般认为，5元以下的商品，末位数为9最受欢迎；5元以上的商品末位数为95效果最佳；百元以上的商品，末位数为98、99最为畅销。尾数定价法能使消费者从心理上认为只是一个真实的价格且卖家在制定价格的过程中是慎重考虑过的。

（二）整数定价策略

在现实生活中，同类商品的生产者众多，花色、式样各异，消费者往往根据价格的高低来判断商品的质量。特别是对一些高档、名牌产品或消费者不太了解的产品，消费者抱着"一分钱，一分货"的心理。采用整数定价，一方面，可以提高商品的"身价"，给消费者传递的消息是该商品是上了档次的，这种整数尾数使顾客当然地认为这个商品是高质量的。例如，一条金项链值1 490元，可定价为1 500元，有能力购买金项链者对于多付10元钱不会在意，但这条项链的"身价"提高了许多，给佩戴者心理带来了更大的满足。另一方面，采用整数定价，可以使购买者可以轻松、快捷地付款，节省时间，方便双方的交易过程。例如，在水饮品市场，乐百氏、娃哈哈的产品，是以整数1元、1.5元、2元定价的。所以对于购买频繁的日用商品或便利品，销售商也常常采用整数定价法。

（三）声望定价策略

声望定价是利用消费者追求高贵、名牌商品而并不计较价格高低的心理来制定价格。当一种商品在消费者心目中已赢得较高的声誉，便可以较高的价格出售。德国拜尔药房的阿司匹林，行销世界各地几十年，虽然价格较高，但仍受患者的欢迎。北京同仁堂的药品，尽管比一般药店的同类药品价格要高，但仍很畅销。还有艺术品、礼品或"炫耀性"商品的定价也应适当高些，这样能刺激那些重名牌、重声望的消费者去购买。

使用声望定价法，不仅能为销售商带来丰厚的利润回报，而且也可以使消费者在心理上有极大的满足感与安全感。当然，采用这种定价法必须慎重，一般商店和一般产品滥用此法，反会失去市场。所以声望定价多适用于名牌产品，一般产品不适宜此法，同时价格也不能高得离谱，否则会给消费者漫天要价之感。

（四）习惯定价策略

习惯定价（custom pricing），是产品的销售方按照顾客的要求习惯和价格习惯对产品进行定价。日常消费品的价格，一般易于在消费者心中形成一种习惯性标准，符合其标准的价格就容易被顾客所接受，偏离其标准的价格就容易引起顾客的怀疑。高于习惯价格会被消费者认为是变相涨价；低于习惯价格，又会被消费者怀疑质量是否有问题。

因此这类商品的定价要力求稳定，尽量避免价格波动所带来的不必要的损失。在不得不变价时（如原材料涨价），采取改换包装或品牌等措施，减少消费者的抵触心理，并引导消费者逐步形成新的习惯价格。

这种定价方法，常用于生活必需品。此类产品的需求弹性不大、竞争不激烈，并且该类产品的支出占消费者收入的比例很小，属于必需的正常消费品。

（五）招徕定价策略

招徕定价一般常见于零售企业，同时也适用于种类多，竞争激烈，市场趋于稳定与饱和的产品的促销活动，招徕定价就是零售商利用部分顾客求廉的心理，特意将某几种产品的价格定得较低以吸引顾客。例如，某商店随机推出降价商品，每天都有一两种商品降价出售，以吸引顾客经常来采购廉价商品，但这些顾客也常常会选购其他正常价格的商品。

零售商在定价时常借助于参考价格，购买者在评价某一产品时，大脑中也常有一个参考价格，因此招徕定价在越来越频繁的促销活动中作用明显。比如，大型商场在节日或销售旺季，经常会进行"优惠酬宾"的宣传活动，招徕价格就是其中的亮点。商家会把制造商的建议零售价或以往的卖价，与现在的热卖价标在一起进行比较，并标明减价原因、减价幅度，暗示消费者关注其中的差价，引导消费者进行抢购，从而扩大宣传效果。

（六）组合定价策略

一个企业或企业集团若生产或经营两种以上有相关关系的商品时，可针对消费者希望价格便宜的心理特点，采用组合定价技巧。对互补配套使用关系的一组商品，可有意识将价值大、使用寿命长、购买频率低的主产品价格定得低廉些，而对与之配套使用的价值小、购买频率高的易耗品价格适当定高些，以此来求得长远和整体的利益。对于有些既可单个使用，又可配套使用的系列商品，可以实行成套优惠价格。比如购买单件化妆品按正常价格，购买一套则可优惠。这样，既可扩大总销量，获得总收入的增长，又可使消费者满意。

五、差别定价策略

差别定价也叫价格歧视，是指公司根据消费者在产品、地理位置、需求等方面的差异，针对不同的细分市场对同一产品制定不同价格的策略。差别定价必须满足一定条件。第一，市场是可以细分的，而且各个细分市场需求程度是不同的。第二，低价购买某产品的顾客没有可能将产品转手或者转交给付高价的细分市场。第三，竞争者没有可能在企业以较高价格销售产品的细分市场上以低价竞销。第四，细分的控制市场的成本费用不得超过因实行价格歧视而得到的额外收入。第五，差别定价不会引起顾客反感。第六，采取的差别定价形式不能是非法的。差别定价主要有以下几种形式：

（一）顾客细分差别定价

在这种情况下，同样的产品或服务对不同顾客提供不同的价格。例如，同一个景区对老人和学生收取的是一个较低的门票费用。

（二）产品样式差别定价

产品样式差别定价是指企业对不同型号或不同样式的产品制定不同的价格，但不同型号或式样的产品其价格之间的差额和成本之间的差额是不成比例的。比如一个1 620万像素的数码照相机比一个1 410万像素的数码相机的价格要高出很多，而实际成本差别没有那么大。

（三）销售时间差别定价

在这种定价方法下企业会根据不同季节、不同日期甚至不同时间段都可以指定不同的价格。季节性的商品在不同季节制定不同价格，比如波司登羽绒服在夏季采取的低价促销活动。

（四）产品形象差别定价

企业根据形象差别对同一产品制定不同的价格。这时，企业可以对同一产品采取不同的包装或商标，塑造不同的形象，以此来消除或缩小消费者认识到不同细分市场上的商品实质上是同一商品的信息来源。比如同样的五粮液原酒装入不同的包装就会因形象差异而制定不同的价格。

（五）销售地点差别定价

企业对处于不同位置或不同地点的产品和服务制定不同的价格，即使每个地点的产品或服务的成本是相同的。这也在一定程度上源于消费者心理的偏差。例如，戏剧院的门票会因为消费者对座位的偏好或者因为过于太近或者过于太远而影响观看效果来制定不同的价格。

*第四节 价格调整策略

本章小结

价格是影响需求和购买行为的主要决定因素。企业定价总的要求是追求利润最大化，企业制定价格的目标主要有两个：获取利润目标和占有市场目标。影响企业定价的因素主要市场需求状况、市场竞争状况、商品特点、企业内部因素和其他环境因素。企业主要的定价的方法有成本导向定价法、需求导向定价法和竞争导向定价法和以价值为中心导向定价法。在基本定价方法之上，企业可以采取的价格调整策略包括：新产品定价策略、商品阶段定价策略、折扣定价策略、地理定价策略、心理定价策略、差别定价策略等。在竞争的市场营销环境中，价格变动是一种常态。但不管是提高价格还是降低价格，企业预测消费者和竞争者对价格变动的反应都是很困难的。所以企业需及早做好价格变动反应及价格调整策略方面的准备，避免遭受损失。

思考与练习

1. 影响企业定价的主要因素有哪些？
2. 在何种条件下企业通常会采取"维持生存"的定价目标？
3. 什么叫撇脂定价？实行撇脂定价必须具备哪些条件？
4. 心理定价策略有哪些形式？
5. 差别定价法的常见类型有哪些？
6. 企业主动降价的原因有哪些？在市场营销活动中企业应如何科学运用降价策略？
7. 消费者、竞争者以及企业对价格变动可能会有哪些反应？

*【案例分析】

比亚迪价格调整

资料来源：易有料网. 汽车扒一扒，比亚迪开启 9 折卖车模式！曾经的一车难求为何成了库存堆积？[EB/OL].（2023-04-10）[2023-04-13].https://pc.yiyouliao.com/microsoft/article/rivers/newsfeed/1531576099383816194/IC019DMCVDPO2J4.html？channel=12d892470c3c45cc885dc575e92f1ed0.

实训任务：

1. 实训项目
选择企业或经销商，运用合适的定价方法为其产品制定合理价格。
2. 实训目标
（1）进一步加深学生从实践层面对定价的理解。
（2）培养学生初步运用认知价值定价法对产品进行市场定价的能力。
3. 内容与要求
在学校所在地选取 2~4 个生产经营不同类型产品的企业或经销商，组织学生对其的产品售价进行实地调查，详细了解企业在产品销售过程中采取的具体定价策略。
4. 实训步骤
（1）把全班分成几个小组，每组进行合理的分工。每组选择某一企业作为研究对象，做好访问准备。
（2）结合所选企业的营销目标、产品特色及企业所处的市场环境，运用所学定价策略知识与方法对所调查企业的产品进行重新定价。

(3) 对企业的定价与学生的定价进行对比分析，在此基础上，选择制定更为合理的定价策略，并以书面报告的形式向企业提供有理有据的价格调整方案。

5. 实训考核

每组完成一份产品定价的书面报告，作为一次作业，由教师与各组组长组成的评估小组对其进行评估打分。

参考文献

[1] 熊国钺，元明顺，吴泗宗. 市场营销学[M]. 5 版. 北京：清华大学出版社，2017.

[2] 唐瑄，郑晓娜. 考虑参考价格效应和网络效应的新产品定价策略 [J]. 企业经济，2020（4）：58-63.

[3] 郝正腾. 市场营销 [M]. 北京：经济日报出版社，2020.

[4] 谭蓓. 市场营销 [M]. 重庆：重庆大学出版社，2017.

[5] 韩英，李晨溪. 市场营销学 [M]. 郑州：河南科学技术出版社，2020.

[6] 翟建华. 价格理论与实务 [M]. 大连：东北财经大学出版社，2005.

[7] 黄浩. 市场营销学 [M]. 成都：西南财经大学出版社，2015.

第九章

促销策略

学习目标

（1）理解促销以及促销组合的内涵。

（2）了解人员推销的形式与步骤、明确销售队伍的管理方法。

（3）掌握营业推广的过程。

（4）掌握不同广告媒体的类型及广告策略。

（5）掌握公关宣传的不同形式。

本章知识结构图

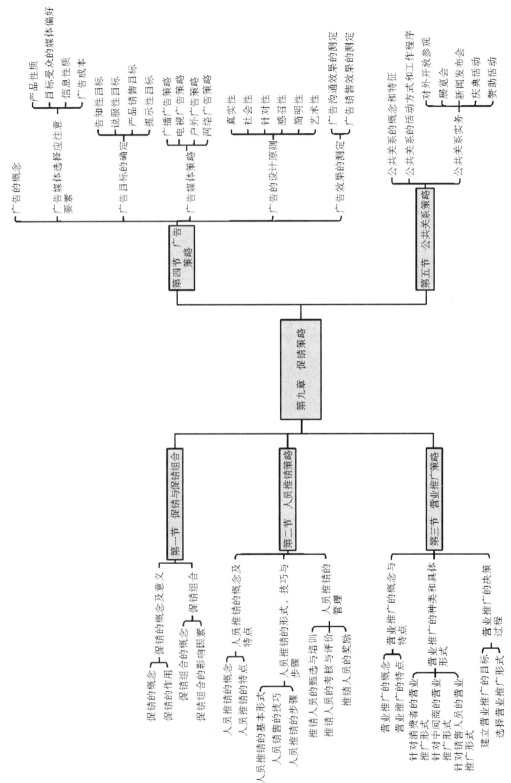

引导案例

中石化易捷启动第二届出行养车节

2023 年 3 月 23 日，中石化易捷第二届出行养车节在成都启动。启动仪式上，中石化易捷推出"出行养车卡"，为消费者提供加油满减、洗车免费、安心出行等优惠服务。同时宣布将积极响应国家扩大内需、提振消费号召，充分发挥全国最大的加能网点和最大的自营洗车平台优势，开展系列专属促销活动，在提升顾客出行体验的同时，释放消费潜能，激发市场活力，"加油"美好生活。

出行养车节是中石化易捷继"易享节"之后，推出的又一个全国性大型主题消费活动。出行养车节在每年春夏之季开展，主要满足消费者出行、养车需求。本届出行养车节以"出行油惠，养车易捷"为主题，从 3 月 23 日开始，到 5 月 31 日结束。

近年来，易捷养车业务发展迅速，立足中国石化 3 万座加油站终端网络，建设9 500 座加油站汽服网点，年洗车服务 1.4 亿台次，成为国内最大的自营洗车服务平台。此次出行养车节，中石化易捷全面整合内外部资源，对外加强和百度地图、中旅旅行等头部品牌合作，对内深化和中石化节能业务融合，重磅推出"出行养车卡"，为消费者提供更实惠多元的服务。"出行养车卡"分悦享版和尊享版两款，均含 12 个月持卡权益，卡内包含"加油优惠""洗车免费""购物权益""养护升级""出行服务""双倍积分"6 项核心权益，以及"银行立减""丰富餐饮""休闲娱乐"3 项附加权益。悦享版售价 119 元、尊享版售价 219 元，活动期间促销价分别为 99 元和 199 元。

除了推出"出行养车卡"，中石化易捷还推出加油、购物等系列促销活动。加油方面，中石化易捷推出了油品和出行组合优惠券包，并推出了加气送礼、加柴油送券、加油卡线上充值返券、199 元购货车司机专属高速救援保险等系列活动，同时开展"春游油礼 转出好运"转盘抽奖及《兔年生肖卡纪念套册》和《兔年加油卡纪念套册》限量发行活动。购物方面，中石化易捷线上线下同步大促，线上在易捷商城首页推出定时秒杀活动，线下开展加油满 200 元返 200 元指定商品购物满减券；同时推出"劲淳"小瓶能量饮组合营销及玻璃水、润滑油等环保化工产品爆款营销活动。此外，出行、养车类商品还有爆款直降、六五折、八五折等多种营销方式回馈顾客。此外，中石化易捷还联合汽车品牌开展汽车团购主题营销活动，并推出"易捷新车权益卡"。顾客在中石化易捷购车可享受免费加满"第一箱油"，以及加油"满减券"等权益。

启动仪式上，中石化易捷养车数字化平台 2.0 正式发布。据悉，经过近年来的快速发展，易捷养车数字化平台线上客户已超 1 400 万，联网洗车机数量超 6 000 台。未来，易捷养车数字化平台将重点解决顾客洗车网点寻找难、洗车价格贵、服务体验差异大等痛点，为车主提供省时、省力、省心、省钱的养车服务。

出行养车节期间，中石化易捷还推出"易捷加油"App 周年庆活动回馈用户，同时为权益会员升级了代驾服务、话费充值、视听会员、道路救援四大权益。

中国石化销售股份有限公司董事长、党委书记陈成敏表示，中石化易捷打造第二届出行养车节，既是以顾客为中心，提供卓越服务的守约、践约之举；也是积极响应国家扩大内需、提振消费号召，拓展服务业态、创新服务模式的务实之举。未来，中石化易捷将以更加开放的姿态、更加务实的行动，不断加强与第三方合作，以"出行养车"为核心，倾力打造集加能、购物、养车、生活为一体的高价值服务平台，让消费者得到更多实惠，与合作伙伴实现共赢发展。

资料来源：金台资讯. 扩大内需提振消费中石化易捷启动第二届出行养车节［EB/OL］.（2023-03-24）［2023-05-12］.https://baijiahao.baidu.com/s? id＝176120892105759 4787&wfr＝spider&for＝pc.

由于移动互联网及各种在线应用工具的发展，人们已经习惯利用各种媒体，如电视、广播、电子邮件、电脑、手机等传播他们的信息，营销人员可利用的传播方式也在不断增加。营销不仅要开发优质的产品，制定合理的价格和寻找适当的渠道，以便于消费者购买，还要和顾客沟通，并建立良好的顾客关系。2023年政府工作报告中也指出，中国在一些关键核心技术取得新突破，超级计算机、卫星导航、人工智能等领域创新成果不断涌现，这也为企业和消费者沟通方式的创新奠定了技术条件。企业需要和顾客沟通其价值主张，而且必须有明确的目的和周详的计划，所有沟通努力必须相互协调，组合成整合营销沟通方案，以引起消费者的注意，激发他们的需求欲望。这一系列做法及其策划，即企业的促销组合。

第一节　促销与促销组合

一、促销的概念及意义

（一）促销的概念

促销是指企业通过各种有效的方式向目标市场传递有关企业及其产品（品牌）的信息，以启发、推动或创造目标市场对企业产品和服务的需求，并引起目标市场的购买欲望和购买行为的一系列综合性活动。因此，促销的实质是企业与目标市场之间的信息沟通，促销的目的是诱发购买行为。

促销是企业市场营销组合中的基本策略之一，促销常见的方式有人员促销和非人员促销两大类。其中，非人员促销包括广告、公共关系和营业推广等方式。

为了有效地与消费者沟通信息，企业可以通过广告来传递有关企业及产品的信息；可以通过各种营业推广的方式来增加消费者对产品的兴趣，进而促使其购买；可通过公共关系的方式来改善企业在公众心目中的形象；可通过面对面地交流说服消费者购买产品。此外，在促销的过程中，消费者又可以通过多种途径将企业和产品以及竞争的信息反馈给企业，使企业能及时准确地掌握市场信息，为下一步的生产经营提供有益的参考。由此可见，促销是信息的双向沟通过程，而且是不断循环的双向沟通。

（二）促销的意义

促销在企业经营中的重要性日益显现，具体来讲有以下几方面：

1. 提供信息，疏通渠道

产品在进入市场前后，企业要通过有效的方式向消费者和中间商及时提供有关产品的信息，以引起他们的注意，激发他们的购买欲望，促使其购买。同时，企业要及时了解中间商和消费者对产品的意见，迅速解决中间商在销售中遇到的问题，从而密切生产者、中间商和消费者之间的关系，畅通销售渠道，加强产品流通。

2. 诱导需求，扩大销售

企业针对消费者和中间商的购买心理来从事促销活动，不但可以诱导需求，使无需求变成有需求，而且可以创造新的欲望和需求。当某种产品的销量下降时，还可以通过适当的促销活动，促使消费者的需求得到某种程度的恢复，从而延长产品生命周期。

3. 突出特点，强化优势

随着市场经济的迅速发展，市场上同类产品之间的竞争日益激烈。因此，可能存在消费者对于不同企业所提供的许多同类产品，在产品的实质和形式上难以觉察和区分的情况。在这种情况下，要使消费者在众多的同类产品中将本企业的产品区别出来，就要通过促销活动，宣传和介绍本企业的产品特点，并积极介绍本企业的产品能给消费者带来的特殊利益，增强消费者对本企业产品的印象和好感，从而促进购买。

4. 提高声誉，稳定市场

在激烈的市场竞争中，企业的形象和声誉是影响其产品销售稳定性的重要因素。通过促销活动，企业足以塑造自身的市场形象，提高在消费者中的声誉，使消费者对本企业产生好感、形成偏好，达到实现稳定销售的目的。

二、促销组合

（一）促销组合的概念

促销组合是指企业根据产品的特点和营销目标，综合各种影响因素，对人员推销、广告、公共关系和营业推广四种促销方式的选择、编配和综合运用，形成整体促销的策略或技巧。

促销组合的运用，使得促销被作为一个系统性的策略，四种促销方式则构成了促销组合的四个子系统策略，每一个子系统都包含了一些可变的因素，即具体的促销手段或工具，某一因素的改变意味着组合关系的变化，也就产生了一个新的促销策略。促销组合是一个重要的概念，它体现了现代市场营销理论的核心思想——整体营销。这一概念的提出，反映了促销实践对整体营销理论的需要。

（二）促销组合的影响因素

影响促销组合的因素很多，企业在制定促销组合策略时，主要考虑以下几方面的因素：

1. 促销目标

促销目标是企业从事促销活动所要达到的目的。促销目标取决于企业的总体营销目标，但在不同时期及不同的营销策略下，企业进行的促销活动都有其特定的促销目标。企业的促销目标可以分为两类：一是增强企业获利能力的长期目标；二是提高企业的销售和利润目标。促销目标不同，对促销方式选择的侧重点也就不同。前者注意企业良好形象的树立，处理好企业与社会、企业与政府、企业与公众等之间的关系，借以创造良好的外部环境，在促销的四种手段中，公共关系是实现这一目标的主要手段。后者则比较依赖于广告、营业推广和人员推销。

2. 产品因素

（1）产品的性质。对不同性质的产品必须采用不同的促销组合。一般来讲，对消费品促销时，因市场范围广，应较多地采用广告宣传，以起到宣传面广和传播速度快的作用；工业品促销时，因购买者的购买量较大，市场相对集中，应利用人员推销具有直接性和针对性的特点，以人员推销为主。

（2）产品的生命周期。产品在不同的生命周期，根据不同的促销目标，应采用不同的促销组合策略。产品在投入期，促销的目的在于提高产品的知名度，使消费者或用户认识产品、产生购买欲望，从而促使中间商进货和消费者试用。广告起到了向消费者、中间商宣传介绍产品的功效。因此，这一阶段应以广告为主要的促销方式，以公共关系、人员推销和营业推广为辅助的促销方式。产品在成长期，销售量迅速增长，同时出现了竞争者，这时企业的促销目标是增进消费者或用户对本企业产品的购买兴趣，进一步激发其购买行为，因此应注重宣传产品的特点，以改变消费者使用产品的习惯，逐渐对产品产生偏好。在这一阶段，广告仍然是促销的重要手段，但此时的重点已经不是介绍产品了，而是增进消费者的好感与偏好，树立产品的特色，因而需要不断地改变广告形式，以争取更多的消费者和用户，特别是购买量大和购买频率高的购买者，如集团购买者。产品在成熟期，企业的竞争对手日益增多，企业的促销目标应是巩固老顾客，增加消费者对本企业产品的信任感。这一阶段为了与竞争对手竞争，保持已有的市场地位，企业在保持一定广告宣传的前提下，注重营业推广手段的采用，加强在终端的销售竞争力，同时采用公共关系宣传，以提高和保持企业和产品的市场美誉度。产品在衰退期，由于有关信息已经被消费者熟知，产品的销售开始下降，企业的任务不再是扩大知名度，而是在延迟产品退出市场时间的同时，尽量采用成本较小的促销手段将现有的产品销售完毕，准备转产。这一阶段，企业可以做一些提示性的广告，主要是有效地利用营业推广手段，刺激产品的销售，加速资金的周转。在产品的整个生命周期里，可以根据不同的生命周期阶段采用不同的促销方式和促销组合，具体如表9-1所示。

表9-1　产品生命周期不同阶段促销组合与目标重点

产品生命周期	促销目标与重点	促销组合
投入期	建立产品知晓	介绍性广告、人员推销
成长期	提高市场知名度和占有率	形象建立型广告等
成熟期	提高产品的美誉度，维持和扩大市场占有率	形象建立和强调型广告、公共关系，辅以营业推广
衰退期	维持信任和偏好、大量销售	营业推广、提示性广告

3. 促销策略

促销策略从总的思想上可以分为推式策略和拉式策略两种，如图9-1所示。

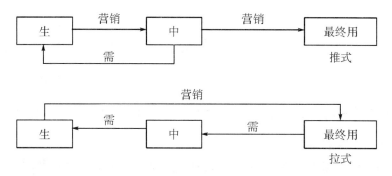

图 9-1　促销策略的主要形式

推式策略是指企业运用人员推销的方式，将产品推向市场，即从生产企业推向中间商，再由中间商推给消费者，故又称为人员推销策略。推式策略一般适合于单位价值较高的产品，性能复杂、需要做示范的产品，根据用户需求特点设计的产品，流通环节较少、流通渠道较短的产品，市场比较集中的产品等。推式策略中企业主要面向的推销对象是批发商或零售商，主要采取人员推销和利益诱导的营业推广方式。

拉式策略是指企业运用非人员推销方式将消费者拉过来，使其对本企业的产品产生需求，以扩大销售，也称非人员推销策略。拉式策略一般适合于价值较低的消费品，流通环节较多、流通渠道较长的产品，市场范围较广、市场需求较大的产品。拉式策略中企业主要面向的推销对象是消费者，主要采取大量的广告方式。

4. 市场特点

不同的市场，由于其规模、类型、顾客等条件的不同，促销组合和促销策略也有所不同。首先，市场规模的大小决定了促销方式的不同，如果企业的目标市场具有地理位置狭小、规模小、购买者比较集中的特点，应以人员推销为主。如果企业的目标市场具有地理位置广阔、规模大、购买者分散、交易额小、购买频率高的特点时，应以广告方式为主。其次，市场的类型不同，促销方式也不尽相同。消费者市场因消费者人数多而分散，多采用广告等非人员推销方式。生产者市场因用户少、购买批量大、成交额大，则主要采用人员推销方式。最后，在存在竞争的市场条件下，企业的促销组合和促销策略还应考虑竞争者的促销方式和策略，要有针对性地不断变换自己的促销组合及促销策略。

5. 促销预算

企业开展促销活动，必然要支付一定的费用。费用是企业十分关心的问题，并且企业能够用于促销活动的费用总是有限的。因此，在满足促销目标的前提下，要做到效果好而费用省。企业确定的促销预算额应该是企业有能力负担的，并且是能够适应竞争需要的。为了避免盲目性，企业在确定促销预算时，除了考虑销售额，还要考虑到促销目标的要求、产品生命周期等其他影响促销的因素。

第二节　人员推销策略

一、人员推销的概念及特点

（一）人员推销的概念

人员推销是指企业运用推销人员直接向顾客介绍、说服以及解答疑问，促使顾客了解、偏爱本企业的产品，进而采取购买行为的一种促销方式。在人员推销活动中，推销人员、推销对象和推销品是三个基本要素，前两者是推销活动的主体，后者是推销活动的客体。通过推销人员与推销对象之间的接触、洽谈，使推销对象购买推销品，达成交易，实现既销售产品，又满足顾客需要的目的。

（二）人员推销的特点

人员推销与非人员推销相比，既有优点又有缺点，其优点表现在以下四个方面：

1. 信息传递的双向性

人员推销作为一种信息传递方式，具有双向性。在人员推销过程中，一方面，推销人员通过向顾客宣传介绍推销品的有关信息，如产品的质量、功能、使用、安装、维修、技术服务、价格以及同类产品竞争者的有关情况等，以此来达到招徕顾客、促进产品销售之目的。另一方面，推销人员通过与顾客接触，能及时了解顾客对本企业产品或推销品的评价；通过观察和有意识的调查研究，能掌握推销品的生命周期及市场占有率等情况。这样不断地收集信息、反馈信息，也可为企业制定合理的营销策略提供依据。

2. 推销目的的双重性

一重目的是激发需求与市场调研相结合，另一重目的是推销产品与提供服务相结合。就后者而言，一方面，推销人员施展各种推销技巧，目的是推销产品；另一方面，推销人员与顾客直接接触，向顾客提供各种服务，是为了帮助顾客解决问题，满足顾客的需求。双重目的相互联系、相辅相成。推销人员只有做好顾客的参谋，更好地实现满足顾客需求这一目的，才能引发顾客的购买欲望，促成购买，使产品推销效果达到最大化。

3. 推销过程的灵活性

由于推销人员与顾客直接接触，当面洽谈，可以通过交谈和观察，了解顾客，进而根据不同顾客的态度和反映，有针对性地改进推销方式，以适应每个顾客的行为和需要，最终促成顾客购买。此外，还可以及时发现、答复和解决顾客提出的问题，消除顾客的疑虑和不满意感。

4. 协作的长期性

推销人员在推销过程中，需要与顾客面对面地交流，在交流中如果能够把握好方式方法，可以取得顾客的理解和支持，把双方单一的买卖关系发展成深厚的个人友谊。而感情的培养和深化，可以使顾客对企业产生信任和依赖感，从而为企业培养一批忠实的顾客，有利于企业与顾客建立长期的买卖协作关系，保持企业产品销售的稳定性。

人员推销的缺点主要表现在两个方面：

一是支出较大，成本较高。由于每个推销人员直接接触的顾客有限，销售面窄，特别是在市场范围较大的情况下，人员推销的开支较多，这就增大了产品的销售成本，并在一定程度上减弱了产品的竞争力。

二是对推销人员的要求较高。人员推销的效果直接取决于推销人员的素质，并且随着科学技术的发展，新产品层出不穷，对推销人员的素质要求越来越高。推销人员除了应具备营销才能外，还必须熟悉新产品的特点、功能、使用、保养和维修等知识与技术。因此，对于很多企业来说，要甄别和造就出理想的、胜任其职的推销人员比较困难，而且耗费也较大。

二、人员推销的形式、技巧与步骤

（一）人员推销的形式

一般来说，人员推销有以下三种基本形式：

1. 上门推销

上门推销是最常见的人员推销形式。它是由推销人员携带产品的样品、说明书和订单等走访顾客，推销产品。这种推销形式可以针对顾客的需要提供有效的服务，并方便顾客，故被顾客广泛认可和接受。这种形式是一种积极主动的、名副其实的"正宗"推销形式。

2. 柜台推销

柜台推销又称门市推销，是指企业在适当地点设置固定的门市，由营业员接待进入门市的顾客，并推销其产品。门市的营业员是广义的推销人员。柜台推销与上门推销正好相反，它是等客上门式的推销方式。由于门市里的产品种类齐全，能满足顾客多方面的购买要求，为顾客提供较多的购买便利，并且可以保证商品安全无损，因而顾客比较乐于接受这种方式。柜台推销适合于零星小商品、贵重产品和容易损坏产品的推销。

3. 会议推销

会议推销是指利用各种会议向与会人员宣传和介绍产品，开展推销活动。例如，在订货会、交易会、展览会、物资交流会等会议上推销产品均属会议推销。这种推销形式接触面广、推销集中，可以同时向多个推销对象推销产品，成交额较大，推销效果较好。

（二）人员推销的技巧

人员推销是一种对象各异，环境多变的促销手段，随机性很强，因此销售人员的销售技巧对销售活动有很大的影响。销售技巧是一种艺术，变幻无穷，这里只介绍一个销售人员所应掌握的一些基本技巧。

1. 把握时机

销售人员应能准确地把握销售的时机，因人、因时、因地而宜地开展销售活动。一般而言，销售的最佳时机应选择在对方比较空暇、乐意同人交谈或正好有所需求的时候，如社交场合、旅行途中、茶前饭后或参观游览的时候，都是进行销售的较好时机；而应当避免在对方比较繁忙或心情不好时开展销售。有时候，环境的变化往往会带来对某些企业和产品有利的销售时机。销售人员应能及时抓住这些时机，不与其失之交臂。

2. 善于辞令

语言是销售人员最基本的销售工具，所以销售人员必须熟练掌握各种语言技巧，充分发挥语言对顾客的影响力。具体来讲，一是要在各种场合下寻找到便于接近对方的话题；二是要在谈话中牢牢把握交谈的方向并使之逐渐转入销售活动的正题；三是善于运用适当的词句和语调使对方感到亲切自然；四是对顾客的不同意见不轻易反驳，而是在鼓励顾客发表意见的同时耐心地进行说服诱导。

3. 注意形象

销售人员在销售过程中同时扮演着两重角色，一是企业的代表，二是顾客的朋友。因此销售人员必须十分重视对自身形象的把握。在同顾客的接触中，应做到不卑不亢，给顾客留下可亲可敬的印象，以使顾客产生信任感，在同顾客进行的交易活动中应做到言必信，行必果，守信重诺，以维护自身和企业的声誉；应避免惹人讨厌的倾力销售，而努力创造亲密和谐的销售环境。

4. 培植感情

销售人员应重视发展与顾客之间的感情沟通，设法同一些主要的顾客群体建立长期关系，可超越买卖关系建立起同他们之间的个人友情，并形成一批稳定的主顾群。要做到这一点，销售人员往往不能局限于站在企业的立场上同顾客进行联系，而应学会站在顾客的立场上帮其出主意、当参谋，能指导消费、选购商品，甚至可向其推荐一些非本企业的产品，以强化销售活动中的"自己人效应"。

（三）人员推销的步骤

按照"程序化推销"理论，人员推销分为七个步骤（见图9-2）。

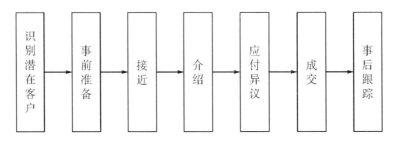

图 9-2　人员推销的步骤

1. 识别潜在顾客

推销工作的第一步就是找出潜在顾客。如通过现有满意顾客的介绍，或者查阅工商企业名录、电话号码等发掘潜在顾客。

2. 事前准备

在出去推销之前，推销员必须具备三类知识：一是产品知识，即关于本企业、本产品的特点及用途等；二是顾客知识，包括潜在顾客的个人情况或所在企业情况等；三是竞争者知识，即竞争对手的产品特点、竞争能力和竞争地位等。

3. 接近

接近是指与潜在顾客开始进行面对面的交谈。此时推销人员的头脑里要有三个目标：一是给对方一个好印象；二是验证在准备阶段所得到的全部信息；三是为后面的谈话做好准备。同时，推销人员还要注意选择最佳的接近方式和访问时间。

4. 介绍

介绍阶段是推销过程的核心。对有形产品可通过影响顾客的多种感官进行介绍，其中顾客的视觉效果是最重要的，因为在人所接受的全部印象中，通过视觉得到的信息占最大比重。对无形产品（如保险等服务）可以用一些图表、小册子加以说明。要注意的是，在介绍产品时必须着重说明该产品能给顾客带来什么好处。

5. 应付异议

推销人员应随时准备应付不同意见。一个有经验的推销人员应当具有与持有不同意见的顾客洽谈的技巧，随时有准备对付反对意见的适当措辞和论据。

6. 成交

成交是推销人员接受对方订货购买的阶段。多数推销人员认为，接近和成交是推销过程中两个最困难的步骤。在洽谈过程中，推销人员要随时给对方以成交的机会，对有些顾客不需要全面介绍，在介绍过程中一旦发现对方有愿意购买的表示，应立即抓住时机成交。这时，推销人员还可以提供一些优惠条件，促成交易。

7. 事后跟踪

事后跟踪是推销人员确保顾客满意并反复购买的重要一环。推销人员应认真执行订单中所保证的条款，如交货期和安装、维修等。跟踪访问的直接目的在于了解买主是否对选择感到满意，发掘可能产生的各种问题，表示推销员的诚意和关心，以促使顾客做出对企业有利的购后行为。

三、人员推销的管理

（一）推销人员的甄选与培训

由于推销人员素质高低直接关系到企业促销活动的成功与失败，所以对推销人员的甄选与培训十分重要。

1. 推销人员的甄选

甄选推销人员，不仅要对未从事过推销工作的人员进行甄选，使其中品德端正、作风正派、工作责任心强的且能胜任推销工作的人走入推销人员的行列，还要对在岗的推销人员进行甄选，淘汰那些不适合推销工作的推销人员。

企业甄选推销人员的基本标准主要有以下四点：一是感召力，即善于从顾客角度考虑问题，并使顾客接受自己；二是自信力，即能让顾客感到自己的购买决策是正确的；三是挑战力，即具有视各种疑义、拒绝或障碍为挑战的心理；四是自我驱动力，即具有完成销售任务的强烈愿望。

企业甄选推销人员的途径有两种：一是从企业内部选拔，即把本企业内部德才兼备、热爱并适合做推销工作的人选拔到推销部门工作；二是从企业外部招聘，即企业从大专院校的应届毕业生、其他企业或单位等群体中物色合格人选。无论哪种选拔途径，都应经过严格的考核，择优录用。

2. 推销人员的培训

对甄选合格的推销人员，还需经过培训才能上岗，使他们学习和掌握有关知识与技能。同时，每隔一段时间都要对在岗推销人员进行培训，使其了解企业的新产品、新的经营计划和新的市场营销策略，以进一步提高他们的素质。

对于不同对象、不同岗位、不同阶段销售人员的培训应当有不同的目标和内容，但基本的内容主要是以下五点：

（1）销售技能。销售技能是销售人员需要掌握的基本技能，是销售获得成功的关键因素，所以也是对销售人员进行培训的最基本的内容。特别是对于新聘用的销售人员来说，销售技能的培训是必不可少的。销售技能的内涵十分丰富，但最为基本的是聆听技能、表达技能、调研技能、时间管理技能、顾客服务技能、组织技能和交易技能等。

（2）产品知识。产品知识是销售人员的必备知识，因为销售人员要向自己的顾客介绍产品，首先就必须自己对产品十分熟悉。产品知识的培训可分为两个层次：一是基本产品知识。对于推销某一类产品（如药品）为主要任务的销售人员来说，对这一类产品的性质、种类、特点、价格就都应当有广泛的了解。二是对当前所推销的新产品知识的了解。对于一个即将推出的新产品，由于要集中时间和力量予以推广，所以必须有对其的专门培训。

（3）顾客知识。对顾客有充分的了解是销售成功的前提，所以对于销售人员的培训还必须将与顾客相关的知识作为培训的重要内容。对顾客的了解不仅是指对销售人员所面对的具体顾客的了解，而且是指对其产品所面对的市场群体的性质、特点、影响因素和行为方式的了解。对顾客需求的了解还必须关心其派生需求（derived demand），如上光蜡和小装饰可能是"汽车族"的派生需求，了解"汽车族"的不同偏好和特点，才能有效地完成上光蜡或小装饰的销售任务。

（4）行业（竞争者）知识。了解竞争者的知识和了解企业自身同样重要，"知己知彼，百战不殆"。销售人员不仅要了解自己的企业优势在哪里，更要了解自己的企业比竞争对手强在哪里，弱在哪里。只有这样才能在向顾客推销产品时扬长避短，充分展示企业和产品的竞争优势。同时，销售人员对行业总体情况及发展变化趋势的了解也是十分重要的，这能使他们在推销产品时给顾客以更强的信任感和说服力。

（5）企业知识。对企业的了解是销售人员的必修课程，其不仅是为了使销售人员在向顾客进行介绍时有充分的资料和依据，也是为了对销售人员进行企业文化的熏陶。其中包括企业理念、企业道德标准、部门之间的关系以及企业对各种社会和经济问题的看法等，当然这里也包括对企业各项主要政策和规章制度的学习。销售人员在同顾客开展业务时，其个人实际上代表的是整个企业的形象，所以只有在其对企业有深刻了解的情况下，才会知道如何去规范自己在销售活动中的语言和行为。这也是销售人员在企业中"社会化"的正式途径。

（二）推销人员的考核与评价

为了对推销人员进行有效的管理，企业必须对推销人员的工作业绩建立科学而合理的考核与评估制度，并以此作为分配报酬的依据和企业人事决策的重要参考指标。

1. 考评资料的收集

收集推销人员的资料是考评推销人员的基础性工作。全面、准确地收集考评所需资料是做好考评工作的客观要求。考评资料的获得主要有四个途径：

（1）推销人员的销售工作报告。销售工作报告一般包括销售活动计划和销售绩效报告两个部分。销售活动计划报告作为推销人员合理安排推销活动日程的指导，可展示推销人员的地区年度推销计划和日常工作计划的科学性、合理性。销售绩效报告反映了推销人员的工作实绩，管理人员可从中了解销售情况、费用开支情况、业务流失情况、新业务拓展情况等许多推销绩效。

（2）企业销售记录。因企业的销售记录包括顾客记录、区域销售记录、销售费用支出的时间和数额等信息，从而使其成为考评推销业绩的重要基础性资料。通过对这些资料进行加工、计算和分析，可以得出适宜的评价指标，如某一推销人员一定时期内所接订单的毛利等。

（3）顾客及社会公众的评价。推销人员面向顾客和社会公众开展推销活动，决定了顾客和社会公众是鉴别推销人员服务质量的最好见证人。因此，评估推销人员理应听取顾客及社会公众的意见。通过对顾客投诉和定期顾客调查结果的分析，可以反映出不同的推销人员在完成推销产品这一工作任务的同时，其言行对企业整体形象的影响。

（4）企业内部员工的意见。企业内部员工的意见主要是指销售经理、营销经理和其他非销售部门有关人员的意见。此外，销售人员之间的意见也可作为考评时的参考。依据这些资料可以了解有关推销人员的合作态度和领导才干等方面的信息。

2. 考评标准的建立

在评估推销人员的绩效时，科学而合理的标准是不可缺少的。绩效考评标准的确定，既要遵循与基本标准的一致性，又要坚持推销人员在工作环境、区域市场拓展潜力等方面的差异性，不能一概而论。当然，绩效考核的总标准应与销售增长、利润增加和企业发展目标相一致。

制定公平而富有激励作用的绩效考评标准，需要企业管理人员根据过去的经验，结合推销人员的个人行为来综合制定，并需要在实践中不断加以修订与完善。常用的推销人员绩效考核指标主要有以下两类：

（1）基于成果的考核。基于成果的考核是定量考核，主要考核以下指标：一是销售量，这是最常用的指标，也是用于衡量销售增长状况的指标；二是毛利，这是用于衡量利润潜力的指标；三是访问率（每天的访问次数），这是衡量推销人员努力程度的指标；四是访问成功率，这是衡量推销人员工作效率的指标；五是平均订单数目，这是用来衡量、说明订单规模与推销效率的指标；六是销售费用及费用率，这是用于衡量每次访问的成本及直接销售费用占销售额比重的指标；七是新客户数目，这是衡量推销人员推销绩效的主要指标。

（2）基于行为的考核。基于行为的考核是定性考核，主要考核销售技巧（倾听技巧、获得参与、克服异议等）、销售计划的管理（有无记录、时间利用等）、收集信息、客户服务、团队精神、企业规章制度的执行情况、外表举止、自我管理等。

3. 考评的方法

（1）横向比较法。横向比较法是将各推销人员之间的工作业绩进行比较。这种比较必须建立在各区域市场的销售潜力、工作量、竞争环境、企业促销组合等方面大致相同的基础上。需要注意的是，销售量不是衡量推销人员工作业绩的唯一标准，还需要对能反映推销人员工作绩效的其他指标进行衡量，如顾客的满意度、成本的耗费、产品的销售结构、资金的周转速度等。

（2）纵向比较法。纵向比较法是将同一个推销人员现在的业绩和以前的业绩进行比较，包括销售额、毛利率、销售费用、顾客变更情况等。这种考评方式可以衡量推销人员工作的改善情况，以把握推销人员的业务能力和思想动态的变化情况。

（三）推销人员的奖励

对推销人员的奖励，实际上是推销人员通过在促销活动中从事推销工作而获得的利益回报，一般包括工资、津贴、福利、保险、佣金和分红奖金等。可以说，公平合理的奖励既是对推销人员辛勤劳动的补偿，也是激励推销人员努力工作实现销售目标的最有效的工具之一。奖励推销人员既有利于激励推销人员积极努力，保证企业销售目标的顺利实现，也有利于建设（吸收和维持）高素质的销售团队。

奖励推销人员的方式主要有单纯薪金制、单纯佣金制和混合奖励制三种。

1. 单纯薪金制

单纯薪金制亦称固定薪金制，是指在一定时间内，无论推销人员的销售业绩是多少，推销人员都获得固定数额报酬的形式。具体说来就是"职务工资+岗位工资+工龄工资"。

单纯薪金制的优点主要有：①易于操作，计算简单，易于管理；②推销人员的收入有保障，有安全感；③在调整销售区域或客户时，遇到的阻力较小。

单纯薪金制的缺点也显而易见，主要表现在：①对销售效率和销售利润最大化缺乏直接的激励作用；②由于不按业绩获得报酬，容易厚待业绩差的人而薄待业绩优秀的人；③薪金属固定费用，在企业困难时难以进行调整。

2. 单纯佣金制

单纯佣金制是指与一定期间的销售业绩直接相关的报酬形式，即按销售基准的一定比率获得佣金。单纯佣金制的具体形式又有单一佣金和多重佣金（累退制和累进制）、直接佣金和预提佣金之分。

单纯佣金制的优点主要表现在：①推销人员的报酬是其销售行为的直接结果，富有激励作用；②业绩越大报酬越大，推销人员的努力可获得较高的报酬；③推销人员清楚了解自己薪酬（佣金）的计算方式，容易使行为与收入挂钩；④佣金属变动成本，公司易于控制销售成本；⑤奖勤罚懒的效果非常直接，业绩差的推销员通常会自动离职。

单纯佣金制的缺点主要有：①推销人员收入不稳定，精神压力大，甚至容易焦虑；②对企业的忠诚度较差，可能为了分散风险多处兼职；③推销人员采用高压式推销，不关心客户的服务需求；④推销人员不愿意调整自己的销售领域，造成管理困难；⑤在企业业务低潮时，优秀的销售人员离职率高。

3. 混合奖励制

混合奖励制兼顾激励性和安全性的特点。当然，混合奖励制有效的关键在于薪金、佣金和分红的比率。一般来说，混合奖励中的薪金部分应大到足以吸引有潜力的推销人员；同时，佣金和分红部分足以大到刺激他们努力工作。

混合奖励的常用形式有：薪金+佣金、薪金+分红奖励、佣金+分红奖励、薪金+佣

金+分红奖励、薪金+佣金+分红奖励+期权。

除了上述三种奖励形式以外，还有特别奖励，就是在正常奖励之外所给予的额外奖励，包括经济奖励和非经济奖励。非经济奖励包括给予荣誉、表扬记功、颁发奖章等。特别奖励的具体形式有业绩特别奖、销售竞赛奖等。

第三节　营业推广策略

营业推广是与人员推销、广告、公共关系相并列的四种促销方式之一，是构成促销组合的一个重要方面。

一、营业推广的概念与特点

（一）营业推广的概念

营业推广又称销售促进（sales promotion），是指企业在短期内刺激消费者或中间商对某种或几种产品或服务产生大量购买行为的促销活动。典型的营业推广活动一般用于短期的促销工作，其目的在于解决目前某一具体的问题，采用的手段往往带有强烈的刺激性，因而营业推广活动的短期效果明显。营业推广活动可以帮助企业度过暂时的困境。

（二）营业推广的特点

营业推广是能强烈刺激需求、扩大销售的一种促销活动。与人员推销、广告和公共关系相比，营业推广是一种辅助性质的、非正规性的促销方式，虽能在短期内取得明显的效果，但它不能单独使用，常常需要与其他促销方式配合使用。营业推广这种促销方式的优点在于短期效果明显。一般来说，只要能选择合理的营业推广方式，就会很快地收到明显增加销售的效果，而不像广告和公共关系那样需要一个较长的时期才能见效。因此，营业推广适合于在一定时期、一定任务的短期性促销活动中使用。

营业推广有贬低产品或品牌之意的缺点。采用营业推广方式促销，似乎迫使消费者产生"机会难得、时不再来"之感，进而能打破消费者需求动机的衰变和购买行为的惰性。不过，营业推广的一些做法也常使消费者认为企业有急于抛售的意图。若频繁使用或使用不当，往往会引起消费者对产品质量、价格产生怀疑。因此，企业在开展营业推广活动时，要注意选择恰当的方式和时机。

二、营业推广的种类和具体形式

营业推广的方式多种多样，一个企业不可能全部使用。这就需要企业根据各种方式的特点、促销目标、目标市场的类型及市场环境等因素选择适合本企业的营业推广方式。

（一）针对消费者的营业推广形式

向消费者推广，是为了鼓励老顾客继续购买、使用本企业产品，激发新顾客试用本企业产品。其方法主要有以下几种：

1. 派发样品

派发样品是指向消费者提供一定量的服务或产品，供其免费试用。这种形式可以鼓励消费者认购，也可以获取消费者对产品的反映。样品赠送可以有选择地赠送，也可在商店或闹市地区或附在其他商品和广告中无选择地赠送。这是介绍、推销新产品的一种方式，但费用较高，对高价值产品不宜采用。

2. 送赠品

送赠品是指以免费产品为诱饵，以此来缩短或拉近与消费者的距离，从而促使消费者采取购买行为。赠品根据是否以购买为条件可以分为无偿赠品和有条件赠品。前者是可以无条件获得的，如有些商店在开业时对光顾的每一位顾客都赠送一份礼品；后者需要消费者购买一定量的产品方可获得赠品，这种方式是最为常见的。

3. 优惠券

优惠券是指授权持有者在指定商店购物或购买指定产品时可以免付一定金额的单据。优惠券适用的场合很多，可以用来扭转产品或服务销售下滑的局面，也可以在新产品上市时用以吸引消费者的购买兴趣，按照发行的主体不同，可以将优惠券分为厂商优惠型和零售型优惠。

4. 减价优惠

减价优惠是指在特定的时间和特定的范围内调低产品的销售价格，此种方式因最能与竞争者进行价格竞争而深受消费者的青睐。

5. 退款优惠

退款优惠是指在消费者提供了产品的购买证明后就可以退还其购买产品的全部或部分款项的促销方式。这种方式可以维护消费者的消费忠诚，收集消费者的有关资料，对于较高价位的产品具有较好的促销效果。

6. 趣味类促销

趣味类促销是指利用人们的好胜、侥幸和追求刺激等心理，举办竞赛、抽奖、游戏等富有趣味性的促销活动，吸引消费者的参与兴趣，推动销售。

7. 以旧换新

以旧换新是指消费者凭使用过的产品，或者使用过的特定产品的证明，在购买特定产品时，可以享受一定抵价优惠的促销活动，这类方式一般由生产企业使用。

8. 示范表演

示范表演是指在销售场所对特定产品的使用方法进行演示，以吸引消费者的注意。这种方式适用于操作相对复杂或该种产品比以前产品有重大改进，其目的是消除消费者的使用顾虑或树立产品独特的性能。

（二）针对中间商的营业推广形式

向中间商推广，是为了促使中间商积极经销本企业产品；同时能有效地协助中间商开展销售，加强与中间商的关系，达到共存共赢的目的。其推广方式主要有：

1. 折扣鼓励

折扣鼓励包括现金折扣和数量折扣。现金折扣是指生产企业对及时或提前支付货款的经销商给予一定的货款优惠；数量折扣是指生产企业对大量进货的经销商给予一定额外进货量的优惠。

2. 经销津贴

为促进中间商增购本企业产品，鼓励其对购进产品开展促销活动，生产企业会给予中间商一定的津贴，主要包括新产品的津贴、清货津贴、降价津贴等。

3. 宣传补贴

有的生产企业需要借助经销商进行一定的广告宣传，为了促进经销商进行宣传的积极性，经销商可以凭借进行了宣传的有关单据获得厂家一定数额的补贴。

4. 陈列补贴

随着终端竞争的激烈，生产企业为了让产品在终端获得一个较好的销售位置，往往给予中间商一定的陈列补贴，希望经销商维护产品在终端竞争中的位置优势。

5. 销售竞赛

销售竞赛是指生产企业为业绩优秀的中间商进行特殊鼓励，包括货款返还、旅游度假、参观学习等。

6. 展览会

展览会是指企业利用有关机构组织的展览和会议，进行产品和企业的演示，通过这种形式，可以让经销商获知本行业的市场发展和行业发展情况，有利于增加其业务能力和市场信息。

（三）针对销售人员的营业推广形式

1. 销售奖金

销售奖金是为了刺激销售人员的工作积极性，对于能够完成任务的销售人员给予一定的物质奖励。

2. 培训进修

培训进修是为了提高销售人员的业绩，对其进行业务技能和技巧方面的培训。

3. 会议交流

会议交流是定期或不定期召集销售人员对工作经验和工作方法以及工作中的得失开展交流，促进销售人员的共同提高。

4. 旅游度假

旅游度假是企业为了表彰先进，增强企业内部凝聚力，对销售业绩和素质表现良好的销售人员给予国内外旅游度假的奖励。

三、营业推广的决策过程

（一）建立营业推广的目标

营业推广活动的决策一般是从目标的确立开始的。营业推广目标是在企业总营销目标的前提下，根据企业的具体需要确定的。

从产品所处的生命周期看，在产品投入期，营业推广的目标主要是缩短产品与顾客之间的距离，诱使目标消费者试用新产品，了解新产品。在产品成长期，营业推广的目标主要是鼓励消费者重复购买、刺激潜在购买者和增强中间商的接受程度。在产品成熟期，营业推广的目标在于刺激大量购买、吸引竞争品牌的消费者、保持原有的市场占有率。在产品衰退期，营业推广的目标是快速大量销售，尽可能地处理积压库存产品，加速资金周转。

从营业推广的对象看，对于消费者来讲，营业推广的目标是鼓励现有消费者大量、重复、及时购买，同时吸引和培养新的消费群体。对中间商来讲，营业推广的目标是保证现有渠道的稳定，促使中间商维持较高的存货水平，刺激中间商积极销售产品。对于销售人员来讲，营业推广的目标是在鼓励维持现有产品销售的基础上，积极销售新产品，同时寻找更多的新顾客。

以上是营业推广的基本目标，作为一个企业来讲，不可能同时完成这些目标。企业应该在长远营销目标的基础上，根据自身经营特点，充分考虑企业面临的问题与机遇，做出营业推广目标的选择。

（二）选择营业推广形式

选择营业推广的具体形式，就是企业为了实现营业推广的目标而选择合适的营业推广方式。前面已经对营业推广的形式进行了基本的介绍，不同形式的效果也是不同的，同时，一个特定的营业推广目标可以采用多种形式来实现。企业在选用营业推广形式时应考虑以下几点：

1. 营业推广的目标

不同的促销目标决定了需要采用不同的营业推广工具，在选择营业推广工具时，首先要考虑企业在该时期的营业推广目标。如果企业是为了增加购买量，可以采用赠品和优惠券等方式；如果是为了改变消费者的购买习惯，可以采用折扣和酬谢包装的形式。

2. 产品的类型

在市场上销售的产品，可以按其用途分为生产资料和消费品两大类。对于生产资料来讲，可以采用样品赠送、展示会、销售奖励、宣传手册等方式；对于消费品来讲，可以采用优惠券、赠送、店内广告、降价、陈列、消费者组织等方式。

3. 企业的竞争地位

对于在竞争中处于优势地位的企业，在选择营业推广工具时应该偏重具有长期效果的工具，如消费者的教育、消费者组织化等。对于在竞争中处于劣势的企业，应选择能为消费者和中间商提供更多实惠的工具，比如交易折扣、样品派送、附赠销售等，此外还应考虑选择差异化的营业推广工具。

4. 营业推广的预算

每一种营业推广的发生都要耗费一定费用，这些费用是开展营业推广活动的硬约束，企业应该根据自己的经济情况考虑使用不同的营业推广工具。

在为营业推广活动确定了目标和具体的工具后，还需要对营业推广活动制定具体的行动方案。在一个完整的营业推广方案中应该包括以下几个方面的内容：

（1）营业推广范围。企业要确定本次营业推广活动的产品范围和市场范围，即决定是针对单项产品进行促销还是对系列产品促销，是对新产品促销还是对老产品进行促销，是在所有的销售区域进行促销还是在特定的市场内促销。

（2）诱因量的大小。诱因量是指活动期间的产品优惠程度与平时没有优惠时进行比较的差异，它直接关系到促销的成本。诱因量的大小与促销效果的好坏密切相关，因为诱因量的大小直接决定了消费者是否购买。

（3）传播媒体的类型。传播媒体的类型是企业选择何种媒体作为促销信息的发布载体。不同的媒体有不同的信息传递对象和成本，其效果必然不同，这是企业在营业推广方案中应明确的问题。

（4）参与的条件。不同的营业推广目标和工具有不同的参与对象，在方案中对参与活动的对象应有一定的条件限制，以降低成本、提高效率。

（5）营业推广时间。营业推广时间的确定包括三个方面的内容：举行活动的时机、活动的持续时间和举办活动的频率。

（6）营业推广费用的预算。科学合理地制定预算，对于活动的顺利开展提供了有力的保障。营业推广的费用通常包括两项：一是管理费用，如组织费用、印刷费用、邮寄费用、培训教育费用等；二是诱因成本，如赠品费用、优惠或减价费用等。

此外，在方案中还要有其他内容，如奖品兑换的具体时间和方法、优惠券的有效期限、营业推广活动的具体规则等。

*第四节　广告策略

*第五节　公共关系策略

本章小结

促销是市场营销策略中的重要的策略之一，其实质与核心就是加强与消费者的信息沟通、刺激消费者产生购买欲望，从而促进销量的提升。促销的主要方式有人员推销、营业推广、广告和公共关系等四种形式。

人员推销具有信息传递的双向性、推销目的的双重性、推销过程的灵活性和推销活动的高成本性等特点。为了提高销售人员的效率，有必要对人员推销进行管理。

营业推广能对销量的提升起到立竿见影的作用，但不能长期使用。针对不同的营业推广对象，营业推广的方式多种多样，需要正确选择合适的营业推广方式。

广告是重要的、影响最广泛的促销方式。由于不同广告媒体有不同的特性，所以企业从事广告活动时必须对广告媒体进行正确选择。企业可以根据产品的特点、消费者接触媒体的习惯、媒体的传播范围、媒体的影响力和媒体的费用等因素选择具体的广告媒体。广告设计应遵循真实性、社会性、针对性、感召性、简明性、艺术性等原则。

公共关系是一门与公众建立良好关系的促销方式，也是一种长期活动。

思考与练习

1. 试述促销及促销组合的含义。
2. 促销组合的基本形式有哪些？
3. 在移动媒体迅速发展的今天，人员推销有没有存在的意义？
4. 请为某行业公司策划一个母亲节促销活动方案。
5. 网络广告的新形式有哪些？怎么为企业选择合理的广告推广媒体？
6. 企业选择公共关系活动方式时应该考虑些什么因素？

＊【案例分析】

屈臣氏持续三年盈利，深耕用户运营的新启示

资料来源：伯虎财经. 屈臣氏持续三年盈利，深耕用户运营的新启示［EB/OL］.（2023-03-21）［2023-05-11］.https://mp.weixin.qq.com/s/Q7xqK5l73XVL3fOEdvnLQw.

实训任务

1. 实训项目
某产品的促销组合方案应用实训。
2. 实训目的
理解和掌握企业实施促销的流程，学会对促销过程进行控制，培养学生的促销策划能力。
3. 实训内容
要求学生调查企业的某一产品的市场状况，分析其促销策略，找出存在的问题，重新拟订该产品的促销组合方案和实施计划。

4. 实训步骤

（1）把全班分成几个小组，每组进行合理的分工。每组选择某一企业作为研究对象，做好访问准备。

（2）实施调查，了解企业的某产品的经营状况，实施过的促销方案，呈现出的促销效果及其在过程中有问题的地方，并与企业工作人员讨论新的促销措施。

（3）小组成员根据自己的调查结果，分析产品特点及各种促销组合方法，制定出行的促销方案。

（4）在全班进行交流，小组间分析、评价，选择最佳方案。

5. 实训考核

要求每组学生提交促销策划方案，并进行班级汇报，老师批阅。

参考文献

[1] 郭国庆，陈凯. 市场营销学［M］. 北京：中国人民大学出版社，2022.
[2] 吴健安. 市场营销学［M］. 北京：清华大学出版社，2022.
[3] 黄浩. 市场营销学［M］. 成都：西南财经大学出版社，2015.
[4] 科特勒. 营销管理［M］. 上海：上海人民出版社，2015.

第十章
渠道策略

学习目标

（1）理解价值网络和分销渠道系统的定义。

（2）了解分销渠道的职能与类型。

（3）了解中间商的职能及主要类型。

（4）掌握整合渠道并解决渠道冲突的能力。

本章知识结构图

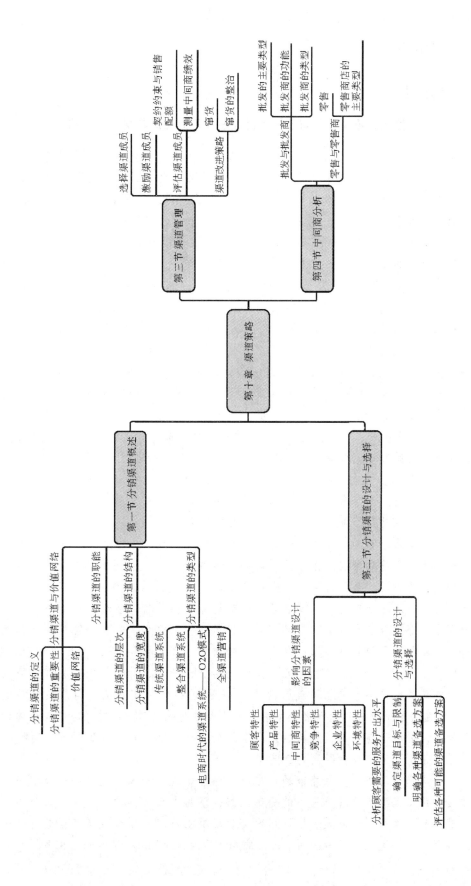

第十章 渠道策略

引导案例

【案例一】

徐福记重视品牌与营销渠道建设，不断拓展市场、强化实力

2023 年，雀巢集团发布了当年第一季度财报，财报中提到了以徐福记为代表的糖果业务表现强劲。2022 年前 9 个月，在糖果业务中，推出咸味零食等一系列的产品创新，让徐福记实现了高位数的增长。2021 年前 9 个月，糖果业务实现了高位数增长，其中徐福记做出了较大贡献。亮眼的数据折射出徐福记的硬核实力，产品力、营销力、品牌力、渠道力多力合一形成叠加效应，共同形成徐福记连续三年增长的强大动力。

双重赋能共促市场增长。在消费升级浪潮驱使下，用户需求正在朝向更细分、更精致的方向裂变，"优质优价"的特色化零食产品逐渐受到主流消费人群的青睐。徐福记多年来的不断创新，是将洞察贯彻至产品研发和应用的根基，据统计，拥有 30 年匠心传承工艺的徐福记，产品品项高达 1 400 多种。2023 年更是推出了 30 大系列 200 余个新品，在经典上不断创新，还研发出多款"健康"产品。为了适配年轻消费群体对于多样化、品质化、健康化零食的追求偏好，徐福记从未故步自封，通过创新赋能，持续推出消费者喜爱的产品。尼尔森最新研究数据显示，2023 年春节徐福记散装的市场份额高达 28%，是五年历史新高。其中，散糖和散巧的市场份额分别超过了 35% 和 40%，高居市场第一；散点也稳居第一，散果冻稳居第二。这稳固的行业领军者地位背后，无疑是品牌尊重消费者需求，真正了解消费者需求后进行有效创新的结果。

以"精耕"为方向，加速全渠道市场布局。快消行业渠道为王，品牌增长的关键是扩大分销覆盖。近年来，消费者的消费渠道和消费场景呈现多元化，徐福记紧跟消费者的脚步，深耕线下发力线上，加速全渠道市场布局。

国内渠道市场布局。在线下渠道，徐福记通过 3 000+经销商、20 000+批发商把产品铺设到百万家终端网点，在全面覆盖一二线城市的同时，还持续在县、镇、乡开展大规模的铺货行动，共同打造县、镇的"样板店"。为顺应消费渠道变革，近年来，徐福记还发力近场小业态、即时零售等赋能市场增长。首先，在近场小业态方面，徐福记梳理出一套适合业态特征的产品组合并进行主推，例如：主推小规格的流量大单品——"狂飙同款"DODO 棒棒糖和上市即爆款的"趣满果"；其次，在即时零售方面，与各大平台（京东到家、美团等）达成战略合作；此外，徐福记发挥品牌的高端送礼属性，在赠礼团购渠道建立了自己的"朋友圈"，在零售渠道大力推广礼箱礼盒，把"福"气送到千家万户。除此之外，徐福记还大力发展快速兴起的兴趣电商：建设直播店铺矩阵，并积极与头部、腰部达人合作，利用新搭建的 DTC（工厂直达消费者）配送体系与消费者建立最近距离的链接。

国外渠道市场布局。海外市场正在成为徐福记近年来高速增长的引擎之一。在渠道方面，徐福记已搭建遍布全美的分销网络，覆盖大部分的商超。在亚超会售卖徐福记全部产品，而线下主流渠道如沃尔玛会售卖酥心糖、沙琪玛和厚切凤梨酥；在线上渠道方面，徐福记入驻了美国两个较大的购物网站 Yami buy 和 Weee。海外市场正在成

为徐福记近年来高速增长的引擎之一。具体来说，首先，徐福记通过开拓分销网络，从只以洛杉矶、纽约为主的销售网络，到 2022 年初步搭建好遍布全美的分销网络；其次，开拓终端店面，从覆盖少数华人超市，到全覆盖华人及亚洲超市；再者，找准产品突破口，发挥沙琪玛和凤梨酥的产品优势突破市场；最后，主流渠道拓展，2022 年新增沃尔玛渠道。在一系列布局之下，让海外消费者对徐福记实现"所见即所得""所想即可买"。而作为一款"中国零食"的代言产品，徐福记几十年来不断强化海外渠道，让海外消费者想"不爱"都很难。

据悉，徐福记的海外业务已拓展到北美、日韩、东南亚、欧洲、澳洲、非洲等国家和地区，向全球传递美味和幸福。中国经济的腾飞和大国自信，让越来越多企业大跨步走出国门。从桌边零食到国民品牌再到海外畅销，一颗颗徐福记糖果不仅是中国品牌与全球头部品牌同台竞技的范例，更是中国文化走出国门、走向世界的代表。

资料来源：

[1] 快速消费品精英俱乐部：连续三年增长，徐福记的奥秘是什么？[EB/OL].（2023 - 04 - 28）[2023 - 07 - 28]. https：//mp. weixin. qq. com/s/gXEIf _ ATSZHesaP3HqNzoA2023.

[2] 快消. 徐福记"爆销"北美市场，中国味道如何征服老外？[EB/OL].（2022-12-26）[2023-07-28].https：//www.sohu.com/a/621240930_99945916.

在营销实战中，生产者与消费者之间存在时间、地点、数量、品种、信息、产品估价和所有权等多方面的差异和矛盾。企业生产的产品只有通过一定的分销渠道，才能在适当的时间、地点，以适当的价格和方式供应给消费者或用户，从而克服生产者与消费者之间的矛盾，实现企业的市场营销目标。这一过程中，企业自身、供应商、分销商和最终顾客形成价值递送网络，价值递送网络强调系统合作，供应商、企业、经销商通过协力为顾客创造价值而共同获利，并使整个系统的绩效得到改进。

第一节　分销渠道概述

一、分销渠道与价值网络

（一）分销渠道的定义

在大多数情况下，一件产品的产地和销地都存在着时间间隔、空间间隔，那么在两者之间会存在完成多种职能的中间商，这些中间商（中介机构）就组成了分销渠道（营销渠道）。美国市场营销学家菲利普·科特勒将分销渠道定义为："某种货物或劳务从生产者向消费者移动时，取得这种货物或劳务所有权或帮助转移其所有权的所有企业或个人；并认为企业应当全力以赴地发现分销渠道，分销渠道越多，企业离市场就越近。"

在市场营销理论中，市场营销渠道和分销渠道经常不加区分地交替使用。吴健安等学者认为市场营销渠道，是指配合起来生产、分销和消费某一生产者的产品或服务的所有企业和个人。也就是说，市场营销渠道包括参与某种产品供产销过程的所有有关企业和个人，如供应商、生产者、商人中间商、代理中间商、辅助商（如支持分销活动的仓储、运输、金融、广告代理等机构）以及最终消费者等。分销渠道则通常指促使某种产品或服务能顺利地经由市场交换过程，转移给消费者消费使用的一整套相互依存的组织。其成员包括产品或服务从生产者向消费者转移过程中，取得这种产品或服务的所有权或帮助所有权转移的所有企业和个人。因此，分销渠道包括商人中间商（因为他们取得所有权）和代理中间商（因为他们帮助转移所有权），还包括处于渠道起点和终点的生产者、中间商和最终消费者（用户），但是不包括供应商和辅助商。

为什么很多生产商要将产品销售环节委托或者是外包给中间商来做？根据大卫·李嘉图的比较成本优势和绝对成本优势理论，任何一个生产商在运营管理环节中，都不能对每项业务占有比较优势，而通过外包给中间商可以获得很多优势。例如，一方面许多生产商缺乏足够的财力资源进行直接营销；另一方面，某些产品不宜采用直接营销的方式，比如像口香糖、电池、刮胡刀片等，这类产品必须和其他小商品放在一起销售，或者说这种类型的产品有派生需求的属性。

（二）分销渠道的重要性

分销渠道体系是指公司所采用的分销渠道的整体整合。分销渠道体系决策是一个企业管理层面临的最重要的决策之一。拥有分销渠道不仅仅是对产品销售方式和时间的部分控制权，同时也意味着要承担一定的巨额风险，因为它们不仅要服务市场，而且必须创造市场。

企业必须要考虑确定采用哪种分销策略，比如说是拉式还是推式，或者是两者的结合。在推式战略中，企业利用人员推销，以中间商为主要促销对象，把产品推入分销渠道，最终推向市场。这种推销策略要求人员针对不同顾客、不同产品采用相应的推销方法。常用的推式策略有示范推销法、走访销售法、网点销售法、服务推销法等。

推式策略强调的重点是分销渠道上各环节人员推销的推销活动，重点在于人员促销与贸易促销。销售人员介绍产品的各种特性与利益，促成潜在客户的购买决策。在推式策略中，企业的销售人员会访问批发商，再协同批发商的销售人员访问零售商，并协同零售商的销售人员积极地向消费者推销产品。按照这种方式，产品顺着分销渠道，逐层向前推进。"推动"策略常用于销售过程中需要人员推销的工业品与消费品。

拉式战略是指企业利用广告、公共关系和营业推广等促销方式，以最终消费者为主要促销对象，设法激发消费者对产品的兴趣和需求，促使消费者向中间商、中间商向制造商企业购买该产品。常用的拉式策略有会议促销法、广告促销法、代销、试销等。这种战略适用于某个分类中品牌忠诚度和涉入度都较高，人们能够明显感觉到品牌间的差别以及早在步入商店前就选好了品牌等情况。

然而，在市场营销体系中，也有很多顶级的营销公司，比如可口可乐、耐克、英特尔公司均是高超地同时使用了"推"和"拉"的战略。

（三）价值网络

企业应当先考虑目标市场，然后从该点出发向后设计供应链，该观点称为需求链计划。需求链管理方法不仅是让产品流经这个系统，而且要找出顾客需要什么，并以此来确定我们要销售及生产什么，以满足顾客和市场的需求。这种管理方法也是供应链管理网络结构中的前向一体化战略。

价值网络指公司为创造资源、扩展和交付货物而建立的合伙人和联盟合作系统。价值系统包括公司的供应商和供应商的供应商以及它的下游客户和最终顾客，还包括其他有价值的关系，如大学里的研究人员和政府机构。布兰德伯格（Brandenburger）和纳尔波夫（Nalebuff）提出的价值网管理模型解释了所有商业活动参与者之间的关系。传统公司利用供应商提供的材料生产产品并同其他生产商竞争以获得顾客。但在价值网中，布兰德伯格和纳尔波夫介绍了商业活动中一个新的因素："互补者指那些提供互补性产品而不是竞争性产品和服务的公司。"

布兰德伯格和纳尔波夫提出的价值网概念，认为企业的发展进程受到四个核心组织成分的影响，它们分别是顾客（customers）、供应商（suppliers）、竞争者（competitors）、补充者（complements）。

价值网强调各种关系的对称因素。例如，顾客和供应商都拥有其竞争者和互补者。一家公司的顾客通常拥有其他供应商，如果其他供应商使这家公司的产品、服务或顾客价值增加，那么它就是该公司的互补者；否则，即为该公司的竞争者。同样，一家公司的供应商也拥有其他顾客，这些顾客是其竞争者或互补者。如果他们使这个供应商为最初那家公司提供的产品（或服务）更昂贵，那么他们就是竞争者；否则，即为互补者。与顾客相关的原则同样适用于供应商，而与竞争者相关的原则也适用于互补者。

客户、供应商、竞争者或互补者是一家公司扮演的多重角色，即同一家公司可以有多重身份。若要制定有效的战略，公司须理解每个角色扮演者的利益。

价值网与传统的供应链是不同的。价值网中，需求链计划提供了多方面的视角。首先，如果企业想向前或向后整合，它可以估测是上游还是下游可以赚到更多的钱。其次，公司会更清楚供应链中可能导致成本、价格或供应突然发生变化的地方。最后，价值网络中的合作伙伴可以通过技术联系在一起，更快速、更低成本、更准确地进行沟通、交易和支付。互联网的出现使得一家企业能够与其他企业建立更加广泛、复杂的联系。

二、分销渠道的职能

从经济系统的观点来看，市场营销渠道的基本功能在于把自然界提供的不同原料根据人类的需要转换为有意义的货物搭配。市场营销渠道将产品从生产者转移到消费者所必须完成的工作加以组织，其目的在于消除产品或服务与使用者之间的差距。市场营销渠道的主要职能有如下几种：

（1）研究，即收集制订计划和进行交换所必需的信息。

（2）促销，即进行关于所供应的物品的说服性沟通。

（3）接洽，即寻找可能的购买者并与之进行沟通。

（4）谈判，即为了转移所供物品的所有权，而就其价格及有关条件达成最后协议。

（5）订货，即分销渠道成员同制造商进行有购买意图的沟通行为。

（6）配合，即使所供应的物品符合购买者需要，包括分类、分等、装配、包装等活动。

（7）物流，即组织产品的运输、储存。

（8）融资，即为补偿渠道工作的成本费用而对资金的取得与支出。

（9）风险承担，即承担与渠道工作有关的全部风险。

（10）付款，即买方通过银行或其他金融机构向销售者支付账款。

（11）所有权转移，即所有权从一个组织或个人向其他组织或个人的实际转移。

（12）服务，即渠道提供的附加服务支持，如信用、交货、安装、修理等。

三、分销渠道的结构

（一）分销渠道的层次

分销渠道可根据其渠道层次的数目分类。在产品从生产者转移到消费者的过程中，任何一个对产品拥有所有权或负有推销责任的机构，都可视为一个渠道层次。生产者和消费者也参与了将产品及其所有权转移到消费领域的工作，因此也被列入各类渠道中。但是，市场营销学以中间机构层次的数目表述渠道的长度，如图10-1所示。

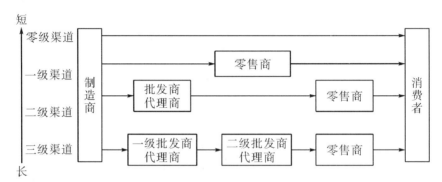

图 10-1　消费品分销渠道

（1）零级渠道。零级渠道又称直接渠道，是指没有中间商参与，产品由生产者直接售给消费者的渠道类型。直接渠道是产品分销渠道的主要类型。一般大型设备以及技术复杂、需要提供专门服务的产品，企业都采用直接渠道分销，如飞机的出售是不可能有中间商介绍的。在消费品市场，直接渠道也有扩大趋势。

（2）一级渠道包括一级中间商。在消费品市场，这个中间商通常是零售商；而在工业品市场，它可以是一个代理商或经销商。

（3）二级渠道包括两级中间商。消费品二级渠道的典型模式是经由批发和零售两级转手分销。在工业品市场，这两级中间商多是由代理商及批发经销商组成。

（4）三级渠道是包含三级中间商的渠道类型。一些消费面广的日用品，如肉类食品及包装方便面，需要大量零售机构分销，其中许多小型零售商通常不是大型批发商的服务对象。对此，有必要在批发商和零售商之间增加一个专业性的经销商，为小型零售商服务。

根据分销渠道的层级结构，可以得到直接渠道、间接渠道、短渠道、长渠道概念。渠道越长越难协调和控制。

直接渠道是指没有中间商参与，产品由生产者直接销售给消费者的渠道类型。间接渠道是指有一级或多级中间商参与，产品经由一个或多个商业环节销售给消费者的渠道类型。上述零级渠道即为直接渠道；一、二、三级渠道统称为间接渠道。为分析和决策方便，有些学者将间接渠道中的一级渠道定义为短渠道，而将二、三级渠道称为长渠道。显然，短渠道较适合在小地区范围销售产品；长渠道则能适应在较大范围和更多的细分市场销售产品。

（二）分销渠道的宽度

分销渠道的宽度是指渠道中的每个层次使用的同种类型中间商的数目。它与分销策略密切相关。企业的分销策略通常分为三种，即密集分销、选择分销和独家分销，具体如图 10-2 所示。

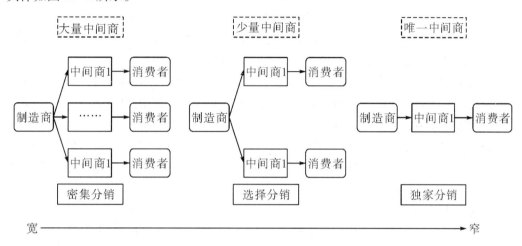

图 10-2　分销渠道的宽度结构

密集分销是指制造商尽可能通过许多负责任的、适当的批发商和零售商推销产品。消费品中的便利品和产业用品中的供应品通常采取密集分销，使广大消费者能随时随地买到。

选择分销是指制造商在某一地区，仅通过少数精心挑选的、最合适的中间商来推销产品。选择分销适用于所有产品。相对而言，消费品中的选购品和特殊品较宜于选择分销。

独家分销是指制造商在某一地区，仅选择一家中间商推销产品。通常双方协商签订独家经销合同，规定经销商不得经营竞争者的产品，以便控制经销商的业务经营，调动其经营积极性。

四、分销渠道的类型

构成分销渠道的不同环节的企业和个人，叫作渠道成员。按渠道成员结合的紧密程度，分销渠道系统可以分为传统渠道系统和整合渠道系统。

（一）传统渠道系统

传统渠道系统是指由各自独立的生产者、批发商、零售商和消费者组成的分销渠道。传统渠道成员之间的系统结构是松散的。这种渠道的每一个成员均是独立的，它们往往各自为政、各行其是，几乎没有一个成员能完全控制其他成员。随着市场环境的变迁，传统渠道面临严峻挑战。

（二）整合渠道系统

整合渠道系统是指渠道成员通过一体化整合形成的分销渠道系统，主要包括以下三类：

1. 垂直渠道系统

垂直渠道系统由生产者、批发商和零售商纵向整合组成，其成员或属于同一家公司，或为专卖特许权授予成员，或被有足够控制能力的企业左右。该系统有三种主要形式：

（1）公司式渠道系统，即指由一家公司拥有和管理若干工厂、批发机构和零售机构，控制渠道的若干层次，甚至整个分销渠道，综合经营生产、批发和零售业务。公司式渠道系统又分为两类：一类是由大工业公司拥有和管理的，采取一体化经营方式；一类是由大型零售公司拥有和管理的，采取工商一体化经营方式。

（2）管理式渠道系统，即指通过渠道中某个有实力的成员来协调整个产销通路的渠道系统。如名牌产品制造商以其品牌、规模和管理经验优势出面协调批发商、零售商经营业务和政策，并采取一致的行动。

（3）合同式渠道系统，即指不同层次的独立的制造商和中间商，以合同为基础建立的联合渠道系统。如批发商组织的自愿连锁系统、零售商合作系统、特许零售系统等。

2. 水平渠道系统

水平渠道系统指两个或两个以上同一层次的企业为了抓住新的市场机会，将财务、产能及营销资源等各方面整合起来，以便取得独自行动所难以达成的目标。这种联合或合作，既可以是暂时的，也可以是长久的，还可以成立一家新的联合公司。例如，沃尔玛和麦当劳就构成了水平渠道系统，在沃尔玛超市内开设麦当劳餐厅，麦当劳从沃尔玛熙熙攘攘、川流不息的客流中获益，而沃尔玛也留住了在购物过程中感到饥饿的顾客，他们饿了就可以很便利地在麦当劳店内用餐，由此沃尔玛避免了因这些人去别处就餐而损失客流。加入水平渠道系统的企业或因资本、人力、生产技术、营销资源不足，无力单独利用市场机会，或因惧怕承担风险，或因与其他企业联合可实现最佳协同效益而组成这种共生联合的渠道系统。

3. 多渠道系统

多渠道系统指对同一或不同的细分市场，采用多条渠道的分销体系。这种系统大致有四种形式：①制造商通过两条以上的竞争性分销渠道销售同一商标的产品；②制造商通过多条分销渠道销售不同商标的差异性产品；③制造商通过同一产品在销售过程中的服务内容与方式的差异，形成多条渠道以满足不同顾客的需求；④制造商借助自有的供应链，以及与供应商、分销商建立的合作伙伴关系，将生产的产品推向市场。多渠道系统为制造商提供了三方面利益：①扩大产品的市场覆盖面；②降低渠道成本；③更好地适应顾客要求。但该系统也容易造成渠道之间的冲突，给渠道控制和管理工作带来更大难度。

（三）电商时代的渠道系统——O2O模式

线上平台的快速发展不断冲击着传统的分销渠道系统，也带来了新的分销渠道模式。O2O（online to offline）是指线上促销和线上购买带动线下经营和线下消费。O2O

通过促销、打折、提供信息、服务预订等方式，把线下商店的消息推送给互联网用户，从而将他们转换为自己的线下客户，这特别适合必须到店消费的产品和服务，比如餐饮、健身、电影和演出、美容美发、摄影及百货等。

不论什么行业，无论是销售还是营销，抑或是客户关系管理，只要是线上线下相互配合的，都可冠之以O2O；无论是传统企业利用线上去促进转型升级，还是互联网公司利用线下去实现渠道下沉，都可以称为O2O。线上的互联网公司、线下的传统企业在各自发展了很多年后，终于开始有了明显的交集。未来将没有纯互联网公司，也不会有纯传统企业。O2O确实有别于B2B、C2C和B2C。

在营销实践中，O2O业务模式主要有以下四种：

（1）online to offline模式，即线上交易到线下消费体验产品或服务。

（2）offline to online模式，即线下营销到线上完成商品交易。

（3）offline to online to offline模式，即线下促销到线上商品交易，再到线下消费体验产品或服务。

（4）online to offline to online模式，即线上交易或促销到线下消费体验产品或服务再到线上交易或促销。

（四）全渠道营销

全渠道营销是指企业为了满足消费者在任何时候、任何地点、任何方式购买的需求，采取实体渠道、电子商务渠道和移动电子商务渠道整合的方式营销产品或服务，为顾客提供无差别的购买体验。实体渠道包括实体自营店、加盟店等。电子商务渠道包括自建官方B2C商城、进驻电子商务平台（淘宝、天猫、京东、苏宁易购、亚马逊等）。移动电子商务渠道包括自建官方手机商城、自建App商城、微商城、进驻移动商务平台（如微淘店等）。

普华永道发布的《2022年全球消费者洞察脉搏调查》报告显示，81%的受调人表示他们在过去6个月内会在至少3个渠道上购物。绝大多数的消费者会依照他们的需求，在购物过程中反复在线上线下切换，这也致使品牌扩展其交易渠道的多样性成为一种必然。然而，随着消费者购物过程的碎片化，如何减少不同渠道间的摩擦力并持续为消费者提供新鲜的体验成为新命题。"线上线下共融"的趋势正在重塑零售环境，企业应致力于畅通消费者购物各环节，缩短消费者从想要到拥有或使用的历程，打造线上和线下有机结合的全渠道。

第二节　分销渠道的设计与选择

有效的渠道设计以确定企业所要进入的市场为起点。原则上讲，目标市场的选择并不是渠道设计的问题。然而事实上，市场选择与渠道选择是相互关联的，有利的市场加上有利的渠道才能使企业获得利润。因此，渠道设计问题的中心环节是确定企业进入目标市场的最佳途径。

一、影响分销渠道设计的因素

渠道设计决策是指根据产品特性以及目标市场，按照经济性、可控制性、适应性的标准来确定渠道商的类型、每层渠道商的数量以及渠道商的权责等；渠道管理决策则指对渠道成员的选择、培训、激励、评价，以及根据市场和营销环境的变化对整个渠道进行改进。

（一）顾客特性

渠道设计受顾客人数、地理分布、购买频率、平均购买数量以及对不同促销方式的敏感性等因素影响。当顾客人数较多时，生产者倾向于利用每一层次都有许多中间商的长渠道。购买者人数的重要性，又受到地理分布的修正。例如，生产者直接销售给集中于同一地区的多位顾客所花的费用，远比给分散在不同地区的相同数量的顾客要少。购买者的购买方式，又在一定程度上修正购买人数及地理分布的影响，如果顾客经常小批量购买，则需较长的分销渠道供货。因此，购买者少量而频繁的订货，常使得制造商依赖于批发商为其销货。同时，这些制造商也可能越过批发商，直接向订货量大且订货次数少的大客户供货。购买者对不同促销方式的敏感性，也影响着制造商对渠道的选择。例如，越来越多的机械零售商喜欢在展销会选购，从而使得这种渠道迅速发展。

（二）产品特性

产品特性也会影响渠道的选择。通常来说，产品的体积和重量、单位价值、新颖性、工艺与非工艺特点以及产品耐用性、经久性都是影响渠道选择的变量。非标准化产品（如顾客订制的产品、服务等）通常由推销员直接销售，这主要是由于不易找到具有该类知识的中间商；需要安装、维修的产品，常由企业自己或授权独家特许商负责销售、保养；单位价值高的产品应由企业推销人员而不是中间商销售。

（三）中间商特性

设计渠道时必须考虑执行不同任务的中间机构的优缺点，并在成本、可获得性以及提供的服务三方面对中间商进行评估。例如，当制造商代表与顾客接触时，花在每一位顾客身上的成本较低，因为总成本由若干顾客分摊。但制造商代表对顾客所付出的努力，就不如中间商的推销员。一般来讲，中间商在执行运输、广告、储存及接纳顾客等方面，以及信用条件、退货特权、人员训练和送货频率方面，都有不同的特点和要求。

（四）竞争特性

生产者的渠道设计受竞争者所使用渠道的影响。某些行业的生产者希望在与竞争者相同或相近的经销处与竞争者的产品抗衡，例如，食品行业竞争品牌经常摆在一起销售。有时竞争者使用的分销渠道，又成为其他企业避免使用的渠道。

（五）企业特性

企业特性在渠道选择中也十分重要，主要体现在以下五个方面：

（1）总体规模。企业的总体规模决定了其市场范围、客户规模及强制中间商合作的能力。

（2）资金实力。资金实力的强弱决定了哪些市场营销职能可由自己执行，哪些应给中间商执行。财力薄弱的企业一般采用"佣金制"的分销方法，尽量利用愿意并能吸收部分储存、运输及融资等成本费用的中间商。

（3）产品组合。企业的产品组合宽度越大，与顾客直接交易的能力越大；产品组合的深度越深，使用独家专售或选择性代理商就越有利；产品组合的关联性越强，越应使用性质相同或相似的渠道。

（4）渠道经验。企业过去的渠道经验，也会影响渠道设计。曾经通过某种特定类型中间商销售产品的企业，会形成渠道偏好。

（5）营销政策。例如，对最终购买者提供快速交货服务，会影响到生产者对中间商执行的职能、最终经销商的数目与存货水平以及采用的运输系统的要求。

（六）环境特性

渠道设计还要受到环境因素的影响。如经济发展状况、社会文化变革、竞争结构、技术以及政府管理等。经济萧条时，生产者都希望采用能使最终顾客廉价购买的方式，将产品送到市场。这也意味着使用较短的渠道，可免除那些会提高产品最终售价但又不必要的服务。

二、分销渠道的设计与选择

一般来讲，要设计一个有效的渠道系统，必须经过以下步骤：

（一）分析顾客需要的服务产出水平

设计渠道的第一步，是了解在目标市场上消费者购买了什么商品、在什么地方购买、为何购买、何时买和如何买。营销人员必须了解目标顾客需要的服务产出水平，即人们购买一个产品时期望的服务类型和水平。

通常渠道可提供以下服务产出：

（1）批量大小，批量是分销渠道在购买过程中，提供给顾客的单位数量。

（2）等候时间，即顾客等待收到货物的平均时间。顾客一般喜欢快速交货渠道，而快速服务要求较高的服务水平。

（3）空间便利，即渠道为顾客购买提供的方便程度。

（4）产品齐全，一般来说，顾客喜欢较多的花式品种，这使得他们有更多的选择机会。

（二）确定渠道目标与限制

如前所述，渠道设计问题的中心环节是确定企业到达目标市场的最佳途径。每一生产者都必须在顾客、产品、中间商、竞争者、企业政策和环境等形成的限制条件下，确定渠道目标。所谓渠道目标，是企业预期达到的顾客服务水平（如何、何时、何处对目标顾客提供产品或实现服务）以及中间商应执行的职能等。企业的分销目标不同，所需要的渠道模式自然也不会完全相同。如果企业的分销目标是节约分销成本，那么它在设计渠道结构的时候就应该以减少渠道的成本为主要出发点；如果企业的分销目标是增加销售量、扩大市场占有率，那么它在设计渠道结构的时候就应该考虑如何尽可能地增加渠道销售网络的覆盖面积，以加大顾客与产品的接触频率。

（三）明确各种渠道备选方案

确定渠道的目标与限制之后，下一步工作是明确各主要渠道的备选方案。渠道的备选方案涉及两个基本问题：一是中间商类型与数目，二是渠道成员的特定任务。

（四）评估各种可能的渠道备选方案

每一种渠道备选方案，都是产品送达最终顾客的可能路线。生产者所要解决的问题，就是从那些似乎很合理但又相互排斥的备选方案中，选择一种最能满足企业长期目标的方案。因此，生产者必须对各种可能的渠道备选方案进行评估。评估标准有三个，即经济性、控制性和适应性。

（1）经济性标准。三项标准中，经济性标准最为重要。因为企业是追求利润，而不是追求渠道的控制性与适应性。可用许多企业经常遇到的一个决策问题来说明，即应使用自己的销售人员，还是使用销售代理商。

（2）控制性标准。使用代理商，无疑会增加控制的问题。代理商是一个独立的企业，所关心的是自己如何取得最大利润。它可能不愿与相邻地区同一委托人的代理商合作；可能只注重访问那些与其推销产品有关的顾客，而忽略对委托人很重要的顾客。代理商的推销员可能无心了解与委托人产品相关的技术细节，也很难正确并认真对待委托人的促销资料。

（3）适应性标准。评估各种渠道备选方案时，还要考虑自身是否具有适应环境变化的能力。每个渠道方案都会有规定期限，某一制造商决定利用销售代理商推销产品时，可能要签订五年合同。这段时间内，即使采用其他销售方式会更有效，制造商也不得任意取消。所以，一个涉及长期承诺的渠道方案，只有在经济性和控制性方面都很优越的条件下才可予以考虑。

第三节　渠道管理

一、选择渠道成员

在渠道设计之后，还要重视对渠道成员的管理，这里主要指的是对中间商进行选择、激励与定期评估。

生产者招募中间商时，常处于以下两种极端情况之间：第一，可以毫不费力找到特定的商店，并使之加入渠道系统。此商店之所以能吸引经销商，可能是因为很有声望，也可能是因为产品赚钱。某些情况下，独家分销或选择分销的特权也会吸引大量中间商加入渠道。对于那些毫不费力得到所需数目中间商的生产者来讲，所做的工作只是选择适当的中间商。第二，生产者需要费尽心思才能找到预期数量的中间商。生产者必须研究中间商如何进行购买决策，尤其是他们决策时对毛利、广告与销售促进、退货保证等的重视程度。此外，还必须开发一些能使中间商赚钱的产品。不论生产者遇上哪一种情况，都须明确中间商的优劣特性。

一般来讲，生产者要评估中间商经营时间的长短及成长记录、清偿能力、合作态度、声望等。当中间商是销售代理商时，还须评估其经销的其他产品大类的数量与性质、推销人员的素质与数量。计划授予某家百货公司独家分销时，生产者尚需评估商店的位置、未来发展潜力以及经常光顾的顾客类型。实际上，选择过程通常是一个

"双向过程"，不仅制造商选择中间商，同时中间商也在选择制造商，尤其是强大的或有影响力的零售商，如沃尔玛、家乐福等在这一"双向选择"过程中具有较强的主动性。因此，为了获得高质量的渠道成员，制造商必须让渠道成员认为经销其产品是有利的。

二、激励渠道成员

生产者不仅要选择中间商，而且要经常激励中间商，使之尽职。促使中间商进入渠道的因素和条件，已构成部分激励因素，但仍需生产者不断监督、指导与鼓励。

当生产者给予中间商的优惠条件超过它取得合作所需提供的条件时，就会出现激励过分的情况，其结果是销售量提高而利润下降。当生产者给予中间商的条件过于苛刻，以致不能激励中间商努力时，又会出现激励不足，其结果是销售降低、利润减少。所以，生产者必须确定应花费多少资源以及如何激励中间商。一般来讲，如果对中间商仍激励不足，生产者还可采取提高中间商可得的毛利率或放宽信用条件的措施，使之更有利于中间商。

生产者还可借助某些权力来赢得中间商的合作，这些权力主要包括以下五种：

（1）强制力。这是生产者对不合作的中间商（如对顾客服务差、未实现销售目标、窜货等）威胁撤回某种资源或中止关系而形成的权力。中间商对生产者的依赖性越强，这种权力的效果越明显。

（2）奖赏力。这是指生产者给执行了某种职能的中间商额外付酬而形成的权力。奖赏力的负面效应是，中间商为生产者服务往往不是出于职业的信念，而是因为有额外报酬。每当生产者要求中间商执行某种职能时，中间商往往要求更高的报酬。

（3）法定力。这是生产者要求中间商履行双方合同而执行某些职能的权力。

（4）专长力。这是指生产者因拥有某种专业知识而对中间商构成的控制力。生产者可借助复杂精密的系统控制中间商，也可提供专业知识培训或系统升级服务，由此形成专长力。如果中间商得不到这些专业服务，其经营很难成功。而一旦将专业知识给了中间商，这种专长力又会削弱。

（5）感召力。这是中间商对生产者深怀敬意，并希望与之长期合作而形成的。像IBM、微软、华为、联想等知名公司，中间商都愿意与之建立长期稳定的合作关系，并且心甘情愿地按生产者的要求行事。

一般情况下，生产者想要收到理想的效果，就应注重运用感召力、专长力、法定力和奖赏力，尽量避免使用强制力。

三、评估渠道成员

生产者还必须定期评估中间商的绩效，如果某一渠道成员绩效过分低于既定标准，需找出原因，同时还应考虑补救方法。当放弃或更换中间商会产生更坏的结果时，生产者只能容忍；当不至于出现更坏结果时，应要求工作欠佳的中间商于一定时期改进，否则就取消它的资格。

（一）契约约束与销售配额

一开始就与中间商签订有关绩效标准与奖惩条件，可避免种种不快。契约中应明确经销商的责任，如销售强度、绩效与覆盖率、平均存货水平、送货时间、次品与遗失品的处理方法、对企业促销与训练方案的合作程度、中间商必须提供的顾客服务等。

除了针对绩效责任签订契约，还应定期发布销售配额，以确定目前的预期绩效，生产者可在一定时期列出各中间商的销售额，并依销售额大小排出先后名次。这样可使后进中间商为了荣誉奋力上进；也可促使先进的中间商努力保持荣誉，百尺竿头更进一步。

需要注意的是，排名时不但要看中间商销售水平的绝对值，而且要考虑它们各自面临的不同环境，以及生产者的产品大类在各中间商全部产品组合中的相对重要程度。

（二）测量中间商绩效

测量中间商绩效主要有两种方法：

一是将每一个中间商的销售绩效与上期绩效比较，并以整个群体的升降百分比作为标准。对低于该群体平均水平的中间商，加强评估与激励措施。还要对后进中间商的环境因素加以调查，看是否存在客观原因，如当地经济衰退、某些顾客不可避免流失、主力推销员退休或"跳槽"等，其中哪些因素可在下期弥补。一般来说，制造商不宜因这些而对经销商采取惩罚。

二是将各中间商的绩效与该地区基于销售潜力分析所设立的配额相比较。也就是说，在销售期过后，制造商应根据中间商的实际销售额与其潜在销售额的比率，将各中间商按先后名次进行排列。这样企业的调整与激励措施就可以集中用于那些未达既定比率的中间商。

四、渠道改进策略

渠道系统要定期改进，以适应市场动态。当消费者购买方式变化、市场扩大、新竞争者兴起、创新的分销战略出现以及产品进入生命周期下一阶段时，便有必要对渠道进行改进。

（一）窜货

窜货是指经销商置经销协议和制造商长期利益于不顾，进行产品跨地区降价销售。产生这种现象的原因主要有：

（1）某些地区市场供应饱和。

（2）广告拉力过大，渠道建设没有跟上。

（3）企业在资金、人力等方面不足，造成不同区域之间渠道发展不平衡。

（4）企业给予渠道的优惠政策各不相同，分销商利用地区差价窜货。

（二）窜货的整治

1. 签订不窜货乱价协议

企业内部业务员与企业之间、客户与企业之间签订不窜货乱价协议。该协议从博弈论的纳什均衡看是没有意义的，但它为处罚违犯者提供了法律依据。该协议是一种合同，一旦签订就等于双方达成契约，如有违反就可以追究责任。

实际上，除了个别情况，厂方业务人员对自己负责的客户是否有窜货行为是清楚的。但是，相当多的企业对业务人员的奖励政策是按量提成，他所负责地区的经销商销量增加，自己的提成也就增加，从而导致公司业务员因为利益关系而倾向于经销商。

这种制度安排决定了厂方业务员可能不会对自己负责地区客户的窜货行为进行认真监督、防治。但是可以通过签订不窜货协议，为加大处罚力度奠定法律依据。

对所窜货物价值，可累积到被侵入地区经销商的销售额中作为奖励基数，同时从窜货地区的业务员和客户完成的销售额中扣减等值销售额。

2. 外包装区域差异化

厂方对相同的产品采取不同地区不同外包装，可以在一定程度上控制窜货乱象。一是通过文字标识，在每种产品的外包装上印刷"专供×××地区销售"。可以在产品外包装箱上印刷，也可以在产品商标上加印。这种方法要求产品在该地区达到一定销量，并且外包装无法回收利用。问题是如果该地区该产品达到较大销售量，就为制假窜货者提供了规模条件。二是商标颜色差异化，即在不同地区对同种产品商标，在保持其他标识不变的情况下，采用不同色彩加以区分。该方法也要求在某地销量达到足够大。同样，达到一定销售量、成为该地区畅销的主导商品，窜货就有可能制假商标（某些商品除外，如啤酒等）。三是外包装印刷条形码，不同地区印刷不同的条形码。这样一来，厂方必须给不同地区配备条形码识别器。这些措施都只能在一定程度上解决不同地区之间的窜货乱价问题，无法从根本上解决本地区内不同经销商之间的价格竞争。

3. 发货车统一备案，统一签发控制运货单

在运货单上标明发货时间、到达地点、接收客户、行走路线、签发负责人、公司负责业务员等，并及时将该车信息通知沿途不同地区业务员或经销商，以便监督。

4. 建立科学的内部分区业务管理制度

可以采取"七定"的措施：

（1）定区。依据所在地区的行政地图，将所在地区根据道路、人口、经济水平、业务人员数量划成若干分区。依据城市地图按照街道分区，将终端零售店全部标记出来。再根据两张地图，将自己负责的业务地区细化为若干分区，然后通过与竞争对手的比较分析，发挥自己的竞争优势，以此找准突破点，以点带面。

（2）定人。每个分区必须有具体负责的业务员。

（3）定客户。业务员必须尽快建立起客户档案。一是职能部门与新闻部门顾问档案，包括单位、姓名、职务、电话、家庭成员及其偏好，以及家庭主要成员的父母、对象、孩子等的生日。二是零售商与批发商档案，包括客户名称、地点、联系方式、品种、规模、经验、负责人及其信用、行为偏好、负责人家庭成员及其偏好、客户主要成员的父母、对象、孩子等的生日、客户购买周期、每次购买量、客户的网络及其档案。

（4）定价格。作为内部业务管理制度，所有分区必须价格统一。实际上对客户来讲，保证或增加盈利的最重要的措施并不是价格高低，而是保持地区价格稳定。

（5）定占店率。分区业务员必须将所在分区的零售商准确标记在分区图上，并在规定时间内占领一定比例的零售店。实际上，考核占店率比考核销量好，占店率提高销量就提高，不会导致窜货。如果只考核销量，那被考核人员就有可能为了简单地完成任务而窜货。为了降低客户风险，在对客户进行前期评估的基础上，还必须控制累积铺货额。例如，对于可以出售啤酒的广大中小零售客户（饭店、酒店）而言，只要建立了客户档案，进行有效的信用评估，铺货控制在300元以内，基本上可以保证货

款安全。这些客户可要求业务员上午送货，下午查看货物销量并取货款。

（6）定激励。从单一的折扣、返利，再到综合奖励，主要是为了更公平、更公开地奖励客户的努力。从多年来实践看，各个企业都推行的单一折扣或返利不仅操作复杂，而且难以做到公平、公开，结果反而伤害了相当多的客户利益和积极性。因此很多客户一再要求取消折扣、取消返利，以实现公平竞争。

（7）定监督。这里主要指的是监督审货与价格。一是企业内部必须成立市场监督部，直接对销售总经理负责。监督部的成员来自一线优秀业务员，他们负责监督地区业务员。二是分区业务员监督客户的客户。因为区域市场的销售网络是一级批发客户—二级批发客户—终端零售。所以商品流动是从一级批发客户—二级批发客户—终端零售。因此，要监督价格是否稳定，必须反向监督，即终端零售—二级批发客户——一级批发客户。

﹡第四节　中间商分析

本章小结

分销渠道是指产品或服务在从生产者向消费者转移过程中，取得这种产品或服务的所有权或帮助所有权转移的所有企业和个人。影响渠道设计的主要因素有顾客特征、产品特征、中间商特征、竞争特征、企业特征和环境特征。企业必须对个别中间商进行选择、激励与定期评估。生产者在处理与经销商的关系时，常采取合作、合伙和分销规划三种方法。审货是指经销商置经销协议和制造商长期利益于不顾而进行的产品跨地区降价销售，企业应加强对渠道的管理和对审货的根治。

批发是指一切将产品或服务销售给为了转卖或者商业用途而进行购买的人的活动。批发商主要有商人批发商、经纪人和代理商以及制造商销售办事处。零售是指所有向最终消费者直接销售产品或服务，用于个人及非商业性用途的活动零售商的组织形式主要有商店零售商和无门市零售商。最主要的零售商店类型有专用品商店、百货商店、超级市场、便利店、超级商店、联合商店和特级商场、折扣商店、仓储商店、产品陈列室推销店。无门市零售包括直复营销、直接销售、电话营销、自动售货、购物服务公司、电视购物与网上商店。

思考题

1. 营销渠道和分销渠道有什么区别？如何理解全渠道营销？

2. 在市场经济条件下，营销渠道对企业管理有何重要意义？

3. 如何正确处理渠道成员之间的利益冲突？

4. 如何根治窜货行为？

5. O2O 业务的主要类型有哪些？

6. 新零售未来的趋势是什么？

*【案例分析】

控品、控货、控价，直击三只松鼠全域分销之道

资料来源：快销. 控品、控货、控价，直击三只松鼠全域分销之道［EB/OL］. （2022-09-06）［2023-04-28］.https://mp.weixin.qq.com/s/qx7bSvXunhIwqHICCn_p8w.

实训任务

1. 实训项目

渠道认知与设计。

2. 实训目的

了解渠道运营管理相关知识点，了解渠道运营管理概念及要素，帮助学生学习完整的渠道运营管理方法论，结合不同行业特征，锻炼学生运用所学知识解决现实问题的能力。

3. 实训内容

选择几个不同行业的头部企业，请学生按组别自行选择一个企业，并分析该企业在不同的发展阶段中，运用了哪些渠道策略、取得了什么效果。

4. 实训步骤

（1）把全班分成几个小组，每组4~6人。

（2）各组开展市场调查和文献调查研究，了解所选企业在行业中的市场份额、业务范围、营销模式及其产生的营销效果。

（3）深入分析企业在制定营销策略时应如何选择和设计渠道策略。

（4）对案例企业进行综合分析，从而掌握整合渠道并解决渠道冲突的能力。

5. 实训考核

要求每组学生提交访问报告并进行班级汇报，老师批阅。

参考文献

[1] 金亮. 专利技术授权、产品分销与分销渠道选择研究 [J]. 中国管理科学, 2022, 30 (11): 137-148

[2] 夏梦圆, 顾元勋. 产品架构与分销渠道的匹配机理探索: 用友公司纵贯案例研究 [J]. 管理评论, 2022, 34 (2): 336-352.

[3] 胡雨菲, 陈良华. 产品质量差异与需求不确定双因素下的双渠道供应链分销策略选择 [J]. 河海大学学报: 哲学社会科学版, 2022, 24 (5): 85-94, 130.

[4] 郭国庆, 陈凯. 市场营销学 [M]. 北京: 中国人民大学出版社, 2022.

[5] 吴健安. 市场营销学 [M]. 北京: 清华大学出版社, 2022.

[6] 池毛毛, 李延晖, 王伟军, 等. 信息技术治理影响分销渠道敏捷的机理研究 [J]. 中国管理科学, 2020, (7): 164-173.

[7] 鲁芳, 吴健, 罗定提. 考虑产品体验性和营销努力的分销渠道合作策略研究 [J]. 中国管理科学, 2020, 28 (10): 144-155.

[8] 多彦彦, 夏维力. 产能有限的供应商主导的双渠道分销策略研究 [J]. 管理工程学报, 2020, 34 (2): 139-144.

[9] 朱立龙, 孙淑慧. 创新投入下供应链分销渠道产品质量决策研究 [J]. 管理评论, 2019, 31 (5): 231-241.

[10] 浦徐进, 孙书省, 金德龙. 基于双渠道供应链的异质品分销策略 [J]. 北京理工大学学报: 社会科学版, 2019, 0 (3): 106-115.

[11] 刘军, 肖杨, 谭德庆, 等. 转售价格维持下的渠道促销: 价格决策、主导模式及福利 [J]. 系统管理学报, 2018, 27 (6): 1194-1204.

[12] 柏庆国, 徐贤浩, 潘伟. 多分销渠道下易变质产品的联合库存与定价模型 [J]. 管理工程学报, 2017, 31 (3): 84-92.

[13] 王磊, 戴更新, 胡劲松. 电子商务环境下服务搭便车与分销渠道结构决策研究 [J]. 预测, 2017, 36 (5): 62-68.

[14] 黄浩. 市场营销学 [M]. 成都: 西南财经大学出版社, 2015.

第十一章

市场营销的新发展

学习目标

（1）绿色营销的影响因素及实施步骤。
（2）了解体验营销的概念、任务和过程。
（3）掌握网络营销观念及其演进。
（4）了解大数据营销的发展过程。

本章知识结构图

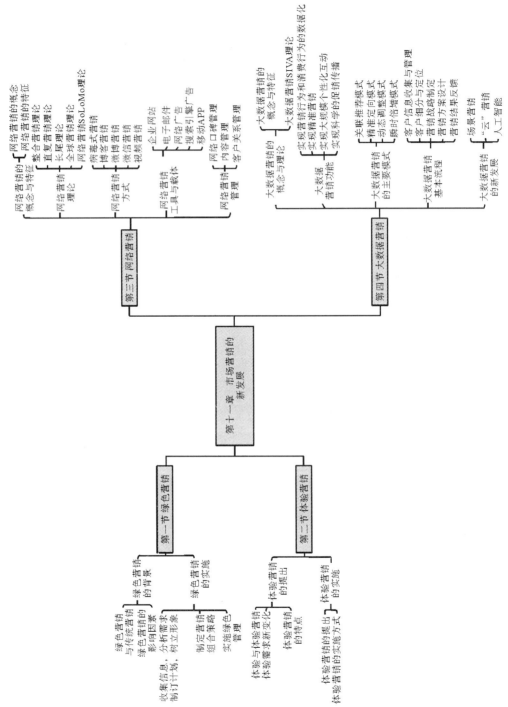

第十一章 市场营销的新发展

第三节 网络营销

网络营销的概念与特征 ┌ 网络营销的概念
                    └ 网络营销的特征

网络营销理论 ┌ 整合营销理论
            ├ 直复营销理论
            ├ 长尾营销理论
            ├ 全球营销理论
            └ 网络营销SoLoMo理论

网络营销方式 ┌ 病毒式营销
            ├ 博客营销
            ├ 微博营销
            ├ 微信营销
            └ 视频营销

网络营销工具与载体 ┌ 企业网站
                  ├ 电子邮件
                  ├ 网络广告
                  ├ 搜索引擎广告
                  └ 移动APP

网络营销管理 ┌ 网络口碑管理
            ├ 内容管理
            └ 客户关系管理

第四节 大数据营销

大数据营销的概念与特征 ┌ 大数据营销的概念
                      └ 大数据营销STVA理论

大数据营销功能 ┌ 大数据营销行为和消费者行为的数据化
              ├ 实现精准营销
              └ 实现大规模个性化互动
              实现科学的促销传播

大数据营销的主要模式 ┌ 关联推荐模式
                    ├ 精准定向模式
                    ├ 动态调整模式
                    └ 瞬时竞争模式

大数据营销基本流程 ┌ 客户信息收集与管理
                  ├ 客户细分与定位
                  ├ 营销策略制定
                  ├ 营销方案设计
                  └ 营销结果反馈

大数据营销的新发展 ┌ 场景营销
                  ├ "云"营销
                  └ 人工智能

第一节 绿色营销

绿色营销的背景 ┌ 绿色营销与传统营销的影响因素
              └ 绿色营销的

绿色营销的实施 ┌ 收集信息,制订计划,分析需求,树立形象
              ├ 制定营销组合策略
              └ 实施绿色管理

第二节 体验营销

体验营销的提出 ┌ 体验营销与体验需求新变化
              ├ 体验营销的
              └ 体验营销的提出特点

体验营销的实施 ┌ 体验营销的提出方式
              └ 体验营销的实施

引导案例

【案例一】

五粮液："碳"索和美 展现"零碳酒企"建设成果

2023年3月28日，"走向绿色未来——'碳'索和美的谋与略"研讨会在海南举行。作为传统产业绿色化低碳化转型升级的典型案例，白酒龙头之一的五粮液（000858.SZ）股份公司在研讨会上充分展示自身在可持续发展和环保方面的成就，表示愿与社会各界一道，以新发展理念推动全面绿色转型，以科技创新打造绿色发展高地，以共治共建分享绿色发展成果，共同绘就清洁美丽世界的新画卷。

坚定不移走绿色低碳道路，推动白酒行业高质量发展

在研讨会期间，中国经济信息社分享了在"能源与经济绿色低碳转型路径研究"领域的系列研究成果，发布《"零碳"领航共创和美未来——五粮液绿色低碳发展蓝皮书（2022）》，这是酒业的首份综合性主题研究报告，它系统总结了五粮液率先探索酒业绿色低碳发展的创新经验、实践成果，提炼企业行动所体现出的价值和增长潜力，描摹出一个零碳领航，共创和美未来的酒业样本，为中国白酒乃至传统行业绿色低碳转型提供有益借鉴，受到双碳领域专家学者的广泛关注和高度评价。

在研讨会上，五粮液股份公司副董事长、总经理蒋文格分享企业坚持绿色发展、打造"零碳酒企"的探索与实践。五粮液在业内率先提出争创"零碳酒企"的愿景并积极推进战略制定及实施，坚定做好中国酿酒行业践行"双碳"目标的示范者，打造中国白酒生态标杆。五粮液始终恪守天人合一的生态观、追求极致的品质观、精益求精的匠心观、守正创新的发展观、中庸和谐的价值观，实施绿色制造、优化能源结构，协同推进扩绿、节能、减污、降碳，引领行业绿色化、智能化、低碳化发展，让绿色成为可持续高质量发展的鲜明底色。

在优化能源结构方面，五粮液在"行业率先推进煤改气工程，每年减少4万余吨标煤使用，减少二氧化碳排放量超过20万吨"的基础上，积极规划电能替代项目，提高清洁能源比重，减少不可再生能源的消耗，建成国内最大的固态白酒生产企业废水沼气发电示范项目，发展生物质能，启动酒糟生物质热电联产项目，通过能源结构优化，从源头推动减污降碳。

在"生态优先，绿色发展"理念的指引下，五粮液硕果累累。近年来，五粮液先后摘取2017年度环境诚信企业，工信部"绿色工厂"等荣誉；2018—2020年连续三年荣获"年度社会责任奖"；2021年成功入选工信部工业产品绿色设计示范企业名单，成为白酒行业首家和唯一获此殊荣的企业。2022年，APEC中国工商理事会、国家发展和改革委员会国际合作中心联合发起2022"可持续中国产业发展行动"，在全球视野下挖掘以科技创新为驱动的产业最佳实践。五粮液可持续发展相关案例被收录于《可持续中国企业实践指南》，并入选2022年度产业案例，成为唯一被收录案例的酒企。

作为中国酿酒行业"碳中和文化"的先行者，五粮液始终坚持绿色低碳发展的理念和责任，以技术创新和环保治理为重点，推动企业绿色发展，为中国酒类行业的可持续发展贡献了重要力量。公司此次在研讨会上所展示的先进技术和理念，得到了参会嘉宾的高度评价，也在业内引起了广泛的关注和反响。五粮液以科技创新催化深度减碳，不仅为企业的可持续发展提供了重要支撑，也为中国白酒行业的绿色低碳转型注入了新的动力和信心。

笃行"一带一路"，和美与共谱新篇

博鳌亚洲论坛作为一个国际化的高端平台，聚集了来自亚洲各国的政治、商业和学术精英，对亚洲地区的经济发展和合作起着重要的推动作用。五粮液集团作为中国一流企业，在此次会议上，不仅向国际社会展示了自身在可持续发展和环保方面的成就，而且在提高品牌知名度和美誉度的同时，为中国企业赢得了更多的国际认可。

中国白酒文化是中华优秀传统文化的重要组成部分。五粮液积极响应国家"一带一路"倡议，及四川省委省政府川菜川酒抱团"走出去"部署，抢抓机遇，与海外知名客商构建战略联盟，向世界弘扬中国白酒文化。

"亚洲中产崛起带来的消费支出扩大，将成为刺激区域内消费需求的直接动力，对实现亚洲经济贸易的快速修复与发展起到重要作用。"五粮液集团（股份）公司董事长曾从钦表示，互联网和社交媒体对亚洲中产阶级可能产生比较大的影响，他们的消费偏好更加多元化，在追求实用性的同时，也更注重个性化、智能化体验和自我表达，他表示，"消费习惯的改变将带动即时零售、直播带货、在线文娱等为代表的新消费模式，驱动新品牌崛起，重塑消费场景，缩短消费链条。"

对于白酒产业来说，曾从钦认为其正面临着三大机遇：一是需求侧转型升级，进入品质消费时期；二是供给侧结构性改革深化，推动行业转型升级；三是提升国际影响力，助力走向世界。中产阶级是白酒的主要消费群体，随着亚洲国际影响力的持续提升，将带动中国白酒加速国际化进程，让更多国际友人爱上中国白酒。

面对经济全球化的发展大势，五粮液始终秉持"和而不同，美美与共"的文化理念，加快"走出去"步伐，领航中国白酒飘香世界；积极站位博鳌亚洲论坛、世博会等国际高端平台，主动承担国际产业交融、中外文化交流的使命与责任，为世界各国家、各民族间的交流沟通架梁搭桥，持续为全球互联互通、世界繁荣与共贡献"和美"力量。

2023年，五粮液坚持稳中求进，有望实现质的有效提升和量的合理增长。2023年白酒行业将有望在拉经济、扩内需的工作定调，以及疫后消费场景和需求回升的带动下迎来拐点，五粮液作为白酒领军企业有望顺势而为率先驶入快车道，并且乘势而上在动销、产品结构、品牌等方面强化优势。

资料来源：新视线.五粮液："碳"索和美 展现"零碳酒企"建设成果[EB/OL].（2023-03-30）[2023-04-25].https://news.sina.com.cn/sx/2023-03-30/detail-imynscea4672624.shtml.

第一节　绿色营销

一、绿色营销的背景

习近平总书记指出，要坚持绿色发展，一代接着一代干，久久为功，建设美丽中国，为保护好地球村做出中国贡献①。

可持续发展是人类社会繁荣进步的必然选择，实现强劲、绿色、健康的全球发展是世界各国人民的共同心愿。中国是联合国 2030 年可持续发展议程的支持者和践行者，坚持创新、协调、绿色、开放、共享的新发展理念，不断完善数字基础设施，建立健全数据基础制度体系，加强数据和统计能力建设，积极分享中国可持续发展目标监测实践和经验。中国愿同世界各国一道，在全球发展倡议框架下深化国际数据合作，以"数据之治"助力落实联合国 2030 年可持续发展议程，携手构建开放共赢的数据领域国际合作格局，促进各国共同发展进步②。

习近平总书记强调，要正确处理好经济发展同生态环境保护的关系，牢固树立保护生态环境就是保护生产力、改善生态环境就是发展生产力的理念，更加自觉地推动绿色发展、循环发展、低碳发展，决不以牺牲环境为代价去换取一时的经济增长③。

在全面建设社会主义现代化国家的新征程上，全党全国要保持加强生态文明建设的战略定力，着力推动经济社会发展全面绿色转型，统筹污染治理、生态保护、应对气候变化，努力建设人与自然和谐共生的美丽中国，为共建清洁美丽世界做出更大贡献！希望全社会行动起来，做生态文明理念的积极传播者和模范践行者，身体力行、真抓实干，为子孙后代留下天蓝、地绿、水清的美丽家园④。

世界总是在不断迈步向前，从人口数量的激增到城市规模的扩大，从自然资源的锐减到环境问题的严峻。人类的脚步匆匆，改变世界的同时也改变了自己。幸而，已经有人意识到回归自然生活的重要性，并衍生出一种适合现代人的绿色、健康、自然、诗意的生活，即"绿色生活"。绿色生活是指人们自觉履行可持续发展责任，享受绿色消费、绿色出行、绿色居住的自然、环保、节俭、健康的生活。

绿色生活让人与自然和谐共生的美好生活永续。它不仅表现在吃绿色食品、用有机用品，还包括生活各个方面的转变，如节俭消费、不过度购买，尽量节省自然资源和能源，以及保持正面情绪、避免精神压力等。绿色营销和体验营销就是以更贴近日

① 人民网-人民日报. 习近平在广东考察时强调，坚定不移全面深化改革扩大高水平对外开放 在推进中国式现代化建设中走在前列［EB/OL］.（2023-04-14）［2023-07-28］. http://jhsjk.people.cn/article/32664187.

② 人民网-人民日报. 习近平向第四届联合国世界数据论坛致贺信时强调绿色发展理念［EB/OL］.（2023-04-23）［2023-07-28］. http://jhsjk.people.cn/article/32672853.

③ 人民网-人民日报. 习近平在中共中央政治局第六次集体学习时强调 坚持节约资源和保护环境基本国策，努力走向社会主义生态文明新时代［EB/OL］.（2013-05-25）［2023-07-28］. http://jhsjk.people.cn/article/21611332.

④ 人民网-人民日报. 习近平致信祝贺二〇二二年六五环境日国家主场活动强调，努力建设人与自然和谐共生的美丽中国 为共建清洁美丽世界作出更大贡献［EB/OL］.（2022-06-06）［2023-07-28.］ http://jhsjk.people.cn/article/32438980.

常生活的营销方式，持续不断向消费者提供绿色体验、健康生活，推动我国绿色发展迈上新台阶，满足群众日益增长的美好生活需要，让生活更美好，让世界更美好。

进入新发展阶段，我国将坚定不移贯彻新发展理念，全方位全过程推行绿色规划、绿色设计、绿色投资、绿色生产、绿色流通、绿色消费。在满足人民群众美好生活需要方面，绿色营销的作用越来越引起政府和企业的重视。

（一）绿色营销与传统营销

绿色营销是指以促进可持续发展为目标，为实现经济利益、消费者需求和环境利益的统一，市场主体根据科学性和规范性的原则，通过有目的、有计划地开发及同其他市场主体交换产品价值来满足市场需求的一种管理过程。英国威尔斯大学的肯·毕提教授在其著作《绿色营销——化危机为商机的经营趋势》一书中指出："绿色营销是一种能辨识、预期及符合消费者与社会需求，并且可带来利润及永续经营的管理过程。"这里须强调两个主要观念：首先，企业所服务的对象不仅是顾客，还包括整个社会；其次，营销过程的永续性一方面需依赖环境不断地提供营销所需资源的能力，另一方面还要求能持续吸收营销所带来的产物。

绿色营销与传统营销的差异主要表现在以下几个方面：

绿色营销以人类社会的可持续发展为导向，注重社会效益、企业社会责任和社会道德，要求企业在营销中不仅要考虑消费者利益和企业自身的利益，而且要考虑社会利益和环境利益，将四方面利益结合起来，遵循社会道德规范，恪尽企业社会责任。

绿色营销强调营销组合中的"绿色"因素：注重绿色消费需求的调查与引导；注重在生产、消费及废弃物回收过程中降低公害；开发和经营符合绿色标准的绿色产品；在定价、渠道选择、促销、服务、企业形象树立等营销全过程中都要考虑以保护生态环境为主要内容的绿色因素。

（二）绿色营销的影响因素

绿色营销的影响因素是指影响绿色营销的内外部因素以及影响绿色营销成功的因素。

1. 内部因素

影响绿色营销的内部因素，亦称"8P"因素：

（1）产品（product）。产品在生产、使用及丢弃时应具有安全性，企业使用的原材料和包装要有利于环境保护。

（2）价格（price）。产品价格要反映绿色成本，并确定能使消费者接受的绿色价格。

（3）渠道（place）。选择具有绿色信誉的分销渠道来分销产品。

（4）促销（promotion）。采用绿色媒体宣传绿色信息，并对绿色信息的传播进行监测。

（5）提供信息（providing information）。提供同环保有关并能激发营销者重视可持续发展的全新观念的国内外绿色信息。

（6）过程（processes）。控制原材料、能源消耗过程以及废弃物的产生和处理过程，以有利于优化环境。

（7）政策（policies）。制定及实施鼓励、监测、评估和保护环境的政策。

（8）人员（people）。企业应该培养了解有关环境的政策、认识企业在环保中的表现及在绿色营销中善于宣传的营销人员。

2. 外部因素

影响绿色营销的外部因素，由"6P"构成：

（1）付费客户（paying customers）。企业要了解消费者对绿色议题的关心程度及对绿色产品的需求程度。

（2）供应商（providers）。企业的供应商对绿色主张关心程度如何及对绿色产品的需求状况，直接关系到企业绿色营销的发展。

（3）政府官员（politicians）。政府官员可通过行政方式对企业经营活动施加压力，可通过立法形式支持企业的绿色营销。

（4）问题（problems）。经常了解和掌握企业绿色营销中存在的问题，诸如判断企业或竞争对手的营销活动是否同环境及社会问题有联系。

（5）预测（predictions）。预测环境保护的发展趋势及其对企业绿色营销的影响。

（6）伙伴（partners）。加强企业与对环境具有重大影响的组织的联系，改善同这些组织的关系，如环保志愿团体、大众传媒、专家及其他有关公众。

3. 内外部因素结合是成功的关键

企业绿色营销能否取得成功，关键在于能否将影响绿色营销的内部因素与外部因素有机地结合、协调，从而使企业真正做到：

（1）满足客户对绿色营销的需求。

（2）产品生产及使用过程安全，对环境有利。

（3）企业绿色营销策略为社会所接受。

（4）企业从可持续发展战略的高度来组织营销。

二、绿色营销的实施

绿色营销是基于企业、客户、环境及社会利益的一种战略性协调，其具体实施过程必须结合企业所处的环境及自身实际情况加以规划和执行。就共性而言，绿色营销过程通常包括如下步骤：

（一）收集信息，分析需求

企业各部门都应以绿色营销观念为指导思想，从战略计划到实施过程都应贯彻绿色理念，收集绿色信息、分析绿色需求。绿色信息包括如下内容：绿色消费信息、绿色科技信息、绿色资源和产品开发信息、绿色法规信息、绿色组织信息、绿色竞争信息、绿色市场规模信息等。在此基础上，可分析绿色消费需求所在及需求量的大小，为绿色营销战略的制定提供依据。

（二）制订计划，树立形象

企业为了适应全球可持续发展战略的要求，实现绿色营销的战略目标，求得自身的持续发展，就必须使自己朝着绿色企业方向发展。为达到此目的，企业必须制订相应的战略计划。在生产经营活动之前，先制订一个总的计划——绿色营销战略计划，包括清洁生产计划、环保投资计划、绿色教育计划、绿色营销计划等。企业要争取在获得绿色标志的基础上制定绿色企业形象战略，对于统一绿色产品标志形象识别、加强绿色产品标志管理、提高经营绿色产品企业自身保护能力、增强企业竞争意识、拓展市场、促进销售等均十分重要。

（三）制定营销组合策略

1. 开发绿色资源和绿色产品

全球可持续发展战略要求实现资源的永续利用。企业要适应该战略要求，在进行绿色营销时，开发绿色资源就显得十分重要。企业应在现有基础上，利用新科技、开发新能源、节能节源、综合利用。绿色资源开发的着眼点可放在以下三个方面：①对无公害新型能源、资源的开发，如风能、水能和太阳能以及各种新型替代资源等；②节省能源和资源的途径及工艺，采用新科技、新设备，提高能源和资源的利用率；③废弃物的回收和综合利用。绿色产品的开发是企业实施绿色营销的支撑点。开发绿色产品，要从设计开始，包括材料的选择，产品结构、功能、制造过程的确定，包装及运输方式，产品的使用至产品废弃物的处理等都要考虑对生态环境的影响。

2. 制定绿色价格

在制定绿色产品的价格时，首先，要摆脱过去那种"投资环保是白花钱"的思想，树立"污染者付费""环境有偿使用"的新观念，把企业用于环保方面的支出计入成本，从而成为价格构成的一部分。其次，注意绿色产品在消费者心目中的形象，利用人们求新、求异、崇尚自然的心理，采用消费者心目中的"感知价值"来定价，从而提高效益。

3. 拓展绿色渠道

选择恰当的绿色销售渠道是拓展销售市场，提高绿色产品市场占有率，扩大绿色产品销售量，成功实施绿色营销的关键，企业可以通过创建绿色产品销售中心，建立绿色产品连锁商店，设立一批绿色产品专柜、专营店或直销。

（1）在大中城市建立绿色产品销售中心。

（2）建立绿色产品连锁商店。

（3）借助社会渠道，建立一批绿色产品专柜或专营店。

（4）直销。对于一些易腐烂变质或丧失鲜活性的绿色食品，如蔬菜、水果等要尽量缩短流通渠道，以免遭受污染和损失，可以采取直销方式。

4. 开展绿色促销

运用绿色产品的广告战略，宣传绿色消费，强化和提高人们的环境意识，迎合现代消费者的绿色消费心理，引起消费者的共鸣，从而达到促销的目的。要有效地实施绿色营销策略，营销人员必须了解消费者对绿色消费的兴趣，回答消费者所关心的环保问题，掌握企业产品的绿色表现及企业在经营过程中的绿色表现。绿色销售促进企业采用传递绿色信息和促销的补充形式。通过免费试用样品、竞赛、赠送礼品、产品保证等形式来鼓励消费者试用新的绿色产品，提高企业知名度。

（四）实施绿色管理

绿色管理是指融环境保护观念于企业的经营管理之中的一种管理方式，要求在企业管理中时时处处考虑环保、体现绿色。企业主要从如下方面来实施绿色管理：①建立企业环境管理新体系；②进行全员环境教育，提高企业的环境能动性；③进一步健全环境保护法，实行强制性管理；④对消费者购前、购中和购后全流程从营销者和消费者两方面施加影响，确保环境保护、绿色消费、绿色营销落到实处（如图 11-1 所示）。

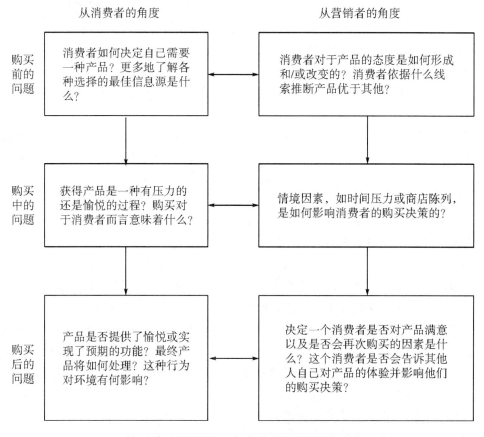

图 11-1 营销者要关注消费过程各阶段的问题

【案例二】

空瓶回收：品牌环保主张新标配

如今，空瓶回收似乎已经成为各品牌争相开展的绿色营销行动。仅从小红书 2022 年的数据来看，以"空瓶回收"为内容的笔记就有近 1 000 篇，累计获赞超过 8 万次。空瓶回收计划已经在不知不觉中渗入多个行业领域，透过各家品牌在环保中注入的心思创意，也能一窥其品牌发展与营销之道。

一、高颜值环保，美妆个护"一瓶多用"

科颜氏：这一瓶超有用

科颜氏自 2018 年开始发起的"空瓶回收计划"，如今已成为品牌"Future Made Better"（让未来变得更好）公益行动的重要组成部分。在颜值经济时代，科颜氏以一如既往的简洁包装贯彻品牌环保理念，在全年多个营销节点发出空瓶回收倡议，与消费者进行良好互动。

科颜氏打出"这一瓶超有用"的口号，并推出一支环保主题短片，介绍品牌将空瓶收集、运输、清洗、再生，最终制成公益设施的过程。截至 2022 年 11 月，科颜氏已累计回收空瓶 419 700 个，成效斐然。一个个空瓶摇身一变，成为盆栽容器、首饰盒、香薰瓶，让环保变得更具仪式感、趣味性和互动性，从而在消费者中产生自媒体传播效应。此外，参与空瓶回收计划需要加入科颜氏会员俱乐部，根据参与情况兑换消费积分，保证每一次公益行动都能实现可持续的品牌私域流量转化。

Origins 悦木之源：好地球 不发火

Origins 悦木之源早在 2015 年就推出了"手"护地球空瓶回收活动，倡导消费者将空瓶再利用，践行环保，装点生活，并在专柜不定期举办绿植课堂、空瓶 DIY（自己动手）等线下活动，用户通过参与空瓶回收可以换取产品小样。

2022 年世界地球日，悦木之源联合 B 站手作类"up 主"（视频上传者）解锁空瓶再利用新方式。治愈系的高颜值瓶瓶罐罐经过脑洞大开的创意包装后，成为房间里的一抹精致风景，让年轻的消费者们乐在其中，跟随参与、自发传播，共同享受自然愉悦。

二、生活方式化环保，新消费品牌读懂年轻人

好望水：用文艺勾勒生活理想

从产品设计到营销策划，好望水一向以浪漫的东方美学塑造品牌价值。即使在环保活动中也延续了文艺调性，与多个文旅、艺术、商业地产品牌跨界合作，搭建生活化场景，将一个个素净的玻璃空瓶摇身变成日常中启发灵感的惊喜存在。

2022 年好望水已经先后与知名策展人孙大年、艺术家周俞等人合作，对空瓶进行艺术化的加工改造，制作出床头柜、杂志柜、许愿瓶等各种各样的生活装置，并在黄龙岛、杭州等地网红民宿、打卡地标进行展陈，将环保的实用价值与艺术价值高度融合，激发生活热情。

三顿半：让"返航"成为生活方式

作为能够为品牌持续输送热度、增加粉丝黏性的招牌活动，三顿半"返航计划"堪称空瓶回收界的"海澜之家"——一年两次，每次都有新体验。用户通过三顿半微信小程序进行预约，在指定时间前往当地返航点，以咖啡空壳兑换物资，被回收的空壳将被再利用制成各种周边产品。2022 年 6 月举办的返航计划第六季遍布全国 65 座城市，在各大社交平台上经常能看到消费者分享自己参与返航计划的原创内容。

返航计划的成功离不开品牌对目标客群的洞察：首先，返航点的择选基本是年轻人聚集的网红咖啡、书店等文化坐标，具有浓郁生活气息；其次，每季主题物资不断扩充，迎合年轻人审美取向。以 2022 年开展的第七季返航计划为例，可以看到空壳兑换的物资已经从早期的贴纸、胸针等简易周边升级为环保背包、滑板、露营折叠凳等更实用、更体现城市潮流生活方式的物品。

三、品牌环保，既展现实力又彰显魅力

随着国家对循环经济等环保理念的倡导，绿色消费、低碳生活等新消费理念越来越受到人们的重视。未来，绿色包装将成为品牌获得消费者认可的基本配置，越来越多的中国品牌也将加入空瓶回收的活动中来。纵观这一领域的成功案例，我们发现，做好空瓶回收既是一门技术活，同时，也离不开营销的艺术。

以每日鲜语为例，在 2022 年的世界地球日，每日鲜语联合"爱回收"共同发起了一场 PET（一种塑料材质）空瓶循环再生计划，线上提供参与入口，线下在多个大型商圈设置回收网点，用户参与活动即可兑换棒球帽、环保袋等品牌再生制作的时尚单品。这一营销活动不仅展现了企业责任感，更是调动、执行、渠道、技术开发等品牌综合实力的体现。而像小仙炖、永璞咖啡等年轻品牌，则充分发挥新消费品牌基因优势，借助社交媒体、明星 KOL（关键意见领袖）的力量与消费者亲密互动，增强空瓶回收活动的参与性与趣味性，为行动赋予价值感形成用户二次传播，以循环利用为产品增添新的注解，在传递环保理念和传播品牌美好之间找到平衡点，同时也为品牌自身积累了更多社会影响力与用户好感。

总之，空瓶回收作为品牌纷纷效仿的环保行动，不仅能够实实在在地帮助品牌节约生产成本、沉淀私域流量，而且是强化与消费者连接、制造营销话题、提升品牌好感度的共赢之举。

资料来源：营销大 PKI 空瓶回收，品牌环保主张新标配［EB/OL］.（2023-01-04）［2023-04-27］.https://caifuhao.eastmoney.com/news/20230104181304523018980.

第二节　体验营销

一、体验营销的提出

中国社会科学院的一项研究表明，人民群众理解的"美好生活"和"美好生活需要"的内涵分为三个层面，即个人物质层面、家庭关系层面和国家社会层面。个人物质层面的词汇包括有车、有房、财富、富有等和经济有关的内容，也包括阳光、绿色、环保等和环境有关的内容。家庭关系层面的高频词汇包括团圆、温馨、恩爱、亲情、爱情、陪伴等内容，以及事业、工作和理想等内容。国家社会层面的高频词汇包括稳定、小康、国泰民安、安居乐业、公平、和平、社会保障、安全、丰衣足食等。这些是人民群众心目中美好生活的内容。

人民群众的消费需求和欲望会随着对美好生活的向往而发生新的变化，精神需求将逐步超越物质需求成为人们的主导性需求，尤其会更加期待某些不同寻常的产品、经历和体验，并乐于体会由此产生的心灵感受。"世界那么大，我想去看看！"很多人有诗和远方，有想要去追寻的梦想，去历险、去探索、去体验。因此，以满足人们的体验需求为目标的体验营销将在竞争激烈的市场舞台上大放异彩。企业应洞察先机，积极开展体验营销，提供能满足消费者体验方面需求的产品和服务，争得市场竞争中的优势地位。

（一）体验与体验营销

体验是指因某些刺激而使消费者产生的内在反应或心理感受。体验通常是由于对事件的直接观察或参与造成的，无论这一事件是真实的还是虚拟的。只有那些能真正刺激消费者感觉、心灵和大脑，并且进一步融入生活的体验才能使消费者内心深处感受到强烈的震撼，得到他们的支持和认可，从而建立起长期持续发展的关系。

体验营销是指企业以满足消费者的体验需求为中心所开展的一切营销活动。体验营销主要研究如何根据消费者的期望，利用现代技术、艺术、大自然以及社会文化传统等各种手段来丰富产品的体验内涵，以更好地满足人们的娱乐体验、情感体验、超脱体验及审美体验等体验需求，在给人们心灵带来震撼和满足的同时实现产品销售的目的。现在很多著名公司都在自觉地运用体验营销，比如麦当劳、星巴克等，这种现象并非历史巧合，而是人们需求层次不断提高和企业竞争不断升级所导致的一种趋势。

事实上，视觉、听觉、触觉、味觉与嗅觉等均可应用在体验营销上，消费者可以看到公告牌，听到叮当声，感受到毛衣的柔软，品尝到冰激凌的新味道，或者闻到皮夹克的气味。如果营销者能用多条感觉渠道传播产品或服务的信息，消费者的内心体验和信息感知就会更加有效。

（二）体验需求新变化

体验营销一切活动的开展都是以满足消费者需求为中心的。消费者的需求变化可主要概括为下面几点：

（1）从消费结构看，情感需要相对物质需要的比重增加。消费者在注重产品或服务质量的同时，更加注重情感、心理方面的需要和满足。

（2）从消费内容看，大众型的标准化产品日渐失势，消费者对个性化的产品或服务需求越来越高。

（3）从价值目标看，消费者从注重产品本身的使用价值，转移到注重产品使用时所产生的感受。

（4）从接受产品的方式来看，人们已经不再满足于被动地接受企业制造好的产品或服务，而是要实现自身需求与企业生产的互动，主动参与产品的设计与制造。

（5）消费者公益意识不断增强，在满足自身需要的同时，开始关注环境保护等公益问题。

【案例三】

珀莱雅：《谢谢参与》用户故事展

2023年1月汇集了公历和农历两个新年，在这个双重辞旧迎新的关口，"新年新气象"成为集体的民族情绪，各品牌也指望趁着这个时点，为一年的营销定下一个良好基调。珀莱雅本着"一个品牌不仅属于为TA工作的人，更属于选择了TA的人"的观念开启"谢谢"年度感谢企划，特别推出用户故事微电影《谢谢参与》，并于1月6日至1月17日在杭州远洋乐堤港中心广场举办线下主题故事展活动，邀请青年画手开启故事瓶定制的涂鸦活动，以微小却真实的用户故事进行对话，温情诠释"去比去哪重要"的人生本质。

在展览策划的初期，珀莱雅重新梳理了过去一年里所有项目中用户的留言，与2 000多位用户进行沟通，收集了他们对珀莱雅各个项目的感想，以及生活中"谢谢参与"的故事。进入展览之后，大家可以在入口导语区领取主题卡片，进行留言和刮奖，随后前往故事海报区、用户故事墙、深度故事吊幔三个区域，阅读来自珀莱雅用户的真实故事。为了照顾到无法来到现场，或者想阅读更多故事的朋友们，珀莱雅还制作了"谢谢参与H5"，让大家在线上也能轻松参与故事的浏览和分享。同时，珀莱雅还在展厅内设置了许多互动打卡区，比如故事留言墙、主题艺术空间、故事瓶手绘区、微电影放映区和产品体验区等让人们充分参与体验。在展览中，故事海报区尤其受到欢迎。宠物在雨夜的陪伴、朋友的随叫随到、家人留的热饭热菜……每一张海报背后，都是珀莱雅用户亲身经历的"谢谢参与"瞬间。也许看到这些海报的人们，也会有似曾相识的感觉。

此外，珀莱雅2022"谢谢"礼盒温暖上线。特别设计的"2022"图样，描摹出过去一年珀莱雅和用户们共同走过的每一步。谢谢每一位用户的参与，让我们所做的一切都更有意义。打开礼盒，里面还会有一个"故事瓶"，瓶子里随机收录着一条真实的用户故事，字里行间流动着浓浓的暖意。读完故事后，用户们还可以发挥自己的想象力，让这个瓶子继续参与自己的生活。

珀莱雅一直在开拓传播渠道，希望覆盖到更多的目标群体，把深度内容更好地传达出去，其中就包括播客。这一次，珀莱雅联合百分之十Radio、没理想编辑部、贤者时间三档播客，陪听众们开启一场关于"谢谢"的年终回顾。不论是圆满，还是缺憾，每一次"参与"，都会有它的意义，每一次"参与"，也都值得一声"谢谢"。借助线上线下"谢谢参与"系列传播活动，珀莱雅在抖音、微博、小红书、B站、视频号等社交平台上引发了大众的强烈共鸣。截至1月17日，抖音平台"谢谢参与2022"话题词已获得8145万次播放，MV（音乐短片）播放量更是突破2000万。

资料来源：

[1] 36氪. 灵感案例：2023开年营销，这些品牌拍出了不输春节档的微电影[EB/OL].（2023-01-29）[2023-03-25].https://36kr.com/p/2108868940401029.

[2] 数英. 珀莱雅2022年终感谢特别企划：谢谢参与[EB/OL].（2022-01-22）[2023-03-25].https://www.digitaling.com/projects/234233.html.

[3] 新浪新闻. 以真实用户故事为蓝本，珀莱雅年度微电影《谢谢参与》温暖上线丨谢谢参与丨珀莱雅丨微电影[EB/OL].（2023-01-16）[2023-03-25].https://news.sina.com.cn/sx/2023-01-16/detail-imyakpnk9141012.shtml.

（三）体验营销的特点

1. 需要消费者主动参与

消费者主动参与是体验营销区别于产品营销和服务营销的一个显著特征。离开了消费者的主动性，体验是难以产生的，而且消费者参与程度的高低也直接影响体验的产出。譬如采摘体验中，积极的采摘者总是会获取较丰富的体验，而一个心不在焉的参与者往往体验较少。

2. 聚焦消费者体验需求

企业在提高产品本身的使用价值时，还必须开展各种沟通传播活动，增强客户的体验需求，从而使客户在物质上和精神上得到双重满足。体验营销要求企业切实站在消费者的立场，从消费者的感觉、情感、思考、行动及关联五个方面进行产品和服务的设计规划，提供可以满足不同体验诉求的产品和服务。

消费者对消费环境的反应是否积极，取决于两个因素，分别是愉悦程度和唤醒水平。愉悦是指人类或其他动物积极有趣的值得寻求的一种心理状态，如快乐、娱乐、享受、狂喜、幸福等。愉悦是一种正向反馈机制，可以让生物体有动力再去创造可带来愉悦的情境，并且避免一些过去可能造成痛苦的情境。许多愉悦体验是因为基本的生理需求得以满足而形成的，如美食、运动、干净、卫生等。此外，对艺术、音乐、舞蹈、文学等文化艺术的欣赏也会带来愉悦体验。愉悦程度是指快乐、娱乐、享受、狂喜、幸福等积极有趣的心理的层次和水平。

唤醒水平指个体在心理和生理上做好了提高或降低反应的准备的程度。一个人可以喜爱或不喜爱一种情境，也可以感受到各种刺激或毫无感觉。如图 11-2 所示，愉悦程度和唤醒水平的不同组合能导致各种各样的情绪状态。某种唤醒状态可以是悲伤的，也可以是兴奋的，这取决于当时的情境是积极的还是消极的（如暴乱与节庆活动这两种不同的街道情境）。因此，特定的情绪是愉悦程度与唤醒水平的结合物。兴奋这种状态是高度愉悦程度和高度唤醒水平的结合。每一种情绪状态都会对产品和服务做出带有偏见的判断。消费者情绪好时会做出更多积极的评价。

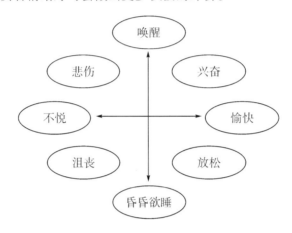

图 11-2　消费者体验情绪的维度

情绪会受到店面设计、天气或者其他对消费者而言较为特别的因素影响。此外，音乐和电视节目也能影响情绪，而这又会对广告产生重要影响。当消费者听到快乐的音乐、看到快乐的节目时，对广告和产品的反应会更为积极。

3. 关注消费者感性行为

传统营销把消费者看成理智购买决策者，把消费者购买决策看成问题的解决过程，非常理性地分析、评价，最后才决定购买；而体验营销则认为消费者同时受感情和理性的支配，消费者因理智情感因素而做出购买的概率是一样的。在体验产品或服务生产和销售之前，企业可以通过考察消费者的神经反应来判断消费者意识和潜意识中对该产品的接受和喜爱程度，从而对体验产品的市场前景进行预测、把有限的资源分配到市场前景较好的体验产品上，提高体验资源利用率和体验营销的整体效果。神经营销（neuromarketing）是指运用神经科学的方法来研究消费者行为，探求消费者决策在神经层面的活动机理，找到消费者行为背后的真正推动力，从而采取适当营销策略的过程。由于人脑控制了人类行为的所有方面，营销科学越来越重视借助行为科学、神经科学和认知科学的概念来解释消费者行为，如内隐记忆、信息自动加工、潜意识等。

二、体验营销的实施方式

企业开展体验营销，并无严格的步骤、程式可循。但一些成功的体验营销经验表明，企业在实施体验营销时，应着重把握和开展如下工作。

（一）关注价值感知

研究消费背景，关注客户对产品或服务的价值感知。营销人员应通过各种手段和途径来创造一种综合的效应以增加消费体验，营造出与目标客户需要相一致的心理属性，而且还要注意社会文化因素，考虑消费所表达的内在价值观念、消费文化和生活意义等。也就是说，企业应注重与客户之间的沟通，发掘他们的心理需要，站在客户的角度，审视产品和服务提供的价值，挖掘潜在的营销机会。

（二）确保感知体验价值

确定体验主题，确保客户切实感知企业产品或服务的体验价值。体验营销要首先设定一个主题，也就是说：体验营销必须从一个主题出发，所有服务都围绕这个主题，或者至少应设有一个主题道具，以便客户能亲身感受，引起共鸣。例如，一些主题公园、游乐园或以某主题为导向设计的一场活动等。

（三）激发体验需求

设计营销事件，激发客户体验需求。根据消费习惯和体验营销的要求设计营销事件，根据不同的地区特征和消费情境，展现不同的体验诉求，充分把握好不同客户群的需求和期望，激发并满足客户的体验需求。消费情境（consumption situation）是指除了个人和产品特性以外，消费者在消费或购买活动发生时个体所面临的短暂的环境因素，如购物时的气候、购物场所的拥挤程度、购物现场的氛围等。

（四）调动积极性

借助体验工具，调动客户参与体验的主动性。体验工具包括传播沟通、产品展示、空间环境、电子媒介等。要充分利用企业资源，将各种工具进行全方位的组合运用，让消费者充分暴露在企业提供的氛围中，主动参与到设计的事件中来，从而完成体验生产和消费过程。同时，还可以借助频率营销调动客户频繁体验的积极性。频率营销（frequency marketing）是指一种用折扣或商品等来奖励忠诚客户和大量购买客户的促销手段。许多航空公司用常客计划（FFP）来激励客户忠诚，力求获得比竞争对手更大的市场份额。它们具体做法是，乘客每次乘坐该航空公司的航班时，航空公司都要给乘客积分。几次飞行后，积分可以兑换免费的航空旅行或如下服务：升舱，免费或打折的酒店住宿，餐厅就餐、商店购物和租车的优惠等。餐厅可以采用频率营销的形式来留住客户，零售店、餐馆和百货公司经常给客户发放"刮刮即赢"卡，作为重复购买客户奖励计划的一部分。奖品通常是免费的产品或是将来购买时节省的一定比例。这种卡是在一次消费时发放的，通常要等到下次才能使用，因此可使客户购买的频率提高。

（五）周密设计体验营销战略

营销人员应着重探讨营销战略，考虑企业的资源、能力及历史特点等，确定企业的目标客户，以及将要提供的体验类型，还应考虑如何才能更好地提供体验价值，给客户长久的新奇感受，为企业创造竞争优势。管理者尤其需要加强前瞻性思考、全局性谋划、战略性布局、整体性推进。

近年来，许多企业主动创新，从以前"埋头搞生产"到现在"拥抱新需求"，不断推出更适合消费者口味的产品和服务；采用柔性制造技术，大批量个性化定制的产品，更好满足了消费者多样化、个性化需求；人工智能、大数据引入生产，把消费者需求数据化，确保生产线上的产品就是人们需要的产品。可以说，新消费、新体验在满足消费者个性化、多样化、品质化需求的背后，正是新业态、新供给的不断形成，是供给水平的不断优化提升，反映着供给侧结构性改革的成效。

第三节　网络营销

20 世纪 90 年代以来，互联网的飞速发展推动了全球的互联网热潮。目前，世界上的大部分交易都是在广泛连接着个人和企业的互联网中进行的。随着网络环境和互联网的发展变化，网络营销日渐成熟并成为主流。人们借助互联网与移动网络随时随地地接触商品信息、了解品牌、实时沟通或留言。互联网从根本上改进了消费者对于便利、速度、价格、产品信息、服务、品牌与沟通互动的需求，也给营销者提供了一种联结顾客、沟通互动与价值共创的全新方式。

习近平总书记指出，网络文明是新形势下社会文明的重要内容，是建设网络强国的重要领域①。没有网络安全就没有国家安全，没有信息化就没有现代化。建设网络强国，要有自己的技术，有过硬的技术；要有丰富全面的信息服务，繁荣发展的网络文化；要有良好的信息基础设施，形成实力雄厚的信息经济；要有高素质的网络安全和信息化人才队伍；要积极开展双边、多边的互联网国际交流合作。建设网络强国的战略部署要与"两个一百年"奋斗目标同步推进，向着网络基础设施基本普及、自主创新能力显著增强、信息经济全面发展、网络安全保障有力的目标不断前进②。

习近平总书记强调，当今世界，网络信息技术日新月异，全面融入社会生产生活，深刻改变着全球经济格局、利益格局、安全格局③。世界主要国家都把互联网作为经济发展、技术创新的重点，把互联网作为谋求竞争新优势的战略方向。虽然我国网络信息技术和网络安全保障取得了不小成绩，但同世界先进水平相比还有很大差距。我们要统一思想、提高认识，加强战略规划和统筹，加快推进各项工作。

习近平强调，世界经济加速向以网络信息技术产业为重要内容的经济活动转变。我们要把握这一历史契机，以信息化培育新动能，用新动能推动新发展。要加大投入，加强信息基础设施建设，推动互联网和实体经济深度融合，加快传统产业数字化、智能化，做大做强数字经济，拓展经济发展新空间。

一、网络营销的概念与特征

（一）网络营销的概念

一般来说，凡是以互联网为主要手段开展的营销活动都可称为网络营销。网络营

①　新华网. 习近平致首届中国网络文明大会的贺信［EB/OL］.（2021－11－19）［2023－07－28］. http://jhsjk. people.cn/article/32286895.

②　习近平. 习近平：总体布局统筹各方创新发展 努力把我国建设成为网络强国［EB/OL］.（2014－02－28）［2023－07－28］.http://jhsjk.people.cn/article/24488180.

③　习近平. 习近平在中共中央政治局第三十六次集体学习时强调 加快推进网络信息技术自主创新，朝着建设网络强国目标不懈努力［EB/OL］.（2016－10－09）［2023－07－28］.http://jhsjk.people.cn/article/28763690.

销是企业营销的重要组成部分，它是以互联网媒体为基础，运用网络化思维与理念，利用数字化的信息和网络媒体的交互性来实现组织目标的一种新型的营销，即通过互联网，借助公司主页、App、在线视频、博客和微博等方式进行的营销活动，以更有效地实现个人和组织的交易目标与价值。

需要注意的是：首先，网络营销不等于简单的网上销售，它是为了实现最终产品的销售、提升品牌的形象而进行的一系列营销活动的整合。其次，网络营销也不等于电子商务，电子商务的内涵很广，其核心是电子化交易，而网络营销注重的是以互联网为主要手段的营销活动。最后，网络营销是企业整体营销的一个组成部分，网络营销活动不可能脱离一般营销而独立存在，网络营销和传统营销并不冲突，两者很大程度上是互补关系。

网络营销的产生是多种因素作用的结果，它主要基于三大特定基础：网络信息技术的发展是网络营销产生的技术基础，价值观的变迁是网络营销产生的观念基础，全球化与跨界竞争是网络营销产生的现实基础。

互联网络的出现，为企业和顾客提供了直接交互的网络营销渠道，使得企业与顾客直接交互成为可能，企业可以通过网络渠道，把产品直接销售给顾客；消费者也可以按照自己的需求，直接搜寻产品与服务提供者，并进行各种属性功能价格的比较。网络营销还能够精准地瞄准目标消费群体，从而提高营销的有效性，降低营销成本。

（二）网络营销的特征

1. 跨时空高效性

由于互联网与移动网络能够超越时间和空间的限制进行信息数据的交换与交易，企业可以每周七天，每天 24 小时随时随地地提供全球性营销服务，能更加便捷和及时地与顾客进行沟通互动。网络营销信息传播便捷高效，可以实现营销信息的及时发布和更新，并能适应市场需求，及时更新产品服务和调整价格，以此及时有效了解并满足顾客的需求。

2. 多媒体交互性

移动互联网作为一种新的多媒体互动式传播媒体，可以充分利用其文字、声音、图像、动画等信息，全方位地展示商品属性和特点，并能够实时或者延时与顾客进行供需互动与双向沟通。

3. 个性化集成性

企业可以利用网络优势，一对一地向顾客提供独特的、个性化的产品和服务，这在传统营销中是难以想象的，厂商可以与顾客通过交互式沟通，最大限度地满足每一个消费者的特定消费需求，并与消费者建立长期关系。网络营销中从需求唤醒、商品信息收集到决策、付款，直至售后服务一气呵成，是一种全程的集成营销，企业可以借助移动互联网不同的传播营销活动进行统一设计规划和协调实施，以统一的资讯向消费者传达信息与提供服务。

4. 高技术经济性

网络营销是建立在互联网信息技术基础上的，企业实施网络营销必须有一定的技术投入和技术支持。许多企业取得市场竞争优势的关键因素就是它们拥有先进的网络信息术。同时，网络营销大部分活动在网上进行，通过互联网进行信息沟通与交易，有关产品特征、规格、性能、公司情况、使用说明与反馈、售后服务等信息都被存储在网络中，可供顾客随时查阅交流，可以节约很多成本；在吸引潜在顾客与长期客户维护时，网络化的方式提供营销信息，需要投入的资金和资本相对较低。

二、网络营销理论

（一）整合营销理论

在网络经济环境下，消费者的个性消费回归，消费者购买商品的选择性与主动性增强，越来越在乎购买便利、一站式购物与轻松购物，享受购物乐趣。网络整合营销理论认为，企业开展网络营销活动必须以顾客为中心，在充分考虑顾客需求、让渡价值、交易便捷与双向沟通的基础上来整合营销组合策略。

从宏观角度来看，网络营销是以整合企业内外部所有资源为手段，充分发挥产业生态圈价值，再造企业的生产交易行为，实现企业价值目标的全面的一体化营销，它以整合为中心，讲求系统化管理，强调协调与统一。

（二）直复营销理论

直复营销理论是一个相对较早的理论，在 20 世纪 80 年代开始盛行，网络营销让其再次引起学界的关注。美国直复营销协会对其所下的定义是："一种为了在任何地方产生可度量的反应和达成交易所使用的一种或多种广告媒体的相互作用的市场营销体系。"直复营销理论的核心在于它对营销绩效的直接测试、度量和评价，从根本上解决了传统营销效果评价的科学性，为量化营销决策提供了依据。

基于互联网的直复营销更加符合直复营销的理念，表现在如下两个方面：

一是网络直复营销作为一种双向互动沟通与交易反馈系统，在任何时间、任何地点都可以实现厂商与顾客之间的双向信息交流，克服了传统市场营销单向信息交流方式下营销者和顾客之间无法有效沟通与直接反馈的致命弱点。

二是直复营销为每一个目标顾客提供直接向营销人员反馈的渠道，企业可以凭借顾客的反映找出营销中的不足，并能够有效测评直复营销活动效果。

（三）长尾理论

长尾理论认为，只要存储和流通的渠道足够多，需求比较小众或销售频率很低的产品所共同占据的市场份额就可以和那些热销产品所占据的市场份额相匹敌甚至更大，即众多小市场可汇聚成能与主流大市场相匹敌的市场能量。在商业实践中，长尾理论被广泛应用于网络营销中，可以为企业，特别是为以电子商务为主导的企业找到真正的发展空间与利润增长点。例如，阿里巴巴抛弃传统的二八定律，坚持做小众的长尾市场，让数量众多的小企业和个人通过淘宝这一平台进行小件商品的销售互动，从而创造了惊人的交易量和利润，类似成功的还有余额宝。它们的成功让人们看到，只要将尾巴拖得足够长，就会聚沙成塔，产生意想不到的效果。

（四）全球营销理论

由于互联网无处不在，世界就是一个地球村。网络营销理论也就是全球营销理论，即向全世界提供同质性或者差异化产品与服务，兼顾大规模的同质产品的成本优势与不同区域差异化的价值提供。全球营销主要是要确定不同地区的共同需求，以及需要在哪些方面进行适应性调整。

在网络营销中，全球营销理论可以指导企业通过产品标准化降低成本，树立统一的品牌形象，满足消费者需要的全球品质的标准化产品或者服务。当然，根据不同区域市场进行相应的市场与产品改进也是必不可少的。

（五）网络营销 SoLoMo 理论

SoLoMo 是美国 KPCB 风险投资公司合伙人 John Doerr 在 2011 年提出的一个网络营销理论。SoLoMo 中的"So"指 social（社会化），"Lo"指 local（本地化），"Mo"指 mobile（移动化）。三者合在一起，SoLoMo 为涉足互联网的企业提出了重要的网络营销战略方向，即社会化、本地化和移动化。

社会化包括两层含义：一是社会化营销，即更多地借助社交媒体扩散品牌口碑，开展营销活动；二是社交购物，在互联网时代，熟人之间、陌生人之间，借助社交媒体彼此沟通信息，增进了解，可以大大地促进人们的消费欲望和交易效率。

本地化主要是指借助 LBS（地理位置服务），通过在线方式告知消费者特定地理位置的线下服务，并对线下服务实施网络营销。本地化最典型的应用就是大众点评这类 O2O 及滴滴出行这类共享经济平台，将巨大的网上客流导入特定地理位置的线下消费，并利用搜索、排名和精准推荐这些营销方法为消费者提供消费便利。

移动化即适应强大的网络终端移动化潮流，将网络营销从传统电脑终端转移到手机、iPad 等智能移动终端。今天，智能手机已经成为人们上网的主要工具。企业的网络营销活动应当努力适应这样的移动化潮流。比如，网络广告应当利用移动终端丰富的感应功能（手机的划、翻、摇等）以使广告更富表现力，产品展现也应该更加适应消费者碎片化时间的浏览需求。

三、网络营销方式

（一）病毒式营销

病毒式营销（viral marketing）是口碑营销的数字版本，涉及制作视频、广告和其他营销内容，这些内容极具感染力，顾客会主动搜索它们并传递给朋友们，使得营销信息像病毒一样快速传播。消费者自觉地搜索和主动传播，能使病毒式营销的成本非常低；而且，这些信息都是来自自己的朋友圈子，所以这些视频或者其他信息的接收者更有可能观看、阅读与响应。

现代摄录技术已经大众化与低技术化，精心设计制作和富有创意的视频都可以采用病毒式传播，吸引用户并给品牌带来正面的曝光。例如，在一段简单而真诚的麦当劳视频中，麦当劳公司加拿大区的营销经理通过展示麦当劳广告制作的幕后过程，解释为什么广告中的麦当劳产品看起来要比现实中的更好。这段时长 3 分半钟的视频吸引了 1 500 万次浏览和 1.5 万次转发分享，也使公司因真诚和透明赢得了诸多赞誉。

（二）博客营销

博客（Blogs）即在线日志，常用来表达个人或者企业的想法和观点，通常围绕一定的主题，如政治、房地产、社区、足球、美食、汽车、明星、电视剧等。许多博主会用推特（Twitter）、脸书（Facebook）、微博（WeChat）等社交媒介来推广他们的博客，获取更多的阅读量。在各种社交网络上拥有广大粉丝的博客，具有很大的社会影响力。

作为一种营销工具，博客有其独特优势。它为企业加入消费者网络和社交媒体提供了一种新颖、原创、个性化的低成本进入方法。尽管公司有可能利用博客来吸引顾客，建立密切的顾客关系，但是，博客仍然是一种由消费者主导的媒介。企业需要积极参与和认真倾听，通过来自消费者的网上日志来洞察市场与改善营销活动。

（三）微博营销

微博营销是指通过微博平台为商家、个人等创造价值而进行的一种营销方式，也是商家或个人通过微博发现并满足用户各种需求的商业行为。微博与其他社交软件如微信和QQ一样，在移动互联网时代得到了快速发展。伴随着微博用户数量的逐渐攀升，微博营销也渐渐兴起并火热起来。微博也凭借其巨大的商业价值属性从一个单纯的社交和信息分享平台转化成为企业重要的网络营销推广工具。微博营销具有操作简便、运营成本较低、容易受到用户关注、可进行精准营销和借助知名博主进行信息引导等营销优势。

（四）微信营销

微信营销是伴随着微信使用而兴起的一种移动互联网络营销方式，是借助微信中的公众号、朋友圈等功能进行营销的营销活动。微信已成为目前我国移动端的最大社交应用平台，拥有超过十亿的用户。越来越多商家利用微信平台拓展企业的营销业务，从免费短信聊天App，到语音交流App，再到小程序，给用户带来越来越多的全方位、高品质的服务体验。许多商家借助微信打造企业公众号、实现和特定目标群体的文字、图片和语音的全方位沟通互动。

微信营销基于地理位置的服务也极大提高了营销互动的精确度，商家可以通过微信和微信公众平台对客户进行消息的推送。相对于博客营销方式，微信拥有更加广泛、真实、具体的客户群，具有很强的互动及时性，无论客户在哪里，只要带着手机，就能够很轻松地进行交流互动。微信不仅可以借助移动终端进行定位营销，线上线下互动营销，而且还可以实现一定的一对一营销。

（五）视频营销

视频营销是指在网站主页或者诸如脸书、微博等社交媒体上通过发布数字视频进行的营销活动。这些视频包括专门为网站和社交媒体制作的，旨在进行品牌促销的视频，如操作指导视频和公共关系视频；也有一些视频是为电视和其他媒体制作，在广告播放之前或之后上传到网络上的视频，以提高广告到达率和影响力。优秀的网上视频可以快速吸引大量的目标消费者，优良的视频也可以像迅速地传播。

目前各个视频网站已积累了丰富的用户数据，通过对数据挖掘与调研分析可以精准把握用户需求偏好，从而开发出更具有针对性的自制内容。各大视频网站均在电视剧、综艺节目、电影、动漫这四大专业内容上进行布局，打造内容产业链，吸引用户注意力，增加用户黏性。优质内容成为网络视频未来走向的关键环节，近年来，大批优秀专业人才的加入使得自制内容更加精品化、专业化。

四、网络营销工具与载体

公司需要选择成本效益比最佳的网络营销工具与载体，以实现有效营销传播与实现营销目标。企业可以选择的网络营销传播工具与载体有企业网站、搜索引擎、电子邮件、网络广告与移动 App 等。

（一）企业网站

企业网站设计必须能够体现公司经营宗旨使命、历史、产品和服务、发展愿景，不仅要能够吸引初次访问者，而且要有足够吸引力，能带来重复浏览。网站设计在人机交互（human-computer interface，HCI）中强调用户导向（user-oriented）。Rayport 与 Jaworski 在 2001 年提出 7Cs 模型，提出网站设计的 HCI 应注重让顾客容易操作与使其满意。7Cs 网站界面包含七项要素：

（1）context（组织），即网站内容的设计与呈现方式，要同时符合功能性与美观性需求。

（2）content（内容），即网站上所传递的内容包括产品与服务内容、促销方案、顾客支持、及时更新资讯，以及各种与产品或服务相关的资讯，采用多媒体方式提供产品或服务资讯（如以语音或动画的方式描述产品或服务内容）。

（3）community（社群），即与网站使用者之间的互动空间，让使用者有归属感或参与感，包括线上论坛（BBS）、会员电子信箱或留言板等。

（4）customization（客户化定制），即提供使用者自身定制自己想浏览的内容资讯的功能，让使用者在登录后就可以开启个性化页面，使其更有亲近感。

（5）communication（沟通方式）即网站与使用者之间的沟通渠道，包括以电子邮件方式告知各种资讯（电子报），或是让使用者可提供建议的渠道（信箱）。

（6）connection（链接），即网站与其他外部相关网站的链接。

（7）commerce（商务），即支持各种交易功能，如线上查询、下订单与取消、缴费功能等。

访问者往往通过易用性（快速下载、首页简明、导航清晰、文字易懂）和美观性（网页整洁有序、色彩和声音形象逼真）来评判网站的性能。同时，公司还必须注意网络安全和隐私保护等问题。

除了企业网站外，公司还可以使用微站点、个人主页或网页群作为主站点的补充，这对低潜在需求商品尤为重要。例如，消费者很少访问保险公司官网，但是保险公司可以在二手车网站建立一个微站点，在为购买者提供购买建议的同时，也是营销汽车保险的好机会。

（二）电子邮件

通过电子邮件为消费者提供信息，进行交流沟通，这种方式的性价比极高。据研究，通过电子邮件提高销售的成功率至少是社会化媒体广告效果的三倍，平均订单价值也被认为高出 17%。但是当电子邮件营销被大量滥用，形成垃圾邮件时，消费者会使用垃圾邮件过滤器拦截。一些优秀公司首先会征询消费者是否愿意收到商业信息邮件，以及希望什么时候收到邮件的意见。企业电子邮件必须及时，有针对性且与顾客需求相关。吉尔特集团为推广其闪购网站，基于收件人以往点击行为、浏览历史和购买历史发出了 3 000 多种不同形式的电子邮件。

（三）网络广告

由于消费者浏览网络的时间越来越多，许多企业正将更多的营销资源投向网络广告（online advertising），以期提高品牌销售或吸引访问者访问其公司网络、移动和社交媒体网站。网络广告正成为一种新的主流媒体，它的主要形式包括展示广告和搜索内容关联广告。两者共同在企业数字营销支出中占30%的比重，是最大的数字营销预算项目。

网络展示广告可能出现在浏览者的屏幕的任何位置，并且与其正在浏览的网站内容相关。例如，当你在百度网站上搜索"云南"时，很可能看到来自旅游公司提供的"云南旅行套餐"的推广广告。近年来，展示广告融合了动画、视频、音效和互动等内容，在吸引和保持顾客关注方面取得了长足的进步。例如，当你在电脑或手机屏幕上浏览与体育相关的内容的时候，很可能会看到天梭表的旗帜广告突然跃上屏幕。在该旗帜广告关闭之前，你最喜欢的篮球运动员突然从中闪出，展示超级体育明星们使用天梭表场景的画面。这种内容丰富有趣的广告虽只有短短的几十秒，却能产生很好的传播效果。

（四）搜索引擎广告

有许多关于搜索引擎优化和付费搜索的算法与指导准则。搜索引擎优化是为提高搜索项（如企业品牌）在所有非付费检索结果中的排序而进行的优化设计。网络营销的一个重要组成部分是付费搜索或点击付费广告。付费搜索是公司对检索项进行的竞价拍卖。基于这些检索项代表着消费者对商品或者消费的兴趣，以及搜索者是公司的主要潜在客户。当消费者用百度、谷歌、雅虎或者必应去搜索这些付费的检索项时，付费企业的广告就会在搜索结果上方或者侧面出现，位置取决于公司的出价高低及搜索引擎计算广告相关度时所用的算法。点击付费广告只有当访问者点击了广告，广告主才会付费。

较为宽泛的搜索项对公司整体品牌构建意义较大，而用于识别特定产品型号或服务的具体检索项则对创造和转化销售机会更为有用。营销人员需要在企业网站上突出目标检索项，以便搜索引擎能够较好地识别。通常一个产品或者服务可以通过多个关键词识别，营销人员必须根据每个关键词的可能回报率来竞价，并收集数据以追踪付费搜索的效果。

（五）移动 App

目前，全球已经进入移动互联网时代。随着移动互联网的兴起，越来越多的互联网企业、电商平台将 App 视为销售商品的主战场。相关数据显示，App 给手机电商带来的流量远远超过了传统互联媒介所带来的流量值，通过 App 盈利成了各大电商平台发展的主要方向。App 与电脑版普通网站在用户体验、设计风格、登录方式、互动性等方面相比更具优势。相较于传统互联网营销工具，App 营销具有成本较低、持续性强、信息全面、灵活度高、精准度高、稳定高速、互动性强、促销效果好、用户黏性强等优点。

手机 App 营销是企业品牌与用户之间形成长期良好关系的重要渠道，也是连接线上与线下渠道的枢纽，逐渐发展成为各大电商激烈竞争的主流营销渠道。

五、网络营销管理

（一）网络口碑管理

口碑即关于产品及品牌的评价。口碑传播是最原始、最古老的营销传播方式。随着互联网传播媒介的迅速发展，企业对网络口碑越来越重视。网络口碑（Internet word of mouth，IWOM），是指消费者借助网络工具（如 QQ、MSN、论坛、电子邮件、博客和视频网站等）把自己对有关产品的消费体验、看法在网上发表、与人分享，并做出相应的讨论，这些体验、看法和评论可以通过文字、图片、音频、视频等多媒体形式表现出来。网络口碑营销是口碑营销与网络营销的结合，是企业通过良好的用户体验，借助于网络媒介使企业产品在用户社群中形成口碑效应，以达到提升企业品牌形象、促进产品销售目标的活动。

与传统口碑营销相同，网络口碑营销能够提升企业品牌形象，影响消费者决策，提高品牌忠诚度，降低营销成本等。与传统的口碑传播相比，网络口碑传播具有波及范围大、传播速度快、超越时空性、信息储量大、沟通成本低、传播匿名性等特点，一旦处理不慎，常常会给企业带来不可估量的损失。因此，企业实施网络口碑营销，要以优质产品和良好服务为基础，以真实具体的传播信息、适当有效的传播方式、传播渠道为手段，综合运用，精心设计，方可收到良好效果。

（二）内容管理

在"人人都是自媒体"的网络时代，内容营销（content marketing）已经全面渗透到网络营销之中。内容营销是在普通门户网站、企业网站和社交媒体网站等上面制作并上传内容的一种营销方法。内容营销将企业产品、logo（商标）、广告等文字、图片和动画等内容植入软文中，强调内容创意，使产品成为一种实体化的社交工具，把与用户沟通变成内容生产的过程，以此吸引消费者。

其实在传统营销环境中，内容营销由来已久，例如发放纸质传单、新闻稿、商品目录、公司宣传册、专题广告片及网络宣传片等主动出击的营销手段。不同的是，厂商如今使用的是数字内容，他们先把自己打造成网络媒体信息的发布者，然后通过这些内容对那些搜索企业信息的消费者进行告知，吸引现有客户和潜在客户参与。

内容营销的内容主要有三个方面的来源：

（1）BGC，即企业生成内容，是指由企业为受众提供企业的产品品牌品类相关的权威信息。

（2）PGC，即专业机构生成内容是指由企业品牌代理或专业内容提供机构提供的外部信息内容，为更广泛的消费者群体提供品牌信息。

（3）UGC，即用户生成内容是指以品牌粉丝为核心，消费者的用户体验等原生口碑内容信息。

（三）客户关系管理（CRM）

随着互联网信息技术的发展，客户关系管理进入"2.0"时代，即社交 CRM（Social CRM）时代。在社交 CRM 时代，公司不仅要关注自身的营销战略与愿景，而且要基于社交网络深入洞察顾客需求，并与客户形成多维度、多层次的良性互动。社交 CRM 对企业具有诸多的利益，例如，对企业、产品及品牌的声誉进行监视和管理，更深层次地了解客户需求，有助于自身瞄准目标市场定位、增加销售收入与利润等。同时，社交 CRM 对客户也是有利的，例如，顾客遇到问题可以及时得到解决，可以从其他客户那里得到有关产品的真实信息，方便快捷地与企业进行互动。社交 CRM 不仅可以建立"一对一"CRM，还可以建立"一对多"企业对顾客社群的 CRM，充分尊重客户需要并且细致分析客户个体及社群的诉求，发现差异化与未被发现的市场需求，确定企业未来发展战略。

唐佩珀斯和马莎罗杰斯认为，社交 CRM 需要重点做好以下工作：①从广大市场人群中发现公司潜在客户并加以甄别；②量化分析不同客户对公司可能带来的价值，并以其价值进行客户画像；③强调顾客沟通的重要性，主动维系客群关系，同时客户也可积极主动联系公司；④根据客户诉求实时调整公司的产品与服务。

【案例四】

蜜雪冰城：网络与新媒介发展影响茶饮行业

网络与新媒介的发展对人们的生活、消费模式产生了深远的影响，同时也影响着茶饮行业的发展。蜜雪冰城的品牌 IP 化实际上是产品、企业、媒体等不断向消费者进行梯度传播的过程，在品牌传播的广度、深度上取得了良好效果。

1. 生产鬼畜①化广告引起关注

在其他茶饮品牌都追求"高端""品味"的时候，在广告片中都是明星泛滥的时候，蜜雪的广告一反常规，基于雪王这个可爱的 IP 形象进行了创作。蜜雪采用朗朗上口的《Oh! Susanna》民谣的旋律以及简单重复的"你爱我，我爱你，蜜雪冰城甜蜜蜜"歌词，而这种自带传播属性的鬼畜广告，在网络媒体上可以得到更多的曝光与传播。

蜜雪冰城将 IP 形象融入大众网友的日常生活中，最有代表性的则是表情包，表情包天然带有娱乐属性，是一种更加生动、直观的形式。让人们将难以言表的情绪、态度、抽象的东西以图片方式表达，便于人们的理解。它的形式多样且生动活泼，符合年轻网友的表达需求，满足了公众的多元文化诉求。

2. 实现多渠道 IP 推广的互动性传播策略

（1）加强私域流量的拓展。蜜雪冰城在哔哩哔哩、小红书、抖音等官方社交平台中拥有自己的官方账号，在微信中有公众号、视频号甚至小程序应用。私域中的流量也是更加可控的，当用户直接关注了他们的之后，也便于后续内容的传播。

（2）激发二次创作的传播。对于茶饮行业来说，激发用户的二次原创实际不是一件常见并且容易成功的事，但蜜雪冰城在激发用户内容生产方面成效显著，有以奖励的形式激励用户创作，也有用户借热度进行创作收割流量，无论是哪一种目的的用户原创，都拓宽了蜜雪冰城的传播范围。

当蜜雪冰城的魔性广告在网络传播后，便激发了网友的二次创作，哔哩哔哩出现了各种版本的作品。再如 2021 年蜜雪冰城在微博举办的雪王杯创意大赛，用户在创作形式不限制的情况下可以脑洞大开地改造。

（3）借助热点事件的热度。2021 年 7 月下旬的河南水灾让全国民众的目光都集中到了此次事件中，全国各地纷纷展开行动对河南灾区进行援助，从河南走出去的蜜雪冰城在第一时间捐出了 2 200 万，这些资金全部用于抗洪救灾和灾后重建，并且还特意成立了捐款捐物小组对接灾区。

---

① "鬼畜"是指利用重复的画面（或声音）组合而成的有洗脑或喜感效果的音频或视频。

被网友调侃道"都是雪王几毛几毛攒下来的"，蜜雪在此次灾情中做出的贡献，也为蜜雪收获了良好的口碑，树立了正面的企业形象。

蜜雪冰城在同类型茶饮品牌中脱颖而出，得益于这一场由品牌与消费者共同参与的全民狂欢。借助新媒介的传播优势，使品牌与公众之间的联系更加紧密，形成良好的互动和品牌忠诚度。

资料来源：佚名."蜜雪冰城"为何能成为网红茶饮，它的传播策略，有何借鉴之处？[EB/OL].（2023-02-11）[2023-04-10].https://baijiahao.baidu.com/s？id=1757525794616904071.

第四节　大数据营销

习近平主席在金砖国家领导人第十四次会晤上指出："谁能把握大数据、人工智能等新经济发展机遇，谁就把准了时代脉搏。"党的十八大以来，党中央围绕实施网络强国战略、大数据战略等做出一系列重大部署，各方面工作取得新进展①。

习近平总书记强调，党的十九大制定了新时代中国特色社会主义的行动纲领和发展蓝图，提出要建设网络强国、数字中国、智慧社会，推动互联网、大数据、人工智能和实体经济深度融合，发展数字经济、共享经济，培育新增长点、形成新动能。中国数字经济发展将进入快车道。中国希望通过自己的努力，推动世界各国共同搭乘互联网和数字经济发展的快车②。

一、大数据营销的概念与理论

传统市场营销活动主要基于大规模制造，设计相应的大范围传播渠道与不同路径的分销渠道，在大数据时代，针对一定范围的营销轰炸不仅是低效率的，营销质量也不高。以企业促销实践为例，以往都是选择知名度高、浏览量大的媒体进行投放。如今大数据技术可以让企业准确掌握5W1H，从而实现精准营销。

（一）大数据营销的概念与特征

大数据营销是建立在海量微观基层消费行为数据基础上的，精准把握与引导顾客消费心理行为，实时动态调整企业产品与服务，满足顾客多元化与个性化需求的营销管理过程。

大数据营销具有以下四个基本特征：

1. 数据化

大数据营销的基础是大量的微观个体数据及其行为数据，我国的微观大数据主要掌握在电信运营商、金融机构、政府机构（人口、教育、税收等）和电子商务运营商四大部门手中。它们在大数据领域占据独特的天然"管道"优势，拥有多年业务运营

①　新华网：习近平主持召开中央全面深化改革委员会第二十五次会议强调 加强数字政府建设，推进省以下财政体制改革[EB/OL].（2022-04-19）[2023-07-28].http://jhsjk.people.cn/article/32403184.

②　人民网-人民日报：习近平致信祝贺第四届世界互联网大会开幕强调尊重网络主权 发扬伙伴精神 共同搭乘互联网和数字经济发展的快车[EB/OL].（2017-12-04）[2023-07-28].http://jhsjk.people.cn/article/29683103.

积累的网络运营数据和用户业务数据，具备精准营销必备的基本要素，包括用户办理业务时提供的个人基本信息，如姓名、性别、年龄、单位、住址等；根据基站、定位系统等准确获取用户的地理位置信息；用户访问数据与相关业务数据等。

2. 精准化

大数据营销具有精准化、高效率的特点，可以根据实时性的定价、分销、促销效果反馈，及时调整营销策略，尤其是企业通过对用户的各种信息进行多维度的关联分析，可以从大量数据中发现有助于优化营销决策的各种关联。例如，营销人员通过发现用户购物车中商品之间的联系，分析、预测用户的消费习惯和规律，获悉哪些商品被哪些用户频繁地购买，从而帮助自己由此及彼、举一反三，掌握消费者的购买行为及其规律，有针对性地制定出相关商品的营销策略。

3. 个性化

大数据营销不仅仅反映在数据量上，更多的是数据背后对消费者心理行为的洞察。因此大数据营销具有明显的个性化优势，可以根据用户个性、教育、兴趣、爱好、观念，及其在历史性的行为与需求，有的放矢，实施一对一营销与定制化服务。

4. 时效性

互联网时代的消费者行为、购买方式及消费欲望表现为多元化与弹性化，需要实时把握顾客需求动态，及时推出相应产品与服务。在顾客需求欲望强烈时，及时实施针对性的营销行为，无疑是交易双方双赢的最佳结局，比如在顾客有大量现金收入的时候，更应及时提供理财计划。

（二）大数据营销 SIVA 理论

舒尔茨的大数据营销 SIVA 理论认为：在现代营销管理过程中，用户意见和用户参与是核心，价值应该由用户与企业共同创造。SIVA 理论包括四部分内容，分别是解决方案（solution）、信息（information）、价值（value）和途径（access）。

解决方案是指企业通过对用户行为数据进行分析，获得用户真实需求，在此基础上提供针对性解决方案，这是 SIVA 的起点。数据信息包括信息用户数据信息、主体内容信息、受众反馈信息、内容传播效果信息。在今天，用户成了信息的主导者，他们拥有各式各样的渠道来了解想要了解的内容。相较于过去，用户从被动接受变成了主动获取，并且能对所有信息内容进行甄别判断。价值在 SIVA 理论中从一个厂商主导的静态概念变成了用户和厂商共同创造和认同的共享价值的概念。

二、大数据营销功能

（一）实现营销行为和消费行为的数据化

大数据营销把数据作为营销运营的核心，打造符合企业、产品与品牌特质的具有深度的数据体系和数据应用。大数据时代，企业不仅需要主动获取与收集数据，还要制造和影响数据。如何打造和运营有利于企业营销发展的数据流，成为今后营销管理，尤其是品牌营销必须面对的重要课题。在新产品的开发与推广中，也可以借助大数据来分析和预测消费者行为，设计开发出符合市场需求的新产品，从而将众多参与者与粉丝发展为新产品使用者和忠诚拥护者，提升新产品开发的成功率。

(二)实现精准营销

我们现在正处于一个信息爆炸的时代,企业营销过程中涉及的数据纷繁复杂,需要对数据进行过滤和处理,解决诸如行为噪声、重复数据和非目标用户数据等问题。通过去伪存真,精准锚定目标客户,让社交平台实现价值倍增。此外,企业还可以通过数据整理提炼大众意见去完善产品服务设计。例如,在新产品的开发与推广中,利用大数据来整理用户需求,利用粉丝的力量设计出新的产品。众多参与者可能就是初始购买群体与忠诚客户。未来,随着大数据技术的进一步提升,大数据营销的精准性将带来越来越大的商业价值。

(三)实现大规模个性化互动

在电视荧屏时代,促销的核心是品牌形象传递;在互联网门户时代,促销的核心是数字化媒介传播;在移动互联网时代,营销的核心是实现"大规模的个性化互动",实现更有广度与深度的到达与互动,比如更加有针对性地传播内容,更加人性化的客服信息,千人千面的个性化页面,而实现这一核心的基础就是对消费者大数据的管理。

未来企业会更加关注对其消费者生命周期的数据管理,与平台合作,实现在多个接触面上的个性化沟通。传统意义上的广告策略将渐渐被基于用户画像的自动化沟通机制所代替。目前的数据挖掘更多还是停留在对线上数据的分析之上,未来大数据营销的关键就在于实现线上与线下数据的打通。多屏时代的到来,正在把受众的时间、行为分散到各个屏幕与媒介上面,企业想要更好地抓住消费者的兴趣点,就需要实现多屏数据的程序化整合。

(四)实现科学的促销传播

面对互联网媒体资源在数量与种类上的快速增长与多元化,不同企业的促销传播需求也在日益多样化,科学的促销投放与智能化操作显得尤其重要。大数据营销是通过受众分析,帮助企业找出目标受众,然后对促销传播的内容、时间、形式等进行预判与调配。大数据营销对企业来说,可以更加明确地知道自己的目标用户并精准地进行产品定位,从而做出极具针对性的布置,获得用户关注和参与。

三、大数据营销的主要模式

(一)关联推荐模式

大数据的核心是建立在相关关系分析法基础上的预测,即把数学算法运用到海量数据上,量化两个数据值之间的数理关系,通过相关关系的强弱来预测事物发生的可能性的大小。具体到营销实践上,大数据根据消费者的"行为轨迹",分析其消费行为,能够进一步判断其关联需求,挖掘其潜在需求,对其整体消费需求进行预测;再通过具有针对性的关联推荐,促成有效购买和消费。例如,零售业巨头沃尔玛通过大量消费者购买记录分析,发现男性顾客在购买婴儿尿布时,常常会顺便搭配几瓶啤酒来犒劳自己,于是推出"啤酒+尿布"捆绑销售的促销手段,直接带动这两样商品的销量,成为大数据营销的经典案例。

(二)精准定向模式

利用关联分析等相关技术对用户社交信息进行分析,通过挖掘用户的社交关系、所在群体来提高用户的保有率,实现交叉销售和向上销售,基于社会影响和社交变化对目标用户进行细分，营销人员可识别社交网络中的关键意见领袖、跟随者及其他成员，通过定义基于角色的变量，识别目标用户群中最有挖掘潜力的用户。将大数据交换共享平台和现有的客户关系管理系统打通，对用户的需求进行细分，促使营销服务达到精准分析、精准筛选、精准投递等要求。简而言之，精准定向模式是指从 A、B、C……一群人中找到企业想要的 A。

以大数据营销最重要的表现方式——需求方平台（demand side platform，DSP）为例，DSP 的运用可以帮助电商从以前找订单、找流量变成找人。一是精细定位。用户在打开互联网时就产生了行为习惯、浏览目的，基于一个访问广告位的具体用户，这个用户会有自己的年龄特点、兴趣爱好、朋友圈等，广告如果能够投其所好，就能产生最大的收益。DSP 技术能在每天全互联网的几百亿 PV（页面浏览量）的流量下，在中间把各种不同需求的人群分离寻找出来。二是精准投放。通过定位找到新客户后，利用实时竞价技术（real-time bidding，RTB），实施竞价投放。消费者在浏览一个网站时，网站会根据消费者浏览的情况把信息反馈给所有接入的 DSP 发一个请求，由很多家代理方对该来访进行竞价，出价最高的企业可以瞬间将广告投放到来访者的网页上，实现精准的目标广告投放。而这一系列的动作用时不会超过 100 毫秒，丝毫不影响用户的访问质量。三是回头客营销。回头客，就是曾经在网站买过一次东西以后很长时间都没有来过的客户。DSP 技术能够在海量的数据中把回头客找出来，唤醒他们的记忆。比如说购物车，当一个客户把某一产品放到购物车而没有购买，然后该客户在浏览某一个网站的时候，DSP 系统会把相应的物品或广告展示给客户，如果客户看到这个广告仍没有购买，DSP 系统就会变换另外的策略，根据客户所浏览的媒体，把广告再展示在客户的面前，从而提醒客户，促成消费。

（三）动态调整模式

传统的市场营销流程主要是以产品为中心，对市场的反应速度较慢，而且没有对市场营销活动的结果反馈进行改进，因而难以形成一个闭环。大数据时代的精准化营销，以客户为中心，从客户的需求着手，进行深入的洞察和分析，然后结合运营商自身的业务、品牌等进行市场营销活动的策划；并根据市场变化、竞争对手的反应及用户反馈情况等内容及时调整营销策略；同时，在市场营销活动开展一段时间后，要根据活动反馈结果适时做一些归纳和总结，以便为下一个阶段市场营销活动策划打好基础。

广告系统是谷歌公司商业模式的核心部分。为了了解用户更喜欢哪种备选的广告方案，谷歌公司采取了大数据分析动态调整模式。为把用户在网上的行为模式加入排名算法，谷歌进行了许多努力，例如推广谷歌工具栏，用户在浏览网页时的行为数据会被谷歌收集，甚至曾经付出了一笔不少的费用给戴尔公司，在其销售的电脑上预装谷歌工具栏。对那些没有预装谷歌工具栏的用户，当他在谷歌网站进行搜索的时候，电脑也会设置 cookie（网站用于辨别用户身份的数据），在这个 cookie 一年的有效期内，用户的搜索会被一一记录。此外，买下原本需要付费的日志分析软件，再以 Google Analytics（谷歌分析）的形式免费提供给站长们的做法也是出于同样的考虑。通过对用户使用搜索引擎中实时数据的搜集和分析，谷歌能够甄别出哪个广告更受欢迎，然后主推用户偏好的版本。

（四）瞬时倍增模式

这种模式是指利用积累的大量人群数据，根据已经拥有的A，找到一群更多的A。找到1 000个忠实的目标消费者也许不难，但如何把这个数量由1 000变为10 000、100 000甚至更大呢？这100、1 000又如何从好几亿的人中挑选呢？

阿里巴巴为此构建了一个"Lookalike"模型，它被形象地称为"粉丝爆炸器"，可以做到"给定一小群人，自动找到10倍、20倍规模相似的人群"。一旦客户购买了商家的商品或服务，企业便可以知道客户的情况，进而进行沟通、促销与交叉销售。相对于已有客户人群规模（一家中型电商每月可能有上万客户），还没有成为客户的人群规模（线上有几亿规模的客户）是非常大的。从上亿潜在客户中找到真正的消费者这个过程的效率和成本就成为商家制胜的关键。这也是"粉丝爆炸器"所要解决的问题。

通常，成为某商家客户的人群具有一定的共性，如都是近期购房人群、都是在意体重的人群等。这些共性往往在商家的已有客户中已经有所显现；这些消费者的各种属性和行为与其他消费者的差异就能突出这些共性特点。利用这些共性，通过比较全网消费者与已有消费者客户之间在这些行为上的相似程度，就可以在真正的消费行为发生之前找到目标顾客。

与"啤酒+尿布"不同的是，"粉丝爆炸器"更注重人的综合行为特性，而不是把重点集中在商品/服务之间的关联性上。因此，"粉丝爆炸器"会找出新任父亲与家里的婴儿这样的特性，而这样的人通常会买啤酒、尿布、奶粉、婴儿护肤品、产后保养品等。但如果我们只考虑关联性，则会因消费者购买了啤酒，所以推荐关联性最高的红酒、尿布、饮料等。这种抓住人的相似性往往会有更为精准的效果。

通过大数据算法在全网用户上运用"粉丝爆炸器"，实际上更像是把全网消费者和商家之间的已购消费者之间的关联可能性进行精准排序。商家给定一小部分忠实用户人群以后，系统可以给出最像这群人的前1万人、前10万人、前100万人……此时，便可根据商业目标来选择合适规模的人群进行营销活动。

四、大数据营销的基本流程

（一）客户数据收集与管理

客户数据收集与管理是一个数据营销准备的过程，是数据分析和挖掘的基础，也是搞好精准营销的关键和基础，否则会造成盲目推介、过度营销等错误。例如，某些产品的购买，在一定时段里是不会重复的，如果强行推荐，只会导致客户的厌烦情绪和后悔情绪。传统的客户关系管理一般关注两方面的客户数据：客户的描述性数据和行为数据。描述性数据类似于一个人的简历，比如姓名、性别、年龄、学历等；行为数据则复杂一些，比如消费者购买数量、购买频次、退货行为、付款方式等。在大数据时代，结构性数据仅占15%，更多的是类似于购物过程、社交评论等这样的非结构性数据，并且数据十分复杂，只有通过大数据技术收集和数据整理，才有可能形成关于客户的360度式数据库，不错过每一次营销机会。

（二）客户细分与定位

只有区分出了不同的客户群，企业才有可能对不同的客户群展开有效的管理并采取差异化的营销手段，提供满足这个客户群特征要求的产品或服务。在实际操作中，传统的市场细分变量，如人口因素、地理因素、心理因素等由于只能提供较为模糊的客户轮廓，难以为精准营销的决策提供可靠依据。大数据时代，利用大数据技术能在收集的海量非结构信息中快速筛选出对公司有价值的信息，对客户行为模式与客户价值进行准确判断与分析，深度细分，使我们有可能甚至深入了解"每一个人"，而不只是"目标人群"。

（三）营销战略制定

在得到基于现有数据的不同客户群特征后，市场人员需要结合企业战略、企业能力、市场环境等因素，在不同的客户群体中寻找可能的商业机会，最终为每个群制定个性化的营销战略，每个营销战略都有特定的目标，如获取相似的客户、交叉销售或提升销售，或采取措施防止客户流失等。

（四）营销方案设计

大数据时代，一个好的营销方案可以聚焦到某个目标客户群，甚至精准地根据每一位消费者不同的兴趣与偏好为他们提供专属性的市场营销组合方案，包括针对性的产品组合方案、产品价格方案、渠道设计方案、一对一的沟通促销方案。比如O2O渠道设计、网络广告的受众购买的方式（DSP）和实时竞价技术（RTB）及基于位置（LBS）的促销方式。

（五）营销结果反馈

大数据时代，营销活动结束后，应对营销活动执行过程中收集到的各种数据进行综合分析，从海量数据中发掘出最有效的企业市场绩效度量，并与企业传统的市场绩效度量方法展开比较，以确立基于新型数据的度量的优越性和价值，并对营销活动的执行、渠道、产品和广告的有效性进行评估，为下一阶段的营销活动打下良好的基础。

五、大数据营销的新发展

（一）场景营销（sence marketing）

场景营销是指基于大数据找到合适的消费者群体，根据其消费行为模式和购买决策规律安排信息内容，针对不同的消费者群体，在最合适的情境下为其推送最合适的产品或服务。场景营销的核心在于预测用户行为。用户每时每刻产生的数据，都被场景营销链中的各企业用于市场细分研究、购买行为研究、客户留存研究、媒体习惯研究等，从而有助于企业更好地制定营销决策，提升营销效率。

场景营销越来越呈现出融合的趋势，线上场景与线下场景往往同时出现，而且两者的界限渐渐被打破，对用户数据的挖掘、追踪和分析越来越被企业所重视，在由时间、地点、用户关系构成的特定场景下，连接用户线上线下行为，理解并判断用户感情、态度和需求，为用户提供实时、定向、创意的信息和内容服务，通过与用户的互动沟通，树立品牌形象或提升转化率，成为企业开展大数据营销的基本活动内容。

（二）"云营销"（cloud marketing）

随着云技术的不断发展、数据云平台的持续完善，"云营销"模式越来越受到企业的欢迎并为企业营销带来新动力。"云营销"是指企业借助云技术，通过互联网把多个成本较低的计算实体，运用"云"之间的逻辑计算能力，将网络上各种渠道的营销资源整合成一个具有强大营销能力的系统，以取得更理想的营销效果。知名的电商企业如亚马逊、谷歌、百度、腾讯和阿里巴巴均已建立了自己的云平台。

"云营销"网络覆盖搜索引擎、博客、论坛及微博等社会化媒体（云媒体），是分布式计算、网络存储、虚拟化等先进技术发展融合的产物。其强大的资源整合能力将传统上各个网络营销企业的计算机软硬件资源及分散的网络资源集中到"云端"，所以"云营销"使得企业各类营销活动在操作上更加精确、便捷、高效。不仅如此，"云营销"还将产生各种新颖的服务或产品，以满足消费者多样化、个性化的需求。它能够同时管理多个终端的消费者偏好数据，将传统营销方法与软件服务化的理念融为一体。

"云营销"具有两方面优势：一是能够为企业提供完整的用户偏好数据，二是使得新用户和新产品的冷启动得到了解决。"云营销"不仅显著提高了信息量和信息利用效率，同时也通过云端的集中管理，大幅度地降低了企业的营销管理和运营成本，降低新用户的获取成本，并且增加了客户数量，最终实现了企业整体利润的增长。

（三）人工智能（AI）

大数据和人工智能是现代计算机技术应用的重要分支，近年来这两个领域的研究相互交叉促进，产生了很多新的方法、应用和价值。大数据和人工智能具有天然的联系，大数据的发展本身使用了许多人工智能的理论和方法，人工智能也因大数据技术的发展步入了一个新的发展阶段，并反过来推动大数据营销的发展。

1. 精准内容推送

根据用户以往操作记录及历史聊天数据，利用深度学习和大数据分析技术，可以构建更为完整的用户画像，并将其通过智能机器人（Bot）推送给对该内容感兴趣或者有需求的用户，达到精准推送的效果。

2. 帮助品牌寻找合适的关键意见领袖（KOL）

许多品牌倾向于在 KOL 的渠道投放广告，KOL 与品牌的适配性也变得越来越重要。企业品牌可以借助自然语言处理技术和知识图谱来阅读、分析 KOL 发布在社交网站上的内容，在进行理解、分类后，寻找有触达能力和影响力的，同时已经表露过对品牌支持态度的 KOL。

结合大数据，分析人口统计学信息和粉丝触达数之外的东西，如对情绪和情感的分析，能找到 KOL 在创作内容时内心的真实感受。因此，借助 AI 技术能够帮助企业找到与品牌匹配度最佳的 KOL 并精准地投放到目标群体中，使企业影响力达到最大化。

3. 预测未来趋势

借助特定的算法，人工智能能够在数以百万计的数据中，遴选出与企业自身、行业和消费者相关的有效信息。并通过对话更好地学习用户行为、习惯与偏好，并以用户画像为基础构建一套能够以一定准确率对各种潜在结果进行预估的 AI 模型，从而为核心业务提供决策依据，带来销售和用户数量的有效增长。

4. 广告效果分析

AI 技术还能够帮助企业分析广告效果。如广告效果分析系统，能通过计算机视觉与情感识别技术，来侦测受试者对视频或广告的情绪反应、专注程度、观看热区等指标，综合评估观看者对"关键情节""关键商品""关键人物"的接受程度，从而帮助广告主与广告制作单位更好地评估广告效果。比如确定观众是否被该广告吸引，广告中的画外音是否被有效传达。

5. 多样化的营销方式

人工智能还为广告商带来了多种新颖的营销方式。特别是利用图像识别、人脸识别等创新技术，使营销方式更具创意，吸引用户参与，进而引发对企业品牌与产品的关注。在给用户带来欢乐的同时，又能输出品牌的价值观。

更重要的是，在每一次互动中，人工智能都有机会捕捉用户的心理与需求。在这个过程中，品牌将不再是冰冷的 logo，而是一种能触摸、能感知，甚至能自主表达情绪的个体。这一改变对于广告营销而言，具有划时代的意义。过去，无论多么棒的广告创意，消费者永远只是旁观者，而人工智能技术的存在则可以准确捕捉到消费者最近的需求与心理，并据此给他们提供相应的商品、信息和服务，从而拉近企业品牌和用户的距离，达到更好的营销效果。

【案例五】

优衣库携手小米商业营销：深化"温度"场景，开启品牌营销新模式

运动，既能增强抗寒力、免疫力和心肺功能，也能达到控制体重的效果，越来越多的年轻人与健身达人也把自己的运动计划提上日程，加速了运动服装消费的走高。

调研数据显示，中国运动鞋服消费者中，一二线城市的消费者购买得比较频繁，一线城市占比高达 49.6%，二线城市占比 41.4%，中高收入群体比例较高。同时，青年人在运动鞋服的频繁购买者中占比较高，22~30 岁占比 47.4%，31~40 岁占比 42.0%。

小米手机用户体量高达 5.1 亿月活，拥有海量中国中产高消费群体，且高浓度覆盖高线城市，其中一二线城市用户占比 50.18%；60% 的用户是 22~39 岁的青年群体，这表明小米手机的用户同中国运动鞋服类消费者高度重合。

基于米粉与运动服装消费者的超高重合度，小米商业营销充分发挥独家硬件+软件生态优势，通过 MIUI 生态与冬日天气场景的联动进行场景渗透，覆盖用户一天中各类使用场景，全面聚合用户碎片化时间，带来冬日温暖体验。

天气场景作为最贴近用户生活的场景之一，伴随用户每一天，时刻影响着用户的各类出行计划和生活决策。当前小米天气日均使用时长 83 秒，日均使用次数 3 次，是碎片化场景营销的重要阵地。依托于天然的场景优势，小米商业营销始终坚持营销即服务的理念，打通开屏联投与天气场景，联动温度，智能触发，给用户提供最贴心的天气场景服务。

通过天气定向技术，根据用户所在地的温度，实现为用户推送不同的优衣库 FW 系列套装的营销服务。当温度在 10 ℃ 及以上时，开屏为用户推送智暖衣套装，让用户智暖随行，自在穿搭；当温度处于 10 ℃ 以下时，则推送厚羽绒服套装，让用户灵动智暖，无惧冰雪。

不仅如此，依托天气定向技术联动温度，智能触发，还可一键跳转优衣库小程序商城或优衣库独家定制天气小部件，大大缩短购买路径，促成销售转化。依托厂商级优势，小米商业营销实现系统级开屏全场景覆盖 MIUI 生态众多优质 App，深度优化投放，迎合用户不同的 App 使用场景喜好。同时，智能大数据定向锁定不同人群，精准找到米粉中的优衣库用户，实现营销效果的最大化。

资料来源：优衣库携手小米商业营销：深化"温度"场景，开启品牌营销新模式［EB/OL］．（2022-12-14）［2023-04-05］．https：//mp. weixin. qq.com/s/nLnMKnu_AZ1pntpl0OTQBw．

本章小结

绿色营销是致力于满足人民益增长的美好生活需要的学问。现代企业只有关注人民对美好生活的向往，全过程、全方位地满足人民的美好追求，才能取得理想的业绩，并行稳致远，因此，各企业一定要注重可持续营销，充分考虑消费者的长远利益。人民群众对绿色生活、绿水青山的热爱，是追求美好生活的主要体现，企业要加强绿色营销，让消费者在绿色营销中享受美好生活、珍惜美好生活、共建美好生活。确保我们的绿水青山常在，金山银山永续，美好生活恒久。

体验营销是指企业以满足消费者的体验需求为中心所开展的一切营销活动。体验营销根据消费者的期望，利用现代技术、艺术、大自然以及社会文化传统等各种手段来丰富产品的体验内涵，以更好地满足人们的各项体验需求，在让人们情感满足的同时实现产品销售的目的。现在运用体验营销是人们需求层次不断提高和企业竞争不断升级所导致的一种趋势。

网络营销具有跨时空高效性、多媒体交互性、个性化集成性、高技术经济性等特质，这些特质带来了网络营销理论与实践的演进。网络营销理论发展包括网络整合营销理论、网络直复营销理论、长尾理论、SoLoMo 理论（社会化、本地化、移动化）。网络营销方式之一病毒式营销是传统口碑营销的数字版本，其他还有博客、微博、微信、视频等。网络营销管理主要包括：网络口碑管理、内容营销与 2.0 版本的 CRM，即社交 CRM（Social CRM）。

大数据营销可以帮助企业实现营销行为和消费行为的数据化，从而实现精准营销，与顾客大规模个性化互动，实现科学的促销传播。大数据营销 SIVA 理论包括：解决方案、信息、价值、途径。大数据营销的主要模式有：关联推荐模式、精准定向模式、动态调整模式、瞬时倍增模式。大数据营销的最新发展有场景营销，针对不同的消费者群体，根据其消费行为模式和购买决策规律安排信息内容，在最合适的情境下为其推送最合适的产品或服务。"云营销"运用"云"逻辑计算能力，将网络上各种渠道的营销资源整合成一个具有强大营销能力的系统。人工智能可以实现精准的内容推送，帮助品牌寻找合适的 KOL，预测未来趋势，以及实施广告效果分析。

思考与练习

1. 企业开展绿色营销的动力和障碍有哪些？
2. 体验营销给企业营销活动带来了哪些启示？
3. 网络营销管理中的口碑管理、内容管理与客户关系管理三者有何区别？
4. 大数据营销的特征有哪些？简述大数据营销的新发展。

* 【案例分析】

【风口解读】小商品城拟投超 83 亿元打造数字自贸中心，称年均盈利 1.76 亿元

资料来源：伯虎财经. 小商品城拟投超 83 亿元打造数字自贸中心，称年均盈利 1.76 亿元 ［EB/OL］.（2023 - 04 - 12）［2023 - 04 - 15］. https://www. popcj. com/songta/6004152304141884.

实训任务

1. 实训项目
认知与体验：市场营销的前沿。
2. 实训目的
理解和掌握市场营销新发展理念，学会运用绿色营销、体验营销、网络营销、大数据营销的理念去思考营销活动，培养运用营销新概念打造具有市场竞争力的营销活动的能力。
3. 实训内容与要求
要求学生调查学校所在地的某个企业的经营状况和开展的营销活动，分析其中存在的问题，选择市场营销新发展理念之一设计新的营销活动。
4. 实训步骤
（1）把全班分成几个小组，每组进行合理的分工。每组选择某一企业作为研究对象，做好访问准备。
（2）实施调查，了解企业的业务范围、设置的营销部门、开展的营销活动及其产生的营销效果和存在的问题。
（3）小组成员讨论营销活动中存在的问题，分析问题并提出解决方案，制定新的营销活动策划。
（4）在全班进行交流分享，小组间分析、评价，选择最佳方案。
5. 实训考核
要求每组学生提交营销策划并进行班级汇报，由任课老师和各组组长组成的评估小组对其进行评估打分。

参考文献

［1］张剑渝，王谊. 现代市场营销学 ［M］. 成都：西南财经大学出版社，2019.
［2］郭国庆. 市场营销 ［M］. 北京：中国人民大学出版社，2021.